제4회 / 제5회 | 이폴연구소 죽음논문집

인간 죽음과 자살에 대한 연구

제4회 / 제5회 | 이풀연구소 죽음논문집
인간 죽음과 자살에 대한 연구

발행인 황명환
편집인 정현덕
펴낸이 성상건
편집디자인 자연 DPS

펴낸날 2024년 4월 5일
펴낸곳 이폴출판사
등 록 제2019-000063호
주 소 (우) 06356 서울특별시 강남구 일원동 120 샘터마을아파트 101동 1203호
전 화 02-451-0620   팩 스 02-2226-3435
이메일 hmh54@hanmail.net
심사위원 위원장 황명환
              위 원 곽혜원, 노영상, 유영권, 정종훈
운영위원 김상만, 윤상철, 이승연, 정현덕
편집책임 성상건

ⓒ 황명환 외, 2024

ISBN 979-11-966460-3-5 93230

값 20,000원

※ 본 도서에 실린 글은 수서문화재단 이폴연구소 이폴출판사에 판권이 있습니다.
　 무단으로 복사 혹은 전재하여 사용할 수 없습니다.

제4회 / 제5회 | 이폴연구소 죽음논문집

인간 죽음과 자살에 대한 연구

황명환 외 | 지음

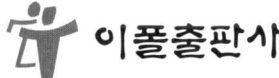
이폴출판사

목 차

제4회 죽음논문집 | 사람은 왜 죽는가

| 발간사 | 황명환 박사
　　　　질병과 죽음(시편 39, 4-7)　　　　　　　　8

주제논문

박인조　4차 산업혁명시대에
　　　　인간존재를 규정하는 죽음의 성찰　　　　17
최성수　사람은 왜 죽는가?　　　　　　　　　　63
노치준　죽음의 원인에 따른 죽음의 유형 연구　　105
이규철　"사람은 왜 죽는가"에 대한 어거스틴의 성찰　157

특별기고

곽혜원　팬데믹 장기화 속에 악화하는
　　　　고독사 실태와 예방 대책에 대한 논의　　211
노영상　기독교 생명윤리학의 흐름과
　　　　주요한 기독교 생명윤리학자들 소개　　　252

제5회 죽음논문집
| 자살문제, 어떻게 할 것인가

| 발간사 | 황명환 박사

      외로움과 자살(요한복음 16, 32)   282

주제논문

박인조 자살문제 대처를 위한
       그리스도인의 생명 존중과 공적 역할   292
이규철 신국론에 표명된 어거스틴의 자살관   333

특별기고

유영권 자살 문제 어떻게 할 것인가?   394

에세이

이동열 지금 자살을 생각하고 있습니까?   416
정진영 우리에게 주어진 길, 우리가 갈무리할 수 없는 길 428

부록

*수서문화재단 & 이폴연구소 소개   439

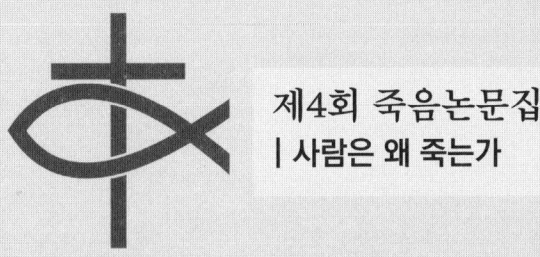

제4회 죽음논문집
| 사람은 왜 죽는가

발간사 | 황명환 박사

질병과 죽음(시편 39, 4-7)

주제논문

박인조 ○ 4차 산업혁명시대에
　　　　인간존재를 규정하는 죽음의 성찰
최성수 ○ 사람은 왜 죽는가?
노치준 ○ 죽음의 원인에 따른 죽음의 유형 연구
이규철 ○ "사람은 왜 죽는가"에 대한 어거스틴의 성찰

특별기고

곽혜원 ○ 팬데믹 장기화 속에 악화하는
　　　　고독사 실태와 예방 대책에 대한 논의
노영상 ○ 기독교 생명윤리학의 흐름과
　　　　주요한 기독교 생명윤리학자들 소개

| 발간사 |

황명환 박사
(이폴연구소)

질병과 죽음
시편 39, 4-7

 사람은 왜 죽을까요? 정말 어려운 질문입니다. 과학에서는 인간을 오직 물질적 관점으로 보기 때문에(physicalism) 인간의 죽음도 어떤 기계가 수명을 다한 것처럼 생각합니다. 컴퓨터를 오래 쓰면 고장이 나서 더 이상 사용할 수 없는 것과 같습니다. 그것이 죽음입니다. 의학에서는 우리 몸을 유지하기 위해 세포가 분열하고 성장하며 죽어가는 과정을 설명합니다. 그런데 나이가 들면서 수많은 세포는 생성하고 복구하는 효율성이 떨어지며, 그 결과 다양한 기관과 시스템이 노화됩니다. 그 결과 면역체계가 약해지고, 질병에 취약해지며, 이런 과정을 통하여 신체가 궁극적으로 생명을 유지할 수 없게 되는 것이 죽는 이유라고 생각합니다.

 철학에서는 사람이 왜 죽는지 그 이유를 말할 수 없습니다. 다만 죽는다는 사실을 받아들이고, 죽음에 대해 어떤 자세를 가져야 하는가? 여기에 집중합니다. 죽음이란 존재의 끝이자 의미의 마지막이기 때문에 궁극적인 부조리입니다. 그러나 죽음에 대한 자각은 삶에 가치를 부여할 수 있으며, 유한한 시간을 최대한 활용하도록 자극합니다. 철학의 여러 가지 유파들은 나름대로의 대안을 제시합니다.

종교에서는 죽음이 삶의 일부라고 생각합니다. 유교에서는 혼과 백이 분리되는 것이 죽음인데, 왜 그렇게 되는지는 말하지 않습니다. 다만 이것을 자연의 이치로 받아들입니다. 불교에서는 삶과 죽음이 구별되지 않습니다. 생사일여(生死一如), '삶과 죽음이 같다'는 것입니다. 인간의 생명을 구성하는 오온(五蘊)이 해체되는 것이 죽음인데, 해체된 오온이 카르마(業報)에 의해 다시 결합하여 새로운 생명이 되는 윤회로 이어진다고 주장합니다. 그러므로 죽음은 존재의 순환에 불과합니다. 이런 삶과 죽음의 순환에서 벗어나는 것, 그것이 해탈(涅槃)이며 존재의 최고 목적입니다.

뉴에이지(New Age) 같은 곳에서는 '신성(神性)을 향한 성장'이 죽음의 이유가 됩니다. 다시 말하면 인간은 죽음을 반복하면서 그만큼 더 높은 존재, 신적 존재로 발전한다는 것입니다. 그래서 죽음을 아주 기쁘게 여깁니다. 그가 인생을 어떻게 살았는지 여부는 상관없습니다.

기독교에서는 죽음이 '하나님의 부르심'이라고 생각합니다. 생명을 부여하신 하나님이 다시 우리를 부르시는 것입니다. 다른 말로는 하나님의 소환장입니다. 인간은 여기에 응답해야 하며 하나님 앞에서 인생에 대한 평가를 받아야 합니다. 성경은 이렇게 요약합니다. "한번 죽는 것은 사람에게 정해진 것이요 그 후에는 심판이 있으리니"(히 9, 27)

죽음이 하나님의 부르심이라면 죽음의 방법에는 어떤 것이 있을까요? 자연사를 포함하여 질병과 사고 등 하나님이 인간을 소환하는 방법은 참으로 다양합니다. 그런데 그 중에서도 가장 보편적인 방법은 노화와 질병입니다. 하나님은 왜 인간을 노화와 질병이라는 방법으로 부르시는 것일까? 그 속에 담겨있는 신학적인 의미는 무엇인가에 대해 생각해보려고 합니다.

전에 어떤 목사님으로부터 이런 질문을 받았습니다. "사람은 언제 죽습니까? 참새 한 마리도 하나님이 허락하지 않으면 땅에 떨어지지 않는다고 했는데, 교인 중의 한 분이 너무 늦게 병원에 가서 진단을 받고 얼마 못 살고 돌아가셨습니다. 좀 더 빨리 알았더라면, 좋은 병원이나 의사를 만났더라면, 좀 더 살 수 있지 않았을까? 유족들이 너무나 힘들어하고 있습니다. 그들에게 어떻게 대답하면 좋겠습니까?"

저는 대답했습니다. "건강을 위해 애를 쓰고 노력하면 좀 더 건강하고 능률적으로 살 수는 있지만, 수명을 늘릴 수는 없습니다. 인간의 수명은 하나님이 정하시고 부를 때 가는 것입니다. 건강해도 부르시면 가는 것이고, 약하고 아파도 하나님이 부르시지 않으면 그때까지 사는 것입니다. 죽는 방법은 많습니다만 그 시간은 하나님이 부를 때입니다. 그때까지는 죽고 싶어도 못 죽습니다. 제가 삼성병원 앞에 살다보니 의료사고가 나면 '내 가족을 왜 죽였느냐?' 항의하고 보상하라는 외침을 종종 듣는데, 사람은 하나님이 정하신 때가 아니면 죽고 싶어도 죽지 못합니다. 시편 139, 16에 보면 하나님은 내가 태어날 때 이미 내 인생의 시간을 책에 기록해놓으셨다고 말씀합니다. 책에 기록했다는 것은 이미 계획이 다 되어있다는 것입니다. 갑자기 죽는 것도 아니고, 우연히 죽는 것도 아니고,

하나님의 실수도 아닙니다. 정해진 시간에 하나님은 우리를 다시 부르는 것입니다. 그러니까 안 죽을 사람이 죽었다든가, 너무 빨리 갔다든가 그런 것 없습니다. 하나님이 정하신 시간이 되었기 때문에 가는 것입니다."

또 하나는 "사람은 왜 병에 걸립니까? 이런 질문이었습니다. "그것은 의사에게 물어보세요. 그러나 신학적으로는 분명합니다. 육체와 연관된 모든 소망을 버리라는 것입니다. 그래서 진정한 소망이신 하나님을 바라볼 수 있도록 해주는 것이 질병입니다. 가장 답답하고 무기력해진 병상에서 진정한 영원성을 깨닫게 하려는 것입니다. 저는 이런 의미에서 많은 사람들이 인생의 마지막에 질병에 걸리는 것은 하나님의 큰 은혜와 기회라고 생각합니다. 너는 무엇을 믿고 살았느냐? 육신인가? 그러나 아니다. 그것을 넘어서는 더 큰 세계가 있다는 것을 알려주는 방법이기 때문입니다."

오늘 본문에서 다윗은 이 문제를 가지고 고민했습니다. 먼저 그는 마음에 질문이 생겼던 것 같습니다. 1절입니다. "내가 말하기를 나의 행위를 조심하여 내 혀로 범죄하지 아니하리니 악인이 내 앞에 있을 때에 내가 내 입에 재갈을 먹이리라 하였도다"

"나에게 왜 이 질병을 주셨습니까? 나를 사랑하신다면서요?" 이 말을 하고 싶었다는 것입니다. 그러나 그런 말을 발설하지 않기로 결심했습니다. 그런 원망은 생명의 주인이신 하나님에 대한 범죄이기 때문입니다. 그런 가운데 속에서는 근심이 더해졌습니다. 질병은 갈수록 더 심해지고 죽음의 위협을 느끼게 되었습니다. 그는 마침내 이렇게 고백합니다. 합니다. 4절, "여호와여 나의 종말과 연한이 언제까지인지 알게 하사 내가 나의 연약함을 알게 하소서"

그는 질병을 통해 인생의 실체가 뭔지를 깨달았습니다. 건강할 때는 '내 인생이 내 것이다. 원하는 대로 다 할 수 있다'고 생각했습니다. 그러나 아프고 나니 별 것 아닙니다. 인간은 죽는 존재입니다. '종말'이란 끝이 있다는 것입니다. '연한'이란 태어남과 종말 사이에 주어진 시간을 의미합니다. '내가 앞으로 얼마나 더 살 수 있을까?' 이것을 심각하게 고민했다는 것입니다. 그 결과 인생이란 참 연약하며, 허락된 시간만 살다가 떠나야 하는 존재라는 것을 알게 되었습니다.

5절, "주께서 나의 날을 한 뼘 길이만큼 되게 하시매 나의 일생이 주 앞에는 없는 것 같사오니 사람은 그가 든든히 서 있는 때에도 진실로 모두가 허사뿐이니이다" 인생은 한 뼘과 같습니다. 아주 잠깐입니다. "든든히 서 있는 때에도" 그렇습니다. 그는 왕입니다. 그의 위치는 얼마나 든든합니까? 결코 흔들리지 않고 이 권력과 형통함이 지속될 것이라고 생각했습니다. 그러나 아프고 보니 아무 것도 아닙니다. 육신에 관계된 모든 꿈과 소망이 허사라는 것을 알게 되었습니다. 인생이 짧고 허무한 것임을 깨닫고 돌아보니 지나온 삶이 주마등처럼 보였습니다. 나는 인생을 어떻게 살았는가? 그 짧은 시간 동안 무엇을 했는가?

6절입니다. "진실로 각 사람은 그림자 같이 다니고 헛된 일로 소란하며 재물을 쌓으나 누가 거둘는지 알지 못하나이다" 그는 정말 바쁘게 살았습니다. 많은 전쟁을 했고, 국가를 안정시켰습니다. 우리 식으로 말하면 누가 쓸지도 모를 돈을 벌기 위해서 애쓰고, 좀 더 높아지고, 좀 더 인정을 받으려고... 정신없이 살았습니다. 그러나 진정으로 중요한 것이

뭔지 몰랐습니다. 아픈 다음에야 알게 되었습니다.

마침내 그는 고백합니다. 7절입니다. "주여 이제 내가 무엇을 바라리요 나의 소망은 주께 있나이다" 아프기 전에는 소망이 많았습니다. 이루고 싶은 꿈으로 가득했습니다. 그러나 병들고 보이 그런 모든 소망이 아무 의미가 없게 되었습니다. 나의 소망은 오직 하나님뿐이라는 것을 알게 되었습니다.

사람들은 건강할 때 소망이 많아집니다. 돈과 권력, 명예와 쾌락... 그러나 아프고 나면 그런 소망이 다 사라집니다. 죽음 앞에서 모든 가치는 새로워집니다. 이제 모든 것은 나를 떠날 것입니다. 결국은 하나님뿐입니다. "나와 하나님의 관계만이 영원합니다. 그리고 하나님만이 나의 소망입니다. 그리고 이 세상 모든 것보다 하나님을 더 사랑합니다." 이것을 고백하는 것이 인생에서 가장 중요한 일입니다. 하나님은 그런 고백을 하도록 만드시고 기다려주십니다. 그리고 그 사람을 부르십니다. 그는 이제 그가 소망하는 하나님께로 가는 것입니다.

질병과 죽음과의 관계를 놓고 볼 때, 인간은 병 때문에 죽는 것이 아닙니다. 초기에 질병을 발견했다고 좀 더 오래 사는 것도 아닙니다. 하나님이 60세까지 살게 하려고 했는데 건강관리를 잘못해서 50살에 심장마비가 왔다면 하나님이 정하신 수명에서 10년을 일찍 가게 되는 것일까요? 더 좋은 의사를 만났다면, 내가 더 정성껏 간호했다면 좀 더 오래 살지 않았을까? 그런 생각을 할 때가 많습니다. 그러나 아닙니다. 인간의 생명은 하나님이 정하신 때가 있고, 그때가 되지 않으면 죽을 수 없습니다. 아프다고 일찍 가거나, 아프지 않다고 더 오래 사는 것도 아닙니다.

　죽는 방법도 다양합니다. 그것도 하나님이 부르시는 방법일 뿐입니다. 그 사람은 왜 죽었다고 죽음의 원인(死因)을 말하지만 그것은 표면적인 이유이고, 정말 중요한 것은 그것을 통해 하나님이 부르셨기 때문에 간 것입니다. 그 죽음을 성취하는 과정에서 이런 저런 질병이든 사고든 다양한 사인이 발생하는 것입니다.

　다윗은 위대한 신앙인이었지만 한계가 분명한 이 육체의 삶을 넘어서는 영원한 하나님을 소망하고, 하나님만으로 자기 마음을 채울 수 있음을 깨닫는 영원성을 포착하는 상태가 언제 이루어졌는가? 질병을 앓고 있는 병상에서 이루어졌습니다. 이를 통해서 우리는 질병의 의미가 무엇인지를 알 수 있습니다.

　다윗은 질병 가운데서 육신에 의지해서 이룬 삶의 허망함을 깨닫게 됩니다. 쉽게 말하면 몸은 믿을 것이 못 된다는 깨달음을 얻었습니다. 그리고 그 깨달음을 후손들과 백성들에게 가르치려고 했습니다. 몸을 가진 모든 사람들이 이것을 깨달아야 한다는 것입니다. 그런 하나님의 의도가 다윗을 통해 나타난 것입니다.

　이런 의미에서 질병은 세상과 결합된 내 마음을 세상으로부터 분리시키는 작업입니다. 몸을 통해 만나는 것들로 만족하려 했던 삶이 모두 허망함을 깨달으라는 것입니다. 그러한 깨달음을 얻고서 다윗은 하나님께 기도합니다. "주여 이제 내가 무엇을 바라리요 나의 소망은 주께 있나이다" 수없이 많은 것을 기대하고 꿈꾸었던 다윗이 그 많은 인생의 소원과 갈망을 다 내려놓고, 오직 하나님만 소망하는 사람으로 바뀌었습니다. 질병을 주신 하나님께 올바른 응답을 한 것입니다.

죽음이 이루어지는 과정에서 노화와 질병이 가장 보편적인 것이라면 그 이유가 무엇일까요? 하나님은 죽기 전에 노화와 질병이라는 과정을 통하여 우리에게 어떤 말씀을 하려는 것일까요? 노화와 질병을 통하여 육체의 모든 소망은 사라지고, 자신이 어떤 존재인가를 깨닫게 됩니다. 그리고 영원한 세계를 갈망합니다. 그리고 진정한 소망은 내 몸을 통해 주어지는 이 땅의 것이 아니라 영원한 것임을 깨닫고 하나님만이 나의 소망이라는 것을 확인하게 되는 것입니다. 그러므로 노화의 질병을 통해 하나님은 우리에게 계속적으로 깨닫게 하고 알려주는 것입니다. "…이스라엘아 네 하나님 만나기를 준비하라"(암 4, 12) 그러므로 노화와 질병은 죽음을 앞둔 인간에게 있어서 죽음을 준비하는 중요한 기회가 되는 것입니다.

이런 의미에서 질병과 노화는 하나님의 배려입니다. 죽을병에 걸리면 사람들은 하나님의 벌을 받았다고 합니다. 물론 질병이 하나님의 징계로 올 수도 있습니다. 그러나 사랑의 징계이며 질투의 징계입니다. 세상보다 하나님을 더 사랑하고, 세상이 아닌 하나님께만 소망을 두라는 요구인 것입니다. 오히려 노화와 질병이 전혀 없는 상태에서 부르신다면 그것이야말로 하나님이 허락하신 가장 무서운 형벌이고 하나님이 포기하는 것임을 기억해야 합니다. 끝없는 욕망에 붙들려 살다가 아무 준비도 없이 하나님을 만나야 하기 때문입니다.

어떤 사람이 예수를 제대로 믿지 않다가 마음이 변해서 잘 믿어야 되겠다고 결심하고 열심히 신앙생활을 했습니다. 그렇게 몇 년 열심히 신앙생활을 했는데, 그만 병으로 죽었습니다. 장례식을 하는데 믿지 않는 친척들이 말했습니다. "예수 믿지 않을 때는 건강했는데, 예수 잘 믿고 섬기는데 병들어 죽다니. 하나님은 뭐하셨나?" 이렇게 비난하는 소리를 듣고 목사님이 말했습니다. "하나님은 언제나 우리를 불러 가실 수 있습니다. 지금 당장이라도 가능합니다. 그런데 하나님이 고인을 사랑하셔서 하나님을 섬길 기회를 주시고, 아픈 가운데서 세상에 대한 미련을 버리고 오직 하나님을 바라보며 고인을 깨끗하게 준비시켜 주시고, 가장 아름답게 되었을 때 불러가셨으니 얼마나 큰 은혜입니까?" 이 말을 듣고 모두 다 입을 다물었다고 합니다.

인간은 왜 죽는가? 생명을 주신 하나님이 다시 부르기 때문에 죽는 것입니다. 그런데 하나님은 미련한 인간을 위하여 노화와 질병이라는 과정을 통하여 많이 깨닫고 스스로 세상에 대한 미련과 욕망을 버리고 죽음을 준비할 수 있도록 기회를 주는 것입니다. 그리고 하나님만이 소망이라는 것을 깨닫고 그 입으로 고백하게 하고 부르시는 것입니다.

그러므로 노화와 질병은 죽지 않기 위하여 극복해야 하는 인류의 원수가 아니라 반드시 죽어야 하는 인간을 향한 하나님의 사랑과 배려입니다. 노화와 질병 속에서도 자신의 연약함을 깨닫고, 이러한 나를 기다리고 불러주시는 하나님 앞에서 자신을 잘 준비하고 주님 앞에 간다면 그것은 저주가 아니라 축복이 될 것입니다. 오늘 본문의 고백이 다윗의 고백이 아니라 우리 각자의 고백이 되기를 바랍니다.

 주제논문 ①

4차 산업혁명시대에 인간존재를 규정하는 죽음의 성찰

박 인 조[*]
(예수소망교회 부목사)

[국문초록]

　　인간에게 죽음은 생명활동이 중단되는 생명체의 고유한 특성으로 단순한 멈춤이나 일시적인 중단이 아니라, 인체활동의 완전한 종결 그리고 궁극적으로 소멸을 의미한다. 인간은 자신의 죽음만 아니라 타인의 죽음을 의식하고 기억하며 추모한다. 동시에 죽음 이후를 생각한다. 이처럼 인간이 인간으로 규정되는 것은 죽음을 품은 존재이기 때문이다. 오늘날은 4차 산업혁명시대로 생명공학과 인공지능을 통한 생명연장과 인간강화 그리고 디지털화된 일상을 특징으로 한다. 인류는 의료기술의 발달로 생명연장을 이루어 불멸까지 상상하게 되었고, 이제는 현실세계만 아니라 가상세계에까지 일상의 영역을 넓히고 있다. 그러면서 죽음은 막을 수 있는 기술적 문제로 간주해 기술적 결함을 해결하거나, 더 나은 정책과 결정을 통해 극복할 수 있을 것으로까지 본다. 이전 시대가 끔찍한 죽음과 예기치 못한 죽음을 피하려고 노력하던 시기였다면, 미래학자들은 앞으로는 기능을 다하거나 질병 등으로 고장 난 인체장기를 인공장기로 대체하고 뇌의 정보를 데이터화해 컴퓨터에 업로드하면서 죽지 않는 세상, 새로운 인류인 포스트휴먼의 시대가 도래 할 것으로 상상한다.

*논문 투고일: 2021년 9월 10일　　*논문 수정일: 2021년 10월 17일
*게재 확정일: 2022년 3월 19일

그래서 인류가 항상 물어온 질문, 인간이 자기인식의 발전 속에 주변 환경의 관찰과 상호작용을 통해 인간으로서의 존재의미와 가치를 찾던 '인간은 누구인가'라는 인간 정체성에 대한 물음이 이전과는 다른 차원에서 새롭게 제기된다. 그런데 이 질문에 대한 한 가지 대답이 바로 '죽음'이다. 왜냐하면 인간강화가 이루어진 세상에서 죽음은 '종료'와 '멈춤', 그리고 디지털화된 일상에서 나를 대체하는 존재의 죽음은 '삭제'와 같이 단순하고 또 언제든지 '복귀'가 가능한 것이 될 것이기 때문이다. 그래서 죽음이야말로 인간을 인간과 유사한 기계와 구분하는 유일한 기준이다. 기계화되어가는 인간이 인간됨을 확증할 수 있는 것은 바로, 죽음을 품고 있는 존재임을 밝히는 것에서부터 시작된다.

   인간을 규정하는 핵심은 죽음을 품고 사는 유한성을 특징으로 하는 존재라는 것이다. 인간은 끝없이 죽음을 극복하고 불멸을 이루려고 시도하지만, 죽음은 그 자체로 먼저 인간존재의 한계를 상기시켜준다. 인간은 죽을 존재임을 깨닫는 것에서 자기 존재를 명정하게 발견하고 그리고 죽음 이후의 새로운 삶에 대한 조망을 선명하게 가지게 된다. 인간이 인간됨을 회복하고 성장하는 것은 죽음을 인식하며 일상을 살 때이다. 인간은 죽음을 품고 살아가는 존재이지만, 하나님은 인간에게 죽음을 이기는 새로운 생명이 주도하는 삶을 허락하셨다. 그래서 죽음은 창조 시의 인간은 물론, 오늘과 죽음 이후의 인간을 전망하게 한다. 죽음을 인정하고 죽음 이후를 전망하는 삶이야말로 피조물인 인간이 추구해야 할 가장 필수적이며 동시에 거룩한 인식이다. 인간에게 있어 죽음이야말로 창조주 하나님에 의해 존재하게 된 피조물인 인간의 본성이며 인간됨을 완성하는 충만한 삶의 조건이다.

| 주제어 |

4차 산업혁명, 인공지능, 가상세계, 포스트휴머니즘, 인간본성, 인간강화, 하나님의 형상, 불멸, 죽음과 죽음이후, 세계관, 특이점

들어가는 글

메리 셸리(Mary Shelly)는 소설 『프랑켄슈타인』(Frankenstein)을 1816년 어느 여름, 오스트리아 빈의 호숫가 별장에서 남편 퍼시 셸리, 시인인 바이런 부부, 주치의와 함께 휴양할 때 경험했던 특별한 사건을 계기로 쓴다. 무료한 일상을 달래기 위해 각자 무서운 이야기를 써보자는 바이런의 제안에 메리는 공포 이야기를 쓰려하지만 쉽게 되지 않았다. 그런데 꿈에 창백한 젊은이가 자신이 만든 피조물 앞에서 무릎을 꿇고 있는 것을 보고는 이를 바탕으로 소설 『프랑켄슈타인』을 탄생시킨다.

소설 속 주인공 빅터 프랑켄슈타인은 자연철학과 생명연장에 관심이 있었는데, 그의 꿈은 이런 것이었다. "인간의 육신의 질병을 추방하고, 그 무엇보다 폭력적인 죽음으로부터 인간을 영원히 해방시킬 수만 있다면, 그 발견에 따라오는 영예는 상상도 못할 것이 아닌가!"[1] 이어 그는 작은 성공들 속에서 더 큰 희망을 그린다. "이런 생각들을 따라가던 나는 무생물에 생명을 불어넣을 수 있다면, 시간이 지나면 겉보기에는 죽음으로 부패된 육신에도 새 생명을 줄 수 있겠다는데 생각이 미쳤다."[2] 빅터는 결국 생명의 통로를 발견해 시체안치소 등에서 시신의 부분들을 모아 연결하고 번개로부터 얻은 전기를 통해 살아있는 "흉물"을 만든다. 그런데 그가 이 생명체를 만들었음에도 "더러운 악마"라 부르며 거부하는데, 이 괴물에 의해 빅터의 가까운 사람들이 죽는다.

---

1) Mary Shelly, *Frankenstein*, 김선형 역, 『프랑켄슈타인』(파주: ㈜문학동네, 2012), 48.
2) 위의 책, 67.

이 책은 생명의 신비에 도전한 한 인간의 욕망과 후회, 그리고 사랑하는 사람의 죽음을 마주하고 당하는 슬픔에 대한 이야기다. 그것을 통해 인간이 어떤 존재인지 묻고 그 물음에 대답한다. 소설 속 빅터의 꿈, 폭력적인 죽음으로부터 인간을 해방하고 죽은 육체에 생명을 불어넣는 것은 인류가 오랫동안 꿈꿔온 일이다. 소설의 저자 메리 셸리는 당시 과학자들이 죽은 생물체에 전기를 가하는 실험에서 아이디어를 가져왔는데,[3] 유럽에서는 시신에 전기를 보내면 움직일 수 있고 또 이것을 잘 활용하면 생명을 불어넣을 수 있을지도 모른다는 생각이 퍼져 있었다.

근대 이후로 의학과 과학기술이 죽음을 극복하고 생명을 연장하는데 첨병역할을 하고 있다. 현대에는 인공지능을 통해 질병에 대한 정확한 사전 진단과 수술이 이루어지고 있다. 특정 세포로 분화되지 않아 어떤 세포나 조직으로도 만들어질 수 있는 줄기세포에 대한 연구는 손상된 장기를 재생할 수 있는 가능성을 열어주었다. 그리고 유전자 조작과 복제인간, 인공장기 등의 시도는 포스트휴먼이라는 새로운 인류의 탄생까지도 상상하게 만든다. 당장에라도 죽음을 극복하고 불멸에 이를 것만 같은 화려한 과학의 성과물이 나타나고 있고 이것이야말로 인간의 가치를 극대화하고 이상적인 삶을 실현하는 길이라고 생각한다.

그런데 인간이 죽음의 문제를 해결해 생명연장과 궁극적으로 불멸을 이루려는 것은 지금껏 가보지 못한 길이고 그 미래는 알 수 없다. 이것은 여전히 인류에게 미해결 과제이며 요원한 일로 상상의 수준에서 시도되고 있고, 실효성을 검증하는 과정에서는 윤리적인 문제와 함께 불안감을 일으킨다. 그럼에도 불멸을 추구하는 것이 시대사상으로 인정받으며, 죽

---

[3] 이탈리아 과학자 루이지 갈바니(Luigi Galvani)는 죽은 개구리 다리를 잘라 전극을 이었을 때 꿈틀거리는 것을 발견했다. 또 친척인 조반니 알디니(Giovanni Aldini)는 교수형당한 죄수의 시체의 머리에 전기를 흘려보냈을 때 잘린 머리가 살아 있는 것처럼 꿈틀거리며 움직였다고 보고했다. 홍성욱, 『크로스 사이언스』(파주: 21세기북스, 2019), 26-28.

음을 통제하여 죽음의 두려움과 불안에서 자유로워지려는 인간의 욕망은 점점 커지고 있다.

본 논문은 인공지능과 가상현실을 중심으로 4차 산업혁명이 일상에 미치는 영향[4]이 인간의 불멸과 죽음 이해에 어떤 변화를 일으켰는지를 살피며 신학적 죽음이해와 인간이해를 재정립하려고 한다. 이를 위해 인간강화와 가상현실을 통해 육체적 죽음을 넘어서려는 다양한 과학적 시도와 포스트휴머니즘이라는 새로운 세계관을 죽음으로 규정되는 인간존재라는 관점을 통해 성찰한다. 즉 불멸이라는 죽음으로부터의 자유를 위한 시도에는 한계가 분명히 있음과 죽음을 인정하지 않는 삶이 낳는 문제점이 무엇인지 밝힌다. 죽음을 통제하여 죽음으로부터 자유로운 다른 존재가 되는 것이 아니라, 죽음을 품은 인간존재 본연의 모습을 인식하면서 충만한 삶을 사는 것에 대해 논할 것이다. 즉 인간은 죽음을 가지고 태어나 죽음을 품고 살아가는 존재라는 것이야말로 인간존재를 규정하는 핵심적인 사실임을 인지함으로 사람은 왜 죽는지에 대한 대답을 내놓고자 한다. 그래서 죽음이야말로 창조주 하나님에 의해 존재하게 된 피조물인 인간의 본성임과 동시에 주체적 의지를 비롯한 인간됨을 완성하는 충만한 삶의 조건임을 조망한다.

---

[4] 4차 산업혁명을 신학적 입장에서 살핀 선행연구로 "4차 산업혁명 시대의 선교"(정기묵, 2017), "제4차 산업혁명시대의 기독교 사회생태윤리 모색"(박용범, 2018), "4차 산업혁명의 도전에 대한 인문학적 질문과 실천신학적 응전"(박현신, 2018), "4차 산업혁명시대에 인공지능과 바른 목회: homo deus와 '하나님의 영광'이라는 극과극의 두 모티브를 중심으로"(전대경, 2019), "제4차 산업혁명 인공지능(AI)에 대한 미래교회 대응방안 연구"(황병준 외, 2020), "4차 산업혁명의 기회와 도전-목회신학적 관점에서"(이창규, 2021) 등이 있다. 본 연구와 관련해 포스트휴머니즘의 인간이해와 한계를 다룬 선행연구로는 "인간이 된 기계와 기계가 된 신: 종교, 인공지능, 포스트휴머니즘"(이창익, 2017), "4차 산업혁명 시대와 기독교 인간론: 인공지능을 이기는 공동체적 인간성"(권문상, 2018), "포스트휴먼으로서의 인간에 관한 철학적 신학의 비평"(김동환, 2019), "트랜스 휴머니즘의 인간의 유한성 접근에 대한 목회신학적 고찰"(장보철, 2019), "트랜스휴머니즘 시대에 도전 받는 기독교 신학: 인간론, 구원론, 종말론을 중심으로"(우병훈, 2020) 등이 있다. 이러한 선행연구는 신학적 관점에서 4차 산업혁명이 신학의 각 분야의 담론에 미친 영향을 주로 다루었다. 반면 본 논문은 죽음이라는 주제를 4차 산업혁명시대의 변화된 환경을 배경으로 신학적 관점에서 고찰한다.

I. 4차 산업혁명시대에 다양한 죽음의 양상

죽음은 생명활동이 중단되는 인간을 비롯한 생명체가 가진 고유한 특성이다. 죽음이라는 용어는 여러 용례로 사용되는데, 이 단어가 인간의 생명과 연관되어 사용될 때에는 단순한 멈춤이나 일시적인 중단을 가리키는 것이 아니라, 육체의 움직임을 비롯한 생명활동의 완전한 종결 그리고 종국적으로 소멸을 의미한다. 이것으로 인간은 무생물과 구분된다. 또한 인간은 나의 죽음만 아니라 타인의 죽음을 의식하고 기억하며 추모한다는 점에서, 동시에 죽음 이후를 생각할 수 있다는 점에서 다른 생명체와도 구별된다. 이처럼 인간이 인간으로 규정되는 것은 죽음을 품은 존재이기 때문이다.[5]

오늘날은 4차 산업혁명의 시대로 일상의 삶에서 이전에 경험하지 못한 수많은 변화와 만나고 있다. 그 특징은 생명공학과 인공지능을 통한 생명연장과 인간강화(human enhancement) 그리고 디지털화된 일상으로 꼽을 수 있다. 의료기술의 발달로 생명연장을 이룬 인류는 불멸까지 상상하게 되었고, 이제는 현실세계만 아니라 가상세계에까지 삶의 영역을 넓히고 있다. 그러면서 죽음의 용법도 다양해지고 있다. 인공장기로 수명을 조절하게 된 인간, 미래에 등장할 것으로 상상하는 육체적 인간을 넘어선 기계화된 인간과 그것까지도 초월한 포스트휴머니즘(posthumanism)이라는 새로운 인류에게 죽음은 종말로서의 의미가 아니라, '종료'와 '멈춤'라는 개

---

5) 에드가 모랭(Edgar Morin)은 인간에게 죽음은 과거와 현재와 미래의 삶과 함께 하는 것으로, 장례를 치르며 죽음 이후의 세상이나 부활을 믿는 유일한 존재가 인간이라고 한다. 그러므로 삶을 죽음으로부터 분리시키는 것은 이론적인 잘못이며 헛된 희망이라고 주장한다. Edgar Morin, *L'homme et la mort*, 김명숙 역, 『인간과 죽음』(서울: 동문선, 2000), 11, 390.

념이 되었다. 디지털화된 세상에서 나를 대체하는 존재의 죽음은 '삭제'와 같이 단순하고 또 언제든지 '복귀'시키는 것이 가능하다. 여기서는 4차 산업혁명으로 가능해지고 예상되는 죽음의 다양한 양상을 살펴본다.

1. 4차 산업혁명시대와 포스트휴머니즘

18세기 말부터 19세기에 걸쳐 증기기관의 발명으로 농경사회에서 공업사회로의 변화를 가져온 1차 산업혁명시대, 전기 에너지를 바탕으로 컨베이어 벨트 시스템을 통한 대량생산과 원거리 송수신 및 무선 통신이 가능해진 2차 산업혁명시대, 그리고 20세기 말부터 컴퓨터를 통한 대용량 정보처리 기술과 인터넷 기반 지식정보 혁명으로 대변되는 3차 산업혁명시대에 이르기까지 인간의 수명은 꾸준히 늘었다. 전염병의 창궐과 기아와 전쟁으로 수많은 사람이 단기간에 죽는 일이 이제는 보건위생의 개선과 의료기술의 발달로 상당히 극복되었기 때문이다. 또 지진을 비롯해 태풍과 해일 등 자연재해로 인해 예기치 못하게 겪어야 했던 죽음도 과학기술의 발달로 미리 감지하고 통신기술의 혁신으로 더 빨리 광범위하게 알리면서 앞서 피할 수 있게 되었다.

그런데 사물인터넷(IoT, Internet of Things), 클라우드 컴퓨팅(Cloud Computing), 빅 데이터(Big Data), 모바일(Mobile), 인공지능(AI, Artificial Intelligence)으로 특징 지워지는 4차 산업혁명시대[6]에는 죽음을 거부하려고 한다. 그리고 죽음을

---

[6] 4차 산업혁명이 아직까지 3차 산업혁명의 연장선에 불과하다는 주장도 있지만, 클라우스 슈밥(Klaus Schwab)은 선형적 속도가 아닌 기하급수적인 속도(Velocity), 범위와 깊이(Breadth and depth), 다양한 과학기술의 융합으로 개인·기업·산업·국가 간에 이루어지는 혁신적인 변화라는 시스템 충격(Systems Impact)을 근거로 4차 산업혁명시대는 새롭게 논의해야 한다고 주장한다. 클라우스 슈밥은 2016년 세계경제포럼(WEF)의 주요 의제로 4차 산업혁명을 다루며, 4차 산업혁명를 "디지털, 물리, 생물 영역 사이의 경계를 모호하게 만드는 기술들의 융합으로 특징지을 수 있다"고 정의했다. Klaus Schwab, *The fourth industrial revolution*, 송경진 역, 『클라우스 슈밥의 4차 산업혁명』(서울: 새로운현재, 2016), 12-13.

막을 수 있고 또 막아야 했던 "기술적 문제"로 간주해 기술적 결함을 해결하거나 더 나은 정책과 현명한 결정을 통해 극복할 것으로 본다.[7] 이미 생명공학의 발달로 의료장비를 통해 인위적으로 생명유지 및 지속적인 생명연장이 가능해졌다. 앞으로는 기능을 다하거나 질병 등으로 고장 난 인체장기를 인공장기로 대체하면서 인간강화를 이룬 인간은 점차 사이보그(cyborg)[8]가 되어 죽지 않는 세상, 새로운 인류인 포스트휴먼의 시대가 도래 할 것으로 예측한다. 이전 시대가 끔찍한 죽음과 예기치 못한 죽음을 피하려고 노력하던 시기였다면, 이제는 인공지능과 가상현실을 통해 죽었음에도 다시 살리는 시대의 도래를 예상하는 것이다.

(1) 4차 산업혁명에 따른 인간 삶의 변화

제2차 정보혁명이라고도 부르는 4차 산업혁명이 이미 진행 중이며 일시적인 유행이 아니라는 것을 롤랜드 버거(Roland Berger)는 스마트 공장, 자율주행차, 디지털 헬스케어, 로봇과 빅 데이터, 클라우드, 3D 프린팅과 같

---

7) 유발 하라리(Yuval Harari)는 과거에는 죽음을 인생의 의미가 폭발하는 신성한 형이상학적 경험으로 보았다면, 현대 과학과 문화에서는 기술적 문제로 본다고 설명한다. 인간이 죽는 것은 혈액을 펌프질하던 심장이 멈추거나, 대동맥에 지방 찌꺼기가 쌓여 막히거나, 간에 암세포가 번지거나, 폐에 세균이 증식하는 것과 같이 어떤 기술적 결함으로 인한 것이므로 이제는 죽음을 극복하기 위해 종교나 성직자가 아닌 공학자를 요청한다는 것이다. 나노로봇이나 항생제, 인공심장과 장기이식과 같은 해결책을 발견했기 때문이다. 마찬가지로 자연재해나 사고, 전쟁으로 죽는 경우도 정책과 결정의 기술적 문제로 본다. Yuval Harari, *Homo deus: a brief history of tomorrow*, 김명주 역, 『호모 데우스: 미래의 역사』(파주: 김영사, 2017), 40-43. 반면 프란시스 후쿠야마(Francis Fukuyama)는 죽음이 피할 수 없는 삶의 한 측면이라기보다 예방 가능한 것으로 인식되는 경우 죽음을 위엄과 고귀함으로 다루는 것, 다른 사람을 위해 삶을 희생하는 것에 대한 평가, 생명에 대한 태도와 같은 질문을 하게 된다고 지적한다. Francis Fukuyama, *Human Future*, 송정화 역, 『부자의 유전자, 가난한 자의 유전자』(서울: 한국경제신문, 2003), 119.
8) 사이보그는 사이버네틱 오거니즘(cybernetic organism)의 약자로 인공장기를 단 사람을 뜻한다. 1950년대 NASA 과학자들이 인간을 우주나 심해 등 특수한 환경에 투입할 때 인공장기를 달아서 초인적인 능력을 내게 할 수 있는지 연구하면서 만든 말이다. 비슷하게 사용하는 용어인 휴머노이드(humanoid)는 겉모양이 사람과 닮았다는 뜻으로 로봇이 아니어도 어떤 물건이든 머리와 몸통, 두 팔과 두 다리가 있어 인간과 유사하면 여기에 해당한다. 그리고 안드로이드(android)는 전통적인 기계로봇이 아닌 피부와 장기 조직은 물론 두뇌까지 진짜 사람과 유사한 인조인간을 가리킨다. 이종호, 『로봇은 인간을 지배할 수 있을까?』(서울: 북카라반, 2016), 6-7.

은 4차 산업혁명의 현장들을 통해 설명한다.[9] 실제로 일상생활에서 경험하는 온라인 유통시스템과 빅 데이터를 활용한 새롭고 다양한 활동은 생활에 편의를 제공하고 삶의 질을 높이고 있다. 이제 정보통신기술(ICT, Information & Communication Technology)과 사물인터넷의 발전과 융합에 의해 개별 물건들까지 네트워크로 연결되는 초연결사회로 진입했다.

그 중에서 인공지능은 인간 뇌신경의 작용을 모방한 인공신경망인 다층 퍼셉트론(Multi-Layer perceptron)을 통해 스스로 학습하는 기계학습(machine learning)의 일종인 딥 러닝(Deep Learning, Deep Neural Network)으로 인간의 두뇌역할까지 대신하게 될 것으로 예상된다. 1996년 2월에 IBM의 딥블루(DeepBlue)는 체스의 규칙과 전략 정보를 입력해 세계 챔피언 가리 카스파로프(Garry Kasparov)를 꺾었고, 2016년 3월에는 구글 산하 인공지능 개발기업인 영국 딥마인드(DeepMind)의 알파고(AlphaGo)[10]가 비지도 학습(unsupervised learning)으로 스스로 바둑의 규칙을 파악하고 수를 결정해 이세돌 9단과의 바둑 대결에서 이겼다. 그 외에도 IBM의 인공지능 왓슨(Watson)이 의료정보를 학습한 후에 임상에서 진단과 처방을 내리고, 구글 번역은 인공신경망 학습을 통해 높은 정확도로 언어 간 번역을 해냈으며, 포커 게임에서는 인공지능이 인간 챔피언을 이겼다. 인공지능은 산술적 계산수준을 뛰어넘는 정교한 알고리즘(algorithm)의 정확성, 효율성, 빠른 속도로 여러 영역에서 인간의 능력을 압도한다.[11]

---

9) Roland Berger, *The Fourth Industrial Revolution*, 김정희 외 역, 『4차 산업혁명 이미 와 있는 미래』(파주: 다산북스, 2017), 98-181.
10) 알파고는 딥 러닝 기술로 상대방의 다음 움직임을 미리 예측해 이길 가능성이 높은 수를 고려하게 해주는 정책망(policy network)과 바둑돌의 위치에 따라 승자가 누가 될지 예측하는 가치망(value network)을 결합해 선택지 중 가장 유리한 선택을 하도록 돕는 알고리즘인 몬테카를로 트리 탐색(Monte Carlo Tree Search)을 통해 운영된다. 이세돌 9단은 프로와 준프로 기사 1,202명의 협업 플레이를 상대한 것과 같은데, 알파고는 1초당 10만 수를 고려할 수 있다. 이종호, 『로봇은 인간을 지배할 수 있을까?』, 17, 215-17.
11) 인공지능이 인간을 압도하는 예는 많다. 2002년 미국 프로야구 저예산 팀인 오클랜드 애슬레틱스의 감독 빌리 빈(William Beane)은 경제학자와 컴퓨터공학자가 개발한 컴퓨터

이제 인공지능으로 지능을 가진 인간만이 할 수 있다고 생각하던 체스와 바둑을 두는 것은 물론, 자동차를 몰고 질병을 진단하며 테러범을 찾아내는 일 등을 로봇이 인간보다 더 잘 할 것으로 예상된다. 심지어 인간의 고유한 능력이라고 여기던 창의성과 추상적인 사고도 인간이 독점할 수 없게 되었다. 주변 사물로부터 받아들인 수많은 데이터를 습득한 인공지능은 지속적인 학습을 통해 예술과 같은 창조적 활동도 스스로 해낸다. 인간의 주관적 경험이나 공감능력이 중요하다고 판단되는 분야에서까지도 인공지능이 인간의 능력을 따라갈 것으로 예상된다.[12] 그 결과 일상 곳곳에서 인간 삶에 변화가 일어나고 있다.

그리고 4차 산업혁명시대는 가상현실(VR, Virtual Reality), 증강현실(AR, Augmented Reality), 혼합현실(MR, Mixed Reality) 그리고 가상세계(Virtual Worlds)를 통한 일상의 디지털화로 인간의 경험 세계를 시간과 공간을 초월해서 무한히 확장시켰다. 가상현실이라는 용어는 1987년 컴퓨터 프로그래머 재런 래니어(Jaron Lanier)에 의해 처음 사용되었다.[13] 디지털 정보를 이용해 구축

　　알고리즘에 따라 스카우터가 미처 알아보지 못했거나 저평가한 선수들로 팀을 꾸려 우승했다. 이전까지는 선수를 뽑을 때 전문 스카우터와 감독의 지혜, 경험, 육감에 의존했다. 2014년 5월, 홍콩의 재생의학 전문 벤처회사 DKV(Deep Knowledge Ventures)는 바이탈(VITAL)이라는 알고리즘을 이사로 임명했다. 바이탈은 유명한 기업들의 재정상태, 임상시험, 지적 재산에 대한 방대한 양의 데이터를 분석해 투자를 권고한다. 고성능 알고리즘으로 우버는 몇 명의 사람으로 수백만 명의 택시 기사를 관리한다. 음악학 교수인 데이비드 코프(David Cope)는 협주곡, 합창곡, 교향곡, 오페라를 작곡하는 프로그램 EMI(Experiments in Musical Intelligence)를 만들어 요한 세바스찬 바흐풍의 합창곡을 하루에 5,000곡씩 작곡했고 베토벤, 쇼팽, 라흐마니노프, 스트라빈스키의 곡들도 작곡했다. 음악회에서 관중들은 열광과 찬사를 보냈고 앨범은 큰 호응을 일으키며 발매되었다. Yuval Harari, 『호모 데우스: 미래의 역사』, 424-45.
12) 하지만 제프 콜빈(Geoffrey Colvin)은 인간본성에 따른 요청으로 반드시 인간이 맡아야 하는 일들, 예를 들어 인간과 대화를 나누며 의견을 교환하고 또 다른 사람과 함께 문제를 해결하며 새로운 아이디어를 창조해 나가기를 바라는 일들이 있다고 한다. 이러한 인간본성적인 모습이야말로 기계의 능력과 비교할 수 없는 인간의 우수함이며, 특히 '공감'과 '이야기'는 과학기술과 온라인을 통한 상호작용이 발전함에 따라 오히려 인간을 더 가치 있게 만드는 기본능력이라고 설명한다. Geoffrey Colvin, *Humans are underrated*, 신동숙 역, 『인간은 과소평가 되었다』(서울: 한스미디어, 2016), 74-77, 90-92, 228-32.
13) 가상현실은 1957년에 이미 모턴 하일리그(Morton Heilig)가 만든 '센소라마 시뮬레이터'(Sensorama Simulator)라는 기기로 등장한다. '경험 극장'이라고 부른 이 기기는 3차원 입체 영상과 당시로써도 혁신적인 스테레오 시스템에 진동까지 느낄 수 있었다. 1968년에는 컴퓨터 과학자 이반 서덜랜드(Evan Surthurland)가 천정에 매달린 선과 연결된

한 가상공간에서 오감을 활용한 상호작용을 통해 현실 세계에서 경험하지 못하는 것까지도 마치 현실 같은 현장감과 몰입을 체험한다. 1986년 미국항공우주국(NASA)에서 개발한 우주인 훈련용 기기 '바이브드'(VIVED, Virtual Visual Environment Display)는 헤드셋 장치를 착용한 교육생이 프로그래밍된 시스템 안에서 원하는 대로 움직이고 그 움직임에 따라 상황이 바뀌는 형태로 훈련할 수 있는 대표적인 가상현실을 이용한 시스템이다.

가상현실 기술은 다양한 현장에서 사용되고 있다. 마치 공연장에 와 있는 것 같은 체험을 제공하며 외국의 낯선 도시, 섬 등 어디든지 데려다 준다. 항공기나 전투기 조종훈련의 경우, 실제 비행을 통해 훈련 할 때보다 더 효과적이며 저렴한 비용으로 교육할 수 있다. 차량 딜러와 건축가들을 위한 가상 쇼룸으로도 활용된다. 인테리어 디자이너는 다양한 인테리어 제안을 보여줄 수 있고 벽지나 바닥재 등을 만졌을 때의 촉감까지 실제로 느껴보게 할 수 있다. 제품 디자인의 경우 실제로 완성된 형태를 가상으로 보면서 상담하는 것이 가능한데, 가구업체 이케아(IKEA)는 '이케아 플레이스'(IKEA Place) 앱으로 고객이 자기 집에 가상으로 가구를 미리 배치해 볼 수 있게 했다. 일본 전자상거래기업 라쿠텐(Rakuten)은 해외에 있는 결혼식장을 사전에 가상으로 답사하는 서비스를 출시했고, 중개인이 없이도 집이나 땅을 둘러보며 사거나 임대하는 것이 가능하다. 앞으로 직장인은 지정된 장소만 아니라 원하는 공간 어디서나 실제 사무실과 같은 공간을 구현[14]하고 일을 할 수 있게 될 것이다.

디스플레이 장비(HMD, Head Mounted Display)를 머리에 착용하고 3D 영상을 경험할 수 있게 구현했다. 그런데 장비에 시야가 완전히 차단되어 나타나는 신체 평형기관과 시각 정보 사이의 괴리, 3D 화면 구현에 있어서의 시간 지연으로 인한 가상현실 멀미(VR Sickness), 화면과의 초점 거리가 짧아 사용자 눈에 픽셀 간격이 두드러지는 스크린도어 현상(Screen Door Effect), 비싼 가격으로 대중화가 어려웠다. 보스턴컨설팅그룹, 『4차 산업혁명 6개의 미래지도』(서울: 토트, 2018), 123-26.

14) 페이스북(Facebook)은 2020년 9월 '페이스북 커넥트'에서 '오큘러스 퀘스트 2'를 공개했다. 이 행사에서 '인피니트 오피스'(Infinite Office)라는 미래형 사무실 개념도 공개했는데, 오큘러스

증강현실과 혼합현실은 현실 이미지에 디지털 가상 이미지를 중첩해서 하나의 영상으로 보여주는 영상합성기술이다. 증강현실 기술은 게임, 교육, 여행, 군사 분야만 아니라 공장에서 제품을 조립할 때 각 부품의 데이터를 보며 가상의 이미지를 따라 작업을 할 수 있는 시스템으로 사용된다. 요즘에는 자동차 앞 유리에 길 안내 이미지를 보여주는 HUD(Head Up Display)와 예능 프로그램에서 제공하는 자막, 효과음, 이모티콘 등에까지 활용된다. 현실 상황에서 이런 시청각적 장치를 통해 많은 정보를 편하게 전해줌으로 감각을 증강시킨다. 현실과 동일한 이미지의 해상도 구현과 오감의 경험 그리고 현장감과 몰입의 기술이 중요한데, 앞으로는 시각적으로 현실인지 가상인지 구분이 되지 않을 시대가 올 것이다.

그런데 4차 산업혁명 시대에 나타날 인간 삶의 변화에는 우려되는 부분도 많다. 고바야시 마사카즈(Kobayashi Masakazu)는 인공지능의 기능은 알지만 작동 원리를 이해할 수 없는 "블랙박스화된 인공지능"에 생사와 관련된 판단을 맡기는 것이 현명한지 묻는다.[15] 또 개인과 기업의 이윤극대화를 위한 개인정보의 악용, 일상의 일들이 기계로 대체되면서 생겨날 인간존엄성 훼손, 그리고 대면 접촉이 사라지면서 나타날 비인간성의 확산과 인간소외의 문제가 제기된다. 그래서 클라우스 슈밥은 과학자와 기업인, 국가 등으로 구성된 협치(governance)를 통한 협력을 강조한다. 상황과 맥락을 이해하고, 공감을 통해 정서를 나누며, 다양하고 세밀한 행동이 가능한 신체활동과 같은 인간의 본성적 능력을 인류가 공동운명체로서 공유하며 함께 발전시켜야 4차 산업혁명이 낳을 문제를 극복할 수 있고

퀘스트 2를 착용하면 눈앞에 사무실이 보이는 형태로 코로나19 이후 재택근무가 일상이 되는 상황에서 기업의 사무실을 가상 세계로 옮긴다는 전략이다. 페이스북은 스마트 글래스(Smart Glasses) 출시 계획도 소개하며 스마트폰을 갖고 다니듯 자신의 스마트 글래스를 갖고 다니는 세상이 곧 올 것이라고 설명했다. 김상균, 『메타버스』(화성: 플랜비디자인, 2020), 338-39.

15) Kobayashi Masakazu, *AI GA NINGEN WO KOROSU HI*, 한진아 역, 『인공지능이 인간을 죽이는 날』(서울: 새로운 제안, 2018), 10-11, 52-54.

혜택과 이점을 누릴 수 있다고 설명한다.[16]

(2) 새로운 인간유형으로서의 포스트휴먼

미래학자들은 4차 산업혁명시대에 과학기술의 급격한 발전[17]으로 포스트휴머니즘의 시대가 도래 할 것이라고 전망한다. 포스트휴먼(posthuman)은 현생인류인 호모사피엔스(Homo Sapiens)가 더 이상 인간 종을 대변할 수 없을 정도로 철저히 변화된 상태를, 그리고 포스트휴머니즘은 "인간의 신체와 정신을 극한까지 강화하려는 움직임"[18]을 가리킨다. 심장, 콩팥, 폐, 간, 망막, 심지어 뇌까지도 인공장기로 대체하면서 질병의 치료와 인지·정서·신체 능력이 일상적 범위를 넘어선 인간강화를 이루고, 나노로봇이 몸속의 손상된 세포를 고치고 암세포는 즉시 없애며 DNA 복제 오류까지 복구한다. 기계와 기계, 더 나아가 기계와 인간이 상호작용하는 초연결의 차원으로까지 확장된 새로운 인류의 탄생을 의미한다.

---

16) Klaus Schwab, 『클라우스 슈밥의 4차 산업혁명』, 252-60.
17) 과학기술이 인간을 초월하는 시점을 가리키는 용어인 '특이점'(singularity)은 1953년 존 폰 노이만(John von Neumann)이 처음 언급한 이래로 앨런 튜링(Alan Turing), 버너 빈지(Vernor Vinge), 레이 커즈와일(Ray Kurzweil) 등에 의해 주장되었다. 앨런 튜링은 인간 지능의 기계화를 목표로 미래의 컴퓨터가 지적 사유의 작업을 자동화할 것이라고 생각했다. 버너 빈지는 인공지능에 의해 100만년이 걸릴 발전이 100년 안에 이루어질 시대가 열릴 것이고, 특이점을 인간과 기계의 결합이 낳는 현재와는 다른 자아 관념과 자기 인식을 가진 새로운 초인간적 존재의 출연과 연관시켰다. 레이 커즈와일은 인간은 생물학적 몸과 뇌의 한계를 극복할 것이라고 주장하며, 인간 신체 안에 혈액 세포 크기의 수많은 나노로봇이 무선으로 외부와 연결되어 부족한 영양분을 자동으로 신체에 전달하고, 심지어 내부 장기의 기능을 대신해 인간이 신진대사 과정에서 완전히 해방될 것이라고 한다. 그는 2045년쯤이면 인간과 기계가 융합되면서 불멸이 가능할 것이라고 주장했다. 이창익, "인간이 된 기계와 기계가 된 신: 종교, 인공지능, 포스트휴머니즘," 『종교문화비평』 31집(2017), 218-19, 238-41. Ray Kurzweil, The Singularity is near: When humans transcend biology, 김명남 외 역, 『특이점이 온다』(파주: 김영사, 2007), 277-78.
18) Eve Herold, Beyond Human, 강병철 역, 『아무도 죽지 않는 세상: 트랜스휴머니즘의 현재와 미래』(제주: 꿈꿀자유, 2020), 26. 인간존재는 휴먼(human)-트랜스휴먼(transhuman)-포스트휴먼(posthuman)의 단계로 변모해 가며 포스트휴먼의 단계에 가면 더 이상 현생 인류로서의 인간이라고 할 수 없는 새로운 존재에 이르게 된다고 하는데, 여기서 트랜스휴먼과 포스트휴먼간의 구별은 명확하지 않다. 본 논문에서는 이 둘을 같은 범주로 광범위하게 보고 포스트휴먼으로 표기한다.

그래서 한스 모라벡(Hans Moravec)과 캐서린 헤일즈(Katherine Hayles)[19]는 인간의 의식을 인간 육체의 한계를 초월하는 로봇에 주입하여 인간을 한층 더 발전시킬 수 있을 것으로 또 레이 커즈와일은 나노기술로 인체가 존재하지만 뇌 업로드를 비롯한 다양한 비생물학적 경험으로의 이행이 이루어질 것으로 내다본다. 이제까지는 인체라는 하드웨어가 망가지면 개인의 삶과 마음이라는 파일도 함께 사라졌지만, 앞으로는 마음 파일을 잘 관리하고 자주 백업하며 최신 하드웨어로 옮겨준다면 인간은 소프트웨어의 패턴으로 영원히 살아남아 불멸의 존재가 될 것이라고 한다.[20]

이처럼 새로운 인류로 출현하게 될 포스트휴먼의 유형을 윤철호는 세 가지 범주로 설명한다.[21] 첫 번째는 생명공학에 의해 출현하게 될 복제 인간이다. 유전자 이식이나 조작[22]을 통한 복제 인간은 인간과 같은 존재라도 인간에 의해 의도적으로 창조되었다는 점에서 포스트휴먼의 범주에 포함된다. 두 번째는 사이보그 공학에 의해 출현하게 될 기계화된 인간이

---

19) 한스 모라벡은 사람을 재현하는 프로그램을 만들고 마음을 로봇 안에 이식하는 마인드 업로딩이 이루어진다면, 굳이 마음을 몸에 결부시킬 필요도 없다고 말한다. 이 때 인간 정체성은 정보 패턴으로, 인간 의식은 컴퓨터에 다운로드해 기계가 인간 의식의 저장소가 될 수 있다. 몸과 마음의 분리가 가능한 인공 신체 안에 놓인 마음이 인간 마음일 수 있다는 것이다. 하지만 캐서린 헤일스는 이러한 마음을 이식한 로봇은 이전의 인간과는 전혀 다른 새로운 기억과 관심을 가질 수 있다는 점에서 한스 모라벡의 입장과는 차이를 보인다. 이창익, "인간이 된 기계와 기계가 된 신: 종교, 인공지능, 포스트휴머니즘," 222-25.
20) Ray Kurzweil, 『특이점이 온다』, 446-49.
21) 윤철호, 『인간-인간의 본성과 운명에 관한 학제간 대화』(서울: 새물결플러스, 2017), 568-71.
22) 최근 유전자의 일부를 잘라 내거나 붙여서 특정 유전 형질의 발현을 막거나, 원래는 없던 형질이 발현하게 하는 유전자 교정(genome editing) 기술을 이용한 치료제 개발이 주목받고 있다. 이 기술의 핵심도구가 유전자가위(genetic scissors)로, DNA 염기서열을 인식해 자르는 효소의 일종이다. 이전에는 소분자 약물과 항체로 질병에 원인이 되는 유전자, 유전자로 만들어지는 단백질을 억제해 치료했다면, 유전자가위는 유전자 자체를 제거하는 방식이라 이론적으로 부작용을 줄이고 효과를 높일 수 있다. 다만 아직까지 원하는 유전자를 정확히 자르는데 문제가 있다. 특히 인간의 유전자 풀(gene pool), 즉 인류의 유전자 구성을 바꿔버릴 수 있어 이 기술로 인해 나타날 수 있는 예측하기 힘든 결과가 지적된다. 김진수는 유전자가위 기술의 적용범위와 관련한 논란에 있어 이 기술을 식물과 동물과 인간 중 누구에게, 인간의 경우 체세포와 배아 중 어디에, 생식세포에 적용할 때 임상과 연구 중 무엇에 사용할 것이냐에 따라 구분이 필요하다고 강조한다. 이정동 외, 『공존과 지속』(서울: 민음사, 2019), 15-20, 80-82. 홍성욱, 『크로스 사이언스』, 193-99.

다. 인체의 일부가 기계로 개조되거나 기계와 결합된 사이보그는 네트워크로 정교하게 연결된다. 세 번째는 비유기물 공학에 의해 출현할 인간화 된 기계다. 인간으로부터 독립된 상태로 학습, 진화할 능력을 갖춘 컴퓨터 프로그램과 인간 뇌의 기억, 의식, 인성 등을 컴퓨터에 업로드 한 네트워크상의 프로그램으로 존재하는 포스트휴먼의 출현이다.

그런데 이러한 변화에는 기대와 함께 여러 위험도 존재한다. 생명공학을 통해 발전한 유전공학은 질병과 노화, 그로 인한 가난의 문제도 일부 해결해 주지만, 생물학 바이러스 무기라는 새로운 위협과 빈부의 격차가 유전적 격차로 이어지는 문제를 일으킬 수 있다. 또 제거하려 하거나 장애라고 판단하는 유전적 형질을 결정하는 과정에서의 사회갈등과 낙인효과도 우려된다.[23] 특히 인간강화 과정에서 인간본성에 속한 특성의 변경이 일어날 수 있고 이로 인해 심각한 위험은 짐작하기 어려울 정도이다.[24] 그래서 프란시스 후쿠야마는 인간 존엄성과 자율성, 자원 배분의 정의와 공정성, 평등과 같은 윤리적 논의가 추상적 수준에 머물거나, 기술개발을 막을 수 없다는 패배주의적 태도가 생기는 점을 지적하며 국제적 차원에서 통제하며 강제할 수 있는 기구를 만드는 문제를 고려해야 한다고 주장한다.[25]

---

23) Ray Kurzweil, 『특이점이 온다』, 277-410.
24) 반면 라메즈 남(Ramez Nam)은 인간강화라는 변화를 두려워하고 새로운 기술에 대한 탐구를 금지하기보다는 되도록 많은 사람에게 힘이 되도록 보급하며 인간성과 자연의 섭리에 벗어난다는 경직된 사고방식에서 벗어나야한다며 몇 가지 사실에 주목한다. ① 인간강화는 질병치료와 밀접히 맞물려 있고 이 수준을 넘어 생명공학에서 얻어진 이득은 구체적이고 측정가능하다. ② 생명공학 연구를 금지하면 할수록 암시장이 형성되어 필요 이상으로 가격이 높아지고 과학의 발달을 가로막을 수 있다. ③ 인간강화에 대한 논쟁에는 자유의 문제가 있다. 개인의 정신과 육체를 변혁하려는 사람의 자유를 존중해주어야 한다. ④ 자신을 바꾸고 변혁해 개선하려는 것은 인간의 자연적인 본성이므로 인간강화는 인간성에 대한 의문과 회의가 아닌, 인간본성을 재확인하는 길이다. Ramez Nam, *more than HUMAM*, 남윤호 역, 『인간의 미래』(서울: 동아시아, 2007), 9-15.
25) Francis Fukuyama, 『부자의 유전자, 가난한 자의 유전자』, 29-32.

그런데 사실 불멸을 이룰 사이보그 또는 인간 뇌를 컴퓨터에 업로드[26] 한 비생물학적 존재가 되어갈 인간이라도 언젠가는 활동 중단을 결정해야 할 순간이 찾아올 것이다. 그리고 그 때, 누가 그것을 결정할 것일지에 대한 선택의 문제는 여전히 남는다. 인간 삶의 가치를 가늠하는 자기 결정권의 문제와 존엄성을 유지하며 삶을 살 수 있는 권리에 대한 문제가 제기된다. 결국 죽기 위해서는 인공장기가 고장 나기를 기다리거나 임의로 정지해야 하는데, 이런 선택과 기다림이 생명연장의 이유 중 하나인 행복한 삶에 부합하느냐 하는 문제도 논의되어야 한다. 변화와 혁신의 과정과 목표에서 인간본성을 유지하며 인간됨을 극대화시킬 것인지, 그보다는 편의성과 불멸의 추구에 우선순위를 둘 것인지를 묻게 된다.

2. 아무도 죽지 않을 세상에서 죽음의 양상

인간은 질병과 기아와 자연재해와의 싸움에서 노화와 죽음을 극복하고 또 종교와 문화를 통해 죽음을 필수적이고 긍정적으로 해석함으로 인간 실존의 문제인 죽음의 두려움을 넘어서려고 했다. 그리고 이제는 죽음의 원인을 밝히고 해결함으로 불멸을 향해 도전한다. 대표적으로 생명공학의 발달은 노화를 늦추어 생명을 연장하는 것을 현실로 이루었고,[27]

---

26) 마인드 업로딩(mind uploading)은 뇌 과학 연구에서 전뇌 에뮬레이션(Whole Brain Emulation) 기술로 불리는데 의식, 기억, 인성 등 개인의 정신 내용을 복사해 전산장치로 전송, 탑재하는 과정이다. 이 경우 인간은 글로벌 네트워크상의 프로그램으로 존재하고 개인의 정체성은 뉴런 간의 상호작용에 불과하게 된다. Nick Boström, *Superintellegence: Paths, Dangers, Strategies*, 조성진 역, 『슈퍼인텔리전스: 경로, 위험, 전략』(서울: 까치글방, 2017), 66-75. 김건우, "포스트휴먼의 개념적, 규범학적 의의", 한국포스트휴먼연구소·한국포스트휴먼학회, 『포스트휴먼 시대의 휴먼』(파주: 아카넷, 2016), 41. 또 인간의 의식은 개인적 선호와 이성의 작용만 아니라, 다른 사람들의 의식과 도덕적 평가에 의해 상호 주관적으로 형성되므로 마인드 업로딩과 같은 기술의 실효성에 의문이 제기된다. Francis Fukuyama, 『부자의 유전자, 가난한 자의 유전자』, 261-62.
27) 엘리자베스 블랙번(Elizabeth Blackburn)은 몸과 정신은 불가피하게 퇴화할 수밖에 없는지 물으며 노화의 유전학적 메커니즘을 연구해서 '텔로미어'(Telomere)를 발견해 2009년 노벨생리의학상을 받았다. 유전병으로 체내에서 텔로머라아제(telomerase)가 적게 생산되어

심지어 죽음 해결을 목표로 삼는 기업[28]과 인간의 수명을 영원으로까지 늘리는 일에 전념하는 집단과 운동이 20세기 후반에 등장했다.[29] 여기서 개인의 삶과 사회의 변화에 유토피아적인 긍정적 발전만 아니라, 디스토피아적인 세상의 출현도 예상된다.

닉 보스트롬(Niklas Boström)은 인류는 일반 지능으로 언어, 기술, 복잡한 사회조직을 만들었는데, 미래에 인류가 이러한 일반 지능을 능가하는 기계 두뇌라는 초지능(superintelligence)을 만들게 된다면 인류의 운명은 초지능의 행동에 의존하게 될 것이라고 주장했다. 그러면서 비록 인간이 "모든 관심 영역에서 인간의 인지능력을 상회하는 지능"인 초지능을 만들었지만 실제로 통제할 수 있을지 미지수라며, 인공지능이 일부 자본가나 독재 세력에 의해 세계를 지배하는 수단이 되거나, 인류가 인공지능의 플러

이례적으로 이른 나이에 노인성 질병에 걸리는 것을 발견하고, 이 물질이 만드는 염색체 보호덮개 텔로미어가 짧아지는 것과의 관련성을 밝혔다. 그녀는 인간 종의 유전자 풀은 120년의 수명을 허용하는 것으로 보인다면서, 3대 사망원인인 암, 심혈관계 질환, 폐질환은 텔로미어의 상태와 관련되고 스트레스와 같은 생활조건이 텔로미어의 길이에 중요한 역할을 한다면서 어린 시절 부모의 죽음이나 성폭력 같은 트라우마를 겪은 사람은 텔로미어가 짧았다고 설명한다. Stefan Klein, *wir könnten unsterblich sein*, 전대호 역, 『우리는 모두 불멸할 수 있는 존재입니다』(서울: ㈜청어람미디어, 2015), 21-31.

28) 레이 커즈와일은 2012년 구글의 엔지니어링 이사로 임명되고 다음 해에 인간 노화의 원인을 밝혀 인간수명을 획기적으로 늘릴 목적으로 칼리코(Calico, California Life Company 약자)를 설립한다. 또 빌 마리스(Bill Maris)를 영입해 구글의 벤처투자사인 구글 벤처스(Google Ventures)를 맡기는데, 인간이 500살까지 사는 것이 가능하다며 자산의 36퍼센트를 생명연장 프로젝트와 생명과학 벤처기업에 투자하고 있다. Yuval Harari, 『호모 데우스』, 44-45.

29) 알코어(Alcor) 생명연장재단이 연구하는 인체냉동보존술처럼 시신을 액체질소가 담긴 영하 196도의 거대한 통에 보관해 나노의학과 새로운 치료법의 개발로 질병을 치유하고 건강을 회복시키는 것이 가능할 때까지 냉동상태로 보존하는 '인체냉동보존주의자'(cryonicist), 육체는 언젠가 부패될 수밖에 없지만 과학 기술을 통해 육신의 부패를 최대한 늦출 수 있는 생활 방식을 따르는 '생명무한확장론자'(extropian), 인간의 육체적·지적·심리적 가능성을 강화해 노화와 죽음에서 벗어날 수 있도록 과학의 전망과 성과를 활용하는 '트랜스휴머니스트'(transhumanist), 물리적 실제와 구분이 불가능할 정도로 세세한 부분까지 동일한 초강력 가상현실에서의 부활을 주장하는 '오메가 포인트 이론가'(Omega Point theorist), 특이점 수준의 기술을 이용해 일종의 뇌 회로도라고 할 수 있는 뇌의 커넥톰(connectome)안에 저장되어 있는 생각과 기억을 컴퓨터에 전송해 영생을 추구하는 '특이점주의자'(singularitarian), '마인드 업로더'(mind uploader)가 여기에 해당된다. 하지만 이런 시도들은 아직까지 비현실적인 유토피아적 이야기로 평가된다. Michael Shermer, *Heavens on Earth*, 김성훈 역, 『천국의 발명』(파주: ㈜북이십일, 2019), 223-66.

그를 뽑을 것이라는 두려움과 인공지능이 목표하는 것을 위해 인류를 절멸시킬 수 있다고 경고한다.[30]

이러한 변화 속에 점차 인간과 기계의 경계는 모호해질 것이다. 리처드 도킨스(Richard Dawkins)는 인간을 "유전자가 만들어낸 기계, DNA라고 부르는 분자를 위한 생존 기계"로 설명했다.[31] 인체의 상당부분이 기계로 대체될 미래에는 뇌의 정보를 데이터화해 컴퓨터에 업로드하면서 지금과는 전혀 다른 인간이 등장할 것까지 상상한다. 그로인해 인류가 항상 물어온 질문, '인간은 누구인가'라는 인간 정체성에 대한 물음이 이전과는 다른 차원에서 새롭게 제기된다. 이 질문에 대한 한 가지 대답이 바로 '죽음'이다. 죽음이야말로 인간을 인간과 유사한 기계와 구분하는 유일한 기준이다. 동시에 인간이 점차 기계화되면서도 인간됨을 확증할 수 있는 것은 죽음을 품고 있는 존재임을 밝히는 것에서부터 시작된다.

(1) 인공지능을 통한 인간강화와 종료

의료영역에서 인공지능[32]은 인간의 능력을 향상시킬 뿐만 아니라, 환자에게 생명을 선물하고 있다. IBM의 왓슨[33]은 미국 ABC방송 퀴즈쇼

---

30) Nick Boström, 『슈퍼인텔리전스: 경로, 위험, 전략』, 11-12, 53.
31) Richard Dawkins, *The Selfish Gene*, 홍영남 역, 『이기적 유전자』(서울: 을유문화사, 2006), 40, 68. 장대익은 크리스퍼-카스9(CRISPR-Cas9)를 통한 유전자가위 기술이 생태계에서 인간의 지위를 '유전자 기계'에서 '유전자 편집자'로 변화시킬 가능성을 가졌다고 언급한다. 장대익, "유전자가위 기술의 진화사적 의미", 『공존과 지속』, 60.
32) 인공지능이라는 용어는 1955년 다트머스 대학에서 두 달 동안 존 매카시(John McCarthy), 클로드 섀넌(Claude Shannon), 허버트 사이먼(Herbert Simon), 마빈 민스키(Marvin Minsky) 등 10여명이 모인 워크샵에서 존 매카시가 컴퓨터에 인간의 지적 활동을 가르치는 연구 계획서를 작성하며 처음 사용한 용어로, 마빈 민스키는 "사람이 수행했을 때 지능이 필요한 일을 기계에 수행시키고자 하는 학문과 기술"이라고 정의했다. 인공지능 연구는 인간 지능의 원리와 메커니즘을 해명하는 과학적 연구, 그리고 인간의 지능적 정보처리능력을 프로그램화해 컴퓨터가 지능적으로 동작할 수 있도록 하는 공학적 연구이다. 컴퓨터 과학을 중심으로 철학·언어학·생리학·윤리학 등 인간에 대한 여러 학문 영역을 포괄한다. 이종호, 『로봇은 인간을 지배할 수 있을까?』, 101-03.
33) IBM이 인지 컴퓨팅(cognitive computing)으로 부르는 왓슨은 토마스 왓슨 리서치 센터(Thomas J. Watson Research Center) 기초연구 부분이 개발한 질의응답용 대형

'제퍼디!'(Jeopardy!)에서 인간우승자 두 사람을 이긴다. 이후 의료기관과 제휴해 수많은 의학적 사례와 게놈 데이터를 학습하면서 병을 진단하고 치료법을 제시하는 역할을 했다. 또 구글 딥마인드는 2016년 런던 무어필드 안과병원(Moorfiedls Eye Hospital)과 '노인 황반변성 망막증'과 '당뇨병 망막증' 등 다양한 안질환을 딥 러닝으로 자동 진단하는 시스템을 개발했다. 이전까지 특수 장치를 사용해 경험 많은 의사가 망막의 미묘한 형상이나 음영의 차이를 포착해서 병의 유무를 진단했지만, 딥마인드는 지금까지 축적된 12만 8천장의 망막 영상을 패턴인식이라는 기계학습을 통해 망막의 시각적 특징을 식별하고 해석해 병을 진단한다.

이처럼 인공지능은 환자의 전자 의무기록을 분석하고 의학 데이터를 기반으로 환자 개개인에 대한 최적의 치료법을 제안하며 환자의 유전자 데이터를 분석해 발병 원인을 찾아낸다. 지금까지 알려진 모든 질병과 약제에 대한 정보를 저장하고 새로운 연구결과와 전 세계 병원의 의학 통계를 매일 업데이트할 수 있다. CT 스캔(Computed Tomography Scan)이나 자기공명영상(MRI, Magnetic Resonance Imaging)의 자동해석에도 응용된다. 부모와 형제자매, 사촌, 이웃, 친구의 병력과 현재 상태까지도 분석한다. 그리고 피곤하거나 배고프거나 아프지도 않으면서 모든 시간을 환자에게 집중하고, 심지어 심각한 진단결과를 알려주어야 하는 순간에는 상대방의 혈압, 뇌 활동, 그 밖의 수많은 생체 데이터를 분석해 기분을 정확히 파악하고 또 지금까지 접한 고객들의 통계자료를 토대해 적절한 어조로 사실을

컴퓨터로 다양한 질문에 답을 주는 자연언어처리 능력만 아니라, 통계확률형 AI기술과 뉴럴 네크워크, 빅 데이터 탐색기술을 가졌다. 2014년 1월 왓슨 사업부가 만들어지면서 세계 49개국에 금융, 보건, 미디어, 제조 등 25개 업종에서 활용되고 있다. 의료사업 분야에서는 신약개발, 암 진단 지원, 환자의 DNA 등 유전 정보를 분석해 최적의 치료법을 제공하는 게놈 분석 보조 등에 응용된다. 비슷한 질병 예측 인공지능 시스템 딥 페이션트(Deep Patient)는 2015년 임상연구의 일환으로 미국 마운트 시나이(Mount Sinai) 병원이 개발해 각종 암과 당뇨병부터 조현병 같은 정신질환까지 78종의 질병에 대한 발병 확률을 정확히 예측한다. Kobayashi Masakazu, 『인공지능이 인간을 죽이는 날』, 10, 44-47.

전달할 수 있다. 또 3D 프린터[34]의 바이오프린팅(Bioprinting) 기술로 개별 환자에게 맞는 인체 장기를 제작하고 부족한 장기이식 문제를 해결해 장기이식을 기다리다 사망하는 경우도 줄 것이다.

그리고 뇌 과학의 발달로 인간 뇌의 물리적 기능이 밝혀지면서 미지의 세계로 남겨져 있던 인간 뇌가 신경세포 간의 물리적인 상호작용과 호르몬의 화학적 반응으로 설명되고 있다. 인간의 뇌는 세포체(cell body), 수상돌기(dendrite), 축삭돌기(axon)로 구성된 뉴런(neuron)이라고 하는 1,000억 개의 신경세포로 구성된다. 이 뉴런은 감각기관과 뇌 운동기관 사이에서 신경정보를 분자 구조로 된 신경전달물질 형태로 전달하는 역할을 하는데, 여기서 만들어내는 뉴런과 뉴런의 연결부인 100조 개의 시냅스(synapse)에서 지능, 감성, 기억 등이 정해진다. 인간 뇌 속 신경세포의 연결을 표시한 뇌지도인 커넥톰(Connectome)[35]과 인간의 인식을 조정하는 스위치인 클라우스트룸(claustrum)[36]의 발견은 수학공식으로 표현할 수 있는 알고리즘을 가진 하나의 복잡한 기계로 인간의 뇌를 설명한다.

---

34) 인간 장기는 물건을 프린트하는 것과 동일한 방식으로 3D 디지털 모델을 바탕으로 층층이 프린트해서 만든다. 팔과 다리, 신체 각 부분을 교체하거나 병원에서 수술이 필요한 환자의 부목, 붕대, 임플란트, 나사 등을 제작할 때 개인의 신체 부위에 맞게 맞춤형 프린팅을 제공한다. 그런데 인간의 신체 일부를 프린팅 하는 데 따른 윤리적 쟁점, 건강을 지키는 것에 대한 의욕의 약화, 통제나 규제를 받지 않고 생산되는 인간장기에 대한 윤리적 문제가 발생할 수 있다. Klaus Schwab, 『클라우스 슈밥의 4차 산업혁명』, 238-40.
35) 커넥톰은 뇌세포들의 활동을 표시한 것으로 도시간의 비행기 연결망을 그린 것과 같이 뇌를 대상으로 한 회로의 배선도이다. 세바스찬 승(Sebastian Seung)은 뇌 속 신경세포인 뉴런의 연결망인 커넥톰은 경험과 학습 그리고 환경에 따라 사람마다 다르며 "나는 나의 커넥톰"이라고 말했다. 현재 300개의 신경세포를 가진 예쁜 꼬마선충(C. elegans)의 커넥톰을 분석하고 그 구조 그대로 기계가 만들어졌지만, 인간의 모든 신경세포의 연결을 표시하는 커넥톰을 만드는 것은 어려운 일이다. 이미솔 외, 『4차 인간』(서울: 한빛비즈, 2020), 81-86.
36) 인간을 복잡한 기계로 보는 모하메드 쿠베시(Mohamad Koubessi)는 뇌전증 치료법을 찾기 위해 환자 뇌에 전기 자극을 주고 반응하는 범위를 검사하던 중에 우연히 발견했다. 54세 환자에게 잡지를 소리 내어 읽게 하고 뇌의 한 부분에 전지 자극을 주자 모든 행동이 일시 멈추고 이어 전기 자극을 중단하니 다시 행동했는데, 환자는 그 사이에 무슨 일이 있었는지 몰랐다. 이것은 인간 의식의 스위치로 알려진 클라우스트룸 가설을 입증하는 최초의 발견으로 기계의 오작동을 대비한 비상정지 장치인 킬 스위치(kill switch)와 같은 기능을 한다. 인간 의식을 만들어내는 뇌의 한 부분인 클라우스트룸은 두뇌 피질의 모든 부분과 광범위하게 연결되어 있어 '가시왕관 뉴런'이라고 부른다. 위의 책, 65-74.

하지만 여기서 인간 의식과 행위를 뇌의 물리적 기능으로만 보는 것은 문제점이 많다. 비록 뇌의 활동을 매개로 의식작용과 다양한 인간 행동이 설명된다 하더라도, 인간본성과 삶의 환경이라는 요소가 중요하게 고려되어야 한다. 또 뇌의 물리적 기능에 따른 기계론적 결정론으로는 인간의 자유의지를 설명할 수 없다. 사실 인공지능을 통한 인간강화는 인간 존재의 유한성과 불안을 넘어서려는 시도이기도 한데, 고바야시 마사카즈는 인공지능이 "인간을 배제한 제어 시스템"(Human out of the Loop)인 초자동화(super automation)가 될 때 나타날 실질적인 위험을 지적한다.[37] 인공지능 알고리즘 스스로가 세상을 지배하는 주인이 될지도 모르고 또 강한 인공지능[38]이 등장하는 경우에 그것을 소유한 소수 엘리트 집단에게 부와 권력이 집중되면서 사회적 불평등이 발생할 수 있다.

그래서 인간과 유사한 기계가 주는 편익을 얻고 위험을 피하기 위해서는 안전 및 윤리 지침을 마련하는 노력이 지속되어야 한다. 레이 커즈와일은 인공지능은 인류의 문제를 극복해줄 뿐 아니라 파괴적 결과를 낳

---

37) 고바야시 마사카즈는 근대 과학문명의 발달을 자동화의 과정으로 설명하는데, 4차 산업혁명시대 이전에는 기계장치를 조직하는 제어 시스템이 인간의 영역에 있었지만, 이제는 기계 제어권이 기계에 넘어가려 한다고 우려한다. Kobayashi Masakazu, 『인공지능이 인간을 죽이는 날』, 25-28. 이경민은 인공지능이 인간과 함께 할 때 가져올 위험과 대비책을 설명한다. 첫째, 빅 브라더 인공지능(AI the big brother)이 등장해 인간의 능력을 능가하면서 인간을 지배하는 위험이다. 대비책으로 정보공개를 통해 소수가 정보를 독식해 정치 도구화하는 것을 막을 자유 민주주의적 사회 시스템을 제안한다. 둘째, 인공지능 노동자(AI the labor)의 등장으로 인한 인간 노동의 경제적 가치에 대한 인공지능의 위협인데, 사회 시스템에서 소득과 노동을 분리해 노동과 상관없이 임금을 나누는 것을 생각해볼 수 있다. 셋째, 포스트휴먼 인공지능(AI the posthuman)이 등장해 인간 정체성에 미칠 위기인데, 인공지능을 과대평가하지 말고 한계를 명확히 인식해야 한다고 설명한다. 이경민, "인공지능과 미래사회", 『공존과 지속』, 343-45.
38) 인간이 처리할 수 있는 지적 과제를 수행할 수 있는 기계 지능을 '보편인공지능'(AGI, artificial general intelligence), '강한 인공지능'(strong AI), '완전한 인공지능'(full AI)이라고 한다. 반면 제한적인 직무를 수행하는 비지각인 기계 지능을 '약한 인공지능'(weak AI), '제한적 인공지능'(narrow AI), '응용인공지능'(applied AI)이라고 한다. 그리고 인간을 초월하는 신적인 인공지능인 '초지능'(superintelligence)은 인간의 인지적 한계를 넘어서는 '인공적인 초지능'(artificial superintelligence), 인간이 기계의 도움으로 자신의 생물학적 한계를 초월하는 '생물학적 초지능'(biological superintelligence)으로 나눈다. 이창익, "인간이 된 기계와 기계가 된 신: 종교, 인공지능, 포스트휴머니즘," 235.

을 수도 있으므로 자유, 관용, 지식과 다양성에 대한 존중 등 인간적 가치를 최대한 따르게 하는 것이 최고의 전략이라고 강조한다.[39] 인간을 통해 만들어진 인공지능은 현재의 가치를 그대로 반영하게 되므로 현재와 미래 사회에서 이런 인간 존엄성의 가치를 극대화해야 한다.

사실 인간과 같은 기계, 인간을 능가하는 인공지능이 그 역량을 무한히 확장하고 점점 인간과 기계의 경계가 모호해진다고 해도 아직까지 밝혀지지 않은 인체의 많은 영역은 여전히 신비의 영역이다. 아직까지 인간강화를 위해 인체 기관과 조직을 재생하거나 구조를 재설계하는 것은 미래의 일이다. 인간의 수명을 혁신적으로 늘리거나 불멸을 이룰 것이라는 주장도 상상의 수준에 머물러 있다. 물론 질병의 치료를 통해 인체의 정상적 기능을 회복시키는 것은 그 가치가 명확하지만, 인간강화를 통한 생명연장과 불멸의 추구가 개인은 물론 사회 전체의 관점에서 바람직한 것인지 살펴보아야 한다.

그리고 아무리 인간과 구분할 수 없는 인공지능 로봇이라 하더라도 기계 장치의 운영을 종료하거나 멈춤 버튼을 누르는 마지막 순간을 맞게 된다. 인간과 같은 생명체처럼 음식을 먹고 분해해 에너지를 만들 수 없으므로 작동하는데 필요한 동력을 공급하지 않으면 자연스럽게 동작을 멈춘다. 그런데 이런 종료나 멈춤이란 인간존재를 규정하는 죽음과 다른 것이다. 죽음이야말로 인간을 인간과 유사한 기계와 구분하는 유일한 기준이다.

(2) 가상현실이 만든 인간 부활과 삭제

2016년 나이언틱(Niantic)이 내놓은 포켓몬 고(Pokémon GO) 게임은 증강현

---

39) Ray Kurzweil, 『특이점이 온다』, 588-92.

실을 통해 길거리를 다니다가 만화 속 포켓몬을 만나서 잡는 방식으로 현실 공간을 배경으로 다른 세상을 경험하게 한다.[40] 이러한 증강현실 기술은 스마트폰 카메라로 거리를 비추면 상점에 대한 설명이 표시되거나, 운행 중인 차량의 정면 유리에 현재 통과지역 주변 정보 또는 내비게이션이 표시되는 서비스로도 사용된다. 더 나아가 사물에 대한 상세한 정보를 안구에 심은 생체렌즈를 통해 활용될 수도 있다. 물건의 가격, 건물의 광고는 물론 길에서 마주치는 타인의 나이를 비롯한 다양한 정보까지 확인할 수 있고 이 모든 순간을 영상 데이터로 저장해 언제든지 재생하거나 전송도 가능하다. 이런 기술은 안전을 위한 방범 및 범죄자 검거에도 사용된다.[41]

이제는 현실에 기반을 두지 않는 디지털화된 가상세계가 일상의 한 부분을 차지하고 있다. 가상세계에서는 컴퓨터 알고리즘으로 한 사람의 성격, 성 정체성, 정치성향까지도 구현해 현실과 똑같거나 그 이상으로 정확한 가상인물을 만들 수 있다. 이처럼 디지털화된 세상 에서 현실의 인물과 똑같은 이름과 인격을 가진 존재인 아바타가 활동하게 되는데, 디지털 존재인 아바타는 가상세계에서 또 다른 새로운 정체성을 만든다. 4차 산업혁명의 핵심 중 하나는 기존의 정보와 현실에서 경험하는 것들의 디

---

40) 기술연구단체인 ASF(Acceleration Studies Foundation)은 '증강현실', '라이프로깅'(lifelogging), '거울 세계'(mirror worlds), '가상세계'를 '메타버스'(metaverse)라고 부른다. 메타버스는 초월, 가상을 의미하는 메타(meta)와 세계, 우주를 뜻하는 유니버스(universe)의 합성어로 현실을 초월한 가상세계, 디지털화된 지구를 의미한다. 페이스북, 인스타그램, 카카오스토리에 일상을 올리는 것, 인터넷 카페에 가입해서 활동하는 것, 온라인 게임을 즐기는 것 등이 메타버스에서 살아가는 방식이다. 김상균, 『메타버스』, 23.
41) 제임스 키이넌(James Keenan)은 어떤 증강기술이 어떤 목적으로 사용되고 있는지 물어야 한다고 지적한다. 미국에서 실제로 증강 기술이 많이 연구되는 곳은 국방부 소속의 국방부고등연구 기획처(DARPA, Defense Advanced Research Projects Agency)로 전쟁부상자와 장애인들을 위한 보철학(prosthetics)과 전쟁을 수행할 수 있는 로봇을 개발하는 연구가 핵심이라고 한다. 그래서 증강에 대한 연구 자금이 군인을 강화시키는 로봇 군대를 양산하는 무기개발과 밀접한 관련성이 있다고 지적한다. 또 가난한 사람을 위한 기술사용 등 증강에 대한 윤리적 가치를 제대로 평가해야 한다고 강조한다. 우병훈, "트랜스휴머니즘 시대에 도전 받는 기독교 신학: 인간론, 구원론, 종말론을 중심으로," 『한국개혁신학』 68집(2020), 194-95.

지털화이다. 현장을 직접 방문해야만 할 수 있던 많은 일들이 인터넷이라는 온라인상에서 가능해졌고 실재감이 점점 높아지고 있다. 미래에는 실제 세계와 구별이 불가능할 수 있는 완전한 가상세계의 구현도 상상한다. 이러한 가상의 공간에서는 자신에 대한 정보와 기억을 지속적으로 뇌에 업로드하거나 또는 가상세계 속의 아바타로 영원히 존재하는 불멸의 실현이 예상된다.

일류사적으로 인간은 고대로부터 동굴 벽이나 동물 뼈에 자신의 생각이나 감정 등을 새기거나 조각해 후대에 전했다. 그러한 행동은 죽음의 두려움에서 벗어나고 영원히 살려는 주술적 행위이기도 했다. 이후 문자의 발명으로 다양한 기록을 통해 보다 구체적인 기억 속에서 인간존재는 죽음에도 여전히 존재하게 되었다. 추모의 행위가 여기에 해당한다. 후손과의 정신적·종교적 교류만 아니라, 기억과 함께 영원히 존재해 죽음을 극복하려 한 것이다. 이제는 디지털화된 고인에 대한 기록으로 다양한 장소에서 시간에 구애받지 않고 그리고 오감을 통한 기억의 공유로 추모가 이루어질 것이다.

MBC방송의 VR 휴먼다큐멘터리 <너를 만났다> 프로그램은 가상현실과 시각특수효과(VFX, visual effect) 기술을 통해 이미 돌아가신 고인과의 만남을 시도했다. 기억과 추억 속에만 존재하는 고인을 살았을 때의 몇 가지 표정과 목소리, 특유의 몸동작 등에 근거해 모션 캡처 기술을 거친 CG 작업을 통해 실제 살아 있는 사람처럼 구현했다. 그리고 가족 중에 VR 기기를 쓰고 과거 익숙했던 현장을 배경으로 만든 가상의 공간에서 고인을 만나 이야기를 나누며 상호교감 할 수 있게 했다. 앞으로는 가상현실을 통해 묘지나 봉안당의 모습이 3D로 사실적으로 구현되고, 가상으로 만들어진 세상에서 실제 현장에서처럼 추모하며 상호작용의 경험을 늘릴 수 있다.[42] 이런 기술은 고인에 대한 경우만 아니라, 반려동물이 죽어 추억하는 경우에도 그대로 활용된다.

이제 디지털 세상은 죽은 사람도 다시 살린다. 죽기 이전의 육체를 가진 사람으로는 아니지만, 영원한 기억을 통해 살린다. 그리고 가상현실과 증강현실을 통해 오감으로 소통할 수 있게 만든다. 고인에 대한 수많은 정보를 데이터화해 이미 죽은 과거의 인물을 복원함으로 서로 대화하고 공감하면서 상호작용하는 것이다. 또 가상세계 속에서 아바타라는 새로운 존재로 불멸을 이룬다. 하지만 디지털화된 존재의 죽음은 완전한 종결로서의 죽음이 아니라, 삭제일 뿐이다. 때로는 우발적인 삭제나 겹쳐 쓰기로 언제든지 사라질 수도 있다. 누군가 다른 인간에 의해 통제되는 죽음이다. 실제 인간존재의 죽음이 아닌 것이다.

II. 죽음으로 규정되는 인간존재

건강하게 오래 사는 것은 모든 인간이 추구하는 행복한 삶의 조건이다. 하지만 인간은 언제든지 질병으로 고통을 당하거나 곧 죽게 될 상황에 직면해 두려움과 큰 슬픔을 경험한다. 그런데 생명공학과 과학기술의 발전으로 보다 명확한 질병 진단과 치료가 가능해지면서 생명연장을 현실의 일로 이루었다. 앞으로는 기능을 다했거나 제 기능을 못하는 신체의 일부를 인공장기로 교체하면서 궁극적으로 영원히 죽지 않을 세상이

---

[42] 하늘과 나무와 묘지와 같은 다양한 자연환경 콘텐츠가 계절과 시간적 요소를 반영하여 제공될 것이다. 묘지만 아니라 수목장, 잔디장, 바다장, 봉안당 등의 배경 이미지로 실제 현장에 있는 경험과 추모자의 다양한 움직임인 벌초하는 행동, 인사나 헌화를 하는 것과 같은 동작의 구현으로 몰입감을 높일 것이다. 박종안 외, "AR·VR 기반 스마트 추모동산 문화의 실현 기술," 『한국정보기술학회논문지』 Vol.16 No.10(2018), 115-16.

올 것을 예상한다. 4차 산업혁명이라는 변화된 환경 속에서 이전까지 예상하지 못한 새로운 인류의 등장과 함께 인간이 누구인가라는 정체성에 대해 물음이 새롭게 제기된다.

'인간은 누구인가'는 고대로부터 인류가 꾸준히 물어온 질문이다. 이 질문은 자기인식의 발전 속에 주변 환경의 관찰과 상호작용을 통해서 인간으로의 존재의미와 가치를 찾게 했다. 그래서 철학자를 비롯해 과학자와 종교인은 인간의 이성적, 언어적 능력이나 종교성을 내세워 동물 또는 신적 존재와의 비교 속에 인간을 정의했는데, 그 중에 생각하는 인간인 '호모 사피엔스'(Homo Sapiens), 도구의 인간인 '호모 파베르'(Homo Faber), 유희의 인간인 '호모 루덴스'(Homo Ludens), 종교적 인간인 '호모 렐리기우스'(Homo Religius) 등이 있다. 현대에는 DNA 구조발견과 뇌 과학의 발전에 따른 인지혁명으로 '과학적 인간학'[43]이 등장했다. 인간의 의식 활동을 물질적인 뇌의 기계 작용으로 설명한다. 이러한 인간을 이해하는 여러 양상은 인간이 육체와 영혼으로 나눠진다는 이원론적 입장과 물질로 만들어졌다는 유물론적 입장에 대한 동의나 거부와 맥을 같이 한다. 그래서 인간이 누구인지에 대한 입장에 따라 인간의 존엄성과 가치, 삶의 의미와 책임성에 대한 것이 달라진다.

인간존재를 규정하는 핵심 중의 하나는 죽음을 품고 사는 유한성을 특징으로 하는 존재라는 것이다. 육체와 영혼의 통전적인 존재인 인간은 주변 환경 그리고 타인과의 상호작용이라는 관계성 속에서 살아간다. 그 중에서도 핵심은 하나님의 형상을 닮은 존재로 하나님과의 관계를 존재의 근원으로 한다는 점이다. 그런데 죄로 인간은 하나님과의 관계가 단절되었고, 하나님에 의해 창조된 피조물의 본성인 죽음은 삶에 불안과 고통을 몰고 왔다. 인간은 끝없이 이 죽음을 극복하고 불멸을 이루려고 시

---

43) 장대익, "유전자가위 기술의 진화사적 의미", 『공존과 지속』, 59.

도하지만, 죽음은 그 자체로 먼저 인간존재의 한계를 상기시켜준다. 그리고 인간은 성육신하신 예수 그리스도의 대속의 은혜로 구원 받고 마지막 날에 죽음을 이기고 부활하며 만물이 새로워질 것을 소망하면서 이 땅에서 살아간다(롬 8:19-23). 인간은 죽음을 품고 살지만, 하나님은 인간에게 죽음을 이기는 새로운 생명이 주도하는 삶을 허락하셨다. 이처럼 죽음은 창조 시의 인간은 물론, 오늘과 죽음 이후의 인간을 전망하게 한다.

1. 통전적인 인간이해에 있어서 필연적인 죽음

인간은 하나님이 땅의 흙으로 지으시고 생기를 그 코에 불어 넣어 만드신 생령이다(창 2:7). 하나님은 인간을 자신의 형상으로 창조하시고, 생육하고 번성하여 땅에 충만하여 바다와 하늘과 땅의 모든 생물을 다스리게 하셨다(창 1:27-28). 이처럼 육체와 영혼이 하나 된 통전적인 존재인 인간은 하나님과 대화하고 교제를 나누며 세상 속에 살아가는 존재로 창조되었다. 이것은 영혼을 육체와 분리된 형이상학적 실체가 아니라, 육체와 불가분리의 관계에 있다고 본 히브리인의 인간이해이기도 하다.

반면 헬라인은 육체와 영혼을 대조적인 두 실체로 본다. 인간의 육체를 영혼에 비해 저급하고 무가치한 것으로 또 고귀하고 영원한 영혼을 가두고 있는 감옥이나 잠깐 입었다가 벗어 버릴 옷과 같은 것으로 보는 이원론적 인간이해를 가졌다. 그래서 구원은 영혼이 육체의 속박으로부터 해방되는 것으로, 죽음은 영혼이 육체로부터 해방되어 영원한 이데아로 돌아가는 관문으로 생각했다. 이런 이원론적 인간이해는 근대에 르네 데카르트(René Descartes)에 의해 더욱 부각된다. 육체와 영혼은 각기 서로 다른 두 실체로, 특히 영혼은 형체가 없는 정신적 존재로 자아의 본질을 구성한다고 보았다. 인간이 살아 있는 동안 육체는 자신과 외적 세계에 대한 감각을 영혼에 전달하고 영혼은 육체의 움직임을 일으키며 상호작용하는데, 육체의 죽음 이후에도 영혼은 여전히 존재한다고 생각했다.[44]

오늘날 뇌 과학자를 비롯한 미래학자들은 인간의 정신과 의식 활동을 영혼이 아닌, 뇌라는 육체 기관의 활동의 산물로 본다. 뇌의 특정한 부분이 손상되면 그 부분과 관련된 정신적 능력의 장애가 일어나는 이유를 그 근거로 제시한다. 심지어 포스트휴머니즘의 경우에는 인간의 뇌와 컴퓨터를 동일한 정보처리 능력을 지닌 지적 장치로 이해하고, 인간의 인격이라는 것도 정보로 구성된 데이터의 합이라고 생각한다.[45] 그래서 인간에게서 이루어지는 지적 정보처리 과정과 같은 일들이 컴퓨터나 로봇에게서 이루어진다면, 이런 기계는 인간과 같은 지적인 존재로 간주된다. 그 결과 인간이 육체로 인해 제한받는 것은 충분히 극복할 수 있는 것으로 여겨지고 영혼의 존재라는 것은 무시되어도 무방한 것으로 다루어진다.

하지만 인간의 정신이나 의식은 뇌의 기계적인 작용으로 환원하거나 또는 생물학적인 육체와 분리된 형이상학적 허상으로 볼 수 없다. 또한 인공지능이 인간의 뇌를 모델로 한 인공신경망을 통해 작동한다고 해도 인간과 같은 존재일 수는 없다.[46] 그것은 인간이 제공하는 빅 데이터

---

44) 윤철호, 『인간-인간의 본성과 운명에 관한 학제간 대화』, 54-55.
45) 라메즈 남은 뇌와 컴퓨터를 연결하는 신경 인터페이스라는 새로운 정보기술로 인간의 커뮤니케이션에 변화가 일어날 것이라고 설명한다. 그 결과 중앙 통제 시스템이 아닌, 개인이 스스로 자신의 생각과 지식을 자유롭게 발신할 수 있다. 또 마음사이에서 일어나는 커뮤니케이션은 물론, 특수 안경을 끼고 체험하는 조잡한 가상현실과는 차원이 다른 뇌의 뉴런에 직접 접속해 가상세계를 구현하는 것도 가능해진다. 이런 커뮤니케이션 능력이 강해질수록 뇌는 통합되고 일체화되며 궁극에는 생물학적 뇌의 통합이 이루어질 것으로 예측된다. Ramez Nam, 『인간의 미래』, 9-15.
46) 이석재는 인공지능이 인간과 같은 존재일 수 없는 이유를 설명한다. ① 형이상학적 논의에 있어 인공지능은 인간표정과 목소리 등을 통해 사람의 기분이나 감정을 이해하고 그에 적절히 반응하는 능력은 향상되었지만, 스스로 어떤 감정을 느낀다고 볼 수 없다. ② 인간의 고유한 지향성인 목적 설정 능력에 있어 인공지능은 어떤 과제를 받았을 때 문제 해결 능력은 뛰어나지만, 세계를 이해하거나 그에 대해 어떤 관점을 가지지 못한다. 특정한 목적 없이 세계를 표현할 뿐이다. ③ 인공지능의 사리 판단에 대한 민감성과 이타주의적 태도에 대한 인간과의 차이점, 인간존엄성과 같은 규범의 적용과 이 규범을 인간이 받아들일 것인지에 대한 윤리적 논의가 제기된다. 이정동 외, 『공존과 지속』, 290-92.

를 딥 러닝하고 여전히 인간 뇌의 구조와 기능을 차용할 뿐, 스스로의 활동이나 경험을 근거로 한 자기인식과 자기보존의 욕구에 따른 것이 아니기 때문이다. 인간의 마음에서 이루어지는 것과 같은 총체적인 사유 활동도 일어나지 않는다.[47] 로완 윌리엄스(Rowan Williams)는 의식을 기계 또는 착각이라고 주장하는 오류를 지적하며, 의식은 물질세계와 언어세계에 자리 잡은 관계성을 특징으로 하는 협력적인 사회적 삶의 일부로서 유기체라고 설명한다.[48]

기독교적 인간이해에 있어서 초대교회 교부들은 하나님의 형상 개념을 중심으로 인간의 육체와 영혼을 함께 중요시 다루었다. 육체의 중요성은 특히 육체적 부활에 대한 신앙고백을 통해 더욱 강조되어, 몸이 없는 영혼은 하나의 인격이 될 수 없고 그래서 육체와 연합하지 못한 영혼은 충분히 그 자신이 되지 못해 다시 육체와 연합되기를 갈망한다고 보았다. 또 육체는 인간의 본성 자체에 속한 것으로 보아서 죽은 자의 육체를 돌보는 것은 부활에 대한 믿음을 확증하는 것으로 여겼다.[49] 실제로 인간이 사고하거나 행동할 때, 육체의 움직임과 정신의 작용을 서로 분리해서

---

[47] 신은화, "AI시대 인간의 정체성과 소외," 『동서인문』 15호(2021), 9-24. 인간의 뇌는 아날로그와 디지털 처리 과정을 모두 이용한다. 디지털 신호가 주의를 기울일 대상들을 알려주고, 아날로그 과정이 일부 신호는 억제하고 일부 신호는 증폭시켜 우리가 선택한 대상에 집중하게 한다. Abby Smith Rumsey, *When we are no more*, 곽성혜 역, 『기억이 사라지는 시대』(서울: 유노북스 2016), 244-48.

[48] Rowan Williams, *Being Human: Bodies, Minds, Persons*, 이철민 역, 『인간이 된다는 것-몸, 마음, 인격』(서울: 복있는 사람, 2019), 19-37.

[49] 윤철호, 『인간-인간의 본성과 운명에 관한 학제간 대화』, 36-37. 교부들이 이해한 인간 안의 하나님의 형상에 대한 여러 관점은 다음의 것들이 있다. ① 하나님을 알고 하나님과 관계를 맺을 수 있는 정신적·영적 존재이다. ② 하나님을 유비적으로 반영한다. 인간이 하나님을 알고 하나님과 관계를 맺을 수 있는 것은 인간의 정신 안에 하나님을 반영하는 존재론적 유비가 있기 때문이다. ③ 자유이다. 인간은 하나님의 형상으로 지음을 받았기 때문에 하나님을 향하고 하나님의 사랑에 의해 행동할 때 온전한 인간이 될 수 있다. ④ 죄와의 관계 안에서 발견된다. 인간 안의 하나님의 형상은 죄로 인해 흐려지고 망가졌다. 그러나 죄는 인간의 최종적 운명은 아니다. ⑤ 하나님의 완전한 형상인 그리스도를 떠나서는 이해될 수 없다. 그리스도 안에서 본래적이고 진정한 인간 본성이 나타났다. ⑥ 하나님의 형상을 인간의 육체와 연결시키지는 않았지만, 인간의 육체성을 중요시했다. 위의 책, 32-37.

따로 떼어놓고 생각할 수는 없다. 인간의 정신활동은 육체와 물리적 환경, 그리고 다른 사람과의 상호작용을 통해 이루어지므로 인간의 육체를 정신이나 영혼보다 못한 하위 차원으로 여길 수 없고, 영혼의 존재를 부인할 수도 없다.

여기서 주목해야 하는 것은 육체와 영혼의 통전적인 인간 이해의 필연적 사실은 바로, 죽음이라는 점이다. 인간의 죽음과 부활은 인간의 본질을 이해하는 것과 직결되는데,[50] 마르틴 루터(Martin Luther)는 그리스도인에게 죽음은 그리스도를 믿는 믿음을 통해 그리스도와 함께 죽는 죽음과 육체의 마지막을 동시에 의미한다고 설명한다. 그리스도와 함께 죽는 것이므로 완전한 죽음과 그 이후에 새로운 삶의 시작이 있으므로 그리스도인에게 죽음은 두렵고 끔찍한 일만이 아니라, 하나님과의 영원한 삶을 위해 거쳐야 할 통과의례로서 분명히 있어야 한다고 강조한다.[51] 이처럼 창조주에 의해 만들어진 피조물인 인간은 한계가 주어진, 죽음을 담보하고 태어난 존재이다. 그래서 보다 효과적인 치료와 예방 기술을 발전시킨 의학과 과학의 힘으로 인간이 건강하게 오래 살 수 있도록 돕는 것은 지속적으로 이루어져야 하지만, 인간 수명을 무한정 늘리려거나 불멸성을 추구한다면 그것은 하나님이 세우신 창조질서인 피조물의 유한성을 거부하는 행위이다.

현대 과학기술의 힘으로 인간의 수명을 무한정 늘려 불멸을 이루려는 시도와 인간의 본성적 한계를 초월하는 포스트휴먼의 등장에 대한 예측

---

50) 성종현은 신약성서를 근거로 육체와 영혼이 유기적인 합일체를 이루는 통전적인 인간관, 죽음에서 일어나는 영혼과 육체의 분리, 그리고 육체를 상실한 영혼의 낙원과 음부에서의 중간기 대기상태를 주장한다. 성종현, "인간의 본질과 죽음 그리고 영혼과 육체의 분리: 신약성서의 개인적·내세적 종말론의 논쟁점을 중심으로," 『장신논단』 Vol.44 No.1(2012), 72-79.
51) 박인조, "불멸을 통한 죽음의 두려움 극복에 대한 비판적 고찰", 황명환 외, 『우리는 왜 죽음을 두려워하는가?』(서울: 이폴출판사, 2021), 63.

은 인간 정체성에 대해 다시 묻는다. 이제 인간과 비교할 수 없는 무한한 능력으로 인간을 위한 조력자에서 점차 경쟁자로 인식되고 있는 기계는 인간이 누구이고, 인간다움이 무엇인지, 그리고 언젠가는 죽음에 이를 인간 육체와 영혼의 통전적인 관계를 주목하게 한다. 그러므로 인간의 유한성, 그것을 분명히 보여주는 인간의 힘으로 해결하거나 극복할 수 없는 육체의 죽음은 결코 장애나 해악으로만 볼 수 없다. 물론 인간은 유한성과 육체의 죽음으로 고통당하지만, 결정적인 이 인간의 한계로부터 하나님의 주도적인 역사 속에 하나님과의 만남이 시작된다. 하나님의 형상으로서의 인간은 하나님께로부터 나와 하나님의 은총 가운데 살다가 하나님께로 돌아간다.[52] 그리고 몸의 부활과 함께 변화된 모습으로 다시 살아날 것을 믿는다(고전 15:50-54).

2. 인간실존으로서의 죽음과 성숙한 삶

죽음과 죽음에 이르는 과정에서 인간이 경험하는 고통은 감당하기 어려운 것들이다. 그런데 육신을 입은 인간은 누구나 나이 들어 늙고 병들어 죽음을 맞는다. 그 중에서 예상하지 못한 사건과 사고를 만나 갑작스럽게 죽거나 다른 사람의 죽음을 지켜만 봐야하는 무기력한 현실만큼 쓰라린 경험도 없다. 그래서 사랑하는 사람의 죽음 이후에 몰려오는 상실감과 감당하기 어려운 깊은 상처는 다른 어떤 경험과도 비교할 수 없는 괴로움이다. 역사적으로 인간은 질병을 정복하고 건강을 유지하기 위해 노력했다. 동시에 죽음을 극복하기 위해 방안으로 죽음에 특별한 의

---

52) 김진혁은 구약에 등장한 하나님의 형상이라는 개념이 바울을 통해 그리스도인의 성화된 삶과 종말론적 희망으로 그 지평이 확대된다고 설명한다. 김진혁, 『질문하는 신학』(서울: 복있는 사람, 2019), 375-76.

미를 부여하는 다양한 시도를 해왔다.[53] 스티븐 케이브(Stephen Cave)는 인간은 수명을 늘리는 '육체적 생존'(Staying Alive) 외에 '부활 이야기'(Resurrection Narrative), '영혼'(Soul), '유산'(Legacy)으로 죽음을 극복하고 불멸을 추구해왔다고 설명한다.[54]

이처럼 인간은 죽음을 정복의 대상으로 여기거나 또는 두려움과 공포의 대상으로 대하며 거부하면서 숨기려고 했다. 그런데 이제는 죽음을 더 이상 피할 수 없는 사건이어서 어쩔 수 없이 받아들이거나, 삶에 의미를 주는 것으로 여기며 자기 합리화할 필요가 없을 것이라고 레이 커즈와일은 말한다. 그는 인간이 자신의 가치와 믿음, 지식을 전수함으로 짧은 생물학적 인생을 넘어 살아남는 방법을 모색할 필요도 없다고 내다본다. 그것은 유전학(Genetics), 나노기술(Nanotechnology), 로봇공학(Robotics)의 혁명으로 의학적 사망 원인을 극복하고 점차 비생물학적인 존재가 되어 자신을 백업할 수 있기 때문이다.[55] 하지만 이런 시도는 아직까지 실현 가능성이 낮고 불확실하며 상상의 수준에 머물러 있다. 오히려 수명의 폭발적인 연장과 심지어 인간 불멸이 인류전체에 재앙이 될 것이라는 평가도 있다.

엘리자베스 퀴블러 로스(Elisabeth Kübler-Ross)는 죽음에 대한 두려움을

---

53) 유발 하라리는 중세와 근대 초기에 사람들은 죽음의 순간에 자신의 신앙의 깊이를 드러낸다고 생각했고, 죽음이나 전쟁과 같은 극한의 고통 경험을 영적 계시와 연결시키며 고행과 금욕 수행에 몰두하기도 했다고 설명한다. Yuval Harari, *The Ultimate Experience*, 김희주 역, 『극한의 경험』(고양: 옥당, 2017), 62-65.
54) Stephen Cave, *Immortal*, 박세연 역, 『불멸에 관하여: 죽음을 이기는 4가지 길』(서울: 엘도라도, 2015), 16-20. '육체적 생존'의 대안으로 나온 두 번째 길인 '부활 이야기'는 육체적 죽음을 막을 수 없어 인체냉동보존술(cryonics)이나 자신을 인터넷상에 업로드 시킨 뒤 또 다른 육체나 디지털 아바타 속으로 다시 다운로드 받는 기술을 말한다. 하지만 부활 후에 늙어버린 자신의 몸속으로 다시 들어간다는 아쉬움에 찾은 세 번째 길은 '영혼'을 통한 불멸의 추구이다. 정신적인 존재나 영혼으로 불멸을 꿈꾸는 것으로 영혼불멸사상이 대표적이다. 그런데 이 방식은 물질적 세계관을 가진 이들에게는 여전히 채워지지 않는 부족함을 남긴다. 그래서 찾은 네 번째 길이 '유산'으로 명예나 자손 특히 유전자를 통해 인간자아를 미래로 확장시켜 불멸을 추구한다.
55) Ray Kurzweil, 『특이점이 온다』, 445-49.

이용해 돈을 버는 사람이나 엄청난 비용을 들여 시신을 냉동해 다시 살릴 수 있을 때까지 저온 상태로 특수 건물에 보존하는 것처럼 죽음을 부정하는 미래사회를 진단한다. 그래서 죽음은 "여러 면에서 좀 더 외롭고 좀 더 기계적이며 좀 더 비인간적인 것이 되었다"고 지적한다.[56] 오늘날의 기술에 대해서 한스 요나스(Hans Jonas)는 인간 삶의 핵심이지만, 동시에 "삶과 죽음, 사고와 감정, 행위와 고통, 환경과 사물, 욕구와 운명, 현재와 미래에 침투"해 삶을 위협하는 문제라고 지적한다.[57] 실제로 육체와 정신이 도구화되고 사회의 역동성이 심각하게 훼손되며 독재국가에서 권력자의 독재가 장기화될 수 있다. 또 과학기술의 정점에 도달해 있는 소수의 사람이 생명연장과 불멸을 시도하는 과학기술을 통제하거나 상업적으로 이용해 죽음과 생명을 관리하여 악용할 가능성도 있다. 그래서 윤리적인 문제만 아니라, 특정 사람에 대한 신격화와 폭력적 행위의 정당화라는 심각한 문제가 예상된다.

누구나 동의하듯이 죽음만큼 확실하고 실제적이며 두려운 것도 없다. 그런데 이러한 죽음에 대한 두려움이 예술적 창의성과 정치적 신념 그리고 종교적 신앙심을 일으켰다. 또 지난 생애를 돌아보며 삶의 목적과 방향을 진단하고 더 나은 선과 가치를 추구하는 성찰적 삶으로 이끌었다. 셸던 솔로몬(Sheldon Solomon)은 인류는 죽음의 공포를 관리하기 위해 '문화

---

56) Elisabeth Kübler-Ross, *On Death and Dying*, 이진 역, 『죽음과 죽어감』(파주: 청미, 2018), 40, 54-55.
57) 한스 요나스는 현대기술은 '결과의 모호성', '적용의 강제성', '시공간적 광역성', '인간중심주의의 파괴', '형이상학적 물음의 제기'로 인해 성찰의 대상이 되어야 한다고 지적한다. 즉 현대기술은 결과를 추측할 수 없을 뿐 아니라, 때로 선하고 정당한 목적을 위해 사용되더라도 장기적으로는 위험적인 요소가 있을 수 있는 '결과의 모호성'과 과학기술에 의해 새로운 가능성이 열리고 구체화되면 적용에 대한 욕구가 지속적으로 커지면서 윤리적 부담을 지게 되는 '적용의 강제성'이 있다. 그리고 '시공간적 광역성'으로 이전의 행동방식에서는 전혀 알려지지 않았던 새로운 차원에서 지구적으로 과거와 미래의 세대에까지 영향을 미친다. 그래서 '인간중심주의의 파괴'를 통한 전체와의 연대와 '형이상학적 물음의 제기'로 인류의 존재와 의미를 다시 묻는 것으로 현대기술의 위험에 대해 바로 인식할 수 있다고 설명한다. Hans Jonas, *Technik, Medizin und Ethik-Zur Praxis des Prinzips Verantwortung*, 이유택 역, 『기술 의학 윤리: 책임 원칙의 실천』(서울: 솔, 2005), 17, 41-50.

적 세계관'과 '자존감'에 주목했다고 한다.[58] 인간은 자신이 죽을 존재라는 것을 인정하고 직시함으로 공유적인 가치를 만들고 스스로를 돌봐왔다는 것이다. 또 어빈 얄롬(Irvin Yalom)은 인간이 죽을 수밖에 없는 운명이라는 치명적인 상처를 깨닫고 인생 주기를 통해 변화하고 증가하는 자기 인식이라는 최고의 선물을 얻는다고 설명한다.[59] 이렇게 인간은 가장 큰 실존의 불안이라고 할 수 있는 죽음에 직면함으로 서로를 이해하는 공감은 물론, 삶의 의미를 발견함으로 더욱 충실한 삶을 살며 더 높은 가치를 추구할 수 있다.

죽음은 한정된 시간을 살아야 하는 인간으로 현실에서 가치 있는 일에 더욱 집중하게 한다. 불필요한 욕망과 집착으로부터 벗어나게 하는 것은 죽음을 인식할 때이다. 동시에 상실의 아픔과 고통은 인생을 관조하는 새로운 시선을 갖게 한다. 여기서 인격의 성숙과 삶을 대하는 태도의 변화가 일어난다. 헨리 나우웬(Henri Nouwen)은 자신의 죽음과 죽음 이후를 바라볼 수 없을 때, 삶의 의미와 가치를 잃고 미래에 대한 소망 없이 살게 되며 인간이라는 것에 대한 기쁨도 잃어버린다고 설명한다.[60] 그리고 죽음은 결코 혼자서 감당할 수 없기에 공동체의 결속을 이끌어내며 소명을 따라 이웃과 함께 삶을 살게 하는 원동력이 된다.[61]

성경은 삶 속에 있는 죽음의 현실을 망각하거나 회피하지 말고 오히려 그것을 직시함으로 어떤 태도로 살아야 하는지, 어떤 존재가 되어야

---

58) Sheldon Solomon/Jeff Greenberg/Tom Pyszczynski, *The Worm at the Core*, 이은경 역, 『슬픈 불멸주의자』(서울: 흐름출판, 2016), 23-26.
59) Irvin Yalom, *Staring at the Sun*, 이혜성 역, 『보다 냉정하게 보다 용기있게』(서울: 시그마프레스, 2008), 13-22, 53.
60) Henri Nouwen, *The Wounded Healer*, 최원준 역, 『상처 입은 치유자』(서울: 두란노, 1999), 26-27.
61) 김난예는 인공지능 시대에 죽음과 죽어감에 대한 교회 공동체의 역할을 '공동체적 돌봄과 지지', '죽음의 의료화로부터의 탈출', '영혼의 순례길 안내자', '희망의 문으로 초대하는 일'로 설명한다. 김난예, "인공지능 시대, 죽음과 죽어감에 대한 교회의 역할," 『기독교교육논총』 제59집(2019), 259-67.

하는지 삶의 지혜를 얻으라고 말한다. 인간이 하나님과 이웃, 그리고 세상과 인격적 관계를 맺으며 하나님의 형상으로 자신의 존재이유와 가치를 발견함으로 인간됨을 실현하고 성숙한 인격으로 성장하게 되는 것은 죽음을 품고 살아가는 존재임을 인식할 때이다.

3. 인간존재를 규정하는 죽음과 인간의 유한성

4차 산업혁명은 생명공학과 나노기술을 통해 생명연장을 이룬 인간이 사물인터넷으로 인공지능 로봇과 소통하며 편리한 일상을 영위하면서 물리적 세계만이 아닌 가상현실을 경험하고 가상세계에까지 삶의 영역을 넓혀가게 만들 것이다. 4차 산업혁명과 인공지능의 폭발적인 발달로 앞으로 등장할 인류는 지금과는 전혀 다른 포스트휴먼과 같은 존재일 것으로 예측한다. 즉 유전공학이나 인간 복제기술[62]을 통한 인간강화, 인공장기와 나노기술을 포함한 기계공학을 통해 추진되는 육체적 강화, 뇌신경과학이나 인공지능 기술을 포함한 컴퓨터공학으로 시도되고 있는 정신적 강화를 이룬 인간[63]이다. 특히 포스트휴머니즘이 주목하는 것은 인간과 동물 그리고 신의 경계가 허물어진 틈 사이로 등장하게 된 기계화된 인간인 동시에 인간이 된 기계이다. 종국에는 인간을 데이터화하고 죽음까지도 데이터로 저장하게 된다면, 죽음 이후의 존재나 윤회와 환생까지도 기계적으로 재현될 수 있을 것으로 상상한다. 이때에는 인간성의 징

---

[62] 유전공학에서 가장 우려를 불러일으키는 것은 생식 목적의 클로닝(cloning)이다. 클로닝은 어떤 사람을 바탕으로 그와 유전자 구성이 똑같은 인간을 만들어내는 복제기술을 가리킨다. 그런데 양, 소, 원숭이와 같은 동물에서는 성공했지만, 인간에서도 성공했다는 발표는 의심스럽다. 하지만 이미 그 기본 기술은 완성되어 있다. Ramez Nam, 『인간의 미래』, 202-05.

[63] 과학기술에 의해 강화된 인간이라는 의미에서 '호모 테크니쿠스', 테크놀로지의 인간이라고도 한다. 김동환, "포스트휴먼으로서의 인간에 관한 철학적 신학의 비평," 『장신논단』 Vol.51 No.3(2019), 124.

표였던 영혼마저도 기계화하게 될 것이다.[64]

이처럼 4차 산업혁명으로 미래에 등장할 것으로 예상하는 인간은 육체의 의미가 축소되고 인간의 정신이나 의지는 정보라는 형태의 데이터 집합체이자, 시간과 공간을 초월해 신의 모습까지 갖추어 창조주의 지위에까지 오를만한 존재이다. 비록 아직까지는 상상의 수준에 불과한 이야기일지라도, 인간이 하나님의 형상으로 지음을 받은 자신과 동등한 또는 능가하는 존재를 만들고자 한다면, 그것은 하나님처럼 되고자 했던 아담과 하와의 죄를 재현하는 것이다. 하나님을 이기기 위해 바벨탑을 쌓았던 인간의 어리석음을 되풀이하는 행위이므로 그 결과는 무너진 바벨탑과 흩어진 인류라는 재앙과 파멸이다.[65] 황명환은 과학은 하나님이 인간에게 주신 소중한 선물로 이를 통해 더 나은 삶, 더 연장되는 삶에 대한 도전을 추구할 수 있지만, 영생에 과학이 도전하여 초인간화를 이루어 불멸을 이루려는 신념은 바벨탑 사건과 같이 하나님 없는 인간 역사의 결론이라고 설명한다. 즉 하나님이 선물로 주신 영생과 하나님 없이 영생하는 것은 완전히 다름에 주목하라고 강조한다.[66]

오늘날 인류가 경험하는 4차 산업혁명의 결과로 이전에 인간이 세상과의 관계에서 누구인지를 묻던 것과는 전혀 다른 차원에서 인간의 정체성에 대해 대답해야 하는 필연적 요청에 직면하고 있다.[67] 그런데 여전히

---

64) 이창익, "인간이 된 기계와 기계가 된 신: 종교, 인공지능, 포스트휴머니즘," 211-13. 인간이라고 인정할 수 없지만 인간 내부로 잠식해 들어오고, 동시에 인간이지만 인간 외부로 확산해 간다는 점에서 인간과 비인간의 틈에 자라는 하이브리드(hybrid)로도 표현된다. 위의 논문, 210-11, 220-22.
65) 윤철호, 『인간-인간의 본성과 운명에 관한 학제간 대화』, 586.
66) 황명환 외, 『과학은 죽음을 극복할 수 있는가?』(서울: 이폴출판사, 2019), 15-22.
67) 클라우스 슈밥은 4차 산업혁명은 사생활에 관한 인식, 소유권의 관념, 소비 패턴, 일과 여가에 사용하는 시간, 경력을 개발하고 기술을 연마하며 사람들을 만나는 방식 등 정체성 및 일상의 모든 면에 영향을 줄 것이라고 한다. 특히 사생활 정보를 공유하는 새로운 연결망으로 사생활과 관련된 정보의 통제권 상실이 인간 내면의 삶에 미칠 영향을 지적한다. 또한 생명공학과 인공지능 혁명으로 생명 연장, 건강, 인지 및 기타 능력의 확장에 따라 인간이 의미하는 것과 인간의 윤리와 도덕을 재정의 할 것을 강요받는다고 설명한다. Klaus Schwab

인간은 실존적 불안, 소외, 죽음을 품고 살아가는 존재이다. 동시에 생물학적·문화적·종교적으로 제한을 받는 불완전한 상황에서도 창의성[68]을 발휘하며, 자유롭게 선택하고 행동하면서 반성적으로 스스로의 선택과 행동을 돌아보며 돌이킬 수 있는 존재이다. 또한 타자의 고통에 공감하며 사랑으로 참여하는 인격적 관계맺음을 통해 상호 소통한다. 그리고 핵심적으로 그리스도인은 창조주 하나님과의 관계를 통해 인간이 누구인지 그리고 예수 그리스도와의 만남으로 죄로부터의 구속과 죽음에도 불구하고 부활과 영원한 생명으로 나아가게 됨을 깨닫는다.

하나님의 형상으로서 인간 정신에 내재하는 자기초월 능력을 주목한 라인홀드 니버(Reinhold Niebuhr)는 성서적 인간관을 인간의 연약함과 의존성과 유한성으로 설명한다. 그래서 인간의 유한성을 받아들이지 않는 것이 악이고, 인간은 불확실성을 인정하는 것에 저항하다가 오히려 피하고자 하는 존재의 불확실성을 더욱 악화시키는 악순환에 빠진다고 지적한다.[69] 죽음도 하나님의 창조계획에 속하는 피할 수 없는 인간의 유한성과 의존성, 그리고 불완전성이므로 존경과 겸손함으로 수용해야 하는데, 성서는 죽음을 통해 하나님의 위엄과 피조물인 인간의 연약함과 의존성

---

et al., *The fourth industrial revolution*, 김진희 외 역, 『4차 산업혁명의 충격: 과학기술혁명이 몰고 올 기회와 위협』(서울: 흐름출판, 2016), 26-27.

[68] 제프 콜빈은 4차 산업혁명으로 컴퓨터가 아무리 발전해도 창조성은 인간의 본질적인 영역이고 인간적인 면모가 강하게 드러나는 부분이라고 주장한다. 많은 창조적 분야에서 가장 가치 높은 창작은 인간과 연관된 것이고, 현실 세계의 문제를 해결하는 해결책을 만드는 사안과 연관되는 것이며 또 창조를 더욱 자극하는 것은 인간의 내적동기와 사람들의 관심과 흥미를 유발하는 인간 서로간의 상호작용이기 때문이라고 설명한다. Geoffrey Colvin, 『인간은 과소평가되었다』, 258-75.

[69] Reinhold Niebuhr, *The Nature and Destiny of Man*, 오희천 역, 『인간의 본성과 운명 I』(서울: 종문화사, 2013), 247-48. 장보철은 트랜스휴머니스트의 내면에는 과학과 기계의 힘을 빌려서 유한한 인간이 처할 수밖에 없는 궁극적인 곤경으로서의 불안과 두려움을 영원히 해결하려는 인간의 욕망이 내재해 있다고 지적한다. 그러면서 실존적 불안과 좌절에서 빠져나올 수 있는 것은 오직 영원한 존재이신 하나님을 만나게 될 때라는 기독교 진리를 끝까지 붙드는 용기를 강조한다. 장보철, "트랜스 휴머니즘의 인간의 유한성 접근에 대한 목회신학적 고찰," 『한국기독교신학논총』 112집(2019. 4), 213-14.

사이의 차이를 극명하게 보여준다고 설명한다.[70] 오늘날을 복음조차도 정보의 바다 가운데서 사라져 버리는 다원주의 사회라고 진단한 레슬리 뉴비긴(Lesslie Newbigin)은 성경이 가르쳐주는 죽음은 단지 생물학적인 사실만 아니라, "죽음은 모든 인생이 너무나 흠이 많고 훼손된 상태여서 하나님이 약속하신 역사의 완벽한 대단원의 막을 향해 곧장 갈 수 없다는 것을 의미"한다고 설명한다. 그리고 '그 길이신 예수님'(요 14:6)이 죄와 죽음의 장막이 가로막고 감춘 진리의 길을 열어 놓으셨고 그 길로 인도하신다는 복음은 흔들릴 수 없음을 강조한다.[71]

죽음에 대한 질문은 인간존재와 인간 삶에 근본적 해답을 제시하는 세계관[72]의 한 기둥이다. 즉 죽음 그리고 죽음 이후에 대한 이해와 태도를 들여다보면 인간이 누구이고, 인간 삶의 의미와 가치는 무엇이며, 인간은 세계와 어떻게 관계 맺고 있는지를 알 수 있다. 기독교적 세계관에서 인간은 하나님의 형상으로 창조된 피조물이며 죄가 사망 안에서 왕노릇함으로 유한성과 불확실성 속에 놓인 존재이다. 그래서 육체적으로 영원히 죽지 않는 불멸이 아니라, 예수 그리스도로 말미암는 영적인 생명을 통한 부활과 영생을 소망한다(롬 5:21). 예수님은 죽으셨지만 살과 뼈가 없는 영이 아니라, 신비한 영적 몸으로 부활하심으로 부활의 첫 열매가 되셨고 그리스도인들에게 부활의 실재성과 구체성을 확증하셨다(고전

---

70) 위의 책, 268-70, 279. 라인홀드 니버는 하나님의 영광과 권위를 가장 아름답게 표현한 성서의 구절로 "모든 육체는 풀이요 그의 모든 아름다움은 들의 꽃과 같으니 ... 풀은 마르고 꽃은 시드나 우리 하나님의 말씀은 영원히 서리라 하라"(사 40:6-8)를 언급하며 유한성을 벗어날 수 없는 인간 또는 집단적인 국가적 삶과의 대조를 통해 하나님의 권위를 증명한다.
71) Lesslie Newbigin, *The Gospel in a Pluralist Society*, 허성식 역, 『다원주의 사회에서의 복음』(서울: IVP, 1998), 186-87.
72) 제임스 사이어(James Sire)는 세계관을 "이 세계의 근본적 구성에 대해 우리가 의식적으로든 무의식적으로든 견지하고 있는 일련의 전제"라고 정의하고, 잘 갖추어진 세계관은 ① 진정으로 참된 최고의 실재, ② 인간, ③ 인간의 죽음, ④ 도덕의 기초, ⑤ 인간의 역사, ⑥ 외부세계의 본질 등에 대한 질문에 근본적인 해답을 갖는다고 설명한다. James Sire, *The Universe Next Door*, 김헌수 역, 『기독교 세계관과 현대사상』(서울: IVP, 1985), 18-21.

15:20-22). 이제 그리스도인은 죽음을 품은 존재로 지금 여기서 성령의 능력을 힘입어 새 사람으로 살아간다(엡 3:16-19). 인간은 죽을 존재임을 깨닫는 것에서 자기 존재를 명정하게 발견하고 그리고 죽음 이후의 새로운 삶에 대한 조망을 선명하게 가지게 된다. 죽음을 인정하고 죽음 이후를 전망하는 삶이야말로 피조물인 인간이 추구해야 할 가장 필수적이며 동시에 거룩한 인식이다. 죽음을 품은 인간 존재야말로 주의 깊게 기억해야 할 인간 존재를 규정하는 핵심이다.

나가는 글

메리 셸리의 소설 『프랑켄슈타인』에서 과학이 낳은 흉측한 괴물의 창조는 오늘날의 과학이 직면한 상황을 묘사한다. 그것은 과학기술의 결과로 어떤 생명체가 탄생할지 알지 못하는 현실, 예상할 수 없는 미래의 문제에 대한 것이다. 그래서 다시 인간존재에 대한 물음을 갖고 인간 삶의 이유와 목적을 고민하게 된다. 메리 셸리는 가까운 주변 사람의 죽음을 여러 번 경험했는데, 그런 영향인지 소설 속 주인공인 빅터의 질문, 인간은 왜 죽고 죽음을 거스르거나 통제할 수 있는 방법이 무엇인지에 대한 물음은 동시에 작가 자신의 질문이기도 했다. 저자가 이 질문 속에서 발견한 것은 죽음을 통제하고 거스르는 특별한 기술이나 방법이 아니라, 더 깊은 인간이 가진 근원적인 질문 특히 죽음과 슬픔, 죄의식과 고통, 관계와 같은 것이었다. 그래서 소설을 읽으면서 인간은 왜 늙고 죽는지, 그리고 죽음에서 해방되는 것이야말로 진정한 자유인지에 대해서 스스로에게 묻게 된다.

지금까지 자연 정복을 향한 인간의 도전과 과학기술의 발달이야말로 근대성의 핵심으로 여겨졌다. 4차 산업혁명시대의 의학과 과학기술의 발전은 프로메테우스에게 불을 받은 것처럼 신기하고 놀라운 일들을 일상에 일으켜 이제는 죽음을 정복하고 인간을 죽음으로부터 해방시켜 자유롭게 하려는 불멸의 시도까지 과학적으로 이루어지고 있다. 그러면서 죽음을 저 멀리 두고 거부하며 죽음이 없는 것처럼 세상을 살도록 만들었다. 그런데 그 결과 죽음에 이르는 과정의 고통과 두려움, 죽음으로 인한 관계의 상실과 고독은 너무나도 낯선 경험이 되어 더 고통스럽게 다가온다. 생명공학과 인공지능으로 포스트휴먼과 같은 새로운 인류가 등장하게 된다면, 인간의 정체성에 대한 물음과 함께 죽음의 대한 정의를 새롭게 묻게 될 것이다. 4차 산업혁명은 인간의 일상만 아니라, 죽음의 순간과 누군가의 죽음 이후의 의례까지도 바꾸어 놓았고 앞으로 더 큰 변화를 만들어낼 것이다. 고인이 살아온 삶에 대한 빅 데이터가 온라인의 클라우드 컴퓨팅으로 저장되어 언제든지 어디에서라도 사실적으로 접할 수 있게 된다면, 고인을 기억하기 위한 장례식과 추모의 의례 또한 지금의 모습과는 많이 달라질 것이다.

하지만 인간은 여전히 죽음을 가지고 태어나 죽음을 품고 주어진 한정된 삶의 시간을 살다 죽는 존재이다. 그래서 죽음을 극복하고 통제하려는 여러 시도는 인류역사에서 어느 한 순간도 성공하지 못했고, 앞으로도 인류가 극복하지 못할 마지막 한계는 바로 죽음이다. 그럼에도 불멸이라는 인간 욕망의 해결을 위한 시도는 한 순간도 멈추지 않을 것이다. 분명한 것은 죽음이야말로 인간 존재를 규정하는 본질적인 특징이고, 인간이 죽음을 인정하고 기억할 때 삶은 선명해지면서 새로운 성찰의 기회를 얻게 된다. 이것은 죽음 앞에서 무기력한 존재가 되라는 것이 아니라, 죽을 존재인 것을 인정하며 삶을 살아야 거기로부터 인간이 누구이고 또

어떻게 살아야 하는지에 대한 대답을 들을 수 있다는 것이다.[73]

사도 바울은 아덴에서의 설교에서 인간의 본질적 특징을 언급하며 인간은 하나님이 만드신 존재로 그 삶에는 연한을 두셨다고 설명했다(행 17:26-27). 그래서 인간에게 요청되는 것은 삶의 시작과 함께 끝이 있음을 인정하고 다른 존재가 되는 것이 아니라, 인간 본연의 존재가 됨으로 충만한 삶을 사는데 정성을 다하는 것이다. 죽음을 다스리고 통제함으로 자유를 추구하려는 불멸에의 욕망이 오히려 인간 삶에 더 무거운 짐을 지울 수 있음을 기억해야 한다. 오히려 죽음을 품은 죽을 존재인 것을 인정하고 거기로부터 인간이 누구이고 어떻게 살아야 하는지 묻고 깨달아야 한다. 인간은 죽음이 없는 불멸로부터 삶의 참 자유를 얻는 것이 아니라, 하나님의 다스리심 속에서 영원한 관계로 나아가게 되고 하나님의 자녀가 됨으로 진정한 자유와 평안과 안식을 경험한다. 또한 자신의 이익과 편의를 포기하고 오히려 누군가를 위해 기꺼이 자신을 내어주는 죽음에서 자유의 열매는 맺어진다(롬 6:20-23).

그러므로 인간이 추구해야 할 것은 육신의 불멸이 아닌, 영원히 지속될 하나님과 그리고 이웃과의 사랑의 관계다. 하나님과 관계 맺음으로 하나님께 이끌리는 삶에 진정한 자유와 인간본연의 삶이 있다. 그리고 인간이 해결할 수 없는 핵심인 죽음을 품은 인간으로 스스로의 자유를 제한하고 포기하면서 누군가에게 유익을 주고 가치와 의미가 있는 오래도록 기억될 삶의 유산을 남기게 된다.

---

73) 박인조, "불멸을 통한 죽음의 두려움 극복에 대한 비판적 고찰", 『우리는 왜 죽음을 두려워하는가?』, 58-59.

참고문헌

김난예. "인공지능 시대, 죽음과 죽어감에 대한 교회의 역할". 『기독교교육논총』 제59집 (2019), 239-273.

김동환. "포스트휴먼으로서의 인간에 관한 철학적 신학의 비평". 『장신논단』 Vol.51 No.3 (2019. 9), 121-150.

김상균. 『메타버스』. 화성: 플랜비디자인, 2020.

김진혁. 『질문하는 신학』. 서울: 복있는 사람, 2019.

박종안 외. "AR·VR 기반 스마트 추모동산 문화의 실현 기술". 『한국정보기술학회논문지』 Vol.16 No.10(2018), 111-118.

보스턴컨설팅그룹. 『4차 산업혁명 6개의 미래지도』. 서울: 토트, 2018.

성종현. "인간의 본질과 죽음 그리고 영혼과 육체의 분리: 신약성서의 개인적·내세적 종말론의 논쟁점을 중심으로". 『장신논단』 Vol.44 No.1(2012), 59-86.

신은화. "AI시대 인간의 정체성과 소외". 『동서인문』 15호(2021), 5-42.

우병훈. "트랜스휴머니즘 시대에 도전 받는 기독교 신학: 인간론, 구원론, 종말론을 중심으로". 『한국개혁신학』 68집(2020), 166-217.

윤철호. 『인간-인간의 본성과 운명에 관한 학제간 대화』. 서울: 새물결플러스, 2017.

이미솔 외. 『4차 인간』. 서울: 한빛비즈, 2020.

이정동 외. 『공존과 지속』. 서울: 민음사, 2019.

이종호. 『로봇이 인간을 지배할 수 있을까?』. 서울: 북카라반, 2016.

이창익. "인간이 된 기계와 기계가 된 신: 종교, 인공지능, 포스트휴머니즘". 『종교문화비평』 31집(2017), 209-254.

장보철. "트랜스 휴머니즘의 인간의 유한성 접근에 대한 목회신학적 고찰". 『한국기독교신학논총』 112집(2019. 4), 195-219.

한국포스트휴먼연구소·한국포스트휴먼학회. 『포스트휴먼 시대의 휴먼』. 파주: 아카넷, 2016.

홍성욱. 『크로스 사이언스』. 파주: 21세기북스, 2019.

황명환 외.『우리는 왜 죽음을 두려워하는가?』. 서울: 이폴출판사, 2021.

_____.『과학은 죽음을 극복할 수 있는가?』. 서울: 이폴출판사, 2019.

Berger, Roland. *The Fourth Industrial Revolution*. 김성희 외 역.『4차 산업혁명 이미 와 있는 미래』. 파주: 다산북스, 2017.

Boström, Nick. *Superintellegence: Paths, Dangers, Strategies*. 조성진 역.『슈퍼인텔리전스: 경로, 위험, 전략』. 서울: 까치글방, 2017.

Cave, Stephen. *Immortal*. 박세연 역.『불멸에 관하여: 죽음을 이기는 4가지 길』. 서울: 엘도라도, 2015.

Colvin, Geoffrey. *Humans are underrated*. 신동숙 역.『인간은 과소평가 되었다』. 서울: 한스미디어, 2016.

Dawkins, Richard. *The Selfish Gene*. 홍영남 역.『이기적 유전자』. 서울: 을유문화사, 2006.

Fukuyama, Francis. *Human Future*. 송정화 역.『부자의 유전자, 가난한 자의 유전자』. 서울: 한국경제신문, 2003.

Harari, Yuval. *Homo deus: a brief history of tomorrow*. 김명주 역.『호모 데우스: 미래의 역사』. 파주: 김영사, 2017.

_____. *The Ultimate Experience*. 김희주 역.『극한의 경험』. 고양: 옥당, 2017.

Herold, Eve. *Beyond Human*. 강병철 역.『아무도 죽지 않는 세상: 트랜스휴머니즘의 현재와 미래』. 제주: 꿈꿀자유, 2020.

Jonas, Hans. *Technik, Medizin und Ethik-Zur Praxis des Prinzips Verantwortung*. 이유택 역.『기술 의학 윤리: 책임 원칙의 실천』. 서울: 솔, 2005.

Klein, Stefan. *wir könnten unsterblich sein*. 전대호 역.『우리는 모두 불멸할 수 있는 존재입니다』. 서울: ㈜청어람미디어, 2015.

Kübler-Ross, Elisabeth. *On Death and Dying*. 이진 역.『죽음과 죽어감』. 파주: 청미, 2018.

Kurzweil, Ray. *The Singularity is near: When humans transcend biology*. 김명남 외 역.『특이점이 온다』. 파주: 김영사, 2007.

Masakazu, Kobayashi. *AI GA NINGEN WO KOROSU HI*. 한진아 역.『인공지능이 인간을 죽이는 날』. 서울: 새로운 제안, 2018.

Morin, Edgar. *L'homme et la mort*. 김명숙 역.『인간과 죽음』. 서울: 동문선, 2000.

Nam, Ramez. *more than HUMAN*. 남윤호 역.『인간의 미래』. 서울: 동아시아, 2007.

Newbigin, Lesslie. *The Gospel in a Pluralist Society*. 허성식 역.『다원주의 사회에서의 복음』. 서울: IVP, 1998.

Niebuhr, Reinhold. *The Nature and Destiny of Man*. 오희천 역.『인간의 본성과 운명Ⅰ』. 서울: 종문화사, 2013.

Nouwen, Henri. *The Wounded Healer*. 최원준 역.『상처 입은 치유자』. 서울: 두란노, 1999.

Rumsey, Abby Smith. *When we are no more*. 곽성혜 역.『기억이 사라지는 시대』. 서울: 유노북스, 2016.

Schwab, Klaus. *The fourth industrial revolution*. 송경진 역.『클라우스 슈밥의 4차 산업혁명』. 서울: 새로운현재, 2016.

_____. et al.. *The fourth industrial revolution*. 김진희 외 역.『4차 산업혁명의 충격: 과학기술 혁명이 몰고 올 기회와 위협』. 서울: 흐름출판, 2016.

Shelly, Mary. *Frankenstein*. 김선형 역.『프랑켄슈타인』. 파주: ㈜문학동네, 2012.

Shermer, Michael. *Heavens on Earth*. 김성훈 역.『천국의 발명』. 파주: ㈜북이십일, 2019.

Sire, James. *The Universe Next Door*. 김헌수 역.『기독교 세계관과 현대사상』. 서울: IVP, 1985.

Solomon, Sheldon/Greenberg, Jeff/Pyszczynski, Tom. *The Worm at the Core*. 이은경 역.『슬픈 불멸주의자』. 서울: 흐름출판, 2016.

Williams, Rowan. *Being Human: Bodies, Minds, Persons*. 이철민 역.『인간이 된다는 것 –몸, 마음, 인격』. 서울: 복있는 사람, 2019.

Yalom, Irvin. *Staring at the Sun*. 이혜성 역.『보다 냉정하게 보다 용기있게』. 서울: 시그마프레스, 2008.

\<Abstract\>

Reflection on death that defines human existence in the era of the 4th industrial revolution

Park In Zo
(Th. M.)

For humans, death is an inherent characteristic of a living organism in which life activity ceases, and it does not mean a simple stop or temporary cessation, but the complete cessation of human activity and ultimately annihilation. Humans are conscious of, remember, and commemorate the death of others as well as their own. At the same time, they can think of after death, and the reason humans are defined as humans is that they embrace death. Today is the era of the 4th industrial revolution, characterized by life extension, human enhancement, and digitalized daily life through biotechnology and artificial intelligence. Humans, who have achieved life extension through the development of medical technology, have come to imagine immortality, and nowadays the realms of life are being expanded even to extent of virtual worlds. Death is regarded as a preventable technical problem, which is considered to be overcome by resolving technical defects or through better policies and decisions. If the previous era was a time of trying to avoid terrible and unexpected death, in the future, human organs that have failed due to function or disease will be replaced with artificial organs, and brain information will be converted to data and uploaded to a computer, creating a new world where no one dies. Futurists imagine the coming of the posthuman-new human being era.

So, the question that mankind has always asked, the question of human identity, 'Who are humans?' is newly raised in However, one answer to this question is 'death'. This is because, in the world where human reinforcement has been achieved, death will be 'end' and 'stop', and the death of an entity replacing me in a digitalized daily life will be as simple as 'deletion' and 'return' possible at any time. So death is the only criterion that distinguishes humans from machines that resemble humans. The thing that begins to confirm that being mechanized humans has human condition by revealing that they are a being who embraces death.

The key to defining humans is that they are beings characterized by the finiteness of embracing death. Humans endlessly try to overcome death and achieve immortality, but death itself firstly reminds us of the limits of human existence. Humans discover their existence by realizing that they are mortal and have a clear vision for a new life after death. When humans recognize death and live daily life, we restore and grow our humanity. Humans are beings who live with death, but God has allowed humans to live a life led by a new life that overcomes death. So, death allows us to see not only humans at the time of creation but also humans today and after death. A life that acknowledges death and prospects after death is the most essential and at the same time sacred knowledge that humans should pursue as a creature. For humans, death is the nature of humans, a creature brought into existence by God the Creator, and a condition for the fullness of life that completes humanity.

| **Keywords** |

The fourth industrial revolution, artificial intelligence, virtual worlds, posthumanism, human nature, human enhancement, imago Dei, immortality, death and after death, worldview, singularity

 주제논문 ②

사람은 왜 죽는가?
인간의 죽음정치와 하나님의 생명정치
억울한 죽음을 말하지 않을 조건에 대한 성찰

최 성 수[*]
(AETA 신학교육선교사)

[국문초록]

본 논문의 주제인 '사람은 왜 죽는가?'는 크게 죽음에 대한 세 가지 태도에 주목하도록 한다. 억울하게 희생된 죽음, 살신성인 정신에 따라 공익 실현에 공헌한 의로운 죽음, 그리고 의미 있는 혹은 존엄한 죽음이다.

억울한 죽음과 의로운 죽음 그리고 의미 있는(존엄한) 죽음은 고인의 죽음이 헛되지 않길 바라고 또한 지금 살아 있는 사람이 의미 있는 삶을 살아내기 위해 죽음의 이유를 묻는(사람은 왜 죽는가?) 세 가지 배경이다. 어떤 이유로 죽든 믿는 자의 죽음은 하나님이 세상을 구원하시고 또 풍성하고 온전한 생명을 주시기 위한 생명정치(life politics)에 따른 것이다. 또한 어떠한 죽음이라도 죽음을 억울하다고 여기지 않기 위해선 종말론적인 신앙이 필요하다. 죽음에 이르게 한 억울한 현실에 대해서는 하나님의 심판이 있을 것이지만, 죽음 그 자체는 세상을 살리기 위한 유기적인 의미의 죽음이고 또 죽음 후 부활이 약속되었다는 점에서 죽음은 풍성한 삶의 일부이며 더는 마지막이 아니라 온전한 생명으로 옮겨가는 단계이다. 이상의 두 가지 이유에서 주 안에서 죽은 자의 죽음은 겉으로 어떻게 보이든 결코 억울한 것이 되지 않으며, 하나님의 생명정치에 따라 의로운 죽음,

*논문 투고일: 2021년 7월 12일   *논문 수정일: 2021년 10월 17일
*게재 확정일: 2022년 3월 19일

의미 있는 죽음으로 인정된다. 죽음은 하나님의 공의와 사랑에 대한 증언이다. 무엇보다 하나님의 생명정치를 고려하면 삶과 죽음을 통전적으로 이해할 수 있으며, 죽음에 관해 유기적인 의미를 말할 수 있고, 이로 인해 죽음을 두려워하는 태도에서 벗어날 수 있고 또 죽음을 말하는 것이 오히려 복음일 수 있다.

본 논문은 세 가지 배경을 신학적 연구의 대상으로 삼고자 한다. 이에 필자는 본 논문을 통해 먼저 죽음정치(thanatopolitics)의 현실을 기술하면서 그것이 어떤 점에서 신학적인 관심의 대상인지 밝히고, 그 후에 하나님의 생명정치에 따라 억울한 죽음과 의로운 죽음 그리고 의미 있는(존엄한) 죽음의 맥락을 밝힘으로써 '사람은 왜 죽는가?'라는 죽음-질문(death-question)에 대한 신학적인 대답을 찾으려 한다. 무엇보다 그리스도인이 억울한 죽음을 말하지 않을 조건을 제시할 것이다.

| 주제어 |

죽음정치, 생명정치, 억울한 죽음, 의로운 죽음, 존엄한 죽음, 사람은 왜 죽는가?

I. 서론

"…의인들은 악한 자들 앞에서 불리어가도다
그들은 평안에 들어갔나니
바른 길로 가는 자들은 그들의 침상에서 편히 쉬리라"(사 57:1-2)

죽음과 관련해서 제기되는 질문을 '죽음-질문(death-question)'이라 말할 수 있다면,[1] 여기에는 죽음의 의미를 묻는 것(죽음이란 무엇인가?),[2] 웰-다잉을 위한 질문(죽음을 어떻게 맞이할 건가?),[3] 죽음의 충격을 완화하고 의미 있는 삶을 살도록 돕기 위한 질문(죽음을 어떻게 교육할 건가?),[4] 죽음에 대한 바른 가치관을 갖고 그것을 소통하며 또 바른 태도로 죽음을 대할 수 있도록 돕는 질문(죽음을 어떻게 말할 건가?),[5] 사후 세계에 대한 소망의 이유를 찾는 질문(죽음 이후의

---

[1] 전통적인 맥락에서 이는 다음의 세 가지 주제와 맞물려 있다: memento mori(모든 사람은 죽는다), ars moriendi(잘 죽기), ars vivendi(잘 살기). 다양한 죽음-질문은 위 세 주제의 내연과 외연을 확장하기 위한 단초이다.
[2] Shelly Kagan, *Death*, 박세연 옮김, 『죽음이란 무엇인가』(파주: 웅진씽크빅, 2012).
[3] Monika Renz, *Hinübergehen: Was beim Sterben Geschieht. Annäherungen an letzten Wahrheiten unseres Lebens*, 전진만 옮김, 『어떻게 죽음을 마주할 것인가-아름다운 마무리를 위한 임종학 강의』(서울: 책세상, 2017); Alfons Deeken, 오진탁 옮김, 『죽음을 어떻게 맞이할 것인가』(서울: 궁리, 2002); Lucius Annaeus Seneca/James Romm(edit.), *How to Die: An Ancient Guide to the End of Life*, 김현주 역, 『죽음을 어떻게 맞이할 것인가』(서울: 글담, 2021).
[4] 황명환 외, 『죽음교육의 필요성과 그 방법에 관하여』(서울: 이폴출판사, 2021).
[5] 최성수, "죽음을 어떻게 적합하게 말할 것인가?-죽음 교육에서 스크루지 효과(Scrooge Effect)에 대한 비판과 죽음학적 전환기(thanatological turn)의 기독교 죽음 교육의 필요성과 방법에 관한 연구", 황명환 외, 『죽음교육의 필요성과 그 방법에 관하여』, 앞의 같은 책, 282-334.

세계는 존재하는가?),[6] 의료과학적 발견과 생명공학적 기술 개발에 힘입어 노후 극복을 전망하는 질문(죽음은 극복할 수 있는가?),[7] 죽음의 이유 혹은 죽음의 진실을 찾는 질문(죽음은 왜, 무엇을 위해 있는가?)[8] 등이 있다.

본 논문의 주제인 '사람은 왜 죽는가?'는 과학적인 탐구 목적이나 사망을 진단하기 위한 것이라면 모를까 자연스러운 죽음에 대해서는 좀처럼 제기되지 않는 질문이다. 사람은 모두 죽기 마련이기 때문이다. 그런데도 질문이 제기된다면, 이 질문은 첫째, 겉으로는 죽음을 초래하는 생물학적, 사회적, 심리적 원인을 묻는다.[9] 그런데 조금 더 깊이 들어가면, 죽음의 이유를 포함해 그것의 진실과 목적과 의미에 관한 관심을 반영하고 있음을 알게 된다.[10] 생물학적 한계로 인해 사람이 죽는 건 당연한 사실이라도 무엇 때문에(소극적) 혹은 무엇을 위하여(적극적) 죽는지 또 여기에 더해 죽는다는 것은 무슨 의미가 있는지를 묻는다. 이런 점에서 '사람은 왜 죽는가?'는 죽음의 본질에 국한해서 제기하는 질문인 '죽음이란 무엇인가?'[11]의 외연을 넘어선다.

---

6) Morgan Scott Peck, *In Heaven As On Earth*, 신우인 옮김, 『저 하늘에서도 이 땅에서처럼』(서울: 포이에마, 2012); Nicholas Thomas Wright, *For All the Saints?: Remembering the Christian Departed*, 박규태 옮김, 『톰 라이트 죽음 이후를 말하다-성도의 죽음과 천국에 대한 뿌리 깊은 오해들』(서울: IVP, 2013); Elisabeth Kübler-Ross, *On Life After Death*, 최준식 옮김, 『사후생』(서울: 대화출판사, 2020).
7) 황명환 외, 『과학은 죽음을 극복할 수 있는가?』(서울: 상상, 2019).
8) 이효범, 『사람은 왜 죽는가』(서울: 렛츠북, 2020).
9) 참고: 최현석, 『인간의 모든 죽음』(서울: 서해문집, 2020). 이 책은 의사인 저자가 죽음 현상을 관찰하면서 갖게 된 의문에 대한 답을 찾는 노력의 결과물이다. 죽음에 이르게 되는 원인들을 중심으로 죽음의 이유를 다루고 있다. 죽음-질문에서 다뤄지는 많은 것에 대한 간단한 정보를 얻을 수 있다.
10) 이는 같은 제목의 책에서 잘 엿볼 수 있다. 이효범, 『사람은 왜 죽는가』, 앞의 같은 책. 이효범은 이 책에서 16가지 이유에 관해 다루고 있는데, 원인과 목적 그리고 의미 모두를 다루고 있다. 사실 죽음의 이유와 목적은 죽음 이해와 밀접한 관련이 있다. 죽음을 어떻게 이해하느냐에 따라 죽음을 초래한 이유와 목적에 대한 평가가 달라지기 때문이다. 죽음을 악으로 혹은 심판으로 이해하는지, 혹은 또 다른 삶으로의 변화로 보는지, 혹은 소멸로 여기는지, 혹은 죽음을 사는 것보다 더 나은 것이 있음을 보이기 위한 정치적/종교적 행위의 계기로 여기는지에 따라 죽음의 이유와 목적에 대한 태도가 달라진다.
11) 철학적인 접근은 Shelly Kagan, 『죽음이란 무엇인가』, 앞의 같은 책; 구인회, 『죽음에 관한 철학적 고찰-철학자들 죽음으로 삶을 성찰하다』(서울: 한길사, 2015); 정동호, 『철학, 죽음을

둘째, 살아 있는 사람이 아직 경험하지 않은 죽음의 이유와 목적 그리고 의미를 물을 때는 기대하는 대답이 있기 때문이다. 이 질문은 특별히 죽음이 아무 의문 없이 자연스레 받아들일 수 있는 건 아니라는 의식을 깨운다. 곧 사회적으로나 정치적으로 받아들이기 어려운 희생으로서의 죽음이 있는 현실을 반영하고 또한 자살이나 분신과 같이 죽음을 정치 행위의 수단으로 삼도록 하는 불의한 현실을 반영한다. 사람은 용납하기 쉽지 않거나 혹은 기꺼이 받아들일 만하다고 생각하면 죽음의 이유와 목적을 묻고 대답을 찾음으로써 의미 있는 삶을 살고 또 의미 있는(혹은 존엄한) 죽음을 맞고자 한다. 죽음의 이유를 왜곡하는 현실에 직면해서는 진실을 밝히려 의도적으로 질문을 제기한다.

셋째, 죽음을 긍정적으로 보거나 혹은 죽음을 당연한 것으로 수용하는 사람은, 비록 살면서 죽음을 갈망하진 않아도, 구태여 '왜' 질문을 제기하지 않는다. 이에 반해 행복한 삶을 갈망하고 장수를 복으로 여기는 등 삶에 큰 가치를 부여하거나 혹은 죽음을 부정적으로 보는 사람은 예외 없이 '왜' 질문을 떠올린다. 죽음이라는 사건으로 인해 어떻게든 충격을 받은 사람의 감정 표현이다. 그러므로 삶에 어떤 가치를 부여하는지 혹은 죽음을 어떻게 이해하느냐에 따라 죽음을 대하는 태도가 달라지는데, 이와 더불어 질문이 제기되기도 하고 그렇지 않기도 한다. '왜' 질문은 죽음이 보편적 현상임을 환기하고 또 죽음에 관한 부정적인 이해 혹은 삶에 대한 특별한 가치 부여를 어느 정도 전제한다.

말하다』(서울: 산해, 2004); 김열규, 『메멘토 모리, 죽음을 기억하라』(서울: 궁리, 2001); 유호종, 『떠남 혹은 없어짐: 죽음의 철학적 의미』(서울: 책세상, 2001); Edgar Morin, *L'Homme et la Mort*, 김명숙 역, 『인간과 죽음』(서울: 동문선, 2000). 종교적인 접근은 한국종교학회(편), 『죽음이란 무엇인가』(서울: 창, 2009); 정진홍, 『만남, 죽음과의 만남』(서울: 궁리, 2003); 이은봉, 『여러 종교에서 보는 죽음관』(서울: 가톨릭출판사, 1995).

이상의 세 가지 측면을 고려할 때 질문은 죽음에 대한 세 가지 태도에 주목하도록 한다. 하나는 만일 억울한 일로 인해 죽었다면 죽음의 진실을 밝혀 고인을 포함해서 고인과 관계된 사람의 분(忿)과 한(恨)을 풀기 위한 것이다.[12] 만물을 다스리는 분이 하나님임을 믿으면서도 죽음을 긍정적으로 받아들일 수 없는 신앙인은 이 질문으로 하나님이 왜 불의한 일을 허용하시는지를 묻는다.[13] 일종의 신정론 질문(question of theodicy)이다. 다른 하나는 비록 원치 않은 죽음이나 조기에 죽음을 맞이했더라도, 만일 그것이 공익 실현에 이바지했다면, 죽은 자를 기리면서 삶의 의미를 되새기며 거울로 삼아 본받기 위해서나 죽음의 의미와 목적을 밝히기 위해서라도 질문이 고려된다. 이는 죽음 그 자체에 비중을 두기보다 죽은 자의 명예를 수호하기 위해 혹은 남아 있는 자에게 보람과 의미가 있는 삶의 태도를 고취하기 위함이다. 그리고 끝으로 살아있는 사람이 두 형태(억울한/의로운)의 죽음에 주목하면서 질문하는 건 최소한 사는 동안 충만한 삶을 살기 위함이고 어차피 한 번은 죽을 목숨이라면 인간답게 죽되 헛된(의미 없는) 죽음이나 억울한 죽음이 되지 않게 하기 위한 노력이다. 곧 죽음 교육 차원에서 죽음을 주체적으로 대면하는 지적 정신적 능력을 함양해서 의미 있는 삶을 살려는 것에 있다.[14] 물론 그 밖에도 죽음을 앞둔 사람을 안정시킬 목적에서 사람은 질문을 죽음이 순리임을 밝히고 또 긍정적으로 수용할 계기로 삼기도 한다.

---

12) 다음을 참고: 최성수, "신학적인 문제로서의 '조상제사'", 『신학과 목회, 그 뗄 수 없는 관계』(서울: 씨.엠, 1999), 139-165. 죽은 자의 한을 푼다는 건 죽은 후 존재하는 영혼 혹은 혼백의 존재를 전제한다. 이런 세계관에 따르면, 제명에 죽지 못하거나 자식이 없이 죽었거나 고독사나 아사나 억울하게 죽은 자가 적절한 애도를 받지 못해 망자의 세계로 가지 못하면(만일 후손의 제사를 받으면 간다) 신이 되지 못하고 귀(鬼)가 되어 산 자의 세계를 떠돌며 산 자의 세계에 개입한다. 유교적 세계관의 국가는 백성들 가운데 널리 퍼져 있는 이런 신앙을 존중히 여겨 죽음을 사유하고 그에 따라 각종 제의를 만들고 관리하였다.
13) 일종의 신정론적인 질문(theodicy)으로 죽음을 부정적으로 보았기에 제기된 질문이다.
14) 서이종, "죽음정치(Thanatopolitics)의 관점에서 본 죽음 교육의 비판적 고찰", 『한국사회학회 사회학대회 논문집』(2015), 91-94, 92.

어떤 이유와 목적으로 죽든 억울한 죽음과 의로운 죽음 그리고 의미 있는(존엄한) 죽음을 말하는 건 고인의 죽음이 헛되다고 평가되지 않길 바라고 또한 지금 살아 있는 사람이 의미 있고 충만한 삶을 살아내기 위함이다. 사람이 죽음의 이유를 묻게 되는 세 가지 배경이다.

본 논문은 죽음을 가르는 죽음정치(thanatopolitics)[15)16)]에 천착하여 세 가지 배경을 신학적 연구의 대상으로 삼고자 한다. 이에 필자는 먼저 죽음문화(각종 국가기념식)[17)]를 국가의 안정을 위한 정치적 과제로 삼고 또 죽음을 매개로 정치 사회 문화 이념을 실현하려는 시도를 총칭하는 죽음정치의 현실을 기술하면서 그것이 어떤 점에서 신학적인 관심의 대상인지 밝히고, 그 후에 예수 그리스도의 죽음과 부활을 통해 계시한 하나님의 생명정치[18)]에 근거하여 죽음을 특정 이념에 따라 배제하거나 숭배하는 인간의 죽음정치를 비판할 것이다. 사회에서 발생하는 억울한 죽음과 의로운 죽음 그리고 의미 있는(존엄한) 죽음의 맥락을 밝힘으로써 죽음-질문에 대한 신학적인 대답을 찾으려 한다. 무엇보다 생명정치에 근거하여 그리스

---

15) 이용주, 『죽음의 정치학』(서울: 모시는사람들, 2015); 강정인, 『죽음은 어떻게 정치가 되는가』(서울: 책세상, 2017).
16) '죽음의 경제학'이라는 말도 있다. 죽음을 매개로 이루어지는 경제활동을 다루는 노력을 말한다. 주로 살아있는 동안 이루어지는 것이 보통이지만, 사망 후 유족의 관심사이기도 하다. 사망하기까지 지출되는 경비, 웰다잉을 준비하는 기간의 지출, 사망 및 생명 보험금, 장례 절차에 들어가는 경비, 그리고 유산 처리 비용 등의 문제를 다룬다. 다음을 참고: 이성표, "죽음의 경제학", 「나라경제」(2006.8), 78-79; 오영수, 『경제학 갤러리』(서울: 사계절, 2008), .
17) 죽음문화란 죽음에 대한 다양한 성찰과 죽음을 맞이하는 다양한 방식 등을 의미한다. 문화는 생명 활동에서 비롯하는 것이기 때문에 죽음문화는 살아 있는 자가 죽음에 관해 갖는 생각과 태도 그리고 죽음을 맞이하는 사람에 관해 갖는 생각과 태도를 가리킨다. 다음을 참고: 송현동, "한국 죽음문화의 변화와 그 의미-2000년대 이후를 중심으로", 「종교문화연구」 31(2018.12), 161-185.
18) Biopolitics의 번역인 '생명정치'는 프랑스 철학자 미셸 푸코(Michel Faucault) 이후 널리 알려진 개념인데, 보통 인간의 몸(생명 life)을 정치적 목적 실현과 관련해서 성찰하거나 이용하는 것을 가리킨다(다음을 참고: Thomas Lemke, *Biopolitik zur Einführung*, 심성보 역, 『생명정치란 무엇인가』, 서울: 그린비, 2015, 15). 그러나 하나님의 '생명정치'는 생명섭리(providence of life)라 말할 수 있는 것으로 생명을 살리고 온전케 하며 구원하기 위한 하나님의 계획과 다스림을 가리킨다. 본 논문에서는 인간의 '죽음정치'와 비교하기 위해 하나님의 '생명정치'를 사용하였다. 양자를 구분하기 위해 필자는 후자에 대해 life politics을 사용하였다.

도인이 억울한 죽음을 말하지 않을 조건에 관해 성찰하고자 한다.

II. 본론

1. 인간의 죽음정치

1) 정치와 죽음 문화

정치는 국민의 생명을 안전하게 보존하고 행복한 삶을 위한 정책을 세우고 실행하는 일이다. 그런데 현실에서는 가끔 죽음 문화를 관리하고 죽음을 초래하는 정책으로 국사의 안정을 꾀할 뿐 아니라 또한 경제적 이익을 극대화하려는 일이 종종 발생한다.[19] 특정 집단의 생명을 위해 타인 혹은 자기의 죽음을 정치 경제적 도구로 삼는 죽음정치는 한편으로는 죽음 문화를 국가의 과제로 삼으며 궁극적으로 정치 사회 이념이나 경제적 이익을 실현하는 노력이다. 다른 한편으로는 국가의 죽음정치에 저항하면서 인간다운 삶을 추구하기 위한 노력이다.

풍성한 삶을 국가의 과제로 삼아 실현하려는 과정에서 죽음을 사유하고 이용하며 또한 죽음 문화를 관리하는 죽음정치는 한편에서는 자연스레 받아들일 수 없는 죽음을 암암리에 강요하거나 국익에 반한다고 여겨지는 죽음을 의도적으로 왜곡하고, 다른 한편에서는 국가 이념을 실현하는 죽음이나 정의를 위한 희생으로서의 죽음을 기리며 고무한다. 전자는 억울한 죽음이, 후자는 의로운 죽음이 발생하는 이유이다. 일반적

---

19) 국민은 국가의 폭력에 대항하면서 죽음(자살과 분신)을 감행하기도 하는데, 이것 역시 '죽음의 정치화'라는 맥락에서 볼 때 정치적 목적을 실현하기 위한 것이다.

으로 이타적인 희생이나 정치 이념을 실현할 목적에서 발생한 희생은 의로운 죽음으로 보고, 반대로 정치적인 이해관계의 차이에 따른 희생이나 이기적인 생존을 추구하는 개인 욕망의 제물이 된 죽음 혹은 원인이 밝혀지지 않은 죽음 혹은 누구의 돌봄도 받지 못한 상태에서 맞는 고독사 등은 불평등하고 인권을 고려하지 않는 정치로 인한 억울한 죽음으로 본다.[20] 죽음정치와 관련해서 국가의 책무 가운데 하나는 억울한 죽음이 발생하지 않도록 하고[21] 또 각종 기념식을 통해 의로운 죽음을 기억하며 기리는 것이다.

2) 유교의 죽음 정치

유교가 죽음에 관심을 기울이지 않는다는 세간의 평가를 수정할 의도에서 이용주는 중국의 고전 『좌전』의 구절("국가의 대사는 제사와 전쟁이다.")[22]의 의미를 유교의 맥락에서 설명하면서 유교의 죽음정치의 현대적 의미를 밝혔다. 그에 따르면, 국가의 죽음정치는 크게 두 방향에서 이뤄진다. 하나는 정치적 적대자 혹은 외부의 적에 대한 전쟁이고, 다른 하나는 제사이다. 전쟁과 제사 모두 국가의 대사로서 죽음과 밀접한 관계가 있다. 전쟁은 백성의 안녕과 국가의 평화를 위한 것이고, 제사는 전쟁에서든 일상에서든 백성의 죽음이 헛된 죽음이 되지 않게 하는 노력이다.

이것이 왜 정치적 과제가 되었을까? 이용주는 이 질문과 관련해서 당시 신앙을 배경으로 하는 정치에서 대답을 찾으면서 국가가 "국민의 생존과 국가의 존망"을 "하나"로 보는 "민본주의"를 추구했기 때문이라고

---

20) 자기 신념이 옳음을 증명하기 위해 선택한 자발적 죽음이 있는데(분신, 자살, 죽음을 피할 기회를 포기), 이 죽음이 의로운 것인지 아니면 헛된 것인지는 역사의 추이에 따라 후대에 평가된다.
21) 이용주, 『죽음의 정치학』, 88.
22) 이용주, 15.

말한다.[23] 이어서 그는 "구성원의 죽음에 대한 사회와 국가의 대처 방식은 살아남은 사람의 공동체 의식을 결정하는 중요한 변수"[24]가 된다며, 유교의 죽음정치의 의의를 공동체를 하나로 묶어주는 역할에서 보았다.

> "세계의 모든 종교는 죽은 자를 보내는 의례를 가지고 있다. 적절한 절차를 따르는 죽음의 의례를 통해 인간 사회는 건강한 질서를 수립할 수 있기 때문이다. 죽음의 의례를 반복하면서 공동체의 구성원은 죽음의 경험을 공유하는 문화적 장치를 갖게 된다. 그런 장치를 통해 죽음은 특정한 사람에게만 발생하는 특별한 사건이 아니라는 사실을 알게 된다. 죽음의 의례는 살아 있는 사람과 죽은 자를 분리시키는 것이지만, 동시에 살아남은 사람들의 소망을 하나로 묶어주는 역할을 한다."[25]

국민의 생사 문제에 국가가 정치적인 관심을 기울일 때, 국민은 죽음의 두려움을 떨쳐 내고 삶에 집중할 수 있으며, 또한 공동체의 안녕을 위해 기꺼이 희생할 수 있는 마음을 다진다는 것이다.[26] 이에 따르면, '사람은 왜 죽는가?' 질문과 관련해서 최소한 죽음이 살아있는 자는 물론이고 죽은 자에게도 억울하게 느껴지지 않고 오히려 의미 있게(존엄하게) 여겨지도록 하는 것이 죽음정치의 과제임을 알 수 있다.

그런데 이용주는 유교의 죽음 문화를 정치와 관련해서 긍정적으로만 설명하는 데 치중함으로써 상대적으로 국가 폭력(유교 국가인 경우엔 종교 폭력)에 의한 죽음(강요된 희생 혹은 이해관계에 따라 국가 이념에 반하는 자로 판단되어 제거되는 죽음)과 경제적 이익의 극대화를 위해 강요되는 노동의 과정에서 양민(국민)의 거듭 반복되는 죽음을 초래하는 현실을 방치하는 문제를 다루는 데 인색

---

23) 이용주, 21.
24) 이용주, 23.
25) 이용주, 220.
26) 이용주, 21.

했다.[27]

3) 죽음의 정치화

죽음을 문화 차원에서 국가적으로 이용하는 현실을 유교의 사례에서 살펴본 이용주와 달리 강정인은 정치·죽음·진리/진실의 상호관계를 밝히려 특정인의 죽음이 어떻게 정치적 사건으로 자리를 잡는지 그 과정을 탐구하였다.[28] 이용주가 간과한 국가 폭력의 희생을 죽음정치의 맥락에서 다룬 것이다. 처음부터 정치적으로 큰 의미 있는 사건이 된 죽음이 아니라 그렇지 못한 죽음이 어떻게 정치적 사안으로 발전해 가는지를 다루었다. 여기에는 정치적 공작인 은폐와 조작이 원인으로 작용하고 있음을 밝혔다. 이를 위한 사례로 1991년 5월 투쟁, 김은국의 소설 <순교자>, 그리고 몇 편의 미국 반전 영화를 중심으로 정치와 죽음과 진리/진실을 논하였다.

그는 사회적 죽음과 정치적 죽음을 구분한다.[29] 사회적 죽음은 사회의 구조적 문제 때문에 발생한 죽음으로 일상을 파괴하는 것이라면, 정치적 죽음은 정치적 개입으로 인해 촉발되는 것으로 참된 가치를 추구하는 삶을 파괴한다. 강경대의 타살로 촉발된 91년 5월 투쟁을 진화하는 과정에서 진실을 은폐하기 위해 죽음을 조작한 것(김기설 유서 대필사건)은 대표적인 죽음정치의 한 모습이다.[30] 은폐와 왜곡이 언론을 통해 대중에 의해 수용되는 듯한 분위기가 가득했다. 이에 대학에서도 일상으로 돌아가

---

27) 이용주, 25에 딱 한 문장만이 발견될 뿐이다. "역사 속에서 국가가 국민을 단순한 수단이나 도구로 이용했던 불행한 경험이 없었던 것은 아니다."
28) 강정인, 『죽음은 어떻게 정치가 되는가』, 앞의 같은 책. 저자는 이 책에서 1991년 5월 투쟁, 김은국의 소설 <순교자>, 그리고 몇 편의 미국 반전 영화를 중심으로 정치와 죽음과 진리/진실을 논하였다.
29) 강정인, 『죽음은 어떻게 정치가 되는가』, 70.
30) 강정인, 69-79.

려는 움직임을 안타깝게 생각한 대학생들은 반대 투쟁을 촉구하며 분신과 투신자살을 감행하였다. 죽음은 진실을 밝히기 위한 계기였으며 폭력적인 정부에 저항하는 방편으로 이용되었다. 자기 죽음을 헛되게 하지 말 것을 호소하며 분신했던 전태일의 죽음은 실제로 노동운동을 일으키는 기폭제가 되었다.

소설 <순교자>를 통해서는 12명 목사의 죽음의 원인을 밝히는 과정에서 죽음정치가 작용함을 보여주었다. 곧 배교자인 12명 목사의 죽음이 교회의 영적 부흥과 국가의 반공 이념을 고취하기 위해 순교로 포장하여 선전의 도구로 사용되었기 때문이다. 미국의 반전 영화와 현실을 분석하면서 강정인은 반전 운동의 일환으로 제작된 반전 영화가 사실은 보편적인 평화를 추구하는 운동이 아니라 오직 자국민의 생명 보호를 위한 정치행위에 따른 결과였음을 폭로하고 있다.

4) 정치와 죽음의 상관관계

죽음과 정치의 상관관계를 말하는 데 있어서 앞의 두 연구와 더불어 주목할 만한 연구는 폭력의 원인을 정신의학의 관점에서 조명한 제임스 길리건(James Gilligan)의 것이다. 그는 폭력과 자살의 관계를 연구하던 중 2011년 매우 충격적인 보고서를 출간했다.[31] 그는 1900년부터 2007년까지 기간 동안 미국에서 발생한 살인율과 자살률을 조사하면서 또한 동시에 그것을 집권당의 변화와 비교한 결과를 보고 했는데, 이에 따르면 살인과 자살의 증가와 하락의 흐름이 양당정치 지형도와 일치했다. 다시 말해서 수치심의 윤리 체계를 가진 공화당과 죄의식의 윤리 체계를 가진

---

31) 다음을 참고: James Gilligan, *Why Some Politician Are More Dangerous Than Others*, 이희재 옮김, 『왜 어떤 정치인은 다른 정치인보다 해로운가』(서울: 교양인, 2012). 길리건은 이 책을 통해 정신의학자의 관점에서 정치와 죽음의 관계, 특히 집권 정당과 치사 발생률 사이에 통계적으로 의미 있는 연관성을 밝히고 있다.

민주당이 교대로 집권할 때마다 살인율과 자살률의 변화가 그에 비례하여 발생했다는 것이다. 물론 항상 그런 건 아니지만 대체로 공화당이 집권할 때는 올라가고, 민주당이 집권할 때는 내려갔다. 여기에는 경제정책이 큰 변수로 작용했다고 보는데, 살인율과 자살률이 빈곤과 불평등과 실업과 밀접한 관련성을 보였기 때문이다. 예컨대 실업 상황은 인간에게 수치심과 모욕감을 초래하고, 이것이 자존감 저하에도 영향을 미쳐 자살이나 살인의 동기로 작용한 것이다. 길리건의 책은 정치가 죽음을 초래할 수도 있음을 보여주는 사례에 관한 탁월한 연구 결과라 생각한다.

5) 죽음에 대한 가치 평가?

인간의 정치 혹은 죽음정치가 죽음을 초래할 수 있다 해도 그것이 죽음의 가치까지 평가하는 건 아니다. 죽음정치는 특정한 죽음을 의도적으로 배제하거나 특정인의 죽음에 의미와 가치를 부여하면서 기념한다. 그러나 기독교 세계관에 따르면, 소위 억울한 죽음, 의로운 죽음, 의미 있는 죽음은 죽음에 대한 평가가 아니라 삶에 대한 평가이다. 왜냐하면 죽음의 이유가 어떠하든지 죽음은 모두 같으며, 특히 죽음의 의미를 부여하고 그것의 가치를 판단하는 일은 오직 생명과 죽음을 다스리시는 하나님에게만 속하기 때문이다. 피조물인 사람은 죽음을 수동적으로 맞이하거나 적극적으로 감행할 뿐이며 죽음을 평가할 위치에 있지 않다. 아무리 특정인의 적극적인 죽음(분신이나 자살 등)이 정치적 지형도를 바꿀 정도로 사회에 강하게 영향을 미친다 해도 마찬가지다. 왜냐하면 죽음을 평가하거나 의미를 부여하는 일은 죽음을 포함하는 삶 전체를 조망할 때 비로소 가능한데, 인간에게는 그런 안목이 부족하기 때문이다. 적어도 죽음 '이후'에 관해서는 무지하다. 불의의 희생자로 죽음을 맞이했거나, 설령 억울함을 호소하며 자살을 하고, 전태일의 경우와 같이 죽음을 헛되게 하지 말 것을 당부하면서 분신을 한다 해도 죽음 자체를 두고 억울하다거나 혹은 의롭다고는 말할 수 없다. 죽음의 원인 혹은 목적과 죽음 자체에 대한 평가는 구분된다.

그러함에도 불구하고 사람이 왜 죽는지를 물으면서 죽음의 이유와 목적과 관련해서 억울하다, 의롭다, 의미 있다, 존엄하다고 판단한다면, 이는 죽음을 비 그리스도교적 의미에서 현실적 삶의 완성으로 이해할 때, 그래서 억울하게 죽은 자가 원혼이 될 것이라고 믿을 때 혹은 그 결과 이생에 부정적인 영향을 미칠 것을 예상할 때 말할 수 있으며, 또한 '인간'의 죽음정치의 부당함을 폭로하기 위해서만 가능하다. 죽음에 대한 가치 판단은 죽음 이후에 대한 세계관을 전제하지만, 또한 죽음을 평가하는 잘못된 관습이 죽음 이후에 대한 잘못된 세계관을 형성하기도 한다.[32]

2. 죽음정치, 무엇이 문제인가?

1) 죽음정치의 다양한 현실

아리스토텔레스는 '인간은 사회적 동물'이라고 말했다. 여기서 '사회적'은 원래 '정치적(politikos)'을 의미한다. 사회 구성원이 상호 소통하면서 서로의 생각과 삶의 방식을 조정하며 사는 모습을 두고 말한 것인데, 일반 명제의 형태(모든 인간은)로는 건강한 사회를 위해 그렇게 살아야 함을 강조한다.

그런데 공동체의 안정을 위해서든 특정인의 이익을 대변하기 위해서든 아니면 특정 계층이나 국가의 이익을 옹호하기 위해서든 통치계급은 죽음을 필요악으로써 활용했다. 혹은 공동체가 더는 조정하기 어려운 극

---

[32] 톰 라이트는 마카베오하 12:39-45를 매개로 연옥설 형성 과정에는 우상 숭배하는 전쟁 영웅들이 미처 회개하지 못한 채 죽은 경우 그들의 구원을 위한 기회를 마련할 의도가 작용했음을 지적한다. Thomas Wright, 『톰 라이트 죽음 이후를 말하다』, 53.

단적인 대립 관계에 직면했을 때 공동체를 유지할 목적에서 반대편의 죽음을 결정적 수단으로 삼았다. 죽음은 욕망을 충족하거나 야망을 추구하거나 소위 정의의 이름으로 공익을 실현하는 한 방법이었다. 여기에서 특정인의 사리사욕에 희생되었거나 무의미한 삶이 강요된 상태에서 맞이한 죽음은 억울한 죽음으로 여겼다. 이에 비해 통치 이념을 수호하고 확산하면서 공익의 실현에 이바지하는 자발적 희생이나 국가의 폭력에 저항하면서 분신 혹은 자살하는 행위는 후에 각각 정치적으로 정당화 과정을 거치면서 의로운 죽음으로 평가된다. 형법상 범죄자를 제거하여 사회 정의를 세우기 위한 징벌로서의 죽음도 죽음정치의 하나다.

죽음정치의 현실은 통치 방식이 무력이 아니라 이념으로 대체되어도 크게 바뀌지 않는다. 이념 정치가 실제 전쟁으로 이어지는 경우가 있지만(한국전쟁 등), 세계적 차원에서는 두 차례 세계대전과 같은 전면전 확산을 우려해 대체로 냉전의 양상을 띠었다. 미국과 소련을 중심으로 펼쳐진 냉전이 대표적이다. 진영논리에 따른 정치 역시 죽음을 피할 수 없었는데, 한 국가 내에서도 갈등과 반목이 일어났고 심하면 정적 관계로 비약하는 일이 발생하기 때문이다(반공 정치). 이념 정치는 사상범을 양산하고 여론을 분열하며, 또 반대 사상을 말로 설득하는 건 불가능하다고 여기기에 고문과 감금과 죽음으로 공포 분위기를 조장한다.[33] 이념 정치는 이념에 반하는 자가 동의하기 어려운 죽음을 초래할 수밖에 없으며, 또한 이에 반해 이념의 실현을 위해 죽은 희생자는 거국적으로 기념하면서 애국자로 숭배하기도 한다.

죽음정치는 특히 제노사이드(genocide)와 테러 현상에서 도드라진다. 제노사이드와 테러는 정치적 목적을 달성하기 위해 혹은 정치적 반대 세

---

33) 예컨대 한국전쟁 후 남북 이념에 따라 서로에 대한 적대행위는 수많은 죽음을 양산했다. 다음을 참고: 최태육, "그때 거기에 무슨 일이 있었나", 「기독교사상」 699(2017.3), 210-215.

력을 진압하기 위해 불특정 다수의 죽음을 초래하는 폭력행위이다. 특히 자살 테러는 같은 이해관계에 있는 사람에 의해 의로운 죽음으로 평가받길 기대하며 행하는 희생이다. 개인이나 단체 차원을 넘어 국가 차원에서도 실행된다. 정의를 빌미로 행해지든 아니면 개인 욕망의 충족이나 야망의 실현을 위해서든, 그래서 결국 어떻게 평가되든 제노사이드와 테러는 죽음으로 공동체를 위협하고 또 실제로 죽음을 초래하여 사람들의 주목을 받음으로써 정치적 목적을 관철하려는 폭력행위이다. 세월호 침몰 사건처럼 충분히 구할 수 있는 상황에서도 정부의 무책임한 대처로 구조하지 못해 수많은 사망자를 초래한 사례 역시 소극적 의미의 폭력이라 말할 수 있다. 폭력 희생자의 유족들은 사랑하는 사람이 무엇 때문에 죽어야 했는지 그 이유를 묻지만 안타깝게도 '억울한 죽음' 외에 다른 대답을 얻지 못한다.

종교 역시 죽음정치에서 자유롭지 못하다.[34] 유대교는 유대교 신앙을 지키기 위해 예수를 그리스도로 믿는 신생 종교를 박해와 죽음으로 위협했다. 로마의 황제숭배 역시 기독교인에게 가혹한 죽음정치를 실행했다. 기독교 역시 마찬가지다. 이단자를 화형으로 제거하는 일이나 중세 마녀사냥은 죽음정치의 대표적인 사례로 꼽힌다. 각종 종교 전쟁에서 볼 수 있듯이, 자기 종교의 이익을 위한 희생은 의로운 죽음으로 여겨 순교자로 칭송하나, 이단으로 낙인찍힌 자나 자기 종교에 반하는 자에 대한 박해는 억울한 죽음을 양산한다.

그밖에 국가는 죽음을 통치 이념을 실현하기 위한 합법적인 방편으로 여긴다. 대표적인 것이 사형제도인데, 사형은 형법에서 법정 최고형이다. 범죄자를 사회로부터 영원히 격리하는 것이 공동체의 안정을 위해 필

---

[34] 다음을 참고: Harvey G. Cox, "종교와 폭력", 「기독교사상」 40-10(1996.10), 144-159; John Teehan, *In The Name of God*, 박희태 옮김, 『신의 이름으로』(서울: 이음, 2011); 유경동, "종교와 폭력 : 종교적 개념과 폭력에 대한 소고", 「현상과인식」 44-4(2020.12), 129-150.

요하다고 판단될 때 실행되는 징벌이다. 물론 국가가 그런 권한이 있는지에 관한 논란이 많아[35)36)] 현재 많은 나라가 사형제도를 폐지하고 있지만, 사회적 죽음[37)]까지도 폐지한 건 아니다. 보기에 따라선 인격적 사형으로 대체했다는 느낌을 받는다. 사형이 결정되거나 아니면 형이 확정되기 전이라도 끔찍한 범죄 사실이 확인되는 경우 범죄자의 얼굴과 이름을 밝히도록 한 것은 사회적인 활동을 공개적으로 제약할 목적에 따른 결정이다. 사람에 따라서는 이것을 인격 살인으로 여겨 사형과 별반 다르지 않게 본다.

국가의 정당한 행위로 여겨지는 죽음정치의 하나인 사형제도가 언제나 정당한 것은 아니다. 시대에 따라 평가가 달라지는 사상범이나 혹은 잘못된 수사에 근거한 오판으로 인해 부당하게 명을 달리한 사람도 있기 때문이다. 이는 죽음정치가 합법적으로 억울한 죽음을 양산하는 사례 가운데 하나다. 경우에 따라선 죽기까지 개인의 신념을 포기하지 않은 사람이 억울한 죽음으로 기억되다가 시대가 바뀐 후 진실이 밝혀지면서 정당성이 인정받아 의로운 죽음으로 기억되기도 한다.

죽음정치는 죽음을 기억하는 방식을 규정한다. 흔히 "기억 투쟁"이라 불리기도 한다.[38)] 기억 투쟁은 정치적 이해관계에 따라 배제된 역사적 사

---

35) 이동명, "사형제도의 위헌성 고찰", 「法學硏究」 38(2010.05), 223-251; 이동명, "정보화 사회에 있어서 사형제도 폐지의 당위성: 오판사례를 중심으로", 「한국컴퓨터정보학회논문지」 19/7(2014.7), 151-159; 권오걸, "사형제도 현황과 형법의 규범적 성격에 기초한 사형제도의 타당성 연구", 「법학연구」 17/4(2017.12), 305-325.
36) 기독교적 관점에서 사형제에 관한 논쟁은 다음을 참고: Gerhard Gloege, *Die Todesstrafe als theologisches Problem*(Wiesbaden: Springer Verlag, 1966).
37) 사회적 죽음은 매우 광범위한 개념이다. 자격 박탈과 같은 명예형, 여론몰이를 통한 인격 모욕 등을 포함해서 소위 '묻지마살인'이나 불평등 구조나 열악한 노동 현장에서 발생하는 사고나 인권 사각지대에 놓여 있는 빈곤층의 죽음, 남녀불평등 구조에서 일어나는 성폭력 피해자의 자살 등과 같이 사회적인 문제와 연결된 죽음을 가리킨다. 언론중재위원회, "범죄자 신상공개와 인격권", 「미디어와 인격권」 6/2(2020.12), 107-154.
38) 다음을 참고: 육영수, "역사, 기억과 망각의 투쟁", 「한국사학사학보」 27(2013), 263-284; 나간채 외, 『기억 투쟁과 문화운동의 전개』(역사비평사, 2004).

실을 의도적으로 기억하고 기념함으로써 역사의 기록으로 남기려는 노력을 가리킨다. 죽음과 관련한 기억 투쟁은 국가 폭력에 의한 죽음이 적절한 애도 없이 방치되어 억울하고 무의미한 죽음으로 전락하지 않도록 죽음을 집단 기억으로 소환하여 적절하게 애도하며 기념하는 것이다. 국가가 주체가 되어 기억하려는 역사가 있는가 하면, 또한 국가가 의도적으로 배제하려는 것이 있다. 전자의 경우 국가(대체로 통치자 집단) 이익에 공헌하는 죽음에 해당하는데, 기념일을 제정하여 거국적으로 기념식을 행하지만, 후자의 경우 국가 이익에 반하는 것으로 여겨 망각하도록 방치함으로써 사실 자체를 인정하려 하지 않는다. 유족에게는 억울한 죽음으로 기억된다. 예컨대 4.3이나 5.18에 대한 국가적 의미 부여는 기억 투쟁을 통해 얻어낸 성과이다.[39] 사람이 왜 죽어야 했는지에 관한 정당한 이유를 밝힘으로써 억울한 죽음이 의로운 죽음으로 기억하게 된 대표적인 사례이다.

2) 죽음정치의 양면성은 어디서 기원하는가?
(1) 정치적 이해관계에 따른 가치 판단의 차이: 이처럼 죽음정치의 다양한 현실에서 죽음을 억울한 죽음으로 혹은 의로운 죽음으로 보이게 만드는 건 무엇일까? 이유는 죽음 자체에 있기보다는 삶과 죽음을 대하는 정치적 이해관계에 있다. 특히 사회의 다양성을 인정하지 않고 특정 이념에 지나칠 정도로 경도하거나 다수 여론만을 좇는 정치 행위는 죽음을 불가피하게 억울한 죽음과 의로운 죽음으로 가른다. 그리고 삶에 대한 가치 판단이 다르기 때문이기도 한데, 판단의 기준이 되는 건 대개 이념이고 시대정신이며 또한 삶의 충만함이다. 충만한 삶은 삶의 목적에 충실한

---

39) 이성우, "국가 폭력에 대한 기억 투쟁: 5.18과 4.3 비교연구", 「OUGHTOPIA」 26-1(2011.04), 63-86.

삶을 말한다. 대체로 후대에 지대한 영향을 미쳤거나 의미를 구현한 삶으로 나타난다. 『세상에 생명을 주는 신학』의 저자가 말하는 "번영하는 삶(flourishing life)"과 비교할 수 있다. '번영하는 삶'은 경제적 성장 기반의 삶이 아니라 의와 평화와 기쁨이 있는 삶을 가리킨다.[40] 충만한 삶을 살지 못한 채 외부의 원인에 의해 죽는 것을 사람들은 대개 불공정하다고 여긴다.[41] 이에 비해 비록 조기에 사망했으나 충만한 삶을 살았다고 여겨진다면 사람들은 그것을 의미 있는 죽음이라 여기며 칭송한다. 게다가 다른 사람을 살리기 위해 혹은 공익을 위해 죽었다면, 설령 국가 폭력에 의한 것이라도, 의로운 죽음으로 여기며 기린다. 안락사와 관련한 논쟁과 정부의 법 제정과 관련해서 인권 기반의 주장인 존엄사도 죽음의 원인과 관련해서 주체적인 결정을 중시하는 죽음이다.

이렇듯 인간의 죽음정치의 양면성은 불가피하다.[42] 삶 전체를 볼 수 없기 때문이다. 이로 인해 죽음은 통치 이념과 시대 정신에 따라 다른 평가를 받았고 이런 현상은 앞으로도 계속될 것이다. 죽음정치는 이념과

---

40) Miroslav Volf/Mattew Croasmun, *For the Life of the World*, 백지윤 옮김, 『세상에 생명을 주는 신학』(서울: IVP, 2020), 192.
41) 어린 자녀를 남겨 두고 병으로 떠난 부모의 죽음, 누구의 돌봄도 받지 못한 채 홀로 맞는 죽음, 굶어서 영양실조로 죽는 것 역시 비록 억울하다 말하지는 않아도 한 맺힌 죽음으로 여긴다. 이런 것들은 죽은 후 이생에 부정적인 영향을 미친다는 신앙을 형성하여 망자를 위로하는 의식과 더불어 독특한 죽음 문화를 형성한다.
42) 물론 죽음정치가 항상 두 죽음을 초래하는 건 아니다. 예컨대 낙태와 관련해서는 관점에 따라 나뉘는 억울한 죽음과 의로운 죽음이 나타나지 않는다. 태아의 죽음은 산 자를 위해 희생된 것으로 억울한 죽음이다. 오히려 태아의 삶이 살아있는 자의 삶의 질을 위협하는 것으로 낙태를 찬성하는 자는 여성의 인권을 위한 정당한 행위로 여기고 낙태의 합법화를 추진하였다. 살아있는 자(여성)의 인권을 위해 태아의 죽음을 용인한 것이다. 태아의 죽음을 감수하면서까지 현실 정치의 인권 이념을 실현하려 했다는 점에서 이것 역시 죽음정치의 한 모습이다. 낙태와 관련해서 의로운 죽음은 존재하지 않는다. 미래 세대의 생존권보다 살아있는 자의 생명권을 우선하는 인권 개념 자체를 재고하지 않는 한, 쉽게 바뀌지 않을 것이다. 환경 문제는 미래 세대의 안전과 행복을 고려하면서 왜 태아와 관련해서는 미래 세대를 고려하지 않는지 의문이다. 비록 죽음정치는 아니라도 생명을 경시하고 인권을 중시하지 않는 태도 때문에 발생하는 억울한 죽음은 사회 곳곳에서 발견된다. 가정, 학교, 유치원, 장애인 시설, 노인시설 등에서 발생하는 폭력에 의한 희생, 불평등하고 정의롭지 못한 사회의 구조적 불의에 따른 희생, 열악한 근로 환경으로 인한 사고의 희생, 사회적으로 적합한 돌봄을 받지 못한 고독사와 아사(餓死) 등.

충만한 삶의 관점에 따라 의미 있는(혹 존엄한) 죽음과 의로운 죽음 그리고 억울한 죽음을 가른다.

 (2) 악한 본성? 이분법적 사고!: 죽음에 대한 부정적 이미지 때문에 죽음정치의 현상을 인간의 악한 본성에서 비롯한 것이라 볼 수는 없다.[43] 물론 집단 학살이나 테러 혹은 독재 정권에서처럼 죽음정치가 오직 정권 유지와 정치적 목적 실현에만 관심을 둔 악의적인 결정의 결과일 수 있다. 이 사실을 부정할 수 없지만, 보통의 경우 인간은 정치적 이해관계에 매여 판단함으로써 죽음을 초래하는 행위를 한다. 악한 본성에서 비롯한 것이 아니라 주어진 환경에서 의미 있고 또 의로운 삶에 적합한 반응을 하지 못한 것이 쌓여 악을 행한다(눅 6:45, cf. 마 12:35). 이기적이고 개인주의적인 사고와 판단 과정이 거듭하면 할수록 타인의 불이익을 고려치 않는 반응은 반복된다. 죽음정치는 공동체의 안정이라는 필요에 따른 선택과 결정의 결과이다. 현실을 다르게 보지 못한 좁은 안목을 지적할 수 있고, 당대의 세계관에 매여 정치적인 이해관계의 충돌을 해결할 다른 대안을 발견할 수 없었던 무능을 비난할 수 있고, 평화를 오직 힘을 통해서만 얻으려는 좁은 소견을 문제 삼을 수 있고, 또 경제적 이익을 위해 안전한 작업 환경을 소홀히 한 책임을 물을 수는 있어도, 죽음정치의 양면성이-비록 그 행태에서 악을 말할 가능성이 전혀 없진 않아도-순전히 인간의 악한 본성에서 비롯했다고는 말할 수 없다. 설령 선의에 따른다 해도 세계의 유기적 본질에 대한 인식이 제한적이어서 이분법적 이해관계에서 결코 자유로울 수 없는 인간에게 어느 정도의 죽음정치는 불가피한 현상

---

43) 다음의 두 책은 인간 본성의 선함을 역사적으로 논증한다. Steven Pinker, *The Better Angels of Our Nature*, 김명남 옮김, 『우리 본성의 선한 천사』(서울: 사이언스북스, 2014); Rutger Bregman, *Humankind: A Hopeful History*, 조현욱 옮김, 『휴먼카인드-감춰진 인간 본성에서 찾은 희망의 연대기』(서울: 인플루엔셜, 2021).

이다. 줄일 수는 있어도 완전히 없이 할 수는 없다.

(3) 통전적이지 못한 이해: 인간의 죽음정치로 인해 빚어지는 양면성은 궁극적으로 하나님의 우주적인 다스림에 대한 통전적인(균형 있는/온전한) 이해가 부족한 데서 비롯한다. 통전적 이해란[44] 상반된 듯이 보이는 것이라도 피조물의 온전한 생명과 충만한 삶을 위해 유기적으로 상호작용한다는 사실을 바탕으로 통합적으로 이해해야 한다는 것이다. 서로 구분되고 또 설령 대립하는 듯이 보여도 하나님이 섭리 가운데 서로가 서로에게 뿌리 역할을 하도록 하고 또 서로에 대해 상호작용하도록 하여 결과적으로 선을 이루실 것을 믿어야 한다(롬 8:28). 인간에게는 구분되어 보이는 것이라도 하나님에게는 그렇지 않다. 따라서 통전적 이해는 비록 지금은 일치하지 못하나 하나님의 섭리에 따라 일치할 것을 믿고 또 기대하면서 서로 다른 것을 용인하고 서로에 대해 작용하는 것을 관용하는 태도에서 비롯한다. 상반하는 듯이 보이는 것들이 공존하는 긴장 관계에서도 균형 잡힌 삶의 태도를 가능케 한다. 억울한(혹은 의미 없는) 죽음과 의로운(혹은 충만한) 죽음의 구분은 죽음정치가 현실을 구성하는 과정에서 하나님의 통전성(선악의 이분법적 구분을 초월할 뿐만 아니라 양자의 유기적 관계를 가능케 하는 통치 행위의 속성)을 반영하지 못한 결과라는 점에서 죽음정치는 신학적 문제이다.

---

44) 융합의학자 최서형의 이해에 따른 통전을 말하는데, 대립 관계에 있는 것이라도 하나님의 생명 섭리 가운데 유기적으로 상호작용을 한다는 맥락에서 보는 최서형의 통전 개념 이해에 대해서는 다음의 글을 참조: 최성수, "통전적 신학에서 '통전' 개념의 의미와 그 기제에 관한 연구", 「장신논단」 53-1(2021.3), 127-157; 최서형, 『생명을 온전케 하시는 하나님』(서울: 쿰란, 2021), 235-239, 특히 Ch. 6~Ch. 7.

3) 성경에서 죽음정치와 생명정치

(1) 하나님의 죽음정치?

인간의 죽음정치가 이해관계의 충돌로 인해 어느 정도 불가피한 현상이고 그것이 이분법적 사고에서 혹은 하나님의 우주적인 다스림에 대한 통전적 이해의 결핍에서 비롯한 것이라면, 하나님의 통치는 어떤가? 전지하시고 모든 것을 당신의 섭리에 따라 다스리시는 하나님 역시 죽음정치를 행하시는가?

하나님은 창조주로서 세상을 다스리신다. 하나님은 자연(인과율과 생존본능)과 인간(인과율과 도덕법칙과 양심 그리고 율법)에게 권한을 위임하심으로써 그들의 본능적인 수고와 자율적인 노력을 통해 다스리신다. 하나님은 특히 사람에게 복(능력)을 주시고 권한(충만하라, 다스리라, 정복하라)을 위임해 주시며 또 사람의 순종을 사용하여 온전한 생명을 위한 섭리 가운데 당신의 뜻을 관철하신다. 그런데 안타깝게도 하나님의 통치가 온전하게 실현하기도 전에 타락 사건이 일어났다. 하나님이 금하신 열매를 인간이 따 먹은 것이다.

성경이 이 사건을 기록한 이유가 있다. 인간이 하나님을 온전히 이해하여 세상을 이분법적 구도로 판단하고 자기 삶을 스스로 통제하려는 욕망에 이끌린 결과 타락했다는 것을 보이고,[45] 또한 인간의 불행과 죽음의 현실에 직면해서, 이것이 하나님의 말씀을 외면하고 오히려 외부의 유혹에 반응한 결과임을 폭로하기 위함이다. 곧 인간이 스스로 하나님처럼 될 수 있다는 유혹을 받아 실제로 그렇게 되려 노력하는 사람은 타락하여 그 결과 죽음의 권세 아래 놓이게 되지만, 이와 반대로 하나님 앞에

---

45) 성경에서 선악을 안다는 말은 전지의 능력을 갖춘다는 의미로 사용된다. 그러므로 선악과를 따 먹었다는 건 인간이 하나님 없이도 살 수 있는 능력에 대한 욕망을 실천으로 옮겼다는 말로 이해할 수 있다.

서 피조물임을 인정하고 하나님의 말씀에 반응하면서 사는 것이 하나님의 형상으로 사는 모습이며 생명을 위한 길 곧 구원에 이르는 길임을 말한다. 생명 나무의 열매는, 만일 인간이 스스로 하나님과 같이 되려 하지 않는다면, 일상에서 얼마든지 따 먹을 수 있는 것이었다.

이 사건에서 주목할 점은 하나님이 당신의 뜻인 인간과의 친밀한 사귐과 인간의 영생을 위해 죽음을 위협의 수단으로 삼으신 것이다. "네가 먹는 날에는 반드시 죽으리라"(창 2:17). 율법과 관련해서도 하나님은 지키는 자에겐 생명을, 어기는 자에겐 저주나 죽음이 있을 것을 예고하셨다(신 7:9-10, 28장). 신약은 예수 그리스도를 믿으면 생명을 얻고, 믿지 않으면 멸망할 것이라고 말한다(요 3:16, 5:24). 율법을 온전히 지킬 수 없는 인간은 죽음을 피할 수 없지만, 예수 그리스도를 믿는 자에게 하나님은 영생을 은혜로 주신다(롬 6:23). 복음은 듣고 순종하는 자에게는 기쁜 소식이고 세상을 구원하시는 하나님의 생명정치의 현실이지만, 그렇지 않은 자에게는 하나님의 죽음정치로 보인다. 부정할 수 없는 성경적 사실이다.

한편, 만일 심판과 구원, 죽음과 생명의 문제가 궁극적으로 하나님에게 달려 있다면, 율법 통치든 복음 통치든 하나님의 다스림에 대해서도 어느 정도는 죽음정치를 말할 수 있는 것처럼 보인다. 잘 살기 위해서뿐만 아니라 의미 없이 죽지 않기 위해서도 인간은 한편으로는 율법을 지켜야 했고 다른 한편으로는 복음을 믿어야 했기 때문이다. 겉보기에는 인간이 공익과 관련해서 그것을 실현하는 자를 기리는 데 반해 악의적으로 방해하는 자에게 죽음의 위협으로 대처하는 것과 별반 다르지 않아 보인다. 이는 하나님의 다스림에 대해 '죽음정치'를 말할 수 있는 이유인가?

(2) 생명의 하나님은 어떤 의미에서 죽음을 말씀하시는가?

인간은 외부 자극에 반응하도록 설계된 유기체다. 자동적인 반응도 있으나 선택적으로 반응하기도 한다. 선택적인 반응은 인간의 자유를 실현하는 행위인데, 선택의 결정을 좌우하는 것은 욕망에 따라 사느냐 아니면 성령에 따라 사느냐이다(갈 5:13-26). 유혹은 욕망과 감정을 부추겨 잘못된 선택을 초래하는 자극을 일컫는 개념이다. 숨겨진 욕망을 현실화하여 부정적인 결과를 일으키는 매개이다. 만일 유혹으로 촉발된 욕망과 감정에 사로잡히면 잠재한 불순종은 현실이 된다. 유혹이 있을 때 욕망을 부인하고 감정에 자신을 맡기면 이기기 어렵다. 오히려 욕망과 감정을 인정하고 그것을 직면하여 대처할 방안을 마련할 때 이길 수 있다.

신학적인 맥락에서 말한다면, 유혹은 한편으로는 인간이 하나님의 다스림에서 본질인 생명에 주목하지 못하도록 방해하고 다른 한편으로는 하나님의 다스림을 하나님의 죽음정치로 왜곡하여("너희가 결코 죽지 아니하리라") 참 생명을 인지하지 못하도록 한다. 죽음을 부정하면서 동시에 인간이 주체가 되는 삶의 가능성을 과잉 긍정토록 해 하나님의 은혜를 불필요하게 여기고 오히려 자기 힘으로 충분히 살 수 있다는 믿음을 심어준다("너희가 그것을 먹는 날에는 너희 눈이 밝아져 하나님과 같이 되어 선악을 알 줄 하나님이 아심이라"). 결과적으로 감각적인 일에 집중하도록 하고 육체(감정)에 매여 살게 해 하나님의 경고를 두려워하지 않도록 함으로써 기어코 불순종하도록 한다(창 3:6-7). 그리고 이분법적 사고에 젖어 살도록 한다. 하나님이 원하시는 삶을 살지 못하도록 하는 것이다.

예수님을 시험했던 사탄의 유혹 역시 마찬가지다(마 4:1-11). 유혹의 목표는 아버지로부터 보냄을 받은 아들의 사역을 축소하고 왜곡하고 변질하려는 것이다. 돌을 떡으로 만들라거나(네 능력을 입증해보라), 높은 곳에서 뛰어내리라거나(죽지 않을 것이다), 사탄에게 절하라는 것(하나님을 두려워하지 않도록 하는 것) 등은 이 땅에서 하나님의 아들로서 감당할 사역과 무관한 일을 하라고 부추기는 것이며, 심지어 전혀 상반한 일(사탄에게 절하라)을 하도록 자극하는 것이다. 달리 보이지만 자세히 들여다보면 이것은 인간의 현실 문제를 해결하려는 욕구, 인정욕구, 그리고 지혜에 대한 욕구를 자극하여 하나님의 부르심에서 벗어난 삶을 살도록 하는 유혹이다. 하나님의 아들로서 예수님은 죽음을 피할 가능성을 바라지 않고 오히려 하나님을 경외하고 하나님의 말씀에만 반응하면서 유혹을 이기셨다. 결국에는 십자가에서 죽음을 받아들임으로써 최후의 유혹마저도 이기셨고 또 부활하심으로써 영생을 위한 길을 여셨다. 생명이 죽음을 이긴 것이다.

그런데 성경이 죽음을 말하는 방식과 관련해서 창세기 2장 17절("반드시 죽으리라")에 나오는 죽음의 예고는, 만일 그것이 하나님의 죽음정치가 아니라면 대체 어떻게 이해할 수 있는가?

창세기는 바벨론 포로기에 기록된 것이기에 시대적 배경을 염두에 두고 독해해야 한다. 곧 에덴동산의 사건은 이스라엘 백성이 왜 하나님에게 버림을 받아 바벨론 포로로 살 수밖에 없었는지 반성하고 사유하면서 그 이유를 근원적으로 설명하려는 노력의 결실이다. 이미 주전 8세기 예언자들의 종말론적인 메시지가 말해주듯이 그들에게 바벨론 포로의 삶은 종말(심판과 죽음) 경험이었다. 곧 성경에서 죽음을 말한 것은 죄의 작용과 그 결과로 나타나는 죽음의 현실을 인정하고 또 그 원인이 불순종에 있음을 말하기 위함이다. 그것은 하나님의 죽음정치를 말한다기보다는 실존적으로 경험되는 죽음의 현실을 폭로한다. 불순종하는 인간은 하나님의 돌보심에서 스스로 벗어나 죽음의 위협 아래서 살아갈 수밖에 없음을 말한다. 성경은 이런 현실로부터의 구원을 말한다. 그러니까 예수 그리스도를 믿고 하나님의 말씀이 현실이 되게 하는 사람은 누구에게나 당연시되는 죽음의 위협과 숙명에서 벗어나 생명을 얻는다는 것이다. 죽음으로 위협하여 겁을 먹게 해 억지로라도 믿게 하기보다 오히려 생명의 구원을 말하기 위해 현재의 죽음 상태와 죽음의 숙명을 직면하게 하는 것이다. 그러므로 일단 유혹을 극복한 후에 죽음을 생각하면, 죽음은 생명의 길을 거부한 자가 스스로 죽음의 권세에 복종한 결과임이 보인다. 이에 반해 예수 그리스도는 인간의 각종 환경 배후에서 작용하여 현실을 지배하려는 죽음의 권세를 물리치기 위해 노력하였다.[46] 이런 의미에서 하나님의 다스림은 죽음정치가 아니다. 인간은 자신이 "살아온 방식에 따라 자기 자신이 지옥을 만들거나 천국을 만드는 것이다."[47] 유혹에 반응하는 자는 스스로 죽음의 권세 아래로 들어가지만, 순종하는 자는 생명의 나라인 하나님 나라를 경험한다.

> "너희가 영생을 얻기 위하여 내게 오기를 원하지 아니하는도다(요 5:40) ....
> 내 아버지의 뜻은 아들을 보고 믿는 자마다 영생을 얻는 이것이니 마지막 날
> 에 내가 이를 다시 살리리라 하시니라"(요 6:40)

하나님의 계획은 하나님의 의를 이루고 또 생명의 약속을 성취하여 세상에서 하나님 나라를 회복하시려는 데에 있다. 하나님의 의가 예수 그리스도를 통해 심판의 의로서가 아니라 구원과 생명의 의로 나타났다면, 엄밀히 말해서 하나님의 다스림은 죽음정치가 아니라 풍성한 삶을 위한 생명정치이다. 하나님의 섭리와 관련해서 본다면, 죽음은 심판의 결과이기보다 스스로 생명으로 나아가기를 거부한 결과이다. 예수 그리스도

---

[46] 다음을 참고: Matthew Thiessen, *Jesus and the Forces of Death*, 이형일 옮김, 『죽음의 세력과 싸우는 예수』(새물결플러스, 2021). 매튜 티센은 유대인의 정결 의식에 관한 예수의 태도와 관련해서 예수가 정결 의식의 무의미함을 말하면서 폐지하려 했던 것이 아니라 오히려 정결 의식을 필요하게 만드는 죽음의 세력과 싸웠다는 사실을 밝혔다. 결국 구원은 정결 의식을 지킴으로써가 통해서가 아니라 죽음의 세력을 물리친 예수 그리스도에게 있음을 더 분명하게 밝힌 것이다.

[47] Elisabeth Kübler-Ross, 『사후생』, 69.

의 죽음은 죽음도 생명을 위한 하나님의 부르심일 수 있음을 보여준다. 그러므로 예수 그리스도의 죽음 곧 자기희생을 통해 생명을 얻게 하신 것 외에 하나님의 죽음정치를 말하는 건 옳지 않다. 하나님은 당신의 뜻을 위해 어떠한 죽음도 의도적으로 이용하지 않으신다. 곧 순종할 때 현실이 되는 하나님 나라에는 억울한 죽음이 없다. 죽는 건 오직 생물학적 한계와 자기 죄 그리고 인간의 죽음정치로 인한 것이다. 그 죽음마저도 하나님은 예수 그리스도의 십자가 사건과 부활을 통해 무력화시키셨다. 이로써 예수 그리스도는 영(죄의 문제 해결)과 혼(인간의 죽음정치 및 생명정치에서 해방)과 몸(영화스런 몸을 얻음으로써 생물학적 한계에서 벗어남)이 온전해지는 길을 여신 것이다.[48] 데살로니가 전서 5:23이 말하고 있듯이, 하나님의 뜻은 영과 혼과 몸의 온전함에 있기에, 만일 죽음으로써 하나님의 뜻이 이루어진다면, 그 죽음은 끝이 아니라 온전한 생명을 위한 부르심이다. 예수 그리스도를 믿는 자는 더는 죽음의 위협이 없는 곳인 새 하늘과 새 땅에서 만물을 새롭게 하시는 하나님과 함께 영원히 거하는 복을 누릴 것이다(계 21~22장).

(3) 하나님의 통전적 생명정치

하나님의 뜻은 세상이 온전한 생명을 얻고 풍성한 삶을 사는 것이다. 이것을 하나님의 생명정치라 말할 수 있다. 하나님의 사랑은 그럴 자격이 없는 세상이 생명을 얻도록 아들을 대신 죽게 하신 것으로 표현되었다(롬 5:8, 요 3:16). 유일하게 하나님의 죽음정치를 말할 수 있는 예수 그리스도 십자가 사건은 오히려 역설적으로 생명정치의 백미다. 하나님은 세상을 창조하시면서 당신의 일부를 비우셨고, 세상을 다스리기 위해 당신의 권한을 인간에게 위임하셨으며, 세상이 살고 풍성한 생명을 누리는 것을 방해

---

[48] 생명을 온전케 하시는 하나님과 영과 혼과 몸의 온전함의 관계에 대해서는 다음을 참고: 최서형, 『생명을 온전케 하시는 하나님』, 앞의 같은 책.

하는 죽음의 권세를 파하기 위해 당신 아들을 희생하셨고 또 부활시키셨다. 그리고 새로운 창조를 위해 여전히 온전치 않은 우리를 당신의 거처로 삼으신다(고전 6:19). 죽음이 우리를 엄습하지 못하도록 하시며, 설령 믿음 안에서 억울한 듯이 보이는 죽음을 맞이해도 부활해 주실 것을 약속하셨고, 약속을 반드시 이루실 것을 예수 그리스도의 부활을 통해 확증하셨다. 그러므로 그리스도인이 죽음 교육에서 유념해야 하고 또 교육의 목적으로 삼아야 할 것은 이 땅에서 온전한 생명이며, 미로슬라프 볼프의 말을 빌리면 "번영하는 생명"[49]이다.

(4) 의로운 죽음

성경에서 의로운 죽음은 의인으로서의 죽음을 의미한다. 하나님의 말씀을 충실하게 지키며 산 사람의 죽음이다. 여기에 더해 타인을 살리기 위해 혹은 국가를 지키기 위해 혹은 복음 전파를 위해 살다가 죽임을 당한 죽음이 있다. 숱한 박해 상황에서 신앙을 지키려 노력하다 맞이한 최후 역시 의로운 죽음이다. 죽음을 의롭다고 말하는 건 삶에 대한 평가이며, 이런 의미의 죽음은 하나님의 부르심에 따라 살다 맞이한 것으로 평안과 안식에 들어간 것이다(사 57:1-2).

이를 위한 사례는 역사와 성경에서 많이 찾아볼 수 있다. 대표적인 것으로 구약에서는 이사야 53장에 소개된 의로운 종의 죽음이고, 신약에서는 스데반을 포함한 제자들의 죽음이며, 이 모든 죽음을 의롭다고 볼 수 있게 하는 원형인 예수 그리스도의 죽음이다. 그는 세상의 구원이라는 하나님의 뜻을 위해 인간의 형체를 입고 세상으로 와서 순종하시되 죽기까지 복종하셨다(빌 2:6-8). 곧 세상의 죄를 짊어지고 죄인을 대신해서 감당할 죽음을 피하지 않음으로써 하나님의 죄용서와 사랑을 계시하였

---

49) Miroslav Volf, 『세상에 생명을 주는 신학』, 특히 187-230.

다. 죄인들이 받아야 마땅한 형벌을 대신 감당하심으로써 그들이 생명을 얻을 수 있도록 하셨다(요 3:16). 이로써 하늘에 계신 하나님께 영광을 돌리셨다(빌 2:11, 요 17:4). 신약에서 말하는 의로운 죽음은 공적을 쌓은 일 때문이 아니라 오직 주 안에서 죽은 자의 죽음 곧 예수를 그리스도로 믿는 자로서의 죽음을 일컫는다. 어떤 이유와 목적에서 죽든 하나님의 다스림을 받는 자로서 죽는 자 곧 주 안에서 죽는 자는 하나님이 참 하나님을 증언하는 것이며, 그것은 설령 보기에는 어떠하여도 부활의 약속을 통해 의미 있는 죽음으로 평가된다.

(5) 억울한 죽음

한편, 죽음을 하나님의 생명정치와 관련해서 본다 해도 부정할 수 없는 건 억울한 듯이 보이는 죽음이 있는 것이다. 억울한 죽음 현상은 성경과 역사에서 어렵지 않게 만날 수 있다. 아벨의 죽음, 모세와 예수의 출생과 관련한 영아 살해, 아간 한 사람의 잘못으로 함께 심판을 받은 사람들의 죽음, 아버지 입다의 서원에 의해 처녀의 몸으로 희생 제물이 된 딸의 죽음, 다윗을 숨겨주었다는 이유로 사울 왕에 의해 살해된 제사장들의 죽음, 자기 죄를 숨기려는 다윗의 계략에 따른 우리야의 죽음, 다윗의 죄로 인해 잉태한 밧세바 태중의 아이의 죽음, 지도자들이 잘못 때문에 이방 민족의 침입을 받아 발생하는 죽음, 그리고 이웃하는 포도원에 대한 욕심으로 아합과 그의 아내 이세벨의 계략에 따른 나봇의 죽음, 게다가 세례 요한과 같이 의인으로서 살다가 아무런 보상도 받지 못한 채 맞이한 죽음, 그리고 죄 없이 당한 예수 그리스도의 죽음 등에서 확인할 수 있다. 비록 이름은 언급되지 않았어도 왕들의 폭정에 의한 희생자 역시 결코 간과할 수 없다. 그 밖에도 역사에서 살펴보면, 마녀사냥의 희생자, 십자군 전쟁에 동원된 사람들의 죽음, 교리 논쟁에서 패자가 된 자의 죽음과 같은 억울한 죽음의 희생자는 많다. 현대 사회에서 어른들의 학대에 의한 어린이의 죽음, 남성의 폭력으로 사망한 여성들, 묻지마 살해행위의 피해자, 사회의 불평등 구조에 따른 희생자, 열악한 작업 환경으로 인한 희생자, 세월호 사건과 같이 정부의 무책임하고 무능한 행정에 따른 희생자, 인권 사각지대에 놓인 사람들이 겪는 희생, 시신은 있으나 사망의 이유가 밝혀지지 않은 죽음, 환경 오염의 피해자로서 당한 죽음, 각종 폭력 희생자의 자살 등 사회적 죽음도 있다.

엄밀히 말해서 이것들 역시 구체적으로는 인간의 죽음정치에 따른 결과이지만, 그리스도인이 제기하는 질문이 있다. 하나님은 어찌해서 이런 죽음을 당신의 섭리 가운데서 허용하신 걸까? 하나님의 생명정치 내에서 발생하는 '억울한' 현실과 그것으로 말미암은 죽음은 어떻게 설명할 수 있는가? 성경은 '억울한' 죽음을 생명정치 안에서 허용하는가, 아니면 '억울한' 죽음을 없도록 하는가? 성경은 '억울한' 죽음에 대해 어떻게 말하고 있는가?

구약은 불의한 권력에 대한 엄중한 심판의 메시지가 많다. 결과적으로는 하나님의 말씀을 따라 살지 않았기 때문인데, 특히 그 대부분이 가난하고 힘없는 사람을 돌보지 않은 일에 집중되어 있다. 하나님은 인간의 정치, 특히 불의한 죽음정치에 대해 엄한 경고의 메시지를 선지자들을 통해 전하셨다. 불평등하고 불의한 정치에 의한 억울한 삶이 없도록 하고 또한 억울한 죽음이 없도록 하라는 것이다. 예수 그리스도 안에서 죽은 사람에겐 비록 억울한 죽음이 없다 해도 억울한 죽음으로 느끼게 한 가해자에 대한 심판마저 없는 건 아니다.

부자와 가난한 나사로의 비유를 살펴보자(눅 16:19-31). 이것은 비유이기에 이야기의 실재성(예컨대 지옥의 실재에 대한 증거로 삼는 것)을 두고 말하기보다는 이야기를 통해 말하고자 하는 것을 파악하는 것이 관건이다. 부자가 나사로에게 직접적으로 부당하게 행한 일은 없어 보이나, 나사로는 부자로 인해 더욱 가난하게 여겨지며, 나사로의 가난함으로 인해 부자는 더욱 부유하게 보인다. 두 사람이 죽은 후 하나님이 두 사람에게 보이신 일은 전혀 달랐다. 한 사람은 아브라함의 품에 머물고 있고 다른 사람은 음부에 있다. 예수님이 비유로 말씀하신 이유와 목적은 현세에서 불운하게 사는 자로 죽었다고 해서 결코 억울한 것이 아니며, 또한 부자로서 살다가 죽은 것이 항상 복된 죽음은 아님을 말한다. 오히려 부자는 더는 자기 친족에게 옳은 길을 전할 수 없는 자기 죽음을 안타깝게 여긴다. 이 비유는 누가복음 6:20~26을 바탕으로 이해하면 더욱 분명해진다.

  비록 사람에게는 억울한 죽음처럼 보이지만, 하나님에게는 전혀 다르게 평가된다. 불의하게 죽음을 맞이했다고 해도 그것을 억울한 것이라고 말하진 않는다. 예컨대 아벨의 죽음과 관련해서 성경은 "네 아우의 핏소리가 땅에서부터 내게 호소하느니라"(창 4:10) 기록하고 있는데, 이것은 억울한 죽음을 가리키는 말이 아니다. 오히려 자기의 악행을 숨기려 한 가인의 죄를 폭로하는 표현이다. 히브리서 기자는 온갖 박해를 받아 믿음 안에서 죽은 자를 "허다한 증인"(히 12:1)이라 말하였다. 또한 베드로는 성령의 계시를 통해 예수를 그리스도요 살아계신 하나님의 아들이라 고백하였으면서도 예수의 죽음을 가당치 않다고 여겨 그의 죽음을 막으려 했을 때 '사탄'으로 비난받았다(마 16:23). 죽음이 인간에게는 분하고 억울하게 보이는 것이라도 하나님에게는 전혀 다르게 평가될 수 있음을 보여주는 대표적인 사례들이다. 순교자로서 혹은 의로운 자로서 불의한 폭력에 의해 죽었다 해도 그것이 억울하지 않은 건 살아 있는 자들에게 증인이 될 것이고 또 부활과 하나님의 보상이 있기 때문이다. 이에 비해 불의한 자가 아무런 심판을 받지 않고 죽었다 해도 마지막 날에 하나님의 심판이 있을 것임을 성경은 명시한다.

성경은 죽음의 의미와 가치에 대해 평가를 하지 않는다. 이런 까닭에 적어도 하나님의 섭리를 믿는 자의 죽음은 아무리 좋지 않게 보여도 억울하다고 말할 수는 없다(롬 8:28). 그러나 반대로 불의한 행위나 죽음정치로 그런 죽음을 초래한 사람에게는 반드시 심판이 있을 것이다. 이스라엘을 심판의 도구로 사용하신 앗수르와 바벨론에 대한 심판에서 확인할 수 있다(이사야 10:5-11, 47장, 특히 6절). 하나님이 자기 백성을 징계하기 위해 사용한 두 제국을 오히려 심판하신 이유는 그들이 허용한 권한을 넘어 불의를 행했기 때문이었다. 결국 인간의 죽음정치에 대한 하나님의 심판이었다. 억울한 듯이 보이는 죽음과 관련해서 남은 자의 과제는 죽음을 억울하다고 여기며 슬퍼하기보다 억울한 일과 이로 인한 죽음이 더는 반복하지 않도록 예방책을 마련하고 또 억울함을 일으킨 자에 대한 공적 책임을 촉구하는 것이다.

4) 예수 그리스도의 죽음, 인간의 죽음정치와 하나님의 생명정치

억울한 죽음을 말하지 않기 위한 조건은 무엇인가? 죽음정치는 인간이 자기가 옳다는 것을 입증하기 위해 선택하는 행위이다. 인간의 죽음정치가 하나님의 생명정치를 왜곡하는 일이면서 또한-심판과 구원의 섭리를 통해-생명정치의 한 방식으로 작용한다는 사실을 밝히는 일은 억울한 죽음을 말하지 않을 우선적인 조건이다. 그렇다고 해서 하나님이 죽음정치에서 적극적이라고 말하는 건 아니다. 하나님은 인간의 죄를 밝히시면서 동시에 당신의 뜻에 따라 인간을 구원하시기 위해 죽음정치를 저지하지 않으시되 그것을 반드시 심판하신다. 본질에서 사람은-자기 죄로 인한 것이든 타인의 죄로 인한 것이든-죄로 인해 죽는다(롬 3:23, 6:23). 그래서 반드시 하나님의 심판을 거친다. 이것을 단적으로 드러낸 사건이 예수 그리스도의 죽음이다. 모든 인간이 죄로 인해 심판을 받아야 했음을 폭로하는 예수 그리스도의 죽음은 인간의 죽음정치의 희생이면서 동시에 죄인인 인간을 살리기 위한 하나님의 생명정치에 따른 것이다. 죽음의 권세를 물리친 사건인 예수 그리스도의 부활은 인간의 죽음정치에 대한 하나님의 심판이며 동시에 생명정치이다. 인간에게는 억울한 죽음으로 보이지만 하나님에게는 그렇지 않다. 죽음이 억울하지 않은 건, 비록 인간의 부당한 죽음정치의 희생이었으나, 그것이 세상을 구원하시려는 하나님의 뜻에 따른 것이기 때문이다. 죽음을 매개로 하나님은 인간의 죄와 당신의 사랑을 함께 드러내셨다.

예수 그리스도의 죽음과 부활을 통해 계시한 내용은 이렇다. 곧 인간은 죽음정치를 통해 자기 뜻을 이루려 해도 하나님은 생명정치를 통해 당신의 뜻을 관철하시어 사랑을 완성하신다는 것이다. 그것은 마지막 심판과 구원으로 나타난다.

> "사람이 마음으로 자기의 길을 계획할지라도 그의 걸음을 인도하시는 이는 여호와시니라"(잠 16:9)
> "제비는 사람이 뽑으나 모든 일을 작정하기는 여호와께 있느니라"(잠 16:33)
> "…건축자들이 버린 돌이 모퉁이의 머릿돌이 되었나니 이것은 주로 말미암아 된 것이요 우리 눈에 기이하도다…."(시 118:22; 마 21:42; 행 4:11).

5) 주 안에서 죽는 자에 대해 무엇을 말해야 하는가?

사람은 왜 죽는가?, 이 질문에 신학적으로 대답하기 위해 살펴본 세 가지 죽음의 배경은 자연스레 성경적 묵시론인 죽음 이후에 관한 생각으로 이어진다. 이것은 어떻게 죽든 억울한 죽음을 말하지 않을 두 번째 조건이다. 죽은 자의 미래(심판과 구원)에 관한 생각은 죽음의 이유와 배경에 관한 생각을 결정하기 때문이다. 앞서 말했듯이 그 반대도 가능하다.

사람은 왜 죽는가? 사람은 생물학적인 이유로 몸의 죽음을 겪는데,

인간 모두가 겪는 일이라는 점에서 성경은 죽음이 죄로 말미암은 것이라 말한다. 죄의 보편성을 말하기 위함이다. 몸의 죽음은 살아 있는 동안 지은 죄에 대한 하나님의 심판을 증언한다. 적어도 죽음을 억울하게 여기지 않고 오히려 의로운 죽음과 의미 있는 죽음을 맞이하기 위해 관건은 예수 그리스도를 믿고 하나님의 뜻에 순종하며 살면서-이것이 곧 타인을 위한 삶이기에-주 안에서 죽는 것이다. 주 안에서 죽는다는 건 그리스도인으로서 죽는 것이며 무엇보다 충성된 증인의 삶을 살다가 죽음을 맞이하는 것을 염두에 둔 표현이다. 사도 바울은 이를 두고 '그리스도 안에서 잠자는 상태'로 말했다(고전 11:30, 15:6, 18, 20, 51; 살전 4:13-15). 더는 하나님의 심판을 받지 않을 것을 기대하며 부활을 기다리는 상태이다.

로마서 6:7에서 바울은 죽은 자에 대해 이렇게 말했다.

> "이는 죽은 자가 죄에서 벗어나 의롭다 하심을 얻었음이라."

비록 타인의 죄로 인해 혹은 자기 죄로 인해 죽어도 믿음이 있는 자는 용서받은 죄인으로서 죽어 부활의 영광을 선물로 얻고 또 새 하늘과 새 땅에서 영생의 기쁨을 누리는 길에 들어선 것이니 보기에 어떠하든지 그것은 복된 일이며 영원한 안식이다.

> "그의 경건한 자들의 죽음은 여호와께서 보시기에 귀중한 것이로다"(시 116:15)
> "또 내가 들으니 하늘에서 음성이 나서 이르되 기록하라 지금 이후로 주 안에서 죽는 자들은 복이 있도다 하시매 성령이 이르시되 그러하다 그들이 수고를 그치고 쉬리니 이는 그들의 행한 일이 따름이라 하시더라"(계 14:13).

톰 라이트는 이를 두고 다음과 같이 말했다.

> "세상을 떠난 모든 그리스도인은 그 실질이 동일한 상태, 곧 쉼을 누리는 행복한 상태에 있다."[50]

주 안에서 죽는 자는-비록 마지막 날에 주어질 최후의 복락을 누리지는 못할지라도-죽음 이후에 누릴 것으로 기대되는 복과 안식으로 말미암아, 곧 소망으로 인해 예수가 그리스도이고 그를 세상 가운데 보낸 하나님이 참 하나님임을 증언한다. 그러므로 죽음의 이유와 목적을 묻는 이에게 적합한 대답을 주려면 죽은 자의 미래에 관해서도 생각해야 한다. 그리스도인임에도 불구하고 죽음을 억울하게 여기면서 고인의 한을 풀려는 건, 비록 그것이 비통의 표현일 뿐이라 여기면 충분히 공감이 가는 일이지만, 신학적으로 바람직하지 않다. 그리스도인 가운데 이런 사례가 많이 발생하는 이유가 없지 않다. 마지막 심판과 구원에 관한 종말론적인 사유와 신앙, 그리고 전혀 다른 존재로의 출생으로서 죽음에 대한 이해가 부족하기 때문이다.[51] 여기에 더해 톰 라이트는 "성경의 약속에 대한 확신을 잃어버렸기 때문이다."[52] 라고 말했다. 억울한 이유로 죽음에 이르게 한 불의에 대한 분노마저 숨길 수는 없고 또 가해자에 대한 공적 책임을 묻는 일은 계속해야 하지만, 억울한 죽음을 말하면서 죽은 자의 한을 말하는 건 그리스도인의 죽음 이해와는 거리가 멀다.

---

50) N. T. Wright, 『톰 라이트 죽음 이후를 말하다』, 앞의 같은 책, 63.
51) Elisabeth Kübler-Ross, 『사후생』, 18. 죽음 연구가로 잘 알려진 로스는 근사체험자과 육체이탈 체험자들에 관한 임상 연구를 통해 죽음은 또 다른 형태의 삶으로의 변화이며, 심지어 죽음이란 존재하지 않는다고 주장했다. 여기서 말하는 죽음은 영원한 소멸을 의미한다. 죽음을 또 다른 삶을 위한 과정으로 보았기 때문에 영원한 소멸의 의미로서의 죽음은 없다고 본 것이다. 그녀의 죽음 이해와 관련해서 드는 의문은 죽음이 "삶으로부터 고통과 고뇌가 없는 존재로의 변화"(139)라는 죽음 이해가 기독교 신앙을 전제하지 않은 사람에게도 적용하느냐 하는 것이다. 죽음은 사망의 권세이며, 비록 예수 그리스도의 부활과 함께 무력하게 되었다 해도 최후 심판이 있기까지 죽음은 없다고 말할 수 없다.
52) N. T. Wright, 『톰 라이트 죽음 이후를 말하다』, 32.

III. 결론

사람은 왜 죽는가? 사람은 생물학적인 한계와 편향된 생각 그리고 죄로 인해 죽는다. 영혼몸의 균형을 잃음으로써 죽는다. 죽음으로써 인간은 죄인이며 예수 그리스도를 통해 계시한 하나님의 공의와 사랑이 옳음을 증언한다. 죽지 않으리라 믿거나 혹은 인간의 힘으로 영생을 얻으려 노력하는 건 하나님의 공의에 대한 도전이다. 영과 혼과 몸의 균형을 상실한 결과인 죽음은 누구나 받아들여야만 하는 것이다. 그러나 하나님의 뜻은 인간이 죽음정치에 의해 왜곡되거나 변질하지 않은 풍성한 삶을 살고 또한 더는 죽음의 세력이 넘보지 못하는 영과 혼과 몸이 온전한 생명을 살아내는 것에 있다(살전 5:23). 그러함에도 불구하고 사람은 생물학적인 한계를 극복하지 못해 죽고, 받아들이기 어려운 이유로 죽고, 폭력의 피해자로서 죽고, 억울함을 다 해결하지 못한 채 죽고, 사회적으로 적합한 돌봄을 받지 못해 죽고, 의를 위해 죽고, 의미 있는 삶을 위해 그리고 인간의 존엄함을 지키기 위해 죽는다. 어떤 이유로 죽든 죽음을 억울하다고 여기지 않기 위해선 죽음을 하나님의 생명정치에 따라 이해해야 한다. 세상의 모든 일은 하나님의 섭리를 따르기 때문이다. 하나님은 인간의 죽음정치를, 설령 그것을 당신의 생명정치를 위해 막지 않으신다 해도, 반드시 심판하신다.

바울은 "하나님을 사랑하는 자 곧 그 뜻대로 부르심을 입은 자들에게는 모든 것이 합력하여 선을 이루느니라"(롬 8:28)라고 말했다. 어떤 이유로 죽든 믿는 자의 죽음은 하나님이 세상을 구원하시고 또 풍성하고 온전한 생명을 주시기 위한 생명정치에 따른 것이다. 또한 어떠한 죽음이라도 죽음을 억울하다고 여기지 않기 위해선 종말론적인 신앙이 필요하다. 죽음에 이르게 한 억울한 현실에 대해서는 하나님의 심판이 있을 것이지만, 죽음 그 자체는 세상을 살리기 위한 유기적인 의미의 죽음이고 또 죽음 후 부활이 약속되었다는 점에서 죽음은 풍성한 삶의 일부이며 더는 마지막이 아니라 온전한 생명으로 옮겨가는 단계이다.

> "평강의 하나님이 친히 너희를 온전히 거룩하게 하시고 또 너희의 온 영과 혼과 몸이 우리 주 예수 그리스도께서 강림하실 때에 흠 없게 보전되기를 원하노라"(데살로니가 전서 5:23)

이상의 두 가지 이유에서 주 안에서 죽은 자의 죽음은 겉으로 어떻게 보이든 결코 억울한 것이 되지 않으며, 하나님의 생명정치에 따라 의로운 죽음, 의미 있는 죽음으로 인정된다. 죽음은 하나님의 공의와 사랑에 대한 증언이다. "인간에게 진정한 불행은 죽음 때문에 오는 것이 아니다. 죽음을 어떻게 생각하는가가 그 사람의 삶의 질을 결정하고, 죽음을 어떻게 대하는가가 그 사람의 인생의 업적을 결정한다."[53] 무엇보다 하나님의 생명정치를 고려하면 삶과 죽음을 통전적으로 이해할 수 있으며, 죽음에 관해 유기적인 의미를 말할 수 있고, 이로 인해 죽음을 두려워하는 태도에서 벗어날 수 있고 또 죽음을 말하는 것이 오히려 복음일 수 있다.

---

53) 이효범, 『사람은 왜 죽는가』, 25.

참고문헌

강정인. 『죽음은 어떻게 정치가 되는가』. 서울: 책세상, 2017.

구인회. 『죽음에 관한 철학적 고찰-철학자들 죽음으로 삶을 성찰하다』. 서울: 한길사, 2015.

권오걸. "사형제도 현황과 형법의 규범적 성격에 기초한 사형제도의 타당성 연구". 「법학연구」 17/4(2017.12), 305-325.

김열규. 『메멘토 모리, 죽음을 기억하라』. 서울: 궁리, 2001.

나간채 외. 『기억 투쟁과 문화운동의 전개』. 역사비평사, 2004.

송현동. "한국 죽음문화의 변화와 그 의미-2000년대 이후를 중심으로". 「종교문화연구」 31(2018.12), 161-185.

서이종. "죽음정치(Thanatopolitics)의 관점에서 본 죽음 교육의 비판적 고찰". 「한국사회학회 사회학대회 논문집」(2015), 91-94, 92.

언론중재위원회. "범죄자 신상공개와 인격권". 「미디어와 인격권」 6/2(2020.12), 107-154.

오영수. 『경제학 갤러리』. 서울: 사계절, 2008.

유경동. "종교와 폭력: 종교적 개념과 폭력에 대한 소고". 「현상과인식」 44-4(2020.12), 129-150.

육영수. "역사, 기억과 망각의 투쟁". 「한국사학사학보」 27(2013), 263-284

유호종. 『떠남 혹은 없어짐: 죽음의 철학적 의미』. 서울: 책세상, 2001.

이동명. "사형제도의 위험성 고찰". 「法學硏究」 38(2010.05), 223-251.

_____. "정보화 사회에 있어서 사형제도 폐지의 당위성: 오판사례를 중심으로". 「한국컴퓨터정보학회논문지」 19/7(2014.7), 151-159.

이성우. "국가 폭력에 대한 기억 투쟁: 5.18과 4.3 비교연구". 「OUGHTOPIA」 26-1(2011.04), 63-86.

이성표. "죽음의 경제학". 「나라경제」(2006.8), 78-79.

이용주. 『죽음의 정치학』. 서울: 모시는사람들, 2015.

이은봉. 『여러 종교에서 보는 죽음관』. 서울: 가톨릭출판사, 1995.

이효범. 『사람은 왜 죽는가』. 서울: 렛츠북, 2020.

정동호. 『철학, 죽음을 말하다』. 서울: 산해, 2004.

정진홍. 『만남, 죽음과의 만남』. 서울: 궁리, 2003.

최서형. 『생명을 온전케 하시는 하나님』. 서울: 쿰란, 2021.

최성수. "죽음을 어떻게 적합하게 말할 것인가?-죽음 교육에서 스크루지 효과(Scrooge Effect)에 대한 비판과 죽음학적 전환기(thanatological turn)의 기독교 죽음 교육의 필요성과 방법에 관한 연구". 황명환 외, 『죽음교육의 필요성과 그 방법에 관하여』. 서울: 이폴출판사, 2021, 282-334.

_____. "통전적 신학에서 '통전' 개념의 의미와 그 기제에 관한 연구". 「장신논단」 53-1(2021.3), 127-157.

_____. "신학적인 문제로서의 '조상제사'". 『신학과 목회, 그 뗄 수 없는 관계』. 서울: 씨.엠, 1999, 139-165.

최태육. "그때 거기에 무슨 일이 있었나". 「기독교사상」 699(2017.3), 210-215.

최현석. 『인간의 모든 죽음』. 서울: 서해문집, 2020.

한국종교학회(편). 『죽음이란 무엇인가』. 서울: 창, 2009.

황명환 외. 『과학은 죽음을 극복할 수 있는가?』. 서울: 상상, 2019.

_____. 『죽음교육의 필요성과 그 방법에 관하여』. 서울: 이폴출판사, 2021.

Bregman, Rutger. *Humankind: A Hopeful History*. 조현욱 옮김, 『휴먼카인드-감춰진 인간 본성에서 찾은 희망의 연대기』. 서울: 인플루엔셜, 2021.

Cox, Harvey G.. "종교와 폭력". 「기독교사상」 40/10(1996.10), 144-159

Gilligan, James. *Why Some Politician Are More Dangerous Than Others*. 이희재 옮김, 『왜 어떤 정치인은 다른 정치인보다 해로운가』. 서울: 교양인, 2012.

Gloege, Gerhard. *Die Todesstrafe als theologisches Problem*. Wiesbaden: Springer Verlag, 1966.

Kagan, Shelly. *Death*. 박세연 옮김, 『죽음이란 무엇인가』. 파주: 웅진씽크빅, 2012.

Kübler-Ross, Elisabeth. *On Life After Death*. 최준식 옮김, 『사후생』. 서울: 대화출판사,

2020.

Lemke, Thomas. *Biopolitik zur Einführung*. 심성보 역, 『생명정치란 무엇인가』. 서울: 그린비, 2015.

Morin, Edgar. *L'Homme et la Mort*. 김명숙 역, 『인간과 죽음』. 서울: 동문선, 2000.

Peck, Morgan Scott. *In Heaven As On Earth*. 신우인 옮김, 『저 하늘에서도 이 땅에서처럼』. 서울: 포이에마, 2012.

Pinker, Steven. *The Better Angels of Our Nature*. 김명남 옮김, 『우리 본성의 선한 천사』. 서울: 사이언스북스, 2014.

Renz, Monika. *Hinübergehen: Was beim Sterben Geschieht. Annäherungen an letzten Wahrheiten unseres Lebens*. 전진만 옮김, 『어떻게 죽음을 마주할 것인가-아름다운 마무리를 위한 임종학 강의』. 서울: 책세상, 2017.

Seneca, Lucius Annaeus/Romm, James(edit.). *How to Die: An Ancient Guide to the End of Life*. 김현주 역, 『죽음을 어떻게 맞이할 것인가』. 서울: 글담, 2021.

Volf, Miroslav./Croasmun, Mattew. *For the Life of the World*. 백지운 옮김, 『세상에 생명을 주는 신학』. 서울: IVP, 2020.

Teehan, John. *In The Name of God*. 박희태 옮김, 『신의 이름으로』. 서울: 이음, 2011.

Thiessen, Matthew. *Jesus and the Forces of Death*. 이형일 옮김, 『죽음의 세력과 싸우는 예수』. 새물결플러스, 2021.

Wright, Nicholas Thomas. *For All the Saints?: Remembering the Christian Departed*. 박규태 옮김, 『톰 라이트 죽음 이후를 말하다-성도의 죽음과 천국에 대한 뿌리 깊은 오해들』. 서울: IVP, 2013.

\<Abstract\>

Why Do Humans Die?
A Reflection on the condition of not talking about an unfair death

CHOI, Sung Soo
(Dr. Theol.)

The subject of this thesis <Why do humans die?> focuses on three attitudes toward death. Death that was sacrificed unfairly, righteous death contributed to the common good, and death that is meaningful or dignified.

Unfair death, righteous death and meaningful(dignified) death are the three backgrounds of hoping that deceased's death will not be in vain, and also of asking the reason for death(Why do humans die?) in order to live a meaningful life. No matter what the reason is, the death of the believer is in accordance with the vitapolitics of God for the redemption of the world and for giving us abundant and sound life. Also, in order not to regard death as to be unfair in any case, an eschatological faith is necessary. There will be God's judgment on the unfair reality that led to death, but death itself is an organic death for saving the world, and death is a part of an abundant life and is no longer the last, but a step toward a sound life in the sense that resurrection is promised. For the above reasons, the death of the dead within God is not unfair in any sense no matter how it appears, and it is recognized as a righteous and meaningful death according to God's vitapolitics. Death is the testimony to God's justice and love. Regarding God's vitapolitics, life and death can be understood in a holistic way, and we can talk about the organic meaning of death, thereby escape from the fear of death, and speaking of death will be the gospel.

This thesis intends to take three backgrounds as the subject of theological study. Therefore, I will first describe the reality of the thanatopolitics and reveal what theological interest it has. After that, I will try to find a theological answer to the death-question(Why do humans die?), by revealing the context of unfair death, righteous death and meaningful(dignified) death in accordance with God's vitapolitics. And above all, I will present the condition under which christians will not speak of an unfair death.

| Keywords |

Thanatopolitics, Vitapolitik, Unfair death, Righteous death, Dignified Death, Why do people die?

 주제논문 ③

죽음의 원인에 따른 죽음의 유형 연구

노치준[*]
(유클레시아 교회)

[국문초록]

죽음학의 궁극적인 목적은 죽음을 이해함으로써 그것을 극복하는 것이다. 죽음을 이해하고 극복하기 위해서는 죽음의 원인을 알고 다양한 죽음의 형태를 분류해야 한다. 이 글의 목적은 죽음의 원인에 따라 죽음을 분류하고 각 유형의 의미를 검토하는 것이다.

1. 죽음의 원인과 종류에 대한 논의 : 죽음의 일반적 원인은 다양한 질병이다. 질병에 대한 이러한 견해는 생물학이나 의학과 관련하여 의미 있는 접근이지만, 철학이나 인문학에서는 큰 의미가 없다. 불교와 힌두교의 환생론에 따르면 죽음의 원인은 업(業, karma)이다. 기독교 세계관에 따르면 죽음의 원인은 죄이다. 로마서 6:23에 따르면 "죄의 값은 죽음이라"고 했다. 물론 몇몇 기독교 전통은 죽음을 창조 질서의 일부로 간주한다. 인간은 죄를 지음으로 창조 질서를 파괴했다. 따라서 이 입장 역시 죽음의 원인은 죄라는 세계관에 포함된다. 그러나 죽음의 종류에 대해서는 의미 있는 분류가 지금까지 이루어지지 못했다.

---

*논문 투고일: 2021년 9월 17일　　*논문 수정일: 2021년 10월 17일
*게재 확정일: 2022년 3월 19일

2. 죄와 죽음 간의 세 가지 관계와 죽음의 시간 : 죄가 죽음을 일으키는 것은 사실이지만, 죄가 죽음을 일으키는 방식은 다르다. 이러한 방식들은 크게 세 가지 범주로 분류될 수 있다. ① 죄의 결과로 인해 죽음이 발생하거나 ② 죄에 대항하는 가운데 죽음이 발생하거나 ③ 죄에 연루되어 죽음이 발생할 수 있다. 죄는 죽음의 원인이지만, 죄로 인해 죽음이 나타나는 시기에 차이가 있다. 어떤 죽음은 일찍(어린 나이에), 다른 죽음은 늦게(노년에) 올 수 있다. 죽음의 원인과 관련된 세 가지 기준과 죽음의 시간과 관련된 두 가지 기준을 기반으로 죽음을 분류하면 여섯 가지 유형의 죽음을 생각할 수 있다. 각 죽음은 다음과 같이 이름 지을 수 있다.

죽음의 유형

죽음의 시간 \ 원인	죄의 행위	죄에 연루	죄에 저항
이른 시간	악한 죽음	불행한 죽음	위대한 죽음
늦은 시간	추한 죽음	평범한 죽음	복된 죽음

3. 여섯 가지 죽음의 특징과 의미 : 위의 여섯 가지 죽음의 형태를 통해 각 죽음의 특징과 의미를 다음과 같이 생각해볼 수 있다. 어떤 사람이 범죄를 저질렀고 그 범죄가 직접적 원인이 되어 일찍 죽었다면 이러한 사람의 죽음은 "악한 죽음"이다. 이 죽음은 죄의 '파괴적인' 면을 보여준다. 범죄를 저질러도 평범한 사람처럼 오래 살다가 죽은 사람의 죽음은 "추한 죽음"이다. 이 죽음은 죄의 '교활함'을 보여준다. 범죄, 악한 죄, 어둠의 역사, 재앙 등의 피해자가 되어 일찍 죽은 사람의 죽음은 "불행한 죽음"이다. 이 유형의 죽음은 '살인', 사회적이거나 구조적인 죄, 신정론의 문제를 제기한다. 범죄에 연루되어 있지만 범죄의 결과가 즉시 나타나지 않아 평범하게 기대 수명만큼 살다가 죽은 사람의 죽음은 "평범한 죽음"이다. 우리 시대는 이러한 죽음이 주를 이루고 있다. 이러한 죽음이 증가함에 따라 '죽음에 어떻게 대비할 것인가'와 '죽은 후의 세계가 어떤지'에 대한 관심이 꾸준히 증가한다. 죄에 대항하여 싸우다가 일찍 죽음을 맞이한 사람의 죽음은 "위대한 죽음"이다. 이러한 죽음을 통해 '죄의 보완'과 '죽음의 극복' 등의 문제를 이해하는 길을 열 수 있다. 죄에 대항하면서 하나님의 나라와 그 의를 이루는 삶을 성실하게 살다가 수명을 다하여 늦게 죽은 사람의

죽음은 "복된 죽음"이다. 이러한 죽음은 우리에게 삶의 의미와 가치를 보여준다.

| 주제어 |
죽음의 원인, 죽음의 유형, 죄의 행위, 죄에의 연루, 죄에 대한 저항, 악한 죽음, 추한죽음, 불행한 죽음, 평범한 죽음, 위대한 죽음, 복된 죽음

서 론

죽음은 인간의 경험 가운데 가장 보편적이고 중요하고 심오하고 또한 복잡한 현상이다. 미국의 인구조회 센터의 추정에 따르면 이 땅 위에 태어났다가 죽은 사람의 수가 약 1,008억 정도 된다고 한다.[1] 이 많은 사람들이 다양한 이유로 또한 다양한 방식으로 죽음을 맞이하였다. 죽음학은 인간의 죽음과 관련된 다양한 문제들을 다루는 학문이다. 죽음학의 궁극적 목표는 죽음의 극복이다. 다양하고 복잡한 죽음의 문제를 이해하고 그것을 극복하기 위해서는 죽음의 원인이 무엇인가를 알아야 한다. 외적이고 육체적인 죽음의 원인을 알기 위해서는 생물학적이고 의학적인 논의로 충분하다. 그러나 죽음의 더 깊은 의미를 이해하기 위해서는 죽음의 본질적인 원인을 이해해야만 한다.

성경은 죽음의 본질적 원인은 죄라고 하였다. 즉 인간은 죄 때문에 죽는다고 하였다. 죄 때문에 인간이 죽는 것은 확실하지만 그 죄가 죽음에 개입하는 방식은 다양하다. 즉 죄는 인간과 다양한 방식으로 관계를 맺으면서 죽음을 가져온다. 그러므로 죄가 죽음을 가져오는 방식의 차이를 기준으로 죽음을 분류할 수 있다. 이렇게 죽음을 분류할 때 우리는 죄와 죽음의 속성을 분석적으로 더 잘 이해할 수 있고 그에 대처할 수 있는 방식도 더 정확하게 찾을 수 있다. 여기서는 죽음의 원인이 되는 죄와 죄의 결과인 죽음의 관계를 기준으로 죽음을 분류하고, 그 분류된 죽음에 따라 죄와 죽음의 의미를 살펴보도록 하겠다.

---

1) 권석만, 『죽음의 심리학』 (학지사, 2019), 69.

1. 죽음의 원인에 대한 논의

죽음은 인간이 경험하는 가장 보편적인 현상이다. 그리고 죽음의 양상은 삶의 양상만큼이나 다양하다. 그래서 다양한 학문 분야에서 죽음을 연구하고 있다. 신학, 철학, 종교학, 의학, 생물학 등은 전통적으로 죽음을 연구하는 대표적인 학문이다. 그 외에 심리학, 사회학, 사회복지학, 인류학, 문학 등의 학문에서도 죽음을 중요하게 다룬다. 최근 들어 죽음에 초점을 맞춘 다양한 시각들이 모여 '죽음학'이라는 새로운 학문이 나타나기도 하였다. 그리하여 죽음을 연구하는 학문적 관심에 따라 육체적 죽음(의학, 생물학), 심리적 죽음(심리학), 도덕적 죽음(철학, 윤리학), 영적 죽음(신학, 종교학), 사회적 죽음(사회학, 사회복지학) 등으로 나누어서 접근하기도 한다. 죽음에 대한 접근방식의 차이에 따라 죽음의 정의나 죽음의 원인에 대한 이해가 달라지게 된다.

본고에서는 죽음의 외적이고 객관적인 형태 즉 육체적 죽음에 초점을 맞추어서 논의하겠다. 육체적 죽음을 정의할 때 의학에서는 심폐사, 뇌사, 세포사 등의 개념을 사용한다. 세계보건기구(WHO)에서는 죽음에 대한 다음과 같은 조작적 정의를 제안하였다. "죽음은 의식의 능력과 모든 뇌간 기능의 영구적 상실이 발생했을 때 일어난다. 죽음은 순환활동의 영구적 정지 또는 충격적 뇌손상에 의해서 유발될 수 있다. 여기서 영구적이란 함은 기능이 자발적으로 재개될 수 없으며 개입에 의해서도 회복되지 않음을 의미한다."[2]

---

2) 권석만, 『죽음의 심리학』, 57.

육체적 죽음의 측면에서 죽음을 이해할 때 죽음의 원인은 시대와 사회에 따라 다양한 모습으로 나타난다. 고대 근대이전사회에서는 기아, 전염병, 전쟁이 죽음의 가장 중요한 원인이었다. 그러나 1945년 2차 세계대전 종전 이후 긴 평화의 시대가 오면서 전쟁이나 폭력에 의한 죽음은 현저하게 줄어들었다. 그 대신 질병이 가장 중요한 죽음의 원인이 되었다. 세계보건기구의 발표에 따르면 2019년 10대 사망원인은 1위 심혈관 질환, 2위 뇌졸중, 3위 만성폐쇄성폐질환, 4위 하기도감염, 5위 신생아 질환, 6위 호흡기암·폐암, 7위 알츠하이머병과 기타 치매, 8위 설사병, 9위 당뇨, 10위 신장질환 순으로 나타났다.[3] 우리나라의 경우 통계청 자료에 따르면 2019년 10대 사망원인은 악성신생물(암), 심장 질환, 폐렴, 뇌혈관 질환, 고의적 자해(자살), 당뇨병, 알츠하이머병, 간 질환, 만성 하기도 질환, 고혈압성 질환으로 나타났다. 이 10대 사인은 전체 사망원인의 69.1%를 차지했으며 사망자의 27.5%가 암으로 사망했다.[4] 전체적으로 볼 때 전쟁이나 폭력적 수단이 원인이 된 사망은 많이 감소하였고 다양한 질병이 사망의 주된 원인이 되고 있다.

이상의 논의에 따르면 인간의 육체적 죽음의 원인은 다양한 질병이라고 정리할 수 있다. 죽음의 원인에 대한 이러한 논의는 의학이나 생물학에서는 중요한 의미를 가진다. 그러나 이것은 죽음의 외적 현상과 원인을 보여 주는 것으로 죽음의 내면적 의미에 대해서는 특별히 보여주는 것이 없다. 죽음의 본질적 의미를 알기 위해서는 죽음의 근본적 원인에 대한 고찰이 필요하다. 죽음의 본질적 원인에 대한 이해는 어떤 죽음의 세계관을 가지고 있는가에 따라 달라질 수 있다.[5] 죽음 이후의 세계를 인정

---

3) 김정은, "WHO, '전세계 10대 사망원인' 발표" 『데일리포스트』(2021.01.03.)
4) 사회통계국 인구동향과 『2019년 사망원인통계 결과』(통계청 보도자료, 2020.09.21.)
5) 노치준, "목회자의 죽음학 세계관 교육" 『죽음교육의 필요성과 그 방법에 관하여』 (이플출판사, 2021)

하지 않는 무신론적, 물질주의적, 죽음 벽(壁) 세계관의 입장에서는 죽음이란 인간의 존재 양식, 더 나아가 모든 살아있는 모든 존재의 존재 양식이다. 따라서 앞서 논의한 바 죽음의 의학적, 생물학적 원인은 말할 수 있지만 그 이상의 의미 있는 원인을 말할 수 없다. 태어난 존재는 모두 죽는다는 존재 양식 자체가 죽음을 초래하기 때문에 죽음의 원인을 인과론적으로 말할 수 없다. 그리하여 물리주의적 인간관, 죽음은 존재의 끝이라는 죽음벽 세계관을 가진 철학자 셸리 케이건은 그의 유명한 책 『죽음이란 무엇인가』에서 죽음의 궁극적 원인에 대해서는 전혀 언급하지 않을 뿐 아니라 사회적 원인에 대해서도 침묵하고 있다.[6]

죽음의 세계관 가운데는 힌두교, 불교, 뉴에이지 등에서 볼 수 있는 바와 같이 범신론적, 윤회론적 입장이 있다. 이 입장에 따르면 인간은 죽음 이후 여러 번에 걸쳐 다시 태어나게 된다. 따라서 이러한 세계관을 죽음 다문(多門) 세계관이라고 부를 수 있다. 죽음 다문 세계관에 따르면 죽음의 원인은 업(카르마)이요 윤회의 원리이다. 인간 개개인은 다양한 원인에 의해 죽음을 맞게 되지만 그 근본적인 원인은 전생에 쌓은 업을 다음 생에서 풀기 위함이다. 선한 업을 쌓은 사람은 죽음 이후 다음 생에서 선한 열매를 거두고, 악한 업을 쌓은 사람은 죽음 이후 다음 생에서 악한 열매를 거두게 된다. 이 입장에 따르면 죽음의 원인은 업이고 죽음의 목적은 쌓은 업의 열매를 맺도록 하기 위함이다.[7]

유대교, 이슬람교, 기독교에서 볼 수 있는 일신교적 윤리적 종교의 죽음에 대한 입장은 죽음 일문(一門)세계관이다. 죽음은 한 번 열리는 문이며 죽음 이후에는 심판이 있다. 이 입장 가운데 우리가 초점을 맞추는 기독교적 세계관에 따르면 죽음의 원인은 죄이다. 인간은 죄 때문에 죽으

---

[6] 셸리 케이건, 박세연 역, 『죽음이란 무엇인가』 (엘도라도, 2012)
[7] 황명환, 『죽음 인문학』 (두란노, 2019) 148-151. 165-173.

며 죽음 이후에 심판을 받는다. 심판의 결과에 따라 천국에서 영원한 복을 누리거나 지옥에서 영원한 벌을 받게 된다. 기독교의 성경은 죄가 죽음을 가져온다고 반복해서 말하고 있다. 여호와 하나님께서 천지와 인간을 창조하신 후 처음으로 죽음에 대해서 말씀하실 때 "선악을 알게 하는 나무의 열매는 먹지 말라 네가 먹는 날에는 반드시 죽으리라"(창세기 2:17)고 하셨다. 선악과를 따먹는 불순종의 죄가 죽음을 가져온다고 하였다. 또한 하나님께 죄를 지은 엘리의 집안에 대해 말씀하시기를 "보라 내가 네 팔과 네 조상의 집 팔을 끊어 네 집에 노인이 하나도 없게 하는 날이 이를지라"(사무엘상 2:31)고 하셨다. 엘리의 집안 후손들이 죄의 값으로 일찍 죽어 노인이 없을 것이라고 하였다.

신약성경 특별히 바울 사도는 죽음의 원인이 죄임을 분명히 하였다. "그러므로 한 사람으로 말미암아 죄가 세상에 들어오고 죄로 말미암아 사망이 들어왔나니 이와 같이 모든 사람이 죄를 지었으므로 사망이 모든 사람에게 이르렀느니라"(로마서 5:12). "죄의 삯은 사망이요 하나님의 은사는 그리스도 예수 우리 주 안에 있는 영생이니라"(로마서 6:23). "그리스도 예수 안에 있는 생명의 성령의 법이 죄와 사망의 법에서 너를 해방하였음이라"(로마서 8:2). 이 말씀을 통해 죄의 값이 사망이며, 죄의 법과 사망의 법이 동일함을 말씀하였다. 그리고 야고보 사도께서도 "욕심이 잉태한즉 죄를 낳고 죄가 장성한즉 사망을 낳느니라"(야고보서 1:15)고 말씀하셨다. 물론 성경에서 말하는 죽음과 사망은 넓은 의미를 가진다. 그러나 여기서 말하는 죽음 가운데 가장 중요한 것은 죽음학과 모든 학문이 공통적으로 인정하는 육신의 죽음이다. 그러므로 죄가 육신의 죽음의 원인이라는 것은 성경의 흔들리지 않는 가르침이다.

이처럼 기독교 신앙에 따르면 죽음의 원인은 죄이다. 죄가 죽음의 원인이라는 명제는 어거스틴, 중세 가톨릭 신학, 17세기 개신교 정통주의 신학, 부루너와 틸리케와 같은 현대신학자에 이르기까지 이어오면서 기독교의 뿌리 깊은 신앙이 되었다.[8] 그러나 근대 자유주의 신학은 "인간의 죽음은 죄에 대한 하나님의 벌이 아니라, 하나님의 창조와 함께 인간의 본성 곧 자연으로 주어진 것으로 이해한다."[9] 그리고 F. 슐라이어마허, K. 바르트, P. 알트하우스 등의 신학자들은 이러한 입장에 있다. 이러한 하나님의 창조질서로서의 죽음에 대한 이해는 노년기의 죽음을 하나님에 의해 주어진 이상적인 죽음으로 이해한다. 다음의 성경 본문은 이러한 입장을 뒷받침한다. "내가 그를 장수하게 함으로 그를 만족하게 하며 나의 구원을 그에게 보이리라 하시도다" (시편 91:16) "너는 장수하다가 평안히 조상에게로 돌아가 장사될 것이요" (창세기 15:15) 이러한 창조질서로서의 죽음관은 기독교의 전통적 죽음관에 대한 거부감에서 생긴 것이기도 하다.[10]

그러나 창조질서로서의 죽음관은 인간의 모든 죽음이 죄와 연결되어 있다는 것을 간과할 수 있으며, 인간 세계에서 일어나는 억울한 죽음들을 정당화하는 위험이 있다.[11] 김균진에 따르면 인간의 죽음을 창조질서 즉 자연적인 것으로 생각할 때 ①죽음을 체념하고 죽음을 쉽게 받아들일 수 있으며 ②죽음의 현실을 거부하고 생명의 세계를 확대하고자 하는 의지가 약화될 수 있고 ③죽음에 대해서 무감각해질 수 있으며 ④생명에 대한 학대와 대량 학살이 쉽게 일어날 수 있고 ⑤죽음을 유발하는 모든 사회적, 정치적, 경제적, 군사적, 문화적, 환경적 원인들에 대해서 눈을 감을 수 있는 위험이 있다고 하였다.[12]

이상 살펴본 바와 죽음 이후의 세계를 인정하지 않는 무신론적, 물질

---

8) 김영선, 『삶을 위한 죽음 이해』 (대한기독교서회, 2018), 53-54.
9) 김영선, 『삶을 위한 죽음 이해』, 55.
10) 김영선, 『삶을 위한 죽음 이해』, 56-58.
11) 김영선, 『삶을 위한 죽음 이해』, 59.
12) 김균진, 『죽음의 신학』 (대한기독교서회, 2002), 255-257.

주의적, 죽음 벽(壁) 세계관의 입장에서는 죽음이란 인간의 존재 양식으로 본다. 따라서 신체적 죽음의 의학적, 생물학적, 심리적, 사회적 원인에 대해서는 관심을 기울이지만 죽음의 본질적이고 형이상학적인 원인에 대해서는 관심을 두지 않는다. 범신론적, 윤회론적 입장의 죽음 다문(多門) 세계관에 따르면 죽음의 원인은 업(카르마)이다. 즉 업이 쌓이면 죽음이 오고 죽음을 지나 새로운 삶이 시작되고 새로운 업을 쌓게 된다. 그리고 죽음 일문(一門)세계관의 대표격인 신구약 성경과 기독교 신앙(신학)에 따르면 죽음의 원인은 죄이다. 그러나 죽음의 원인을 창조질서로 보는 입장이 기독교 신학 안에서도 있다. 노년기에 임하는 자연적인 죽음은 이러한 입장을 지지하는 것처럼 보인다. 현재의 기독교 신학 논의 안에서는 죽음의 원인을 죄로 보는 입장과 창조질서로 보는 입장이 잘 조화되는 것 같지는 않다.

현재의 신학 연구를 보면 죽음을 죄로 인한 죽음과 자연적 죽음으로 나눌 뿐 그 이상의 분석적인 논의가 없다. 한국에서 죽음의 신학을 논의한 대표적인 학자 김균진 교수나[13] 김영선 교수[14] 역시 죽음을 자연적 죽음과 죄로 인한 죽음으로 분류할 뿐이다. 곽혜원 교수 또한 좋은 죽음, 고독한 죽음 등에 대해서 말하고 있지만 죽음의 유형을 체계적으로 나누어서 논의하지 않았다.[15] 목회자이며 기독교 죽음학의 대표적인 학자인 황명환 목사는 전통적인 입장에서 죽음의 원인은 죄라고 할 뿐 죄가 죽음을 가져오는 다양한 방식에 대해서 유형론적인 접근을 하지 못하였다.[16]

본 연구에서는 분류학적인 접근을 통해서 기독교 신앙에서 말하는

---

13) 김균진, 『죽음의 신학』 (대한기독교서회, 2002), 228-274.
14) 김영선, 『삶을 위한 죽음 이해』, 52-60.
15) 곽혜원, 『존엄한 삶, 존엄한 죽음』 (새물결플러스, 2014)
16) 황명환, 『죽음 인문학』, 323-327.

죽음의 원인을 고찰하고자 한다. 사회학의 기초를 놓은 에밀 뒤르켐에 따르면 분류는 특정 현상의 본질을 이해하고 그 현상 속에서 나타나는 인과관계를 밝히기 위한 첫걸음이 된다고 하였다.[17] 죽음의 사회사를 개척한 필립 아리에스나[18] 죽음의 예술사를 전개한 진중권의[19] 논의를 보면 죽음에 대한 인간의 다양한 태도를 읽을 수 있다. 그러나 이러한 연구에서도 죽음의 유형이 정확하게 나오지 않고 있다. 따라서 그러한 연구는 죽음에 대한 시대 정신을 읽을 수는 있지만 그러한 시대 정신이 그 시대에 일어난 다양한 죽음에 대한 태도라고 말할 수는 없다.

여기서는 죽음의 원인을 기준으로 하여 죽음을 분류하고 그 죽음의 특성을 살펴봄으로서 분류의 기준이 되는 죽음의 원인이 가진 의미를 살펴보도록 하겠다. 지금까지 지구상에서 존재하다가 세상을 떠난 사람의 수가 무수히 많다. 사회적, 시대적, 개인적 배경이 각각 다른 수 많은 죽음을 특정 기준에 따라 분류하고 배정한다는 것은 불가능한 일이다. 그러므로 분류 대상이 되는 죽음을 한정시킬 수밖에 없다. 본고에서는 성경 속에 나오는 죽음을 분류의 대상으로 삼고자 한다. 죽음의 원인이 죄라는 주장이나 죽음의 원인이 창조질서라는 주장 모두 성경에 그 근거를 두고 있다. 그리고 성경은 곳곳에서 특정 인간의 죽음의 원인을 분명히 밝히고 있다. 그러므로 성경 속에 나오는 여러 죽음을 근거로 죽음을 분류하도록 하겠다. 그리고 죽음을 분류할 때 '죄와 죽음의 관계' 그리고 '죄로 인해 죽음이 오는 시간'이라는 두 가지 항목을 분류의 기준으로 삼겠다.

---

17) 에밀 뒤르켐 (민혜숙 역), 『사회학 방법의 규칙들』 (이른비, 2021), 제4장
18) 필리프 아리에스, 유선자 역, 『죽음 앞에 선 인간』(상)(하) (동문선, 1997)
19) 진중권, 『춤추는 죽음』 (세종서적, 2008)

2. 죄와 죽음의 3가지 관계

　창세기에서 여호와 하나님께서는 아담을 향하여 "선악을 알게 하는 나무의 열매를 먹는 날에는 반드시 죽으리라"고 말씀하셨고, 바울 사도께서는 "죄의 삯은 사망이라"고 하였다. 이것은 선악과를 따먹는 죄 곧 하나님의 말씀에 불순종하는 죄가 죽음의 원인이 된다는 것을 의미한다. 그리고 죄의 삯은 죽음이라 할 때 그 삯은 헬라어로 '옵소니온'이고 이것은 임금, 급료라는 의미를 가지고 있다. 즉 우리가 어떤 사람에게 일을 시키면 그 사람에게 급료를 주어야 하는 것과 마찬가지로 우리가 죄를 저지르면 그 죄의 값으로 죽을 수밖에 없다는 의미이다. 그러나 우리가 삶의 현실을 살펴보면 죄값으로 죽음을 당할 때 죄와 죽음의 관계가 동일하지 않은 것을 볼 수 있다. 그 대표적인 모습을 헤롯 왕의 죽음과 예수 그리스도의 죽음을 통해서 볼 수 있다. 헤롯은 하나님께 영광을 돌리지 않음으로 즉 하나님의 영광을 가로채고 스스로 신이라는 칭호를 듣는 죄를 지었다. 이러한 죄가 원인이 되어 주의 사자가 그를 쳤고 그는 벌레에게 먹혀 죽었다(사도행전 12:21-23). 그러나 예수 그리스도의 죽음은 이와 다르다. "우리가 아직 죄인되었을 때 그리스도께서 우리를 위해 죽으심으로 하나님께서 우리에 대한 자기의 사랑을 확증하셨느니라"(로마서 5:8)고 하였다. 예수 그리스도의 죽으심의 원인은 자기 자신의 죄가 아니라 인간 모두의 죄이다. 예수 그리스도는 인간의 죄 때문에 죽으셨지만 그 죽음으로 인해 하나님의 사랑과 구원의 은혜가 나타나게 되었다. 헤롯 왕의 죽음이나 예수 그리스도의 죽음이나 그 원인은 모두 죄이다. 그러나 헤롯은 자신이 저지른 죄의 행위 때문에 죽었고 예수 그리스도는 죄에서 인생들을 구원하시기 위해서 죽으셨다. 헤롯은 자기 자신의 죄의 삯으로 죽었고, 예수 그리스도는 온 인류의 죄의 삯을 치르기 위해서 죽으셨다. 이처럼 죄의 삯은 죽음이지만 즉 죄가 죽음의 원인이 되지만, 죄가 죽음에 어떤 방식으로 작용하였는가에 따라 죽음의 성격이 전혀 다른 모습으로 나타난다. 똑같이 죄의 삯으로 (죄가 원인이 되어) 죽음이 왔지만, 헤롯의 죽음은 가장 처참한 죽음이요 예수 그리스도의 죽음은 가장 위대한 죽음이다.

이처럼 죄가 죽음을 가져오는 것은 분명하지만 죄가 죽음에 어떤 모습으로 작용했는가에 따라 죽음의 성격은 전혀 달라지게 된다. 그러므로 죄와 죽음의 관계 유형에 따라 죽음을 다음과 같이 3가지 형태 즉 죄악의 행위로 인한 죽음, 죄악에 저항한 죽음, 죄악에 연루된 죽음 으로 분류할 수 있다.

① **죄악의 행위(behavior)로 인한 죽음** : 앞서 헤롯의 죽음에서 볼 수 있는 바와 같이 하나님의 영광을 가로채는 죄악된 행위로 인해서 죽음에 이를 수 있다. 우리는 성경 속에서 죄악을 저지르다 죽은 사람들의 모습을 많이 발견할 수 있다. 노아 홍수와 소돔과 고모라의 멸망 때 죽은 많은 악인들(창세기 7장, 19장), 출애굽 당시 모세와 아론에게 대적하다가 죽은 고라와 다단과 아비람 (민수기 16:1-35) 등은 모두 죄악된 삶을 살고 죄악된 행위를 하다가 하나님의 징계로 죽임을 당하게 되었다. 가나안 정복 전쟁 당시 많은 가나안 족속들은 자신들이 저지른 죄의 행위로 인해 멸망 당했다. 그리하여 성경은 "이 민족들이 악함으로 말미암아 네 하나님 여호와께서 그들을 네 앞에서 쫓아내심이라"(신명기 9:5)고 하였다. 사울 왕은 하나님의 명령에 불순종하였기에 블레셋과의 전투에서 죽었으며, 이세벨 여왕은 악을 저지르다 하나님의 심판을 받아 죽었다. 예수님의 제자였던

유다는 그리스도를 파는 악을 저지른 후 스스로 목숨을 끊고 죽었다. 이러한 죽음을 당한 모든 사람들의 경우 그 자신의 행위가 죽음의 직접적인 원인이 되었다.

② **죄악에 저항(resistance)한 죽음** : 죄의 삯은 죽음이라고 할 때 그 삯을 죄를 저지른 사람이 주로 치르지만, 그 죄와 상관이 없는 사람 아니 그 죄에 반대하는 사람이 치르기도 한다. 예수 그리스도의 죽음이 그러한 죽음이다. 주님께서는 십자가의 죽으심을 통해 인간의 모든 죄를 감당하셨다. 그래서 죄가 인간을 더 이상 지배하지 못하도록 하셨다. 예수 그리스도의 죽음은 대속(代贖)의 죽음 즉 대신 죄의 삯을 치른 죽음이었다. 그러므로 이 죽음은 죄에 대한 저항(resistance)의 죽음이라고 할 수 있다.

성경 속에는 죄에 저항하다가 죽은 사람의 이야기가 많이 나온다. 믿음으로 더 나은 제사를 드림으로 의로운 자라 증거를 얻은 아벨의 죽음(히브리서 11:4), 악한 왕과 싸우다 고난당하고 죽임을 당한 이사야와 같은 선지자들의 죽음, 악을 물리치기 위한 전투에 나갔다가 죽은 의로운 군인들의 죽음, 스데반이나 바울 사도와 같은 위대한 순교자의 죽음, 죄악에 물든 땅을 청소하고 진리와 선과 의의 아름다운 땅을 만들기 위해 헌신하고 수고하며 생명을 바친 위대한 하나님의 사람들의 죽음 등이 모두 여기에 해당한다. 이들 역시 죄의 삯을 치르기 위해서 죽었지만, 자신의 죄의 삯이 아니라 죄에 저항하며 다른 사람의 죄의 삯을 치르다 죽음으로 거룩한 죽음을 맞이한 위대하고 가치있는 하나님의 사람이다.

③ **죄악에 연루(involvement)된 죽음** : 죄악은 그것을 저지르는 사람을 죽이고 그것에 저항하는 사람을 죽일 뿐 아니라 죄악에 연루된 사람을 죽이기도 한다. 인간은 다양한 형태로 죄악에 연루되면서 죽음을 맞이하게 된다. 악한 자에 의해 전쟁이 일어나면 무고한 시민이 죽임을 당한다. 환경을 파괴한 죄악의 결과 죽는 사람이 있다. 인간의 악에 대한 집단적

심판에 연루되어 죽는 사람도 있다. 성경과 기독교 신학에 따르면 인간은 아담과 하와의 죄에 연루되어 죽음을 맞이하게 되었다. 바울 사도께서는 "한 범죄로 많은 사람이 정죄에 이른 것 같이 .... 한 사람이 순종하지 아니함으로 많은 사람이 죄인된 것 같이"(로마서 5:18,19) 라고 하였다.

우리는 성경 속에서 죄에 연루된 죽음을 많이 발견할 수 있다. 성경 속에 등장하는 최초의 죽음, 아벨의 죽음은 그 자신의 믿음의 행위로 본다면 죄에 저항하는 죽음이지만, 그의 형 가인의 죄에 연루된 죽음이기도 하다. 노아 홍수, 소돔과 고모라의 심판, 출애굽 당시 장자의 재앙, 고라와 다단 무리의 반역, 가나안 정복 전쟁, 다윗왕 시대의 전염병, 이스라엘과 유다 왕국의 멸망 등의 과정에서 수많은 무고한 사람들과 어린아이들이 죽었다. 이것은 악에 연루된 죽음이다. 예수님 탄생 당시 베들레헴 근처에서 태어난 아이들, 실로암에서 망대가 무너져 죽은 18명의 사람들(누가복음 13:4), 감옥에 갇힌 베드로를 지키다가 헤롯에 의해 죽임을 당한 파수꾼 (사도행전 12:19) 등은 죄악과 연루되어 죽었다.

다윗과 밧세바 사이의 불륜의 씨로 태어난 아이의 죽음과 같이 인간은 죄와 연루되면 죽게 된다. 또한 인간들 모두는 아담과 하와의 죄에 연루되어 있다. 그래서 바울 사도께서는 시편 14편 말씀을 인용하면서 "기록된 바 의인은 없나니 하나도 없으며, 깨닫는 자도 없고 하나님을 찾는 자도 없고, 다 치우쳐 함께 무익하게 되고 선을 행하는 자는 없나니 하나도 없도다"라고 하였다. 인간은 자신의 죄 때문에 죽으며, 원죄라 불리는 인간 존재의 본질적 요소에 연루되고 다른 인간들의 죄에 연루되어 죽는다. 전쟁과 사건과 사고로 인한 죽음은 모두 죄에 연루된 죽음이다. 보통 사람들의 일상적인 삶 속에는 직접 간접으로 연루된 죄가 있다. 우리는 편하기 때문에 생각 없이 수많은 1회용 플라스틱 제품과 같은 환경오염 물질을 필요 이상으로 사용하고 있다. 이러한 일을 통해서 평범한 대부분의 사람들은 죄에 연루된다. 그리고 그 죄가 쌓이면서 결국 죽음을 맞이하게 된다.

이상 살펴본 바와 같이 우리는 죽음의 원인이 되는 죄와 관련하여 세 가지 유형의 기준을 생각해 보았다. 즉 죄악의 행위(behavior), 죄악에 대한 저항(resistance), 죄악에의 연루(involvement)가 죽음을 가져올 수 있다. 이것은 막스 베버가 말한 '프로테스탄트 윤리' '자본주의 정신'등과 같은 개념에서 볼 수 있는바 이념형(Idea Typus / Ideal Type)적인 개념이다.[20] 따라서 실제의 죽음을 이 기준에 따라 정확하게 분류하는 것은 쉬운 일이 아니다. 성경 속에 나오는 수많은 죽음들은 성경의 기자들에 의해 죽음의 원인이 확실하게 드러나기도 하지만 성경 자체가 그 원인에 대해 침묵하는 경우도 많다. 죽음의 원인과 그 모습이 확연하게 드러나는 경우라 해도 어떤 경우에 해당되는지 분류하기 어려운 경우도 있다. 예를 들어 다윗왕과 함께 활동하던 요압 장군의 죽음 속에는 3가지 원인이 다 들어 있다. 그는 다윗 왕을 도와 이스라엘 왕국을 세우고 악한 이방 종족들을 물리치기 위해 일평생 싸우다 죽은 사람이었다. 그러나 그는 다윗의 왕위가 솔로몬으로 넘어가는 과정에서 스스로를 높여 왕이 되고자 한 아도니야와 연루되어 죽은 사람이었다. 그리고 자신의 욕심과 권좌를 위해서 아브넬과 아마샤를 죽인 악한 행위로 인해 죽은 사람이었다. 이처럼 죽음의 원인을 죄로 하고 그 죄와의 관계를 행위, 저항, 연루로 구분한다 해도 요압 장군의 죽음에서 볼 수 있는 바와 같이 특정한 사람의 죽음을 어떤 하나로 확연하게 범주화할 수 없는 경우들도 많이 있다. 이것은 하나의 죽음 속에 다양한 원인이 함께 작용하기 때문에 나타나는 현상이다.

---

20) 막스 베버, 박문재 역, 『프로테스탄트 윤리와 자본주의 정신』, (현대지성, 2018)

이같이 다양한 원인이 특정 죽음 속에 함께 나타난다 해도 죄와의 관계를 기준으로 죽음을 분류하는 것은 매우 필요한 일이다. 죄와 죽음의 관계를 행위, 저항, 연루로 구분할 때 죄와 죽음의 속성을 좀 더 분석적으로 이해할 수 있기 때문이다. 그리고 '죄의 삯은 죽음'이라는 명제 속에 예수 그리스도의 죽음과 악한 헤롯 왕의 죽음을 함께 넣어 비교할 수 있는 길이 열릴 수 있다. 또한 '죄와의 연루'라는 개념은 이 세상에서 일어나는 수많은 이해할 수 없는 죽음, 부조리한 죽음, 억울한 죽음 등의 의미를 이해하고 해석하는 데 도움을 줄 수 있을 것이다. 그리고 각각의 죽음에 대한 바른 태도와 대처방식을 탐구하는 데도 도움이 될 것이다.

3. 죽음이 나타나는 시간에 따른 분류

성경에 따르면 죄가 죽음의 원인이지만 죄를 지었을 때 죽음이라는 결과가 나타나는 데는 시간적인 편차가 있다. 아담은 하나님의 명령에 불순종하여 죄를 지었지만(행위) 바로 죽은 것이 아니라 930세까지 살다가 죽었다. 다윗과 밧세바 사이에서 불륜의 씨로 태어난 아이는 자신이 직접 그 죄를 짓지는 않았지만 죄의 씨가 되었고(연루) 그 결과 태어난 지 얼마 되지 못하여 죽었다. 이처럼 죄가 원인이 되고 죽음이 결과인 것은 사실이지만 죄로 인한 죽음이 나타나는 시간에는 편차가 크다. 죄에 저항하고 죄에서 인생들을 구원하기 위해 복음을 전하다가 죽임을 당한 순교자들의 죽음 역시 나타나는 시간이 다르다. 스데반과 야고보 사도의 경우 죄 사함과 구원의 복음을 전하다가 (죄에 저항) 일찍 죽임을 당했다. 베드로 사도나 바울 사도는 노년이 될 때까지 복음을 전하다가 순교하였다. 이처럼 죄의 행위와 저항, 연루에 따른 죽음이 임할 때 그 시간이 개인이나 상황에 따라 편차가 나타난다.

그러므로 죄로 인한 죽음의 유형을 분류하기 위해서는 죄의 결과 나타나는 죽음의 시간을 하나의 변수(variable)로 삼을 필요가 있다. 시간의 변수는 초단위부터 시작하여 100년의 시간(세기)에 이르기까지 무수히 많은 항목이 나올 수 있다. 여기서는 죽음 이해의 편의를 위해서 간단하게 긴 시간과 짧은 시간 두 개의 항목으로 나누고자 한다. 즉 죄(행위, 연루, 저항)와 죽음 사이의 시간이 짧은 것을 '이른 시간'으로, 시간이 긴 것을 '늦은 시간'으로 나눌 수 있다. 그리고 이른 시간과 늦은 시간을 나누는 기준점은 해당 사회의 평균 수명으로 삼을 수 있다. 즉 평균 수명에 이르기 전에 당하는 죽음을 '이른 죽음'이라고 하며, 평균 수명 근처 혹은 그것을 넘어선 시기에 당하는 죽음을 '늦은 죽음'이라고 부를 수 있다. 유아사망률이 매우 높아서 평균 수명이 30-40세에 불과했던 전통적 사회의 경우 평균 수명 근처에서의 죽음도 '이른 죽음'으로 분류할 수 있을 것이다. 그러나 의술의 발전과 함께 유아사망률이 현저하게 떨어진 현대 사회에서는 평균 수명 근처에서의 죽음을 늦은 죽음으로 분류하는 것이 타당할 것이다. 이러한 분류는 비록 평균 수명이라는 수를 기준으로 삼았지만, 그 기준은 명목척도를 넘어선 서열척도의 수준일 뿐 등간척도나 비율척도의 수준에 이른다고 할 수는 없다. 그리고 본 연구에서 다루는 죽음의 이해를 위해서는 등간척도나 비율척도가 꼭 필요한 것도 아니다.

앞에서 살펴본바 죽음의 원인과 관련된 3가지 기준과 죽음의 시간과 관련된 2가지 기준을 근거로 죽음을 분류하면 다음과 같은 6가지 종류의 죽음을 생각할 수 있다.

죽음의 분류

죽음의 시간 \ 죽음의 원인	죄의 행위	죄에 연루	죄에 저항
이른 시간	A	C	E
늦은 시간	B	D	F

위의 표에서 A유형은 자신의 죄의 행위의 결과 죽음을 맞이하게 되는데, 그 죽음의 때는 이른 시간이다. 즉 어린 시절이나 청년 시절 더 넓게 잡으면 노인이 되지 못한 때에 죽음을 맞이한 것이다. 그 대표적인 성경 속의 인물은 다윗의 아들 압살롬이다. 그는 동생 다말의 일로 분노하여 이복동생 암논을 죽였고, 훗날 반역을 일으켜 아버지의 왕국을 차지하려다가 요압 장군의 손에 죽임을 당하였다 (사무엘하 18장 14절). 이 때의 압살롬의 나이를 정확하게 말하기는 어렵지만 다윗이 50대 중반의 나이였으므로 그의 나이 역시 40을 넘지 못한 나이였다. 그는 자신이 저지른 죄가 원인이 되어 이른 시간 젊은 나이에 죽었다. 역사를 통해서 본다면 인류 역사에서 가장 큰 악을 저지르고 노년이 되기 전, 아직 건강할 때 죽은 아돌프 히틀러(1889-1945)를 들 수 있을 것이다. 그리고 극악한 살인범이 되어 여러 사람을 죽인 후 젊은 나이에 사형 당한 여러 젊은이들 역시 이 범주에 해당한다고 하겠다. 이러한 죽음은 죄의 악하고 파괴적인 모습을 가장 잘 보여주기 때문에 그것을 '악한 죽음'이라고 부를 수 있다.

위의 표에서 B유형은 자신의 행위의 결과 죽음을 맞이하지만 그 죽음의 때가 늦은 시간이다. 즉 살만큼 산 후 노인이 되어 죽음을 맞이한 것이다. 성경 속에 나오는 대표적인 인물은 유다왕 므낫세와 예수님 탄생 당시의 헤롯왕이다. 성경은 "므낫세가 유다에게 범죄하게 하여 여호와께서 보시기에 악을 행한 것 외에도 또 무죄한 자의 피를 심히 많이 흘려 예루살렘 이 끝에서 저 끝까지 가득하게 하였더라"고 하였다. (열왕기하 21:16) 그는 바알제단을 세우고, 아세라 목상을 만들었고 하늘의 일월성신을 경배하였고 여호와의 전에 이방신의 제단들 쌓았다. 이 가증한 일과 악을 행함이 아모리 사람보다 더하였고, 우상으로 유다를 범죄하게 하였다. 또한 그는 무죄한 자의 피를 많이 흘렸다. 그의 죄악으로 말미암아 유다는 멸망의 길을 가게 되었다. 그러나 그는 12살에 왕 위에 올라 많은 죄악을 범하였지만 바로 죽지 않고 55년 동안 통치하였고 67살에 자연사로 삶을 마쳤다.

또한 헤롯왕 (주전73년-주전4년)은 부인과 자식을 죽이는 악을 범했고 예수님 탄생 당시에는 죄 없는 베들레헴 근처의 어린아이를 죽였다. 그러나 그는 69세까지 살다가 죽었는데 요세푸스의 기록에 따르면 그는 심한 병에 고통당하다 죽었다. 우리는 역사 속에서 많은 악을 저질렀지만 그가 가진 권력이나 금력의 힘으로 자신의 생명을 보존하다가 당시의 평균 수명 이상 살다가 죽은 왕이나 권력자들을 많이 볼 수 있다. 75세까지 살다가 암살되었다는 주장이 나오는 스탈린(1878-1953)이 대표적인 인물이다. 또한 우리는 주변에서 역사에 기록되거나 언론에 보도될 정도는 아니면서 가정에서 일터에서 사회에서 온갖 악을 저지르면서 많은 사람들에게 고통을 주고 때로는 감옥엘 들락거리는 삶을 살다가, 나이 들어 죽는 사람을 볼 수 있다. 이런 사람의 삶은 오래 살아도 삶 자체가 추한 삶이며, 그 죽음도 아름답고 거룩한 죽음이 아니라 손가락질당하는 '추한 죽음'이라고 할 수 있다.

위 표의 C와 D는 죄에 연루되어 죄를 짓기도 하고 죄의 피해자가 되기도 하면서 살다가 죽음을 맞이하는 유형이다. 하나님의 아들 예수 그리스도를 제외하고는 모든 사람이 다 아담의 죄에 연루되어 있다. 그리고 그 연루된 죄 때문에 죽음을 맞이하게 된다. 그러나 A와 B유형은 원죄에 연루되었을 뿐 아니라 자신이 주도적으로 저지른 죄악이 더 많이 부각되는 사람들이다. 반면 E와 F의 유형 역시 원죄에 연루되었지만 (예수 그리스도를 제외하고) 죄악에 저항하고 선과 의를 이루기 위해 애쓴 측면이 더 많이 부각되는 사람들이다. 그리고 C와 D유형은 물론 A,B 유형과 마찬가지로 주도적으로 죄를 저지르기도 했을 것이고 또한 E,F 유형과 마찬가지로 죄악과 싸우고 선과 의를 위해 수고하기도 했을 것이다. 그러나 전체적으로 보면 원죄에 연루되고, 악한 사회 구조에 연루되고, 좋지 못한 이웃에 연루되어 죄를 저지르기도 하고 죄의 피해자가 되기도 한다.

C 유형은 죄에 연루되어 일찍 죽음을 맞이하는 사람들이다. 이 경우 다양한 경우의 수를 생각할 수 있다. ① A유형의 사람들이 악을 저지를 때 그들에게 소극적으로 동조하거나 (적극적으로 동조하면 C유형이 아니라 A유형이 될 것이다.) 방관하거나 인간관계에 얽혀 그 옆에 있다가 A유형의 사람이 심판을 받아 죽을 때 같이 죽을 수 있다. 소돔과 고모라 성이 심판을 당할 때 혹은 가나안 정복 전쟁 당시 죽임을 당한 철없는 어린아이들, 여리고성의 재물을 빼돌리다 죽임을 당한 아간의 가족들(여호수아 7:24)이 여기에 해당된다. 그리고 다윗 왕의 불륜의 씨로 태어났다가 얼마 살지 못하고 죽은 밧세바가 낳은 아들, 다윗 왕이 인구조사를 행하는 악을 저지른 결과 전염병이 일어나서 죽은 7만명의 무고한 백성들 등이 대표적인 예이다. 이들은 악한자와 연루되어 그 옆에 있다가 그가 심판을 받는 과정에서 함께 (혹은 그를 대신하여) 죽임을 당한 것이다. 현대 사회의 대표적인 예로 히틀러가 일으킨 2차 세계대전 과정에서 무고하게 죽은 독일 시민들을 생각할 수 있다

② A유형의 사람들이 악을 저지를 때 그 악의 피해자가 되어 무고하게 죽임을 당할 수 있다. 성경속에 나오는 사건을 예로 들면, 이스라엘 백성들이 애굽에서 종살이 하던 시절 애굽왕의 악한 명령으로 나일강에

빠져 죽은 많은 어린아이들, 앗수르와 바벨론의 침공 당시 무고하게 죽은 많은 이스라엘 백성들, 예수님 탄생 당시 헤롯왕의 손에 죽은 베들레헴 근처의 무고한 어린이들 등이 여기에 해당된다. 현재의 우리 시대에서 그 예를 찾는다면 악한 전쟁의 피해자가 된 무고한 민간인들, 원하지 않는 전쟁에 끌려가 죽임을 당한 젊은이들, 뜻하지 않은 범죄의 피해자가 되어 목숨을 잃은 사람들 등을 들 수 있다.

③ 사건, 사고, 질병, 자연재해 등으로 인해 일찍 죽은 사람도 이 유형에 속한다고 할 수 있다. 모든 사건이나 사고 질병 등에는 죄의 요소가 들어있다. 심지어는 지진이나 화산폭발과 같은 순수한 자연 재해로 인한 죽음 속에도 죄의 요소가 들어있다. 지금도 우리의 기억에 생생하고 생각할 때마다 가슴이 먹먹한 세월호 사건이나 사망 502명, 부상 937명, 실종 6명의 우리나라 재난 사고 중 가장 큰 피해를 낸 삼풍백화점 붕괴 사건 등은 그 속에 죄의 요소를 포함하고 있다. 돈벌이 욕심, 생명 경시, 부주의와 태만함, 무책임 등 여러 가지 죄의 요소가 복합적으로 포함되어 있다. 지진과 화산, 태풍과 폭우 등과 같은 순수한 자연재해 속에서도 죄의 요소가 적지 않게 들어있다. 우선 자연재해는 인간의 죄에 대한 여호와 하나님의 심판의 의미가 들어 있으며 (요엘 1장) 하나님의 심판이 아니라 해도 그것을 대처하는 인간의 죄로 인해 소중한 생명을 잃는 경우가 많다. 인간의 죄로 인해 자연의 질서가 깨어지면서 자연 재해가 일어나 많은 생명을 잃고 있다. 또한 자연의 재난은 예고 없이 오지 않는다. 일반 자연현상과 마찬가지로 주기적으로 다가오며 큰 재난이 있기 전에는 징후가 있다. 그러나 교만해진 인간, 욕심에 사로잡힌 인간들은 그러한 재난에 무관심하고 재난을 대처할 준비도 하지 않으며 피하려고도 하지 않는다. 그 결과 많은 사람이 목숨을 잃게 된다. 인재(人災)이든 천재(天災)이든 이러한 재난 사고로 일찍 삶을 마감한 사람들의 경우 죄와 연루되어 죽음을 맞이

한 것이다. C유형의 죽음은 인간 존재의 비극성과 사회적, 역사적 부조리와 불공정의 결과로 나타나는 죽음이다. 그런 측면에서 이러한 죽음을 '불행한 죽음'이라고 부를 수 있겠다.

D유형의 죽음은 그 원인과 속성이 C유형과 겹치는 부분이 많이 있다. 즉 나이가 들었지만 악인과 연루되거나 악한 행동의 피해자가 되어 죽을 수 있다. 또한 여러 사건, 사고, 재난 속에 들어 있는 죄악과 연루되어 죽을 수도 있다. 그러나 더 많은 경우는 죄에 물든 세상에 살면서 원하든 원하지 않든 죄에 연루되고 죄에 물든 삶을 살다가 그 육신과 영혼이 늙고 쇠약해지고 병들어 죽는 경우가 더 많다. 창세기 5장의 아담의 계보에 나오는 대부분의 인물이 이런 유형에 속한다. "셋은 백오 세에 에노스를 낳았고 에노스를 낳은 후 팔백칠 년을 지내며 자녀들을 낳았으며 그는 구백십이 세를 살고 죽었더라"(창세기 5:6-7) 이 말씀에 따르면 셋은 자녀를 낳고 살만큼 살다가 죽었다. 그의 생애도 수많은 우여곡절이 있었겠지만 성경은 그것에 대해서 침묵하고 있다. 다만 그가 자녀를 여럿 낳은 후 912세에 죽었다는 사실만 간단히 기록하고 있다. 그는 그 부모 아담과 하와의 죄에 연루되었고 그 자신도 형 가인처럼 기록할만한 죄는 아니지만 이런 저런 죄를 짓고 살다가 결국 나이 들어 죽게 되었다.

인간 대다수는 죄악에 물든 세상에 연루되어 피해를 입기도 하고, 죄에 어느 정도 물들고, 또 때로 죄에 어느 정도 저항하면서 살다가 죽음을 맞이한다. 인간 대다수는 이러한 유형의 죽음을 맞이한다. 특별히 의술의 발전에 의해 유아사망률이 현저하게 떨어진 현대 사회의 사람들 대다수는 이러한 죽음을 맞이한다. 그러므로 이러한 죽음을 '평범한 죽음'이라고 부를 수 있겠다. 역대상 1-9장 사이에 나오는 수많은 인물들이 이 유형에 해당된다. 즉 성경에 기록할만한 특별한 공적이나 과오가 없는 사람들, 죄에 연루되어 몸부림치면서 그 시대의 평균 수명에 전후한 시간을 살다가 죽은 사람들의 죽음을 '평범한 죽음'이라고 할 수 있겠다.

우리나라의 2020년 총사망자 수는 30만 5,100명이다. 이것을 연령별로 살펴보면 다음의 표와 같다.[21]

연령	0-19	20-29	30-39	40-49	50-59	60-69	70-79	80-89	90이상	계
수	1.8	2.7	4.8	11.6	26.4	41.1	68.3	105.8	42.6	305.1
비율	0.6	0.9	1.6	3.8	8.7	13.5	22.4	34.7	14.0	100.2

수 단위 : 1,000명 / 비율 : %

60-69세 41,100명, 70-79세가 68,300명, 80-89세가 105,800명, 90세 이상이 42,600명으로 사망자의 84.6%가 60세 이상이며, 70세 이상으로 계산해도 71.1%에 이른다. B유형과 F유형에 속하는 사람이 소수에 불과하다는 것을 전제한다면, 많게 잡으면 80% 적게 잡아도 70%의 사람이 D유형 즉 '평범한 죽음'을 맞이하는 유형에 속한다.

E유형은 이 세상의 죄에 저항하고, 죄와 싸우다가 통상적인 수명을 채우지 못하고 일찍 죽음을 맞이하는 경우이다. 성경 속에 나오는 대표적인 예는 우리 주님 예수 그리스도의 십자가 죽음이다. 주님께서는 죄에 물든 이 세상을 구원하기 위해서 육신을 입고 오셨다. 죄에 물든 인생을 불러 회개시켜 새사람을 만드셨다. 죄의 세력에 붙잡혀 있는 이 세상 가운데 하나님 나라를 세우심으로 죄의 세력을 물리치셨다. 인생들을 죄에서 구원하기 위해서 죄값을 대신 치르시기 위해서 죽으셨다. 즉 죄를 대속(代贖)하시려고 십자가에 달려 죽으셨다. 이 때의 나이가 30대 전반으로

---

21) 사회통계국 인구동향과, 『2020년 인구동향조사 : 출생·사망통계 잠정 결과』 (통계청, 2021)

고대 사회에 흔히 나타났던 유아 사망자를 뺀다면 당시 사람들의 평균적인 수명에 미치지 못하는 나이였다. 예수 그리스도께서는 죄에 물든 세상에 오셔서 죄에 빠진 인생들을 구원하시기 위해서 죄와 싸우시다가 인생들의 죄값을 치르시고 젊은 나이에 죽임을 당하셨다.

　죄악 가운데 있는 인생들을 구원하기 위해 복음을 전하고 죄와 싸우다가 자신의 목숨을 바친 사도 야고보나 스데반과 같은 순교자들은 모두 이 유형에 해당된다. 현대사회에서도 이런 유형의 죽음을 맞이하는 인물들이 많이 있다. 악한 자들의 공격에서 나라와 백성들을 지키기 위해서 목숨 걸고 싸우다가 죽어간 많은 젊은이들의 죽음이 있다. 민주주의와 인권을 위해서 불의한 세력들과 싸우다가 죽은 여러 젊은이들의 죽음도 같은 유형에 해당된다. 다른 사람의 생명을 살리기 위해서 자신의 목숨을 던진 젊은이들이 있으며, 빈곤과 죄악과 무지의 어둠 속에 있는 백성들을 구하기 위해 수단 땅에 가서 일하다가 일찍 삶을 마감한 이태석 신부와 같은 인물들이 있다.[22] 이러한 분들의 죽음 역시 죄에 저항하다가 일찍 죽음을 맞이한 경우이다. 죄악과 불의에 저항하다가 일찍 죽음을 맞이한 사람들의 죽음을 우리는 '위대한 죽음'이라고 이름 붙일 수 있다. 위대한 죽음을 맞이한 사람들은 죄악과 싸우고 저항하면서 자신의 생명을 버린 사람들이다. 이들은 역사와 사회 속에 하나님의 뜻이 이루어지는 천국을 이루는데 기여한 위대한 인물들이다.

　F유형은 일평생 죄와 불의의 세력과 싸우며 살다가 때가 되어 이 세상을 떠나는 인물이다. 이들의 삶은 죄와 죽음에 저항하는 과정이고, 이들의 죽음은 죄와 죽음에 대한 저항의 힘들고 어려운 길을 마치는 과정이다. 이들 역시 죄와 연루된 인간이기 때문에 때때로 죄를 짓기도 하고

---

22) 한상남, 『아프리카 톤즈에 사랑을 전한 사제 이태석』 (금성출판사, 2021)

죄의 덫에 걸려 넘어지기도 한다. 그러나 A,B 유형에서 볼 수 있는 바와 같이 의도적이고 잔학한 죄의 도구가 되지는 않는다. 성경 속에 나오는 이 유형의 대표적인 인물로 구약의 모세와 신약의 바울 사도를 들 수 있다.

모세는 죄악의 화신인 애굽의 바로왕과 목숨을 걸고 싸웠다. 그리고 여호와 하나님께서 그의 손을 펼치심으로 바로의 죄악된 손에서 이스라엘 백성들이 벗어나게 되었다. 이것이 출애굽 사건이다. 모세는 일평생 인간들의 도덕적, 영적, 사회적 죄악과 싸웠다. 하나님께서는 모세에게 율법을 주심으로 이 싸움을 잘 할 수 있도록 길을 열어 주셨다. 이것이 시내산 율법을 받은 사건이다. 모세의 죄악과의 싸움은 관념이나 사상 투쟁에 그친 것이 아니었다. 그 당시 최강의 국가였던 이집트의 권력 속에 들어 있는 죄성과의 싸움이었고, 척박한 광야 생활을 하면서 끊임없이 뿜어져 나오는 이스라엘 백성의 죄성 즉 인간성 속에 들어 있는 죄와의 싸움이었다. 모세는 이 싸움을 잘 마친 후 120세의 나이로 세상을 떠났다. 죽은 후에라도 자신이 이스라엘 백성의 우상이 되지 않도록 하려고 그의 무덤을 알려주지 않았다. 애굽의 왕들은 죽음 후에도 자신의 영광을 나타내기 위해서 거대한 피라미드를 건설하여 스스로 우상이 되는 죄를 범했다. 그러나 이집트의 권력과 풍요 속에 들어있는 죄악과 싸워 승리한 모세는 죽음 후에 무덤을 남기지 않음으로 피라미드 우상과 싸워서 승리하였다.

신약의 바울 사도는 극적이고 확실한 회심의 체험을 통해서 죄로부터 돌아서는 인간의 모범이 되었고 죄에서 구원하시는 하나님의 은혜를 극적으로 증거하는 인물이 되었다. 그는 "죄의 삯은 죽음"이라는 위대한 진리를 선포함으로 죽음의 근본적인 원인이 무엇인가를 가르쳐 주었고, 죽음을 극복하기 위해서는 죄를 극복해야 한다는 것을 깨닫게 하였다.

그는 예수 그리스도의 십자가만이 죄와 죽음을 이기는 유일한 방법이 된다는 것을 온천하에 선포하는 삶을 살았다. 죄악과 죽음의 손에서 벗어나서 그리스도 안에서 영생의 삶을 살게 하는 복음을 전파하기 위해서 자신의 모든 것을 바쳤다. 이 과정에서 그는 말할 수 없이 많은 고난을 당하기도 했지만 또한 하나님의 크고 놀라운 은혜와 사랑을 체험하기도 하였다. 그는 죄와 죽음과 싸워 승리하는 삶을 살았고, 후손들이 그 길을 잘 걸어갈 수 있는 안내서 신약성경 13권을 남겼다. 그리고 그는 당시 사람들의 평균적인 수명을 넘어서는 70세 가까운 나이까지 죄와 싸우는 삶 (사도 자신의 표현을 빌린다면 선한 싸움의 삶)을 살다가 순교자가 되어 삶을 마감하였다.

F유형은 E유형과 마찬가지로 죄와 죽음의 세력과 싸우는 삶을 산다. E유형은 죄악과 싸우다가 불꽃같이 자기 자신을 불태우고 비교적 이른 나이에 삶을 마감하지만 F유형은 더 긴 세월을 강물처럼 흐르면서 이 세상의 죄악을 씻어내린다. 그 과정에서 고난도 많이 당하지만, 강물을 따라 전개되는 아름답고 은혜로운 세상을 경험하기도 한다. 죄악을 씻어내는 강물과 같은 삶을 살다가 맞이하는 죽음을 우리는 '복된 죽음'이라고 부를 수 있을 것이다. 윤동주 시인은 십자가 위에 달리신 예수 그리스도를 '행복한' 사나이라고 말했다. 그러나 십자가 위에서 "나의 하나님 나의 하나님 어찌하여 나를 버리셨나이까" 외치신 그리스도의 죽음은 행복한 죽음이라고 보다는 '위대한' 죽음이라고 부르는 것이 더 합당할 것이다. 모세나 바울 사도처럼 죄악과 죽음에 저항하면서도 인간에게 주어진 생명의 길을 다 마친 (바울 사도의 표현을 빈다면 '달려갈 길 다 간') 후 맞이하는 죽음을 '복된 죽음'이라고 부를 수 있다. 이러한 죽음 속에는 죽음을 통해서 얻을 수 있는 모든 긍정적인 요소들이 다 들어 있다.

성경 속에 나오는 대다수의 하나님의 사람들은 죄악에 저항하는 삶을 살다가 복된 죽음을 맞이하였다. 노아, 아브라함, 이삭, 야곱, 요셉, 모세, 여호수아, 위대한 사사들, 다윗과 신실한 왕들, 위대한 선지자들, 그리고 달려갈 길 다가도록 십자가의 복음을 전하다 생의 마지막을 순교로 장식한 사도들, 이 모든 사람은 죄와 싸우는 삶을 살다가 나이가 들어 복된 죽음을 맞이한 사람들이다. 역사와 교회사 속에 등장하는 위대한 하나님의 사람들 가운데 F 유형의 죽음을 맞이한 분들이 많이 있다, 영국 노예 해방의 아버지 윌리엄 윌버포스, 아프리카의 빛 슈바이처, 한국의 민족 지도자 남강 이승훈 선생님, 한국의 슈바이처 장기려 박사 같은 분들이 그런 분들이다. 이들은 인격적으로 흠이 없고 아름다운 믿음의 삶을 살았고, 일평생 이 세상의 죄악과 싸운 후 달려갈 길 마치고 아름답고 행복한 죽음을 맞이한 하나님의 사람들이다.

이상의 논의에 근거하여 죽음의 원인과 시간에 따라 죽음을 분류하면 다음과 같이 정리할 수 있겠다.

죽음의 분류

죽음의 시간 \ 죽음의 원인	죄의 행위	죄에 연루	죄에 저항
이른 시간	악한 죽음(A)	불행한 죽음(C)	위대한 죽음(E)
늦은 시간	추한 죽음(B)	평범한 죽음(D)	복된 죽음(F)

위의 표에서 A유형은 자신의 죄의 행위의 결과 죽음을 맞이하게 되는데, 그 죽음의 때는 이른 시간이다. 이것은 죄악을 저지르다 제명까지 살지 못하고 죽은 사람의 죽음으로 '악한 죽음'이다. B유형은 자신의 죄의 행위의 결과 죽음을 맞이하게 되는데, 그 죽음의 때는 살만큼 살고 난 후인 늦은 시간이다. 이러한 유형의 사람은 죄악된 삶을 오래 살면서 많은

죄를 저지른 후 죽은 죽음이기 때문에 '추한 죽음'이다. C유형은 일찍 죽을만한 죄를 짓지는 않았지만 큰 죄에 연루되어 혹은 질병, 전쟁, 사건, 사고, 재난의 피해자가 되어 일찍 죽음을 맞이하였다. 이러한 죽음은 '불행한 죽음'이다. D유형은 원죄를 비롯한 인생의 모든 죄와 연루되고 자기 자신도 죄를 짓기도 하고 때로 죄에 저항하기도 하면서 광야와 같은 인생길 살다가 때가 되어 세상을 떠나는 죽음이다. 전쟁 시를 제외한 평상시의 대다수 사람들은 이러한 죽음을 맞이하게 된다. 따라서 이러한 죽음은 '평범한 죽음'이다. E유형은 죄악에 저항하다가 일찍 맞이한 죽음이다. 이러한 죽음은 인생의 모든 불행과 어둠과 죽음의 근본적 원인이 되는 죄와 싸우다가 가장 소중한 자신의 생명을 바친 죽음이다. 그러므로 이 죽음은 '위대한 죽음'이다. F유형은 일평생 죄악과 싸우고 생명과 선을 이루기 위해 일평생 수고하며 살다가 맞이하는 죽음이다. 육신의 생명을 가지고 죄와 싸우는 선하고 아름다운 삶을 살다가 때가 되어 죽음을 맞이하였으므로 이것은 '복된 죽음'이다.

4. 죽음의 유형에 따른 죄와 죽음의 의미

우리는 앞서 죄와 죽음의 관계를 '행위' '연루' '저항'이라는 3가지 측면에서 살펴보았다. 그리고 그 관계에 의해 죽음이 나타나는 시간의 길이에 따라 죽음의 유형을 6가지로 나누어서 고찰하였다. 이제 6가지 유형의 죽음 속에서 나타나는 죄와 죽음의 의미를 살펴보겠다.

죄를 저지르고 그 죄가 직접적인 원인이 되어 일찍 죽음을 맞이하는 '악한 죽음'은 죄의 '파괴성'을 잘 보여준다. 극악한 죄를 저지른 후 형 집행으로 혹은 체포의 과정에서 죽음을 맞이한 범죄자, 수많은 생명들을 죽음으로 몰아 넣은 전범들, 이권을 놓고 불법적이고 폭력적인 싸움에서 목숨을 잃은 조직 폭력배, 하나님을 거역하는 큰 죄를 저지르다 죽임을 당한 성경 속의 인물들 이들의 죽음은 악한 죽음이고 또한 죄의 파괴성을 잘 보여 준다. 즉 죄가 인간의 인간성과 영성과 관계와 생명을 얼마나 심하게 파괴하는가를 잘 보여준다. 죄는 이 세상의 모든 좋은 것을 파괴하여 무가치하고 악한 것으로 만들어 버린다. 국가권력이 죄에 물들면 히틀러 치하의 독일에서 볼 수 있는 바와 같이 문명과 역사를 파괴한다. 지식과 미모와 건강과 돈이 죄에 물들면 인격과 인간관계를 파괴한다. 일평생 선한 삶을 살았어도 인생의 마지막 길에서 죄에 넘어지면 그 동안 수고하고 애쓴 모든 것이 다 물거품이 되고 만다. 죄의 파괴성은 가장 먼저 죄를 저지르는 사람 자신에게서 인간성의 파괴라는 형태로 나타난다. 티머시 스나이더는 20세기 최악의 인물 히틀러와 스탈린을 연구했다. 그들의 잔혹함과 생명 파괴의 활동을 수 많은 자료를 통해 분석한 후 결론 내리기를 "인간성의 파괴 더 나아가 인간성 자체를 파괴적인 것으로 바꾸어 놓은 것이 그들의 가장 큰 죄악이라고" 하였다.[23] 죄의 파괴성을 가장 극적으로 또한 생생하게 보여주는 것이 '악한 죽음'이다.

죄를 저질렀지만 그 죄로 인해 일찍 죽지 않고 보통 사람과 비슷한 수명을 누리다가 죽은 사람의 죽음을 추한 죽음이라고 불렀다. 추한 죽음은 죄의 '교묘함'을 잘 보여준다. 죄 속에는 악한 지혜가 들어있다. 그래서 죄를 저지르면서도 그 죄로 인해 직접적으로 죽음에 이르지 않도록 속도를 조절한다. 사회구조와 제도의 빈틈을 이용하여 죄의 파괴적인 결과가

---

23) 티머시 스나이더, 함규진 역 『피에 젖은 땅』 (글항아리, 2021) 670쪽

자기에게 일어나지 않도록 숨는다. 평범함과 위선의 가면을 쓰고 사람들 사이에 숨어있음으로 그 죄가 밖으로 드러나지 않도록 한다. 죄를 저질러도 숨어서 저지르고 악플에서 볼 수 있는 바와 같이 다중(多衆) 속에서 죄를 저지르며, 살인과 같은 큰 죄를 저지르지 않고 적당한 크기의 죄를 저지른다. 그 결과 죄의 파괴적인 결과가 직접적으로 단기간에 나타나지 않음으로 죄로 인한 죽음을 맞이하는 시간이 보통 사람들과 큰 차이가 없다. 그 결과 죄악을 저지른 사람은 보통 사람들과 비슷한 기간의 삶을 추하게 살다가 다른 사람들의 손가락질 당하는 부끄럽고 '추한 죽음'을 맞이하게 된다.

물론 하나님께서 죄악을 바로 죽음으로 심판하지 않으신 것은 한 사람이라도 더 회개하여 돌아오기를 바라시는 하나님의 사랑 때문이다. 그러나 죄는 이러한 하나님의 사랑을 악용하여 오랜 기간 악을 저지르고 사랑의 하나님을 모욕한다. 그러나 이러한 죄를 저지르는 사람은 살아있는 동안에도 남모르는 고통이 있으며 죽음 후에는 심판을 받게 된다. 그래서 시편 기자는 노래하기를 "악을 행하는 자들 때문에 불평하지 말며, 불의를 행하는 자들을 시기하지 말지니라"(시편 37편 1절)고 하였다. 그들이 죽음으로 죄값을 치르지 않고 죄의 육신적 단맛을 누리면서 보통 사람들의 수한만큼 사는 모습을 보면 불평과 시기심이 일어날 수 있다. 그러나 죄는 죽음의 원인이다. 이러한 죄를 저지른 사람은 비록 육신의 죽음은 연장되어 있다 할지라도 그 영혼과 인격과 하나님과의 관계 혹은 이웃과의 관계는 이미 죽음의 어둠 속에 들어가 있다. 그리고 육신의 죽음 이후에는 아무런 소망이 없고 심판만 기다리고 있을 뿐이다. 죄는 교묘하고 사악하다. 일시적으로 죄의 삯인 죽음을 늦춤으로 죄인을 종으로 삼아, 일평생 죄악에 빠진 추한 삶을 살도록 만들고 결국은 두려움과 절망 속에서 추한 죽음을 맞이하도록 한다. 김희보 교수는 『세계사 다이제스트

100』이라는 책을 저술하였다. 이 책에서는 그는 죽음과 관련하여 특별한 기술을 하였다. 즉 역사 속에서 큰 일을 행한 사람들의 마지막 죽음의 모습을 기술하였다. 그의 기술에 따르면 대부분의 악한 자들은 불안, 두려움, 절망 속에서 '추한 죽음'을 맞이하였다.[24] 우리는 악한 죽음의 원인이 되는 '죄의 파괴성'을 경계해야 하는 것과 마찬가지로 긴 세월 추한 삶을 살다가 추한 죽음을 가져오는 '죄의 교묘함'을 경계해야 한다.

아담의 원죄와 연루되고 가족이나 이웃의 죄에 연루되어 일찍 죽음을 맞이하는 사람이 있다. 더 나가서 국가와 사회 그리고 어두운 역사의 소용돌이에 연루되고, 자연적 인위적 재난에 연루되어 일찍 '불행한 죽음'을 맞이하는 사람이 있다. 이러한 사람들의 죽음은 유대인 홀로코스트에서 볼 수 있는 바와 같이 가장 비극적이고 처참한 죽음을 맞이하기도 한다. 세월호 사건에서 희생된 학생들처럼 한이 맺히는 죽음을 당하기도 한다. 히틀러와 같은 악한 지도자가 장악한 국가권력에 의해 전쟁터로 끌려가 피어보지도 못하고 죽은 허망한 죽음도 있다. 전쟁터에서의 민간인 학살, 인종 청소, 테러의 희생, 무고한 사람에 대한 증오 범죄 등 잔혹하고 야만적인 범죄로 인한 참혹한 죽음이 있다. 지진, 화산폭발, 태풍 등 자연재해로 인해 생명을 잃은 비극적인 죽음이 있으며, 선진국에서는 남아도는 식량이나 의약품이 없어서 기아와 질병에 시달리다 일찍 죽음을 맞이하는 애절한 죽음도 있다. 이 모든 죽음 뒤에는 원죄와 개인과 집단의 죄, 국가와 사회의 죄, 인간종(人間種)의 죄가 있다. 이러한 죄에 연루되어 당하는 죽음은 복잡하고 혼란스럽고 억울하고 처참하고 비극적인 성격을 띤다. 그 성격을 한 마디로 표현할 수는 없지만 '불행한 죽음'이라는

---

24) 김희보 『세계사 다이제스트 100』 (가람기획, 2010)

표현으로 정리할 수는 있을 것이다.

불행한 죽음 속에는 여러 영적, 도덕적, 정신적, 사회적, 역사적 문제와 쟁점들이 복합적으로 나타난다. 그 중요한 몇가지를 살펴보면 다음과 같다. ① '불행한 죽음'은 죽음의 문제가 죽임의 문제를 소환한다. 늦은 시간에 오는 죽음은 자연적인 죽음의 형태를 띠지만 이른 시간에 오는 죽음은 인위적인 죽음의 형태를 띤다. 그리고 인위적인 죽음이란 곧 죽음의 주체가 자기 자신이 아니라 타인 혹은 외적 요인인 경우가 대다수이다. 그리하여 죽은 것이 아니라 죽임을 당한 것이 된다. 죽는 존재로서의 인간이 아니라 죽임을 당하는 존재로서의 인간의 모습이 더 많이 부각될 수 밖에 없다. 그리고 다른 인간을 죽이는 존재로서의 인간이 가진 존재론적, 인간학적, 도덕적 특성이 관심의 대상이 된다. 이러한 입장에서 양명수 교수는 이렇게 주장한다. "성서는 죽음의 본질을 자연사에서 찾지 않고 살인에서 찾는다. 성서에 나오는 최초의 죽음은 살해에서 비롯되었다. … 하나님을 떠난 인간은 창조의 선함과 아름다움에 죽임의 폭력과 죽음의 슬픔을 불러왔다. … 억울한 피를 흘린 땅은 복을 받을 수 없다는 사상이 구약성서 전체에 깔려있다."[25] 이태리의 정치철학가 조르조 아감벤은 죽임의 문제와 관련하여 "누구에게 죽일 수 있는 권리가 있는가?" "살 가치가 없는 생명이란 어떤 생명인가"를 질문한다. 그리하여 생사여탈권을 가진 정치권력의 속성과 생명의 가치가 배제된 인간 모르모트, 수용소의 인간, 중증 장애인 안락사 등과 관련된 문제를 심각하게 제기한다.[26]

② 불행한 죽음은 집단적, 구조적, 사회적 죄의 문제를 심각하게 제기한다. 라인홀드 니버가 『도덕적 인간과 비도덕적 사회』에서 갈파한 바와

---

25) 양명수. "죽음의 의미" 『기독교 사상』 (2017년 11월호) 29.
26) 조르조 아감벤, 박진우 역, 『호모 사케르 : 주권 권력과 벌거벗은 생명』 (새물결, 2008)

같이 집단, 구조, 사회 속에는 개인에게는 존재하지 않는 죄와 악의 요소가 들어있다.[27] 단기간에 가장 많은 죽음을 가져오는 전쟁의 경우 개인의 악보다 사회적, 집단적 악이 더 많이, 더 잔혹하게 작용하는 것을 볼 수 있다. 물론 에밀 뒤르켐이 말한 바와 같이 사회 속에는 개인이 가지지 못한 도덕적 요소가 들어 있고 개인의 욕망을 제어하는 힘이 있다. 그래서 인간 개개인이 혼자의 힘으로 살아갈 때 나타날 수 있는 "만인의 만인에 대한 투쟁"(호모 호미니 루푸스)을 제어할 수 있는 것이 사실이다.[28] 사회와 문명은 인간의 인간에 대한 죽임을 제어하고 그 결과 폭력적인 죽음이 감소된 측면도 부인할 수 없다.[29] 그러나 전쟁, 핵무기, 환경파괴 등으로 인한 지구적인 재난과 죽음의 원인이 되는 죄는 사회와 집단, 국가 속에 들어있다. 그리하여 울리히 벡은 생명을 위협하는 근대사회를 '위험사회'(Riske Gesellschaft)라고 명명한 바 있다.[30]

③ 불행한 죽음은 신정론(theodicy)의 문제를 제기한다. 신정론의 중요한 명제는 "하나님은 인간의 삶과 역사에 관여하시는가?" "하나님은 정의로우신가?" "하나님은 이 세상의 문제를 해결하실 수 있는 능력이 있으신가?"이다. 전쟁, 범죄, 기근과 질병(팬데믹), 사고와 재난 등으로 수많은 죄 없는 인간이 (죄가 있어도 죽을 만큼 죄가 있지는 않은 인간이) 죄에 연루되고 죄의 희생자가 되어 죽을 때 하나님은 어디 계신가? 하나님은 무엇을 하고 계시며 그러한 악을 왜 막지 아니하시는가? 하나님은 그러한 악을 제어할 수 있는 능력과 의지를 가지셨는가? 등과 같은 질문이 나올 수 있다.[31] 이러한 신정론과 관련된 질문은 현대 정치신학의 출발점이 되었고, 현대인

---

27) 라인홀드 니버, 남정우 역, 『도덕적 인간과 비도덕적 사회』(기독교서회, 2003)
28) 에밀 뒤르켐, 민혜숙 노치준 역, 『종교생활의 원초적 형태』(한길사, 2000) 777-793.
29) 스티븐 핑크, 김명남 역, 『우리 본성의 선한 천사』(사이언스 북스, 2014)
30) 울리히 벡, 홍성태 역, 『위험사회 : 주권 권력과 벌거벗은 생명』(새물결, 2014)
31) 필립 캐리 · 윌리엄 레인 크레이크, 이용중 외 역 『신정론 논쟁』(새물결 플러스, 2020)

이 신앙을 상실하는 요인 가운데 하나가 되었다.

이 글에서 불행한 죽음이 던지는 질문 즉 '죽임'의 문제, '집단적이고 구조적인' 죄의 문제, '신정론'의 문제를 온전히 다룬다는 것은 불가능한 일이고 또한 이 글의 목적도 아니다. 이 질문들은 신학, 철학, 심리학, 사회학, 정치학 등 중요한 학문의 주제가 되며 폭넓고 다양한 연구들이 지금도 진행되고 있다. 여기서는 죽음의 원인에 따라 죽음을 분류할 때 '불행한 죽음'을 가져온 '죄의 연루'가 초래하는 악하고, 비극적이고, 불행한 결과를 상기하는 것으로 그쳐야 할 것이다. 이러한 논의는 죽음학이 인간 실존의 가장 크고 어려운 문제 앞에 서 있다는 것을 보여주며, 죽음에 대한 관념적이고 개인적인 연구를 넘어서야 한다는 것을 말해 준다.

4번째 유형 즉 죄에 연루된 삶을 살지만 극악한 죄를 저지르지는 않으며 그 죄의 결과가 즉각적으로 나타나지 않아 일반 사람들의 평균 수명을 살다가 맞이하는 죽음이 '평범한 죽음'이다. 앞의 통계에서 볼 수 있는 바와 같이 대다수의 사람들은 '평범한 죽음'을 맞이한다. 전쟁이나 극심한 자연재해가 일어나지 않는 한 '평범한 죽음'은 가장 일반적인 죽음의 형태이다. 2차 세계대전 이후 강대국 사이의 전쟁이 일어나지 않고, 의술이 발달하고 유아사망률이 급격하게 떨어지며, 경제성장이 이루어지게 되었다. 그 결과 선진국은 말할 것도 없고 가장 가난한 나라에서도 '평범한 죽음'이 대세를 이루는 추세이다. 유엔인구기금 보고서에 따르면 2020년 현재 기대수명이 남한이 83세이고 전세계는 73세이다. 이것을 국가발전단계별로 보면 선진국 80세, 개발도상국 71세, 최빈국 66세이다.[32] 최빈국까지도 기대수명이 66세에 이른다는 것은, 전쟁, 재난, 기

---

32) 인구보건복지협회, 유엔인구기금 "2020년 세계 인구 현황보고서 한국어판" (인구보건복지협회, 2020)

아, 질병 등으로 인한 '불행한 죽음'이 많이 줄어들었다는 의미이다. 인류는 지금 핵무기와 환경파괴라는 거대한 위험 앞에 서 있지만 전체적으로는 '불행한 죽음'이 줄어들고 '평범한 죽음'이 늘어나고 있다.

'평범한 죽음'의 시대를 맞이한 인간의 중요한 관심사는 크게 두 가지이다. ① 죽음을 어떻게 준비할 것인가의 문제이다. 불행한 죽음의 경우 죽음을 예측하고 준비할 수 있는 시간이 별로 없다. 그래서 많은 경우 급작스럽게 (혹은 준비하지 못한 채) 죽음을 맞이하게 된다. 그러나 '평범한 죽음'을 맞이하는 인간은 죽음의 시간을 어느 정도 예측할 수 있고 또한 영적, 심리적으로 죽음을 준비할 수 있다. 또한 자신의 삶을 돌이켜보고 깨어진 관계를 회복하며 유산 문제 등을 정리할 수 있다. 이런 중요한 문제와 관련해서 한국의 현실을 보면 신학자와 목회자들도 적지 않은 관심을 기울이고 있지만 죽음학과 호스피스 치료를 주도하는 의사나 종교학자들보다 뒤떨어진다는 인상을 받는다. 세속화에 물들고 현세주의에 빠진 신도들 앞에서 목회자들은 죽음의 준비와 관련된 설교나 목회를 제대로 하지 못하는 실정이다. 죽음의 수용과 준비는 죽음학의 가장 중요한 과제일 뿐 아니라 목회자와 신학자 그리고 죽음을 앞에 둔 성도들의 가장 중요한 과제임을 기억해야 하겠다.

② "죽음 이후의 세계는 어떤 곳인가?" "천국에는 어떻게 들어갈 것인가"의 문제이다. '평범한 죽음'을 맞이하는 사람은 죽음을 준비할 수 있을 뿐 아니라 죽음 이후의 세계에 대해서 큰 관심을 가지게 된다. 한국사회의 중심축을 이루었던 베이비 붐 세대(1955-1964년 출생 세대)가 은퇴를 하고 노인 세대로(만 65세 이상 인구) 급속히 편입되고 있다. 베이브 붐 세대는 죽음학의 문제와 관련해서도 중요한 의미를 가진다. 우리 사회의 발전과 성장의 중심을 이루었던 베이비 붐 세대가 자신들의 죽음에 대해서 관심을 기울이기 시작했다. 죽음 이후에는 어떤 세계가 있는가? 죽음 이후의 운

명은 무엇에 의해 결정되는가? 등의 문제를 깊이 생각하게 되었다.

한국 기독교와 교회는 이 문제와 관련하여 잘 대처하는 것 같지 않다. 한국의 신학계와 목회의 현실을 보면 여러 가지 이유로 죽음을 금기시하는 성향이 나타나고 있다.[33] '죽음의 신학'은 신학 안에서 주변부에 있지 중심부에 있는 것 같지 않다. '죽음의 목회' 역시 목회자들 사이에서 큰 관심거리가 아니다. 노인 성도들에게 죽음을 잘 준비하도록 하고, 죽음 이후의 천국에 대한 소망을 간직하도록 하는 일에 목회자들은 별다른 매력이나 사명감을 느끼지 못하고 있다. 장례식은 번거로운 의무일 뿐이다. 부흥과 성장에 관심이 많은 목회자와 성도들은 내려놓음과 축소의 의미를 가지는 죽음에 대해 관심이 약하다. 그 결과 다가오는 불가피한 죽음에 대해서는 할 수 있는 한 외면하고 그 의미를 깊이 고찰하려고 하지 않는다. 신학자들 역시 '부활'에 대한 관심은 높지만 죽은 사람이 '오늘 예수님과 함께 하는 낙원'에 대해서는 충분히 논의하지 않는 것 같다. 아브라함의 품에 안긴 나사로는 비유에 불과하다고 생각하는 학자들도 많다. 스베덴보리나 신성종 목사의 '천국과 지옥'의 경험은 책으로 발간되어 수많은 성도들이 읽었으며 적지 영향력을 행사하고 있다.[34] 그러나 이 문제에 대한 진지한 신학적 고찰은 많지 않다. '영혼 불멸'은 헬라 철학이지 기독교 신앙의 핵심 요소라고 여기지 않는다. 그러나 총회 헌법 책에 수록된 웨스트민스트 고백에 따르면 "죽은 사람의 영혼은 죽거나 자는 것이 아니라 죽지 않는 생을 가지며 죽은 후에는 그것을 주신 하나님께로 돌아간다"고 하였다.[35] 구약 성경을 통한 죽은 후의 천국에 대한 이해는 매우 약하고, 스올은 무덤에 가깝지 천국의 의미를 거의 가지지 못한다.

---

33) 곽혜원, 『존엄한 삶, 존엄한 죽음』, 91-96.
34) 에마누엘 스베덴보리, 김은경 옮김, 『천국과 지옥』(다지리, 2015)
   신성종, 『내가 본 지옥과 천국』(크리스챤서적, 2009)
35) 대한예수교장로회 총회 편, "웨스트민스터 신앙고백 32장 1항" 『헌법』(한국장로교출판사)

'평범한 죽음'을 앞둔 많은 나이든 성도들이 '우리가 죽은 후에 어떻게 되느냐' 좀더 구체적으로 '우리가 죽으면 정말 천국에 가느냐'는 질문을 하고 있다. 이러한 질문에 신학자와 목회자들은 설득력 있고 진지한 답변을 하지 못하고 있다. 상투적인 답변에 머물고 있을 뿐이다. 대한예수교장로회(통합) 총회한국교회연구원에서 발간한 『목회매뉴얼 : 죽음 목회』가 있다. 이 책은 총회에서 공인된 죽음 목회의 표준적인 안내서이다. 그러나 이 책 속에는 죽음 후의 세계에 대해서 단 1페이지 밖에 할애하지 않았다.[36] 이 매뉴얼이 다른 면에서는 죽음 목회에 도움을 줄 수 있지만 죽음을 앞 둔 성도들의 가장 중요한 관심사 곧 죽은 후 천국의 소망을 주는데는 크게 도움이 되지 못할 것 같다.

이러한 자리를 틈타 내세와 관련된 죽음학은 신학자와 목회자보다는 의사와 종교학자가 주도하고 있다. 기독교의 내세관보다는 뉴에이지나 윤회론적 내세관이 강세를 보이는 실정이다. 죽음학을 대중화하는데 크게 기여한 서울대 의대 정현채 교수나[37] 한국 죽음학을 주도하는 대표적인 학자 최준식 교수의 입장은[38] 윤회론적인 죽음 다문 세계관이다. 심지어는 세계적인 죽음학자이고 죽음의 5단계설로[39] 세계적인 명성을 가진 엘리자 베스 퀴블러 박사 또한 윤회적 세계관을 가진 것으로 알려져 있다. '평범한 죽음'을 맞이하는 다수의 사람들의 가장 큰 관심은 건강하게 살다가 삶을 잘 마무리하고 천국(천당, 낙원)에 가는 것이다. 건강, 삶의 마무리, 웰 다잉 등과 관련해서는 기독교 죽음학과 일반 죽음학 사이에 큰 차이가 없다. 그러므로 목회자와 신학자는 일반 죽음학의 여러 논의들을 잘 활용하여 기독교적 원칙을 세우면 될 것이다. 그러나 죽은 후의 세계,

---

36) 총회한국교회연구원 편, 『목회매뉴얼 : 죽음 목회』(한국장로교출판사, 2018), 64.
37) 정현채, 『우리는 왜 죽음을 두려워 할 필요가 없는가』(비아북, 2018)
38) 최준식, 『인간은 분명 환생한다』(주류성, 2017)
39) 엘리자베스 퀴블러 로스, 이진 역, 『죽음과 죽어감』(청미출판사, 2018)

곧 천국과 관련해서는 기독교 죽음학과 일반 죽음학 사이에는 큰 편차가 있다. 또한 기독교 신학이나 교리 안에서도 차이가 많이 나타난다. 그래서 성도들을 대하는 일반 목회자들은 확신있는 태도를 취하지 못하고 모호한 태도를 취하고 있다. 그러므로 죽음, 천국, 내세, 영혼 구원 등과 관련된 신학자와 목회자들의 논의와 합의가 필요하다. 이러한 합의를 총회에서 의결하여 '죽음 관련 신앙고백서'를 만들고 그것을 통합측 "21세기 대한예수교 장로회 신앙고백서"처럼 헌법에 게재해야 한다. 이렇게 하면 목회자들이 그 기준에 따라 성도들을 혼란 없이 지도할 수 있을 것이다.

'위대한 죽음'은 죄에 저항하다가 일찍 죽음을 맞이한 사람의 죽음이다. 우리 주님 예수 그리스도가 그 대표적인 분이시며, 수많은 젊은 순교자들 그리고 선을 이루기 위해서 악과 싸우다가 일찍 죽은 의인들이다. 이들의 죽음을 통하여 우리는 '죄의 보응성(報應性)과 죽음의 패배'를 알 수 있다. 즉 죽음을 가져오는 죄는 그냥 없어지는 것이 아니라 그에 보응하는 대가를 치러야만 없어질 수 있다. 모든 인간이 예외 없이 죽어야 한다는 것은 그 죽음의 원인이 되는 죄가 이 땅 위에 그만큼 만연(蔓延)하였다는 것을 의미한다. 이렇게 만연한 죄를 없애고 죽음을 이기기 위해서는 죄의 값을 치러야만 한다. 자신의 생명을 걸고 죄와 싸워 죄 값을 치르고 생명을 바친 죽음이 '위대한 죽음'이다. 죄값을 치른 죽음이 이 세상의 죄와 죽음을 이긴다. 죄와 죽음에 대한 승리의 선포는 죄값을 치른 위대한 죽음에 의해 이루어진다.

예수 그리스도는 이 위대한 죽음의 대표적인 표상이다. 그의 십자가로 인해 죄의 값을 치르게 되었고 우리 인생들이 죄로 인한 죽음에서 벗어날 수 있게 되었다. 그리하여 육신의 죽음은 멸망으로 가는 길이 아니라 영생으로 가는 길이 되었다. 그의 위대한 죽음은 부활의 영광으로 이어지고 죽음에 대한 승리가 되었다. 그리하여 바울 사도께서는 "사망아 너의 승리가 어디 있느냐 사망아 네가 쏘는 것이 어디 있느냐"(고전15:55)고 선포하였다. 지금 이 세상에는 죄 값을 치르기 위해 생명을 바쳐 죄에 저항하다가 일찍 죽음을 맞이한 사람들이 많이 있다. 예수 그리스도의 뒤를 잇는 이런 위대한 인물 때문에 이 세상은 죄로 인해 망하지 않고 지금 이만큼 유지되고 있다. 지금도 세계 곳곳에는 인간의 가장 큰 죄 곧 창조주 하나님을 거부하는 죄에 저항하다가 목숨을 바친 순교자들이 있다. 악한 자들이 일으킨 전쟁과 테러와 범죄와 온갖 재난으로부터 인간의 생명을 지키기 위해서 싸우다가 일찍 목숨을 잃은 군인, 경찰, 소방관, 의인 등이 있다. 죄의 열매로 나타난 빈곤, 기아, 무지, 질병, 억압 등과 사랑의 선한 싸움을 하다가 목숨을 바친 이태석 신부와 같은 의인들이 있다.

목숨을 던진 죄에 대한 저항은 죄의 보응성을 보여 주지만 또한 진리와 의와 사랑의 위대함을 보여주기도 한다. '위대한 죽음'은 죄와 죽음의 관계를 끊어버림으로써, 하나님의 의(義)가 죄를 이기고 생명이 죽음을 이긴다는 위대한 진리를 증거한다. 의와 생명이 죄와 죽음을 이긴다는 이 놀라운 진리를 통해 우리 인생들은 소망을 가질 수 있으며 죄에 물든 세상을 살아갈 수 있는 힘을 얻게 된다. 죄와 싸워 피흘림으로 죄값을 치르고 죄와 죽음을 이긴 주 예수 그리스도께 감사하고 찬양해야 한다. 그리스도의 뒤를 이어 '위대한 죽음'을 맞이한 사람들의 귀한 희생을 기억하고 감사하고 뒤따르는 삶을 살아야 한다. 그렇게 할 때 이 땅 위에 죄와 죽음이 물러가고 영생의 하나님 나라가 온전히 임하게 될 것이다.

끝으로 '복된 죽음'의 의미를 생각해 보겠다. 복된 죽음이란 일평생 죄에 저항하면서 하나님의 나라와 그의 의를 이루는 삶을 살다가 때가 되어 하나님 품에 안기는 것을 말한다. 복된 죽음은 '생명의 가치'를 보여주는 죽음이다. 하나님께서는 아담과 하와가 범죄한 다음에도 그 후손들을 허락해 주셨다. 즉 죄가 있는 세상이지만 생명을 허락하여 주셨다. 여호와 하나님께서는 노아 홍수 다음에 즉 인간의 죄에 대한 심판이 끝난 다음에도 노아에게 "생육하고 번성하여 땅에 충만하라"고 말씀하셨다. 이 말씀은 아담과 하와의 타락 이전에도 하신 말씀이지만 인간의 타락과 심판 이후에도 하신 말씀이다.

　이것이 의미하는 바는 무엇인가? 죽음과 반대되는 생명을 가지고 죽음의 원인이 되는 죄와 싸우라는 것이다. 하나님의 창조의 완성이요 꽃인 인간 생명의 가치는 무궁무진하고 풍성하다. 생명은 우주의 가장 큰 신비이다. 이 생명이 가진 무수한 가치 가운데 가장 크고 귀한 가치는 죄와 싸워 이김으로 죽음을 물리치는 것이다. 죄 때문에 이 땅 위의 모든 생명은 죽음을 맞이한다. 그러나 죽음의 원인이 되는 죄와 싸울 수 있는 것은 생명이다. 구약 시대에는 속죄제를 드리면서 소와 양의 생명을 바침으로 죄를 씻었다. 십자가 위에서 하나님의 아들의 생명을 바침으로 온 인류의 죄를 속죄하였다. 죄는 인간들에게 죽음을 가져올 뿐 아니라 모든 좋지 못하고 불행한 것들을 다 가져온다. 죄와 싸우는 것은 죽음과의 싸움일 뿐 아니라 죄가 가져오는 모든 좋지 못한 것들과의 싸움이 된다.

　그리고 생명 있는 존재만이 죄와 싸울 수 있다. 죽은 것은 이미 죄에 패배한 것이기 때문에 더 이상 죄와 싸울 수 없다. 생명 있는 존재만이 죽음의 원인인 죄와 싸울 수 있고, 죄의 결과인 죽음과 죄가 초래하는 여러 악한 열매들과 싸울 수 있다. 인간의 모든 학문, 예술, 종교 활동 심지어는 경제활동이나 정치적인 행동까지도 죽음을 극복하고 불멸을 얻고자 하는 욕망이 포함되어 있다.[40] 그러나 죽음을 부정하고 죽음을 이기

---

40) 어니스트 베커, 노승영 역, 『죽음의 부정』 (한빛 비즈, 2019)

는 궁극적인 길은 생명 속에 들어 있다. 생명의 가장 큰 가치는 죄에 저항하여 승리함으로 죽음에 굴복하지 않는 참 생명을 얻는 데 있다.

이런 측면에서 하나님이 주신 생명을 가지고 일평생 죄와 싸우다가 맞이하는 죽음은 '복된 죽음'이며 또한 가장 가치있는 죽음이다. 성경 속의 모든 위대한 하나님의 사람들은 한 평생 죄와 싸워 승리하므로 영원한 생명을 얻어 생명의 근원되신 하나님께 돌아가 안식하는 '복된 죽음'을 맞이한 사람들이다. 창세기의 족장 아브라함, 이삭, 야곱, 요셉 그리고 모세와 여호수아, 위대한 사사들, 다윗 왕과 위대한 왕들, 사무엘과 위대한 선지자들, 예수님의 제자들과 바울 사도, 교회의 역사와 세상의 역사를 아름답게 장식한 위대한 인물들은 모두 '복된 죽음'을 맞이한 사람들이다. 이들은 일평생 죄와 싸워 승리하였고 하나님이 주신 수한(壽限)을 누렸다. 그 수한을 누리면서 죄와 싸울 때 많은 고난과 어려움도 당했지만 남다른 은혜도 받았다. 많은 사람들에게 사랑과 존경을 받기도 하였다. '위대한 죽음'의 사람들이 일찍 죽음을 맞이함으로 누리지 못한 생명의 풍성함과 축복을 누리기도 했다. '위대한 죽음' 속에는 그 위대함만큼 큰 비극적인 요소가 들어 있지만, '복된 죽음' 속에는 비극적인 요소가 별로 없다. 설사 베드로 사도나 바울 사도, 폴리갑처럼 순교의 길을 간다해도, 육신의 생명을 가지고 달려갈 길 다 간 죽음이기에 비극적인 요소가 별로 없다. 생명은 하나님의 은사이며 하나님의 사랑과 축복과 긍정의 대상이기도 하다.[41] 그러므로 일평생 죄와 싸우면서 많은 고난을 당한다 할지라도 이 세상에서의 생명을 누린 후 맞이하는 죽음은 '복된 죽음'이다.

---

41) 곽혜원, 『존엄한 삶, 존엄한 죽음』, 67-76.

정리 및 결론

이상 살펴본 논의를 다음과 같이 정리하면서 결론을 내리고자 한다. (1) 죽음의 분류와 유형화가 필요하다. 죽음학을 비롯한 대다수의 죽음 연구가 죽음 현상의 분류와 유형화하는 일을 충분히 수행하지 못했다. 그 결과 죽음을 이해하고 해석함에 있어서 모순되고 불일치한 논의가 많이 등장하였다. 죽음의 신학에서도 죽음을 '죄로 인한 죽음'과 '자연적 죽음'으로 나누었을 뿐이고 그 분류의 기준도 모호하다. 죄로 인한 죽음의 반대는 의로 인한 죽음이 될 것이며, 자연적 죽음의 반대는 비자연적 죽음이 될 것이다. 그러나 죽음의 신학자들은 이러한 문제를 충분히 논의하지 못했다. 죽음 현상을 더욱 분석적으로 이해하기 위해서는 모든 학문적, 과학적 분석의 첫걸음이 되는 죽음의 유형을 정리하는 것이 필요하다.

(2) 죽음의 원인은 죽음의 유형을 분류하는 유용한 기준이 될 수 있다. 죽음의 유형을 분류하기 위해서는 분류의 기준이 필요한데 그 기준은 여러 가지가 있을 수 있다. 죽음의 장소, 죽음의 원인, 죽음의 고통, 죽음의 시간, 죽음을 맞이한 사람의 사회적 지위 등 다양한 기준을 가지고 죽음을 분류할 수 있다. 그 가운데 죽음의 원인은 죽음을 분류하는 중요한 기준일 뿐 아니라 죽음의 의미를 해석하는데 매우 유용한 기준이다. 그러므로 본고에서는 죽음의 원인을 기준으로 죽음의 유형을 분류하였다.

(3) 죽음의 원인인 '죄'와 죽음의 '시간'은 죽음을 분류하는 중요한 기준이 된다. 죽음의 원인으로는 신체적, 의학적, 생물학적, 사회경제적 원인 등 다양한 원인이 있다. 성경과 기독교 신학(신앙)은 죽음의 원인은 죄라고 하였고 죽음은 죄의 결과라고 하였다. 모든 죽음의 원인이 되는 죄는 죽음을 분류하는 중요한 기준이 될 수 있다. 여기서는 죄가 죽음을 가져오는 방식

에 따라 '죄의 행위' '죄에의 연루' '죄에 저항'이라는 기준에 따라 죽음을 분류하였다. 또한 죄로 인한 죽음이 나타나는 시간도 중요한 변수가 된다. 그러므로 죄의 결과 죽음이 나타나는 시간 즉 '이른 시간'과 '늦은 시간'을 죽음 유형 분류의 기준으로 삼았다. 그리고 이러한 분류의 대상이 되는 죽음은 성경 속에 나오는 죽음으로 하였다. 왜냐하면 성경 속에는 죽음의 원인과 죽음의 시간이 분명히 드러나는 죽음의 사례가 많기 때문이다.

(4) 죄와 죽음의 관계 3가지와 죽음의 시간 2가지를 조합하면 다음과 같은 6가지 유형의 죽음이 나오는데 각각의 죽음에 이름을 붙이면 다음과 같다.

죽음의 분류

죽음의 시간 \ 죽음의 원인	죄의 행위	죄에 연루	죄에 저항
이른 시간	악한 죽음(A)	불행한 죽음(C)	위대한 죽음(E)
늦은 시간	추한 죽음(B)	평범한 죽음(D)	복된 죽음(F)

(5) 죽음의 원인과 죽음의 시간을 기준으로 분류된 죽음의 유형은 죄와 죽음의 의미를 이해하고 해석하는데 유용하다. 죄의 행위를 하다가 일찍 죽은 '악한 죽음'은 죄가 인간의 생명과 인격과 관계를 얼마나 심하게 파괴하는지를 잘 보여준다. 즉 이 죽음을 통해서 죄의 '파괴성'을 잘 이해할 수 있다. 죄의 행위를 했지만 일찍 죽지 않고 살만큼 살다가 죽은 사람은 삶 전체가 죄에 물든 추한 삶이며 그의 죽음은 다른 사람의 손가락질 받는 '추한 죽음'이다. 이러한 죽음을 통해서 우리는 죄의 '간교함'과 '교묘함'을 볼 수 있다.

전쟁, 범죄, 재난 등과 같은 죄에 연루되고 그 피해자가 되어 일찍 죽음을 맞이한 사람의 죽음은 '불행한 죽음'이다. 불행한 죽음은 '죽음이 아닌 죽임의 문제'를 소환하며, 죽음의 사회적, 구조적 원인을 고민하게 한다. 또한 불행한 죽음 속에 있는 불합리성은 '신정론'의 문제를 제기한다. 죄에 연루되었지만 살만큼 살다가 죽은 사람의 죽음은 대다수 인간의 죽음이며 '평범한 죽음'이다. 이러한 죽음은 '죽음의 준비'와 '죽음 후의 세계'에 대한 관심을 불러일으킨다.

예수 그리스도와 같이 죄에 저항하다가 일찍 죽음을 맞이한 사람의 죽음은 '위대한 죽음'이다. 위대한 죽음을 통해서 우리는 '죄의 보상성'을 알게 된다. 위대한 죽음을 통해 죄를 보상하는 사람의 희생과 헌신으로 인해 인간이 구원됨을 알 수 있다. 끝으로 죄에 저항하는 삶을 일평생 살다가 부르심을 받는 사람의 '복된 죽음'은 '생명의 가치'를 알게 한다. 생명이 있을 때 죄와 저항할 수 있으며, 생명의 능력이 죄를 이길 수 있다는 것을 알게 한다. 생명이 있으면 죄와 저항하면서 당하는 많은 고난과 상처를 위로받을 수 있고, 때를 따라 주시는 하나님의 은혜를 체험할 수 있다. 그러므로 죄와 저항하면서도 생명을 누린 후 맞이하는 죽음이 가장 '복된 죽음'이며 생명이 완성되는 죽음이다. 따라서 이 죽음은 성도들의 이상이며 성경 속의 많은 위대한 하나님의 사람들은 죄와 싸우는 선한 싸움 잘 마친 후 '복된 죽음'을 맞이하였다. 우리도 이러한 죽음을 맞이할 수 있도록 기도해야 하겠다.

필자 소개 : 고려대 사회학과 졸업, 서울대 대학원 사회학과 졸업, 연세대 대학원 사회학과 졸업 (종교사회학 박사), 호남신학대 신대원 졸업, 장신대 호신대 강사 역임, 광주대학교 교수 역임, 광주다일교회 및 광주양림교회 담임목사 역임, 현재 유클레시아 교회 및 용북중학교 부속 한기교회 전도목사 / 저서 :『일제하 한국기독교 민족운동 연구』『한국의 교회 조직』『한국 개신교 사회학』『하늘에서 내려온 8가지 복』『코리아

판타지』『평신도 시대, 평신도 교회』

  역서 : 리차드 니버,『교회 분열의 사회적 배경』/ 라이트 & 켈리,『사회학 입문』/ 김교신『조와』/데이비드 F. 포드,『신학이란 무엇인가』/에밀 뒤르케임,『종교생활의 원초적 형태 』

참고문헌

곽혜원, 『존엄한 삶, 존엄한 죽음』 (새물결플러스, 2014)

권석만, 『삶을 위한 죽음의 심리학』 (학지사, 2019)

김균진, 『죽음의 신학』 (서울 : 대한기독교서회, 2002)

김상우, 『죽음의 사회학』 (부산대출판부, 2005)

김영선, 『삶을 위한 죽음 이해』 (대한기독교서회, 2018), 53-54.

김정은, "WHO, '전세계 10대 사망원인' 발표" 『데일리포스트』 (2021.01.03.)

김희보, 『세계사 다이제스트 100』 (가람기획, 2010)

노치준, "목회자의 죽음학 세계관 교육" 『죽음교육의 필요성과 그 방법에 관하여』
    (이플출판사, 2021)

대한예수교장로회 총회, 『헌법』 (한국장로교출판사, 2007)

사회통계국 인구동향과 『2019년 사망원인통계 결과』 (통계청 보도자료, 2020.09.21.)

신성종, 『내가 본 지옥과 천국』 (크리스챤 서적, 2020)

이종성, 『종말론 I 』 (대한기독교출판사, 1990)

인구보건복지협회 · 유엔인구기금 "2020년 세계 인구 현황보고서 한국어판"
    (인구보건복지협회, 2020)

장경철 · 강진구, 『죽음과 종교』 (두란노, 2014)

정현채, 『우리는 왜 죽음을 두려워할 필요 없는가』 (비아북, 2018)

진중권, 『춤추는 죽음 1,2』 (세종서적, 2008)

정진홍, 『만남, 죽음과의 만남』 (궁리출판, 2003)

총회한국교회연구원 편, 『목회매뉴얼 : 죽음 목회』 (한국장로교출판사, 2018)

최준식, 『죽음, 또 하나의 세계』 (동아시아, 2006)

최준식, 『죽음학 개론』 (모시는사람들, 2013)

한상남, 『아프리카 톤즈에 사랑을 전한 사제 이태석』 (금성출판사, 2021)

황명환, 『죽음 인문학』 (서울 : 두란노, 2019)

Agamben Giorgio, *Homo Sacer*,
　　박진우 역, 『호모 사케르 : 주권 권력과 벌거벗은 생명』 (새물결, 2008)
Aries P., *Images de L'Homme devant la Mort*,
　　유선자 역, 『죽음 앞에 선 인간』(상)(하) (동문선, 1997)
Beck Ulrich, *Risikogesellschaft*,
　　홍성태 역, 『위험사회 : 주권 권력과 벌거벗은 생명』 (새물결, 2014)
Becker Ernest, *The Denial of Death*,
　　노승영 역, 『죽음의 부정』 (한빛 비즈, 2019)
Cary Phillip · Craig W.L., *God and the Problem of Evil : Five Views*
　　이용중 외 『신정론 논쟁』 (새물결플러스, 2020)
Deken A., 오진탁 역, 『죽음을 어떻게 맞이할 것인가』 (궁리출판, 2002)
Durkheim E., *Les formes elementaires de la vie religieuse*,
　　민혜숙, 노치준 역, 『종교생활의 원초적 형태』 (서울 : 한길사, 2020)
Durkheim E., *Les regles de la methode sociologiqe*,
　　민혜숙 역, 『사회학적 방법의 규칙들』 (이른비, 2021)
Kagan Shelly, *Death*, 박세연 역, 『죽음이란 무엇인가』 (파주 : 엘도라도, 2012)
Kübler-Ross Elisabeth, *On Life after Death*,
　　최준식 역, 『사후생』 (서울 : 대화문화아카데미, 2003)
Kübler-Ross Elisabeth, *On Death and Dying*,
　　이진 역, 『죽음과 죽어감』 (서울 : 청미출판사, 2018)
Niebuhr Rheinhold, *Moral Man Immoral Society*,
　　남정우 역, 『도덕적 인간과 비도덕적 사회』 (기독교서회, 2003)
Pinker Steven, *The Better Angels of Our Nature: Why Violence Has Declined*
　　김명남 역, 『우리 본성의 선한 천사』 (사이언스 북스, 2014)
Snyder T. D., *Blood Land*, 함규진 역, 『피에 젖은 땅』 (글항아리, 2021)
Swedenborg Emanuel, *Heaven and Hell*,
　　김은경 역, 『천국과 지옥』 (광주 : 다지리, 2015)

Weber M. *Die Protestantisch Ethik und der Geist des Kapitalismus*, 박문재 역, 『프로테스탄트 윤리와 자본주의 정신』 (현대지성, 2018)

<Abstract>

A Study of Death Types according to Cause of Death

Noh Chijun
(Dr. Sociology of Religion)

The ultimate purpose of thanatology is to overcome it through understanding of death. In order to understand and overcome death, we need to know the cause of death and to classify various forms of death. The purpose of this article is to classify the types of death according to the cause of death and to examine the meaning of each type.

1. Discussion of causes and types of death: The common cause of death is various diseases. This opinion about disease is a meaningful approach in biology or medical science, but it has not enough meaning in philosophy or liberal arts. According to reincarnation in Buddhism and Hinduism, the cause of death is karma. With regard to Christian worldview, the cause of death is sin. According to Romans 6:23, "The cost of sin is death." Of course, some Christian traditions consider death as a part of the creative order. Man has broken the creative order by sinning. Therefore, this position can also be included in the same attitude. But regarding to the type of death, meaningful classification has not been carried out convincingly.

2. Three relationships between sin and death, the time of death: It is true

that sin causes death, but the ways how sin causes death are different. The ways can be classified into three broad categories. ① One dies from the result of sin ② One dies in resisting against sin ③ One dies being involved in sin. Sin is the cause of death, but there is a difference in the time when death appears. Some deaths come early (at a young age), and others come late(at a old age). If you classify death based on the three criteria related to the cause of death and on the two criteria related to the time of death, you can think of six types of death. And each death can be named as follows.

Types of Death

time\cause	act of sin	involved in sin	resisting against sin
early time	evil death	unfortunate death	great death
late time	ugly death	ordinary death	blessed death

3. Characteristics and Meaning of Six Deaths : Through the above six forms of death, we can think of the characteristics and meanings of each death as follows. The death of a person who commits crime and dies early because the crime is a direct cause is "evil death." This death illustrates the 'destructive' of sin. The death of a person who committed a crime but died while enjoying a similar lifespan as an ordinary person is an "ugly death." This death shows the 'cunningness' of sin. The death of a person who died early in connection with the original crime, the sin of the wicked, the history of darkness, disasters is an "unfortunate death." This type of death raises the issue about 'killing', social or structural sin, the theodicy. The death of a person involved in a crime but died late with average life expectancy (of ordinary people) because the result of the crime did not appear immediately is an "ordinary death." As the number of people facing such death increases, the interest in 'how to prepare for death' and 'what is the world like after death?' is increasing steadily. The death of a person who died early with resisting sin is a "great death." Through these deaths, we can know the

"complementality of sin" and "death defeat." The death of a person who dies in old age living like in the kingdom of God with resisting against sin is a "blessed death." These deaths show us the meaning and value of life.

| Keywords |

cause of death, type of death, act of sin, involved in sin,
resisting against sin, evil death, ugly death, unfortunate death, ordinary death, great death, blessed death

 주제논문 ④

"사람은 왜 죽는가"에 대한 어거스틴의 성찰
Augustine's Reflection on "Why Do People Die"

이규철*
(안동성결교회 담임목사)

[국문초록]

 이 연구는 "사람은 왜 죽는가"에 대한 어거스틴의 신학적 숙고를 고찰하는 것이다.
 어거스틴은 무수한 지인들의 죽음을 목도하는 인간적 고뇌 위에 성서를 기반으로 한 죽음의 문제를 성찰한다. 어거스틴의 연구는 죽음과 관련하여 플라톤을 비롯한 제 철학가의 사상을 일정부분 원용하고 피력하는 인문학적 이해를 기반으로 하여, 죽음은 죄의 삯이라는 성서적 사유를 강화하고 확장하며 구축하는 신학적 특이점을 가진다.
 인간을 두려움과 절망에 처하게 하는 죽음은 인간 내면에 깊이 자리한 교만과 자유의지의 남용과 불순종으로 통칭되는 원죄라고 어거스틴은 명료하게 지적한다.
 어거스틴은 아담의 후예로서 죽음이 주는 고통의 실존에 선다. 그렇지만 어거스틴은 하나님의 자녀로서 교만과 의지의 남용과 불순종의 죄인 원죄의 치명성을 고발한다. 동시에 어거스틴은 하나님의 은혜이신 예수 그리스도의 구원의 은총을 갈망하는 신학적 해제를 궁구한다.

| 주제어 |

어거스틴, 죽음, 원죄, 자유의지, 은혜

---

*논문 투고일: 2021년 8월 21일   *논문 수정일: 2021년 10월 17일
*게재 확정일: 2022년 3월 19일

I. 들어가는 말

"사람은 왜 죽는가"에 대한 '어거스틴'[1]의 성찰은 인문학적이고 신학적이다. 사람의 죽음에 대한 어거스틴의 성찰이 인문학적인 것은 어거스틴이 사람의 죽음을 인류보편의 삶의 과정으로 여기는 고대 철학자들의 사유를 비판적으로 검토하기 때문이다. 실제 어거스틴은 『신국론』[2]에서 영혼에 관한 '플라톤'(Platon) 학설과 '포르피리우스'(Porphyrius)의 주장을 상술하면서 비판을 가한다.[3] 동시에 어거스틴의 성찰이 신학적인 것은 어거스틴이 사람의 죽음을 죄의 결과에 따른 하나님의 심판이자 죄인을 구원하시려는 하나님의 은총의 일환으로 평가하기 때문이다. 어거스틴은 이렇게 강조한다.

> 그러므로 진정 공교회 신앙을 견지하는 그리스도인들 사이에 통하는 믿음에 따르면 우리에게는 육체의 죽음마저 자연본성의 이법(理法)에서 나온 것이 아니다. 하나님은 그 어떤 죽음도 자연본성의 이법에 따라 만든 것이 아니며 죽음은 오로지 죄의 값으로 닥쳐온 것(not by the law of nature, by which God ordained no death for man, but by His righteous infliction on

---

1) 어거스틴의 원명은 '아우렐리우스 아우구스티누스'(Aurelius Augustinus, 354~430)이나, 본고에서는 영·미권과 한국 기독교권에서 널리 통용되는 어거스틴으로 명기한다.
2) 어거스틴의 『신국론』은 다음 두 권의 책을 참고한다. Augustine, *THE CITY OF GOD*, ED., PHILIP SCHAFF, *A SELECT LIBRARY OF THE NICENE AND POST-NICENE FATHERS OF THE CHRISTIAN CHURCH*, VOL. II (GRAND RAPIDS: WM. B. EERDMANS PUB. CO., 1993). Aurelius Augustinus, *DE CIVITATE DEI*, 성염 역, 『신국론』(왜관: 분도출판사, 2004). 이하 *A SELECT LIBRARY OF THE NICENE AND POST-NICENE FATHERS OF THE CHRISTIAN CHURCH*는 NPNF로, *DE CIVITATE DEI*는 DCD.로 표기한다.
3) *DCD*., XIII. 2. 16-17.

account of sin)이다. 왜냐하면 하나님은 죄를 벌하면서, 우리 모두가 그 속에 들어있던 그 사람에게 "너는 흙이니 흙으로 돌아가라"고 말씀했기 때문이다.[4]

사람의 죽음은 자연본성의 이법에 따른 것이 아니라 죄의 값이라는 어거스틴의 기본 인식은 어거스틴 자신이 인간으로서 많은 죽음의 공포에 직면했었고 그 죽음의 공포를 하나님의 은총 아래 부활의 소망으로 극복했기 때문이라 사료된다. 죽음에 대한 어거스틴의 신학적 사유는 성서적 죽음관을 철저히 따르면서 고대 철학자들의 죽음관과 구별되는 특이성(singularity)을 드러낸다.

이에 논자는 "사람은 왜 죽는가"에 대한 어거스틴의 성찰을 살피면서 다음 몇 가지 질문을 해명하고 규명하면서 결론에 이르고자 한다. 첫째, 어거스틴의 죽음관에 영향을 미친 사상들은 무엇이며, 어거스틴은 이러한 사상적 영향을 어떻게 대했는가? 둘째, 어거스틴이 직면한 죽음의 국면들이 그에게 끼친 영향은 무엇인가? 셋째, 어거스틴이 그의 저작에서 피력한 죽음의 연유에 관한 언설은 무엇이며, 죽음에 대한 어거스틴의 담론에 담지 된 의미는 무엇인가? 넷째, "사람은 왜 죽는가"에 대한 어거스틴의 사유 모티프가 그의 신학 세계와 후대의 교회에 끼친 영향은 무엇인가?

본 연구는 "사람은 왜 죽는가"에 대한 어거스틴 성찰과 관련된 제 질문을 해명하고 규명함으로써 인간이 직면하는 죽음의 연유(緣由)에 대한 어거스틴의 사유를 통전적으로 파악하고자 한다.

---

4) *DCD*., XIII. 2. 15.

II. 죽음에 관한 어거스틴의 성찰에 대한 전이해

1. 죽음에 대한 어거스틴의 성찰 관련 선행연구

본격적인 논의에 앞서, 죽음에 대한 어거스틴의 성찰과 관련한 학자들의 연구를 살펴본다. 하지만 죽음에 대한 어거스틴의 성찰과 관련한 모든 연구를 다 살펴보기에는 현실적으로 지면이 제한된다. 이에 학위논문은 제외하고, 최근 20년(2000년부터)내 한국교육학술정보원에 등재된 국내 학자들의 학술논문을 중심으로 논제와 관련한 주요 논점을 정리해 본다.

2009년 '권석우'의 "성, 여성, 죽음-유대기독교문화에 나타난 뱀과 이브에 대한 논의를 중심으로"는 "줄잡아 3000년간 서양의 상상력은 아담과 이브의 창조와 타락의 설화에서 보듯 성을 죽음으로 특별히 여성을 죽음으로 보는 데 익숙해졌다"[5]는 관점에서 사도 '바울'을 비롯한 어거스틴의 원죄론을 비판한다. 특히 권선우는 "저 한 사람이 우리 모두 모였을 때 우리 모두가 저 한 사람 안에 있었다"(ommis enim fuimus in illo uno, quando omnes fuimus ille unus)는 어거스틴의 『신국론』 13권 14장의 언설을 모티프로 삼아 "타락의 원조는 이브이고 그리고 그 다음으로는 이브의 유혹을 받은 아담"이라는 어거스틴의 관점을 비판한다. 권석우에 따르면, "저 한 사람으로 표현되고 있는 아담은 아담이라는 개인을 말하는 것이 아니라 집

---

5) 권석우, "성, 여성, 죽음-유대기독교문화에 나타난 뱀과 이브에 대한 논의를 중심으로," 『인문언어』 제11권(1), 149-73.

단적 개성(corporate personality)이다."[6] 이런 점에서 권선우는 "죽음의 원인을 죄로 규정하는 어거스틴의 주장은 '펠라기우스'(Pelagius)가 주장하듯이 생명자체인 하나님에게서 만들어졌기에 인류가 받아들여야 할 자연적이고 당연한 현상이 아니라 아담의 죄로 인해 인류가 감수해야 할 의도적이고 작위적인(voluntary) 현상으로 해석"[7]된 것이라고 평가한다.

2011년 '변종찬'의 "죽음의 공포에 대한 아우구스티누스의 이해"는 죽음 앞에 서 있는 인간이 갖는 두려움에 대해 그리스도인이라고 하여 예외가 아니라는 전제하에 "인간이 죽을 수밖에 없는 이유와 죽음을 두려워하는 이유"에 대한 어거스틴의 이해를 파악한다.[8] 변종찬에 따르면, 어거스틴은 인간의 죽음이 비록 영혼을 파괴하지 않지만 사물들과 진리 자체에 대한 망각을 초래하기 때문에 매우 두려운 것으로 고백한다.[9] 또한 변종찬은 "어거스틴이 베드로와 바울과 순교자들도 죽음의 공포를 가지고 있었지만 이들은 신앙의 전투를 통해서 죽음의 공포를 극복할 수 있었다"고 강조하면서 "믿음과 소망과 사랑이라는 향주삼덕을 통해 실현되는 하나님께 대한 참다운 예배인 경건심을 통해 죽음의 공포를 극복"[10]하는 방안을 제시했다고 평가한다.

2014년 '양명수'의 "그리스도교에서 본 삶과 죽음"은 어거스틴의 사상을 중심으로 죽음에 대한 그리스도교 사유의 특징을 드러내고자 한다.[11] 양명수는 "어거스틴이 죽음을 죄의 열매로 보고 죄에 대한 형벌로 본다"고 확언한다. 양면수에 의하면, 어거스틴에게 있어 하나님은 "피조

---

[6] 권석우, "성, 여성, 죽음—유대기독교문화에 나타난 뱀과 이브에 대한 논의를 중심으로," 156.
[7] 권석우, "성, 여성, 죽음—유대기독교문화에 나타난 뱀과 이브에 대한 논의를 중심으로," 157.
[8] 변종찬, "죽음의 공포에 대한 아우구스티누스의 이해,"「가톨릭신학과사상」제68호 (2011), 219~259.
[9] 변종찬, "죽음의 공포에 대한 아우구스티누스의 이해," 227.
[10] 변종찬, "죽음의 공포에 대한 아우구스티누스의 이해," 256-57.
[11] 양명수, "그리스도교에서 본 삶과 죽음,"「民族文化論叢」제58집 (2014), 321-342.

물을 존재케 하는 존재의 힘"이고, "죄는 하나님에게서 멀어져 스스로 존재의 힘을 약화시키는 행위인데, 존재의 힘이 완전히 소실되면 죽음"이다.[12] 곧 어거스틴의 사유에 있어 인간의 죽음은 자연스럽게(naturaliter) 오는 것이 아니라 죄에 대한 벌(poenaliter)로 오는 것이다. 양명수는 어거스틴의 이런 관점이 "죽음을 해방이라고 보는 그리스적 관점과 다르고, 죽음을 자연스럽게 받아들이는 유학이나 노장의 관점과도 구별 된다"[13]고 평가한다.

2018년 '명형진'의 "천년왕국설의 신학사적 고찰-고대 그리스도교의 종말 사상을 중심으로"는 천년왕국설의 태동과 발전을 신학사적으로 검토[14]하면서, 죽음을 극복하는 부활에 대한 어거스틴의 관점을 밝힌다. 명형진에 따르면, 어거스틴은 다음과 같은 이중적 차원의 부활론을 강조한다. "첫째 부활은 현세에서 성자의 목소리를 듣는 이들의 부활이다. 이들은 세례와 죄의 사함을 통해 죽음으로부터 생명으로 건너간다. 둘째 부활은 세상 끝 날에 있을 육신의 부활이다."[15]

2019년 '문시영'의 "아우구스티누스와 '죽음의 두려움'(timor mortis)-죽음의 윤리학적 성찰"은 죽음의 두려움에 대한 어거스틴의 설교를 통해 그의 문제의식을 조명하고 현대적 의의와 과제를 모색한다.[16] 문시영은 '죽음의 두려움'을 설교한 어거스틴의 관점에서 볼 때 "삶과 죽음의 문제는 분리된 것일 수 없으며 인간의 '사멸성'에 대한 인식은 인간의 '도덕성'에 대한 요구로 연계 된다"[17]고 평가한다. 결국 문시영의 "아우구스티누

---

12) 양명수, "그리스도교에서 본 삶과 죽음," 330.
13) 양명수, "그리스도교에서 본 삶과 죽음," 331.
14) 명형진, "천년왕국설의 신학사적 고찰-고대 그리스도교의 종말 사상을 중심으로," 「가톨릭신학」 제33호 (2018), 79~120.
15) 명형진, "천년왕국설의 신학사적 고찰-고대 그리스도교의 종말 사상을 중심으로," 105.
16) 문시영, "아우구스티누스와 '죽음의 두려움'(timor mortis)-죽음의 윤리학적 성찰," 「대학과 선교」 제40집 (2019), 161-190.
17) 문시영, "아우구스티누스와 '죽음의 두려움'(timor mortis)-죽음의 윤리학적 성찰," 161.

스와 '죽음의 두려움'(timor mortis)-죽음의 윤리학적 성찰"은 로마인이자 그리스도인으로서의 어거스틴이 로마사회에 편만한 죽음의 두려움을 극복하는 기독교적 해법을 제시하면서 "죽음의 두려움을 순교의 관점에서 재인식하도록 이끌며 순례자로서의 윤리적 책무"[18]를 재인식케 한다는 통찰력이 돋보인다.

2019년 장재호의 "원죄와 죽음의 문제-아우구스티누스와 토마스 아퀴나스를 중심으로"는 '원죄'에 대한 어거스틴과 토마스 아퀴나스의 사상을 비교 설명하려는 목적 하에 논의를 전개한다.[19] 장재호에 따르면, 어거스틴은 인간이 '원의'(original justice)상태에서 죽을 수밖에 없는 상태이고 아담의 타락 이전에 정욕이 없었다고 본다. 타락의 원인과 결과에 대해, 어거스틴은 아담이 자신의 의지로 타락했으며, 육체가 자신에게 불순종한 결과 원죄가 인간의 의지에 직접적인 영향을 준다고 강조한다. 반면 토마스 아퀴나스는 인간이 '원의'상태에서 불멸의 상태에 있으며, 아담의 타락 이전에 정욕이 있었다고 본다. 타락의 원인과 결과에 대해, 토마스 아퀴나스는 아담이 자신의 의지로 타락했다는 점에서 어거스틴과 일치하지만, 원죄가 하나의 성품으로 작용한다는 '품성적 정욕'을 강조[20]하여 어거스틴과 차별화된다. 특히 장재호는 어거스틴의 원죄론이 펠라기우스주의자들을 대항하며 인간의 타락과 하나님의 무한한 은총을 강조하려는 목적에서 논의되었기에 인간의 정욕에 대해 상당히 부정적인 평가를 한다고 진단한다. 그에 비해 토마스 아퀴나스는 학생들을 위한 신학교재를 집필할 목적으로 인간의 본성을 논하였기에 "어거스틴처럼 인간의 정욕에 대해 부정적으로 평가하지 않았고 육체적 정욕보다 품성적인 정욕에

---

18) 문시영, "아우구스티누스와 '죽음의 두려움'(timor mortis)-죽음의 윤리학적 성찰," 186..
19) 장재호, "원죄와 죽음의 문제-아우구스티누스와 토마스 아퀴나스를 중심으로," 「대학과 선교」 제39집 (2019), 223-262.
20) 장재호, "원죄와 죽음의 문제-아우구스티누스와 토마스 아퀴나스를 중심으로," 244.

더 가중치를 두었다"[21]고 분석한다.

이와 함께 '이폴연구소'(Eternal Perspective of Life)의 「죽음논문집」[22] 시리즈는 성경의 진리를 토대로 죽음에 대한 이론적 실천적 제 이슈를 통전적으로 분석 검토하여 신학적 죽음학(theological thanatology)을 구축하면서 한국교회와 세계인의 삶의 지평에 예수 그리스도 안에 있는 죽음 극복의 천국학(heavenolgy)을 열어 가는데 기여하고 있다.

정리하면, 죽음에 대한 어거스틴의 성찰과 관련한 이상의 선행논문들은 주로 어거스틴의 '원죄, 죽음의 공포'를 소재로 연구한 반면 죽음의 원인을 명확히 다루지는 않았다. 이런 점에서 "사람은 왜 죽는가"에 대한 어거스틴의 성찰이라는 연구가 자리할 여지가 있다고 사려 된다.

2. 어거스틴의 죽음 성찰에 영향을 끼친 주요 사상

죽음에 대한 어거스틴의 성찰에 영향을 끼친 사상들은 무엇일까? 어거스틴은 죽음과 관련하여 그에게 영향을 끼친 제 사상들을 어떻게 대했을까? 이 질문에 대한 답은 어거스틴의 『신국론』 제13권에서 찾을 수 있다. 어거스틴은 『신국론』 제13권에서 플라톤, 에피쿠로스, 세네카, 포르피리우스, 펠라기우스 등의 죽음에 대한 사상을 비판적으로 언급한다.

첫째, 어거스틴은 인간의 본질을 영혼으로 보는 플라톤의 관점을 일

---

21) 장재호, "원죄와 죽음의 문제-아우구스티누스와 토마스 아퀴나스를 중심으로," 246.
22) 「이폴연구소 죽음논문집」은 수서교회 수서문화재단 부설 이폴연구소(소장 황명환)가 실시하는 죽음세미나와 죽음논문공모 당선작을 편집하여 발간하고 있는데, 현재까지 출판된 「이폴연구소 죽음논문집」은 다음과 같다. 황명환 외,『제1회 이폴연구소 죽음논문집-과학은 죽음을 극복할 수 있는가?』(서울: 이폴출판사, 2019); 황명환 외,『제2회 이폴연구소 죽음논문집-우리는 왜 죽음을 두려워하는가?』(서울: 이폴출판사, 2021); 황명환 외,『제3회 이폴연구소 죽음논문집-죽음교육의 필요성 그 방법에 관하여』(서울: 이폴출판사, 2021).

부 수용한다. 곧 플라톤은 인간을 "육체와 영혼의 결합"[23]으로 본다. 그에 비해 어거스틴은 인간을 "사멸(死滅)할 육체 안에 불멸하는 영혼을 가진 존재"[24]로 이해한다. '요하네스 힐쉬베르거'(Johannes Hirschberger)에 따르면, 어거스틴의 이런 입장은 플라톤주의를 일부 수용하면서도 플라톤의 사상을 비판적으로 성찰하고 거절한 것이다.[25] 일례로, 어거스틴은 "비록 의롭고 경건한 망자(亡者)들의 영혼이 안식 중에 살아있다는 것을 의심하는 것은 불가하지만, 그들마저 아주 건강한 자기네 신체를 갖고 살아있는 편이 더 나으리라"[26]는 전제하에 플라톤의 영혼의 윤회설을 비판한다.

> 플라톤은 사람들이 이승의 삶을 경건하고 의롭게 영위했다면 자기 신체로부터 분리되어 저 신들의 품에 받아들여지는 것, 그것이 인간을 대하는 최고의 대우라고 여기고 있다. 그런데 바로 저 신들은 자기 신체를 결코 벗어버리지 않는다. 베르길리우스(Vergilius)는 "과거를 망각한 채 창공을 쳐다보고서 몸으로 되돌아가고 싶은 마음이 다시 생기기 시작하리라"고 노래했다…… 현자들은 사후에 성좌로 옮겨가며, 전생의 불행을 또다시 잊어버리고 육체를 지니려는 욕망에 굴복하여 결국 사멸한 존재들의 수고와 번뇌로 되돌아온다는 것이다. 그 대신 어리석은 삶을 영위한 사람들은 자기 업보에 응분한 신체로 되돌아오는데 그것은 인간의 신체일수도 있고 짐승의 신체일 수도 있다는 것이다. 플라톤은 선하고 지혜로운 영혼들마저 지독하고 가혹한 이 조건에 포함시켰다.[27]

---

23) 플라톤은 『법률』에서 이렇게 강조한다. "혼(魂)은 육체보다 월등히 뛰어나다. 살아 있는 바로 그 동안에도 우리 각자를 바로 그 사람에게 만들어 주는 것은 다름 아닌 혼인 반면, 육체는 우리 각자를 따라다니는 유사물일 뿐이다." PLATON, *NOMOI*, 김남두 등 역, 『플라톤의 법률2』, 959a (파주: 나남, 2018), 367.
24) Augustine, *ON THE MORALS OF THE CATHOLIC CHURCH* 1. 27. 52. *NPNF*., Vol. IV.
25) Johannes Hirschberger, *Geschichte Der Philosophie*, 강성위 역, 『서양철학사(상)』 (대구: 이문출판사, 1995), 430.
26) *DCD.*, XIII. 3. 19.
27) *DCD.*, XIII. 3. 19. 힐쉬베르거에 따르면, 플라톤의 영혼윤회설은 '생활양식의 가치표'에 따라 다음과 같이 이루어진다. "영원한 진리를 가장 많이 보았던 영혼은 철학자나, 아름다움과 시신(詩神)과 에로스에 봉사하는 자의 육체를 얻게 된다. 그 다음의 영혼은 법을 충실히 지키는 왕의 몸에 들어간다. 세 번째의 영혼은 정치가·가장(家長) 또는 장사꾼의 몸에 들어간다. 네

둘째, 어거스틴은 "죽음은 우리들과 상관없으며, 우리들이 살아 있는 한 죽음이란 없는 것이고, 일단 죽음이 다가오면 우리들은 이미 존재하지 않는다"[28]는 '에피쿠로스'(Epicurus) 철학의 입장을 반박하면서, 인간 실존 전체에 삶과 죽음이 공존한다고 이렇게 역설한다.

> 영혼이 없어지지 않는 한 사람은 아직 살아있다. 동일한 인물이 죽어가는 동시에 살아있다. 죽음에는 다가가고 생명에서는 떠나가는 것이다. 하지만 영혼이 육체에 내재해 있는 이상 그는 아직 생명 속에 있다……. 영혼이 육체 속에 있는 한 그가 살아있는 사람임을 부정할 수 없기 때문이다.[29]

셋째, 어거스틴은 스토아학파[30]의 대부 '세네카'(Seneca)의 죽음에 관한 사유를 일부 수용하지만 이를 신학적으로 변혁한다. 어거스틴은 시간 전

번째의 영혼은 노력하기를 즐겨하는 체육가나 의술로써 유능하게 보건을 돌보는 사람의 몸에 들어간다. 다섯 번째 영혼은 땅에 내려와 점쟁이나 사제(司祭)의 생활을 한다. 여섯 번째 영혼에는 시인으로서의 생활이 주어진다. 일곱 번째 영혼에는 수공업자나 농부의 생활이 주어진다. 여덟 번째 영혼에게는 소피스트나 백성들에게 아첨하는 자의 생활이 주어진다. 아홉 번째 영혼에게는 참주의 삶이 주어진다. 영혼이 처음으로 태어난 후, 다시 아홉 번의 삶의 제비를 뽑은 후에는, 즉 만년 후에는, 그들의 고향인 별로 되돌아간다. 오직 철학자만은 앞에서 말한 셈을 세 번 택하고 난 뒤에, 즉 삼천년 후에 고향으로 되돌아간다. 그 다음에는 새로운 윤회가 시작된다. 인간의 영혼은 물과 비슷하다. 하늘에서 내려와 하늘로 올라간다. 그리고 다시 땅으로 내려와야 하는데, 영원히 이 짓을 거듭한다." Johannes Hirschberger, 『서양철학사(상)』, 171.

28) 힐쉬베르거에 따르면, 에피쿠로스학파는 철저히 유물론적이다. 에피쿠로스는 "영혼도 육체이고 정신도 물체인데, 영혼 그 자체도 나눠 가질 수 있는 것이기에 영혼 또한 육신처럼 죽는 것"으로 본다. Johannes Hirschberger, 『서양철학사(상)』, 344.

29) 어거스틴이 "죽음은 우리들과 상관없다"는 에피쿠로스 철학의 주장을 논박 할 때 예로 든 에피쿠로스 철학의 주장은 다음과 같다. "인간실존 전체에 삶과 죽음이 공존한다고 논증할 때 선인이든 악인이든 영혼이 육체로부터 분리되는 시각을 죽음이후라고 말해야 하는가, 아니면 죽음중이라고 말해야 하는가? 만약 죽음 이후라고 한다면, 죽음을 선이라거나 악이라고 말할 수 없다. 죽음은 이미 경과되었고 지나갔을 것이기 때문이다. 따라서 죽음이 사람들에게 악이 되는 것은 죽음이 아직 있었을 때, 다시 말해 죽어가면서 죽음을 당하고 있었을 때이다. 그 때에는 엄청나고도 고통스러운 죽음의 감각이 내재해 있기 때문이다. 그런데 선인들은 이 악을 선용하는 것이다. 죽음이 경과하고 나면, 죽음이 이미 존재하지 않은 터에 무슨 수로 선하거나 악하겠는가? 그밖에도 죽어가는 사람을 무겁게 내리누르는 중압감이라고 부르는 바로 그것을 곧 죽음으로 보지 않는다." DCD., XIII. 1. 9.

30) '이정우'에 따르면, 스토아 철학에 있어 세계는 일차적으로 거대한 질서를 형성하는 물체들의 집합체이고, 인간이 삶의 표면에서 느끼는 의미나 가치는 물질적 운동의 결과일 뿐이다. 따라서 궁극적 원인의 차원, 물질의 차원에서 보면 슬플 것도 없고 기쁠 것도 없는 것, 그저 물체의 운동이 빚어낸 부대효과일 뿐이다. 이런 점에서 스토아 철학의 기본 입장은 '자연에 따라 사는 것'(homologoumenôs zhên tê physei)이다. 이정우, 『삶-죽음-운명-스토아철학에서 禪으로』 (서울: 거름, 1999), 68-71.

체를 통해 인간을 죽음으로 향하게 만드는 것은 인간의 가변성이라고 강조하면서 이렇게 말한다.

> 이 인생의 시간이라는 것은 죽음을 향한 경주 외에 다른 것이 절대 아니며, 이 경주에서는 잠깐이라도 멈추어서거나 약간 늦게 가는 일이 누구에게도 허락되지 않는다. 오히려 모든 사람이 같은 움직임으로 떠밀려가고, 똑같은 밀물에 떠밀려가고 있다.[31]

'성염'의 분석에 따르면, 인간의 삶을 죽음을 향하는 경주로 보거나 만사를 돌이킬 수 없이 날아가 버리는 강물로 보는 어거스틴의 관점은 세네카를 연상시킨다.[32] 그렇지만 어거스틴은 이에 그치지 않고 인간의 죽음을 시간 속에서 허무를 향한 질주가 아니라 구속주의 은총아래 죽음을 벗어나는 적극적인 복음을 제시한다.

> 성서는 죽은 사람들이 죽음 이후에 있다고만 하지 않고 죽음 속에 있다는 말도 주저하지 않는다. "사망 중에서는 주를 기억하는 일이 없사오니 스올에서 주께 감사할 자 누구리이까"(시편 6: 6)…… 그러나 우리 구속주의 은총을 받는 보우(保佑)를 입으면 벗어날 수 있으며, 우리는 적어도 둘째 죽음은 벗어날 수 있을 것이다. 그 둘째 죽음이야 말로 더 지독한 것이며 모든 악 중에 최악이며, 영혼과 육체의 분리로 이루어지는 것이 아니라 양편을 다 포함한 채로 영원한 형벌로 떨어지는 것이다.[33]

넷째, 어거스틴은 인간을 "몸과 같은 영혼(the Soul as in the body), 몸을 도구로 사용하는 영혼(the Soul using the body as an instrument)"[34]으로 본 '플로티

---

31) DCD., XIII. 1. 10.
32) DCD., XIII. 1. 10. 성염 역, 『신국론』, XIII. 1. 10에 대한 역자 주 49, 1358에서 재인용.
33) DCD., XIII. 1. 11. 11-2.
34) PLOTINUS, *THE ENNEADS*, I. 1. 3, trans. STEPHEN MacKENNA (New York: Penguin Books, 1991).

누스'(Plotinus)처럼 '영혼과 육체의 연합으로서의 인간'[35]을 강조한다. '질송'(Etienne Gilson)은 플로티누스의 인간 개념이 제한적이지만 어거스틴의 지성에 깊이 영향을 미쳤다고 본다.[36] 일례로 '포시디우스'(POSSIDIUS)의 『아우구스티누스의 생애』(VITA AUGUSTINI)[37]에 따르면, 어거스틴은 반달족의 침공으로 말미암아 북아프리카 전역이 불살라지는 재앙에 뜨거운 눈물을 쏟으며 사람들의 고통에 동참하면서도 "나무와 돌이 떨어지고 죽을 존재가 죽는 것을 대단히 여기는 자는 위대한 사람이 못 된다"[38]는 플로티누스의 경구 한 자락을 인용하면서 스스로를 위로한다.[39] 그런데 어거스틴은 육체의 죽음을 하나님의 형벌의 차원에서 보아야 한다는 그리스도교신앙을 비웃는 플로티누스의 제자 포르피리우스의 행태를 이렇게 비판하면서 그들의 주장을 거부한다.

> 우리는 일부 철학자들의 허위진술에 맞서서 하나님의 도성 곧 그분의 교회를 옹호하는 중이다. 그런데 어떤 철학자들은 영혼이 육체로부터 분리되는 일은 하나님의 형벌 가운데 들어있는 것으로 보아야 한다는 우리의 말을 비웃으며, 자신들의 처사가 지혜롭다고 여기는 듯하다. 그 철학자들은 영혼이 육체로부터 완전히 벗어나서 단순하게, 단독으로 또 어떻게 보면 벌거벗은 상태로 하나님께로 돌아갈 때에만 하나님의 완전한 행복이 자기들에게 이루어진다고 여긴다. 만약 이런 의견을 논박하는 자료를 다름 아닌 저 사람들의 글에서 내가 찾아내지 못했더라면, 나는 육체 자체가 영혼에게 짐이 되는 것이 아니라

---

35) Augustine, *ON THE MORALS OF THE CATHOLIC CHURCH*, 4. 6. *NPNF.*, Vol. IV.
36) Etienne Gilson, *HISTORY of Christian Philosophy in the Middle Ages*, 김기찬 역, 『중세기독교 철학사(상)』 (서울: 크리스챤 다이제스트, 1994), 115.
37) 『아우구스티누스의 생애』(*VITA AUGUSTNI*)는 어거스틴과 함께 40년 동안 사역했던 절친한 동료 주교 포시디우스가 저술한 책으로서 어거스틴의 생애 전기(傳記)인 『고백록』의 후속편 격이다. 본고에서 *VITA AUGUSTNI*와 관련하여 다음 두 권의 책을 참고한다. Possidius, *Santi Augustini Vita*, trans. Herbert T. Weiskotten, *The Life of Saint Augustine*, *CHRISTIAN ROMAN EMPIRE SERIES* Vol. 6 (Merchantville: Evolution Pub., 2008). Possidius, *Vita Augustini*, 이연학, 최원호 역주, 『아우구스티누스의 생애』 (왜관: 분도출판사, 2009). 이하 *Vita Augustini*는 *v. Aug.*로 표기한다.
38) PLOTINUS, *THE ENNEADS*, I. 4. 7.
39) *v. Aug.*, 28. 11.

어디까지나 부패할 육체가 짐이 된다는 점을 입증하고 토론하는데 대단히 힘이 들었을지도 모르겠다.[40]

다섯째, 어거스틴은 "죽음이 생명 자체인 하나님에게서 만들어졌다"는 귀결을 주장하는 펠라기우스의 주장[41]을 비판하고 논박한다. 대신 어거스틴은 "하나님은 그 어떤 죽음도 자연본성의 이법에 따라 만든 것이 아니며 죽음은 오로지 죄의 값으로 닥쳐온 것"[42]이라고 선언한다.

여섯째, 죽음에 대한 어거스틴의 사상적 숙고의 직접적 토대는 '바울'의 서신이다. 어거스틴은 『고백록』에서 "그래서 나는 열심히 당신의 영으로 감동된 책, 특히 바울의 책을 붙들었다"[43]고 고백한다. '라인홀드 니버'(Reinhold Niebuhr)는 어거스틴이 인간의 유한성과 죄를 동일시하는 바울의 길을 걷고 있다고 이렇게 평가한다.

> 성서는 유한성 자체를 악이라고 규정하지는 않지만 죽음을 악으로 생각하는 경향이 강한데, 바울의 신학에서 보면 죽음은 죄의 결과이다…… 어거스틴은 "우리가 죽는 것은 죄 때문이지만, 우리가 죄를 범하는 것이 죽음 때문이 아니다"라고 주장한다. 어거스틴의 이런 주장은 "그러므로 한 사람으로 말미암아 죄가 세상에 들어오고 죄로 말미암아 사망이 들어왔나니"(롬 5:12)에 나타나는 바울의 견해를 해석한 것이라 할 수 있다.[44]

---

40) DCD., XIII. 2. 16-1.
41) 박용규, 『초대교회사』 (서울: 총신대학출판부, 1994), 449. 박용규에 따르면, 펠라기우스는 원죄를 부인하고, 선과 악이 선천적인 것이 아니라 후천적이고 사람의 행위에 따라 선악이 결정된다고 믿었다. 또한 펠라기우스는 아담의 죄는 아담에게만 국한되며 전 인류에게 전가될 수 없고, 인간은 스스로 구원에 이를 수 있으며, 적어도 구원에 영향을 미칠 수 있을 만큼 하나님과 협력하기에 인류의 구원이 하나님의 선물과 하나님의 행위가 아니라 인간의 작품이라고 주장했다.
42) DCD., XIII. 2. 15.
43) Augustine, *Confessions*, 7. 21. 27, 선한용 역, 『성 어거스틴의 고백록』 (서울: 대한기독교서회, 1990). 이하 *Confessions*를 *Conf.*라고 표기한다.
44) Reinhold Niebuhr, *The Nature and Destiny of Man*, 오희천 역, 『인간의 본성과 운명I』 (서울: 종문화사, 2013), 276.

니버는 "죽음을 죄의 결과로 간주하고 죄를 죽음의 결과로 간주하지 않는" 바울신학에 근거한 정통적인 교리는 헬레니즘과 철저히 다르지만 "자연은 유한성과 그 자체가 악이라는 헬레니즘의 이원론"과 매우 유사한 점이 있다고 조심스럽게 지적한다.[45]

정리하면, 어거스틴은 『신국론』 제13권에서 죽음과 관련한 플라톤, 에피쿠로스, 세네카, 플로티누스, 펠라기우스 등의 제 사상을 일부 인용하여 신학적 담론을 진행하면서도 바울의 성서적 신학사상에 굳게 서서 비성경적 사상으로부터 공교회의 신앙을 보호하고 성경적 구원의 은총의 신학을 적극적으로 개진하여 '진리의 터요 기둥'(딤전 3:15)인 교회를 굳건하게 수호한다.

3. 어거스틴의 생애 속에 직면한 죽음의 국면들

어거스틴이 그의 생애 속에서 직면한 죽음의 국면들은 어떤 것일까? 『고백록』과 『아우구스티누스의 생애』를 통해 살펴보자. 먼저 어거스틴은 『고백록』 제4권에서 친구의 죽음을 이렇게 기록하고 애도한다.

---

45) Reinhold Niebuhr, 『인간의 본성과 운명 I』, 278. 니버에 따르면, 죽음이 죄의 결과라는 교리에 관해 서로 다른 견해들이 있었지만, 그 교리는 여전히 기독교 정통주의의 일관된 교리로 남아있다. '이레니우스'(Irenaeus)에 의하면, 하나님은 죽음을 개입시켜 죄의 세력을 멈추게 하고 육체의 죽음에 의해 죄의 종지부를 찍음으로써 인간의 죄 상태를 완화하였다. 그 결과 인간은 드디어 죄를 위해 살기를 멈추고 죄에 대해 죽음으로써 하나님을 위해 살기를 멈추고 죄에 대해 죽음으로써 하나님을 위해 살기 시작할 수 있게 되었다. Irenaeus, *Against Heresies*, 3. 21, *THE ANTE-NICENE FATHERS* Vol., I (GRAND RAPIDS: WM. B. EERDMANS PUB. CO., 1985); 아퀴나스에 따르면, 인간의 육체가 썩지 않을 수 있었던 것은 인간의 육체에 어떤 내적인 불멸성의 생기가 있었기 때문이 아니라 하나님에 의해 영혼에 부여된 초자연적인 힘 때문이었다...... 육체를 보존하는 이런 힘은 영혼의 본질에 속하는 것이 아니라 은총의 선물이었다. 비록 인간이 죄를 용서받고 영광을 누리는 은혜를 회복했다 할지라도 죄의 결과로 상실했던 불멸성을 회복하지는 못했다. Thomas Aquinas, *Summa theologiae*, I. 97; 루터도 유사한 견해를 가지고 있다. "비록 아담이 죄를 범하지 않았다 할지라도 그는 우리와 마찬가지로 먹고 마시고 쉬어야 하는 육체로 살았을 것이다...... 그렇지만 그는 살과 뼈를 가진 인간이었지 천사들처럼 순수한 영적인 존재는 아니었을 것이다." Martin Luther, *Commentary on Genesis*, III. 5. 7. Reinhold Niebuhr, 『인간의 본성과 운명 I』, 279에서 재인용.

> 나는 그 때쯤 고향에 돌아가 수사학을 가르치기 시작했는데, 이 학문에 관심을 가지고 공부한 친한 벗을 하나 두고 있었습니다…… 그러나 당신은 그를 당신 곁에 두어 내 미래의 위안으로 삼고자 내 어리석음에서 떼어 가셨습니다. 그는 며칠 후 열병이 재발하여 내가 없는 사이에 세상을 뜨고 만 것입니다.
> 내 마음은 슬픔으로 매우 어두워져서 사방을 둘러봐도 보이는 것이라고는 죽음뿐이었습니다. 내 고향은 나에게 감옥이 되었고 내 아버지의 집은 이상하게도 불행한 장소로 변했습니다. 그와 함께 말하고 했던 모든 일들이 그가 없음으로 해서 내게는 고통밖에 되지 않았습니다…… 오히려 우는 것이 내게 좋았으니 그 눈물이 내 마음에서 사랑한 그 친구를 대신한 것입니다[46]

어거스틴은 친구의 죽음으로 인한 슬픔이 "그렇게도 쉽게 그리고 깊숙이 그의 마음에 침투한 것은 죽을 수밖에 없는 사람을 죽지 않을 사람처럼 사랑함으로써 그의 혼을 모래 위에 쏟아버린 탓"[47]이라고 토로한다. 어거스틴은 그의 친구의 죽음을 통해 인간의 실존에 대해 진지하게 성찰한다.

> 나는 정말 불행했습니다. 어떤 사람이든지 없어질(유한한) 것에 우정을 붙이고 살다가 거기에 얽매여 버리면 불행하게 될 수밖에 없습니다. 자기가 사랑하던 것이 없어지게 될 때 그 사람의 마음은 갈래갈래 찢어져 자기의 비참한 실존을 알게 되고 또한 이런 일이 있기 전의 자기 모습도 비참하였다는 것을 비로소 알게 됩니다.[48]

어거스틴은 『고백록』 제9권에서 '베레쿤두스'(Verecundus)와 '네브리디우스'(Nebridius), 그리고 어머니 '모니카'의 죽음을 애도하고 추모한다. 먼저

---

46) *Conf.*, 4. 4. 7-9.
47) *Conf.*, 4. 8. 13.
48) *Conf.*, 4. 6. 11.

어거스틴은 '카씨키아쿰'(Cassiciacum)의 별장을 마음껏 사용[49]하도록 배려해준 자신의 친구이자 밀라노의 수사학 문법학자인 베레쿤두스가 병중에서 세례를 받고 세상을 떠났다는 사실을 피력하면서, 마음깊이 베레쿤두스의 후의를 추억하면서 주 안에 있는 소망의 기대를 감추지 않는다.

> 약속을 신실하게 지키시는 당신께서 카씨키아쿰에 있는 별장을 우리로 하여금 쓰게 한 값으로 베레쿤두스에게 당신의 영원히 푸른 낙원의 즐거움으로 갚아주소서. 우리는 그 별장에서 세상의 고뇌를 멀리 떠나 당신 안에서 편안히 쉴 수 있었습니다. 이제 그는 지상에서 지은 자기의 죄를 다 용서받고 젖이 흐르는 산, 당신의 산, 저 풍성한 산에 있을 것입니다.[50]

또한 어거스틴은 베레쿤두스를 도와 공부를 가르치던 네브리디우스의 죽음을 추모한다. 어거스틴에 따르면, 네브리디우스는 "한 때 도케티즘(Docetsm)에 빠졌지만 회심하여 세례를 받고 고향 카르타고로 돌아가 자기 온 집안을 기독교로 인도하였고 동향인들 사이에서 살면서 순결과 절제로 주님을 섬겼는데"[51] 아프리카로 온 지 얼마 안 되어 아브라함의 품에 안겼다고 안타까워하며 이렇게 추모한다.

> 이제 그는 아브라함의 품에서 살고 있습니다. 이제 네브리디우스는 해방된 노예가 아니라 주님의 양자가 되어 그곳에서 살고 있는 것입니다. 그러한 영혼을 위해 더 좋은 곳이 또 있을 수 있습니까? 그는 이제 자기의 귀를 내 입에 대

---

[49] *Conf.*, 9 3. 5. '데이비드 로버츠'(David E. Roberts)에 따르면, 386년 9월부터 387년 3월 초 사이, 어거스틴은 '모니카, 아들 아데오다투스(Adeodatus), 알리피우스(Alypius), 두 제자 리켄티우스(Licentius)와 트리게티우스(Trygetius)' 등과 함께 카시키아쿰에 머무르며 『복된 삶』(De beata vita), 『아카데미학과 논박』(Contra Academicos), 『질서론』(De Ordine), 『독백』(Soliloquia)등을 토론했다. David E. Roberts, "초기 저술들", ed., ROY W. BATTENHOUSE, *A Companion to the Study of ST. AUGUSTINE*, 현재규 역, 『아우구스티누스 연구핸드북』(서울: 크리스챤 다이제스트, 1994), 122.
[50] *Conf.*, 9 3. 5.
[51] *Conf.*, 9. 3. 6.

지 않고 오히려 자기의 입을 당신의 샘에 대어 지혜를 마음껏 마실 수 있게 되었습니다. 그는 영원히 행복합니다.[52]

나아가 어거스틴은 어머니 모니카의 죽음에 직면하여 그 각별한 사랑을 가슴에 품고 이렇게 추모한다.

> "하나님에게는 먼 곳이 없다. 하나님이 이 세상 끝 날에 나를 부활시킬 장소가 어떤 줄 모를까 두려워할 필요가 하나도 없다." 이렇게 어머니는 오스티아에서 나와 동행한 자들에게 말하였답니다. 그러므로 어머니가 병상에 눕게 된지 아흐레째 되던 날, 어머니가 육십 오세 되시던 해, 내 나이 삼십 삼세가 되던 해에 그렇게도 신실하고 경건한 저 영혼이 몸에서 벗어나게 된 것입니다.
> 나는 어머니의 눈을 감겨 드렸습니다. 말할 수 없는 슬픔이 나의 마음에 북받쳐 올라와 눈물이 터져 나왔습니다. 그러나 나의 눈은 마음의 강한 명령에 따라 그 눈물의 근원을 막는 것입니다. 이러한 싸움이 나에게 얼마나 괴로움이 되었는지 모릅니다..... 세상 사람들은 대개 죽은 이가 불쌍하다거나 혹은 아주 죽는다고 생각하여 슬퍼합니다. 그러나 어머니는 불쌍하게 세상을 떠난 것도 아니요 아주 죽으신 것도 아닙니다. 우리는 이 증거를 선한 생활과 "거짓 없는 믿음"(딤전 1:15)과 확실한 이성의 근거 위에서 굳게 믿고 있었습니다.[53]

어거스틴은 부활의 소망 안에서 어머니의 죽음으로 인해 눈물을 흘리는 것을 최대한 억제한다. 그렇지만 "그러한 크신 어머니의 위로가 없어졌으므로 내 영혼은 상처를 받았고 어머니와 하나가 되어 살았던 나의 생명은 찢어진 듯하였다"[54]고 회상하며 어머니에 대한 그리움을 숨기지 않는다. 어거스틴은 관습에 따라 "유해를 무덤에 모시기 전에 그 옆에 내

---

52) *Conf.*, 9 3. 6.
53) *Conf.*, 9. 11. 28-12. 29.
54) *Conf.*, 9. 12. 30.

려놓고 어머니를 위해 구속의 예배를 드리며 하나님께 기도를 올리고"[55] 장례를 지냈고 하나님 안에서의 안식을 고백한다.[56]

포시디우스는 히포의 주교 어거스틴이 죽음에 대한 확고한 신앙적 자세를 견지한 '암브로시우스'(Ambrosius)를 사목(司牧)의 '롤 모델'(Role Model)로 삼았다고 전한다.

> 그분께서는 암브로시우스께서 마지막 순간에 남기신 매우 지혜롭고 경건한 답변을 들었노라고 우리에게 말씀하셨는데, 그 말씀을 대단히 찬미 찬양하셨다. 암브로시우스께서 최후의 병환으로 누워계실 때, 지체 높은 신자들이 병상에 둘러서서 그분께서 이승에서 주님께로 건너가는 순간을 지켜보고 있었다. 신자들은 이제 교회가 설교나 성사 집전에서 그토록 빼어난 주교의 활동을 잃게 되었다며 슬퍼하였고, 목숨을 연장해 주십사 주님께 기도하라고 암브로시우스께 눈물을 흘리며 청하였다. 그러나 그분께서는 이렇게 대답했다. "나는 여러분 가운데 살아 있다는 사실을 부끄러워 할 만큼 살아오지는 않았습니다. 나는 죽는 것이 두렵지 않습니다. 왜냐하면 우리는 좋으신 주님을 모시고 있기 때문입니다." 이 답변으로 말미암아, 연만하신 우리 아우구스티누스께서는 신중하고 균형 잡힌 그분 말씀을 놀라워하며 칭송하셨다.[57]

또한 포시디우스에 따르면, 어거스틴은 그의 절친한 친구이자 동료주교가 삶의 마지막 순간에 남긴 말에 관해서도 자주 언급하며 사목자의 도리를 강조했다.

---

55) Conf., 9. 12. 32. 어거스틴이 돌아가신 어머니를 기억하며 하나님께 드린 기도는 Conf., 13. 34-37에 수록되어 있다.
56) Conf., 9. 12. 32. 어거스틴이 어머니의 장례를 치르고 난 후 암브로시우스의 다음 시를 암송하며 하나님의 위안을 얻는다. "당신은 참으로, 만물을 창조하신 하나님, 하늘을 다스리는 분이옵니다. 낮은 아름다운 빛으로 옷 입히시고, 밤을 편안한 잠으로 덮으십니다. 피곤한 팔다리를 쉬게 하시고, 다시 새 힘을 주어 일하게 합니다. 마음이 지칠 때 일으키시고, 슬퍼 괴로워하는 마음 풀어줍니다."
57) v. Aug., 27. 7-8.

그 동료 주교의 임종 때, 아우구스티누스께서는 그분을 방문하셨다. 그가 이승을 막 떠나려 한다고 손짓하자, 아우구스티누스께서는 교회를 위해서 아직 좀 더 살 필요가 있다고 화답하셨다. 그러자 그 주교는 자신이 이승의 삶에 대한 열망에 사로잡혀 있다는 오해를 피하고자 이렇게 대답했다. "영원히 죽지 않는다면 그렇게 하지요. 그러나 어차피 언젠가 한번 죽는 것이라면 왜 지금은 안 된다는 겁니까? 그리 많이 배울 수 없는 시골에서 태어나고 자랐으나, 하나님을 두려워하는 그분의 말씀에 아우구스티누스께서는 경탄과 칭송을 아끼지 않으셨다.[58]

포시디우스에 의하면, 어거스틴은 그의 생애의 말엽인 429년 지브롤터해협을 건너와 북아프리카를 유린하며 히포를 에워싼 채 맹공을 퍼붓는 반달족의 잔해(殘害)를 온 몸으로 감내하며 무수한 죽음의 참상으로 인한 눈물의 빵을 밤낮으로 먹는 재앙 속에서 "자비로우신 아버지와 모든 위로의 하나님께 탄식하고 울면서 기도하곤 했다."[59] 이렇게 어거스틴은 반달족의 침공으로 신음하는 히포의 성도들과 북아프리카의 교회와 성도를 돌보는 일에 신명을 바치며 생의 최후까지 그의 저술 작품을 손질하며 경건한 사역자로서 헌신을 다하다가 430년 8월 28일 토요일 하나님의 품에 안겼다. 포시디우스에 따르면, 어거스틴은 아무런 유언을 남기지 않았는데, "하나님의 가난한 사람이 유언을 할 이유가 없기 때문이었다."[60]

이상에서 간략히 살펴본 바와 같이 어거스틴은 무수한 죽음을 목도했고 그 아픔을 직접적으로 감내했다. 늘 죽음에 직면한 삶을 살았던 어거스틴은 죽음에 대해 사유했을 것이고, 따라서 죽음에 대한

---

58) v. Aug., 27. 9.
59) v. Aug., 28. 13. 포시디우스에 의하면, 어거스틴은 참담한 핍박상황에서도 교회의 지도자들에게 "교회를 돌보고 양떼를 지키는 목회자의 직무에 충실할 것을 원칙으로 삼을 것"을 당부했다. v. Aug., 30. 3-51.
60) v. Aug., 31. 6. 포시디우스에 의하면, 어거스틴은 교회에 넉넉한 성직자들과 남녀 수도원들을 남겨주었고 그 곳 도서관은 어거스틴과 다른 성인들의 책과 저술들로 가득 찼다.

어거스틴의 성찰은 그의 저서 곳곳에 스며들게 되었으리라 사료된다.

III. 어거스틴의 주요 저작에 담긴 죽음의 연유(緣由) 성찰

죽음과 관련하여 어거스틴이 그의 저작에서 피력한 죽음의 연유에 관한 언설은 무엇이며, 죽음에 대한 어거스틴의 그 담론에 담지 된 의미는 무엇인가? 그런데 제한된 지면에서 사람의 죽음과 관련한 어거스틴의 모든 저작을 검토하는 것은 현실적으로 불가하다. 대신 어거스틴의 생애 주요 국면별로 사람의 죽음의 연유와 관련한 그의 사유를 가늠해 볼 수 있는 몇 작품을 중심으로 검토해본다. 먼저 386년 어거스틴이 회심한 직후의 사상을 관조해 보는 저작으로는 『독백』과 『영혼불멸』을, 391년 사제로 안수 받은 어거스틴의 초기 사역의 사유를 가늠해 보는 저작으로는 『참된 종교』와 『자유의지론』을, 어거스틴의 사역과 신학이 완숙 단계에 이른 시점의 저작으로는 『삼위일체론』과 『신국론』을 중심으로 검토해 본다.

1. 『독백』

어거스틴이 387년 저술한 『독백』은 카씨키아쿰에서 논의된 『복된 삶』, 『아카데미학파 논박』, 『질서론』처럼 카씨키아쿰의 동행자들과의 실제 대화를 기초로 하여 작성된 것과는 달리 '어거스틴과 이성(理性)과의 대화'라는 독백의 형태라는 점에서 독특하다. '메리 클라크'(Mary T. Clark)에 따르면, 어거스틴이 『독백』에서 추구한 이슈는 "하나님을 알고 영혼을 아는 것에 관한 것"이다.[61] 어거스틴은 『독백』에서 이성과의 대화를 통해 자신이 갈망하는 바를 분명히 언급한다.

> 나: 보십시오. 하나님께 기도를 드렸습니다.
> 이성: 그러면, 자네는 무엇을 알고싶은가?
> 나: 바로 내가 기도를 드린 것 모두입니다.
> 이성: 간략하게 종합하게.
> 나: 하나님과 영혼을 알고자 열망하고 있습니다.
> 이성: 그밖에는 없나?
> 나: 전혀 없습니다.[62]

하나님과 영혼만을 알기를 열망한 어거스틴은 진리불멸에 근거[63]하여 진리가 인간의 영혼에 있는 한 "인간의 영혼 또한 불멸 한다"(The human soul is immortal)고 추론한다.[64] 그런데 어거스틴은 비록 인간의 영혼이 불멸한다고 해도 인간으로서 죽음에 대한 두려움을 가지고 있다고 진솔하게 고백한다. 이는 하나님께로 회심한 그 자신이지만 하나님을 사랑하는 일에 있어 "친구를 잃는 두려움(fear of losing my friends), 고통의 두려움(fear of pain), 죽음의 두려움(fear of death)"[65]이 그의 마음 심연에 깊이 드리우고 있었기 때문이다. 이에 어거스틴은 『독백』 말미에서 "죽음이 영혼을 죽이지 못한다고 할지라도 모든 것의 망각(oblivion of everything)을 가져올 수 있기에 두렵다"[66]고 죽음의 두려움을 토로한다.

---

61) Mary T. Clark, "Augustinian Spirituality," *AUGUSTINIAN STUDIES* 15 (1984): 86.
62) Augustine, *THE SOLILOQUIES*, I. ii. 7, trans. John H. S. Burleigh, *The Library of Christian Classics*, Vol. VI (Philadelphia: The Westminster Press, 1953). 이하 *The Library of Christian Classics*는 LCC로 표기한다.
63) *THE SOLILOQUIES*, II. ii. 7
64) *THE SOLILOQUIES*, II. xiii. 24.
65) *THE SOLILOQUIES*, I. ix. 16.
66) *THE SOLILOQUIES*, II. xx. 36,

2. 『영혼 불멸』

어거스틴은 카씨키아쿰에로의 인퇴(引退) 후 밀라노로 돌아와 세례식을 기다릴 때 『영혼 불멸』(DE IMMORTALITATE ANIMAE, 387)을 저술했다. '무랑'(J. Mourant)은 『영혼 불멸』이 매우 철학적이라고 평가한다. 『영혼 불멸』은 회심 직후의 저작물들처럼 대화의 형식을 취하지 않았고, 전례적인 기도나 성서적 주해(註解)가 거의 없기 때문이다.[67] 어거스틴은 『영혼 불멸』에서 하나님에 관해서는 단 한 번 언급한다.[68]

성염에 따르면, 어거스틴이 『영혼 불멸』에서 피력하는 인간은 자기도 자신을 잘 알지 못하는 '미지의 존재'이다. 따라서 어거스틴은 『영혼 불멸』에서 "사멸할 것들에 매여 있는 신성한 영혼"을 탐독하고 영혼의 불사불멸을 확인하는 철학적 모색을 한다.[69] 특히 어거스틴은 그의 『영혼 불멸』에서 영혼의 불멸성을 논증하면서 죽음을 평가한다.

> 영혼은 일종의 생명이다. 그러므로 살아있는 모든 것은 살아 있는 것으로 이해된다. 그러나 생명이 없는 모든 것은 (그것은 살릴 수 있으나) 주검인 것이다. 즉 생명이 없는 것이다. 따라서 영혼은 죽을 수 없다. 왜냐하면 만일 영혼이 생명을 잃는 일이 있다고 하면 그것은 영혼이 아니라 영혼을 갖춘 무엇이다.[70]

---

67) J. Mourant, *Augustine on Immortality* (Villanova: Villanova University Press, 1969), 4.
68) AURELIUS AUGUSTINUS, *DE IMMORTALITATE ANIMAE*, 13. 22, 성염 역주, 『영혼 불멸』(왜관: 분도출판사, 2018). "이성혼보다 훌륭한 것으로 말하자면, 모두 동의 하듯이, 하나님이다. 그분이라면 영혼이 본연의 사명을 행하도록 훈유(訓諭)할 분이다"
69) 성염의 분석에 의하면, 어거스틴에게 있어 인간은 '자신에게 미지의 존재'(*Sibi ipse inconitus*, 『질서론』 1. 1. 1)이고 '커다란 문제'(*magna quaestio*, 『고백록』 4. 14. 22)이며, '그윽한 심연'(*grande profundum*, 『고백록』 4. 14. 22)이었기에 그 미지의 존재를 탐색해 보고자 하는 강렬한 충동을 느꼈다. AUGUSTINUS, 『영혼 불멸』, 해제 17에서 재인용.
70) AUGUSTINUS, 『영혼 불멸』, 9. 16.

데이비드 로버츠는 『영혼 불멸』에서의 '불멸(불변)'이라는 단어가 오해를 불러일으키는 경향이 있다고 진단한다. 로버츠에 의하면, 어거스틴은 영혼이 노년과 질병, 고통의 결과로 생기는 신체적인 변화에 의해서 뿐만 아니라 무지로부터 지혜에로 옮겨갈 때 일어나는 '영혼 내부에서의' 변화에 의해서도 영향을 받는다는 사실을 깨닫고 있었다.[71] '캐럴 스트로'(Carole Straw)에 따르면, 어거스틴이 『영혼 불멸』에서 파악한 죽음의 본질은 '끝'(the end)이다. 곧 그 죽음은 '존재의 결핍'(the privation of being)이고 '생명의 결핍'(the privation of life)이다. 그렇지만 그러한 죽음은 늘 있어왔고 생명의 원천인 영혼에는 적용되지 않는다는 것이 어거스틴의 기본 인식이다.[72]

3. 『참된 종교』

『참된 종교』(DE VERA RELIGIONE, 389-391)는 하나님께로 회심한 어거스틴이 아프리카 '타카스테'(Thagaste)의 본가(本家)에로 귀향한 직후 그의 몇몇 친구들과 동향인들이 함께하는 수도 공동체 생활을 하면서 저술한 책이다.[73] '이장식'에 따르면, 당시 어거스틴과 함께 한 이들은 성직자가 아닌 평신도였지만 단식과 기도를 하고 선행을 베풀면서 하나님의 말씀을 부단히 묵상하는 공동체를 이루었다.[74]

---

71) David E. Roberts, "초기 저술들," 142.
72) Carole Straw, "Timor mortis," ed., Allan D. Fitzgerald, *Augustine through the Ages: AN ENCYCLOPEDIA* (Grand Rapids: Wm. B. Eerdmans Pub. Co., 1999), 838.
73) 포시디우스에 따르면, 388년 타가스테로 귀향한 어거스틴은 귀족적이고 여유자적(aristocratic *otium*)한 삶을 추구하였다. v. Aug., 3. 1; '알비나'(ALBINA)에게 보낸 어거스틴의 편지에 따르면, 어거스틴은 391년 히포의 주교가 되자 타가스테의 고향집을 '타가스테의 교회'(The Church of Thagaste)에 헌납하였다. Augustine, *LETTERS OF ST. AUGUSTINE* 126. 1., *NPNF*, Vol. I.
74) 이장식, 『젊은 어거스틴』(서울: 종로서적, 1993), 205. 이장식에 따르면, 어거스틴과 함께 타가스테에 거한 자들은 아들 '아데오다투스'(Adeodatus), 친구 '알리피우스'(Alypius), '호노라투스'(Honoratus), '안토니우스'(Antonius), '에보디우스'(Evodius), '세베루스'(Severus)와 이름이 알려지지 않은 세 명이다. 이들 중 어거스틴의 아들

어거스틴은 『참된 종교』를 어릴 때부터 매우 친한 사이였던 '로마니아누스'(Romaninus)에게 헌정하였다.[75] 성염은 '악과 구제, 창조의 선성과 죄악의 기원, 구원에 이르는 두 길-권위와 이성, 이성을 통한 하나님으로의 귀환'을 주 내용으로 하는 『참된 종교』는 '참된 종교에 대하여'라고 하기보다는 '참된 철학에 대하여'(De vera philosophia)라고 책 제목을 붙이는 것이 더 타당할 정도로 철학적 측면이 강하다고 평가한다.[76]

『참된 종교』는 사람의 죽음과 관련하여 모든 사물이 피조된 것임을 선언하면서 생명과 죽음과 악의 관계를 이렇게 요약한다.

> 무릇 생명이라면 하나님께로부터 말미암지 않은 것이 없으며, 하나님이 최고의 생명이고 생명의 원천이다. 그 어느 생명도 그것이 생명인 한에는 악이 아니며, 그것이 악이라면 죽음을 향한다는 면에서만 악이다.[77]

어거스틴에 의하면, 죄를 없애는 일이 죽음을 극복하는 길이다. 어거스틴은 죄를 없애면 벌도 없어질 것이고 유(有)가 무(無)를 이기며

아데오다투스는 17세의 나이에 사망했다(388년). 에보디우스는 후에 '우쭈알리스'(Uzualis)의 교회 감독으로, 세베루스는 '밀레비스'(Milevis)의 감독으로, 알리피우스는 타가스테의 감독으로, 안토니우스는 '프살라'(Fussala) 교회의 감독으로 섬겼다. 당시 이들은 성직자가 아닌 평신도였지만 단식과 기도를 하고 선행을 베풀면서 하나님의 말씀을 부단히 묵상하는 공동체를 이루었다.

75) AURELIUS AUGUSTINUS, *DE VERA RELIGIONE*, VII. 12, 성염 역,『참된 종교』(왜관: 분도출판사, 1989). *DE VERA RELIGIONE*는 영역본(英譯本) *OF TRUE RELIGION*, trans. JOHN H. S. BURLEIGH, *AUGUSTINE: EARLIER WRITINGS, LCC.*, Vol. VI을 함께 살펴 참고하며, *De vera religione*로 표기한다.

76) 성염 역,『참된 종교』, 14. 성염에 의하면,『참된 종교』는 카시키아쿰의 저서 가운데 하나인 『영혼의 불멸』과 세례 직후의 작품인『영혼의 크기에 관해서』(*De quantitate animae*)등에서 인식의 확실성과 오류의 문제, 인간의 목적, 참된 행복, 조화와 척도, (인식활동을 통한) 자기 귀환과 하나님에로의 상승 등의 문제에 단편적으로 접근했는데, 이런 제반 문제들을 다시 본격적으로 거론한 것이『참된 종교』이다.

77) *De vera religione*, XI. 21. 어거스틴에 의하면, 죽음은 하나님께로부터 유래하지 않는다. 하나님은 죽음을 만들지 않으셨고 산 자들의 멸망을 기뻐하시지 않는다. 왜냐하면 최고의 유(有)가 존재하는 모든 것을 존재하게 만드시고, 그런 이유에서 유라고 불리신다. 반면 어거스틴은 "죽음은 죽는 자를, 그것이 죽어간다는 점에서 비존재(非存在)에로 떠밀려간다"고 판단한다. *De vera religione*, XI. 22.

죽음이 없어진다며 이렇게 선언한다.

> 죄가 치워지면 죄의 벌도 치워지는 법이다. 그러면 악이 어디 있겠는가? "죽음아, 네 위력은 어디 있느냐? 죽음아, 네 독침은 어디 있느냐?"(고전 15:55) 유(有)가 무(無)를 이기고 드디어 "죽음이 승리에 삼켜지고 말 것"(고전 15:54)이다.[78]

어거스틴은 한걸음 더 나아가 '죄'와 '자유의지'와의 관계를 보다 구체적으로 파악한다.

> 죄라는 것은 고의적 악(惡)이기 때문에 고의적이 아닌 것은 결코 죄가 되지 않는다…… 만약 의지로 악을 행한 것이 아니라면, 질책이나 경고는 성립이 안 된다…… 그러므로 의지에 의해 죄를 짓고 또 (사람이) 죄를 짓고 있음이 의심의 여지가 없으므로 영혼들이 자유의지를 갖고 있음도 의심할 필요가 없다. 하나님도 당신의 종들이 자유로이 당신을 섬기는 편이 더 좋다고 판단하셨으니 자유에 의해서가 아니고 필연에 의해서 섬긴다면 그런 일은 생각지 못한다.[79]

어거스틴의 『참된 종교』는 "죄와 그 벌에서 유래하는 영혼의 도착(倒錯)으로 말미암아 육체를 지닌 모든 사물이, 솔로몬의 말대로, 헛된 인간들의 헛됨이 된다"[80]고 선언한다.

4. 『자유의지론』

『자유의지론』(*De libero arbitrio*, 388-395)은 어거스틴이 로마에서 집필을

---

78) *De vera religione*, XII. 25.
79) *De vera religione*, XIV. 27.
80) *De vera religione*, XXI. 41.

시작하여 히포의 사제로서 사역할 때 완성하였다. "하나님이 악의 장본인지 아니신지 내게 말씀해 주십시오"(Dic mihi, utrum Deus non sit auctor mali)라는 '에보디우스'(Evodius)의 질문으로 시작하는『자유의지론』은 마니교 이단에서 빠져나온 어거스틴이 자기의 개인 경험을 토대로 악의 기원을 탐색하는 논변서이다.[81]

'크리스토프 커원'(Christopher Kirwan)에 따르면, 어거스틴에게 있어 자유의지는 "자발적 행동의 선결 요건이지만, 그것을 실천에 옮길 수 있느냐의 여부는 힘과 능력에 속하는 문제"이다.[82] 어거스틴은 자유의지가 하나님으로부터 오며 합리적인 존재가 지닌 특징이기에 선한 것이라고 단정한다.[83] 그러면서 어거스틴은 자유의지가 선한 것과 악한 것을 동시에 택할 수 있기에 '중간적 선'(bonum medium, an intermediate good)이라고 규정한다. 따라서 죄는 의지가 저급한 선을 선택할 때 생겨나고 그 결과 죽음의 불행이라는 벌이 따라온다고 어거스틴은 지적한다.

> 그러므로 의지 자체는 중간선에 불과하기 때문에 공통되고 불변하는 선에 결속함으로써 인간의 첫째가고 위대한 선들을 획득한다. 따라서 의지가 공통되고 불변하는 선에 등을 돌려 배향(背向)하고 자기 고유한 선이나 외적인 선으로 열등한 선에로 전향(轉向)하는 경우에 악을 범한다. 의지가 자기 권세로 독립하여 존재하고자 할 때에는 자기 것으로 정한 고유의 선에로 전향하는 것이며, 다른 사람들의 소유한 선이나 자기에게 속하지 않은 것들을 알고자 부심할 때에 외적인 선에로 전향하는 것이고, 육체의 정욕을 사랑할 때에 열등한 선에로 전향하는 것이다. 사람이 이처럼 오만하고 호기심 많고 유약할 때에

---

81) Aurelius Augutinus, *De libero arbitrio*, 성염 역주,『자유의지론』(왜관: 분도출판사, 1998), 15. *De libero arbitrio*는 영역본 *ON FREE WILL*, trans, JOHN H. S. BURLEIGH, *AUGUSTINE: EARLIER WRITINGS, LCC.*, Vol. VI을 함께 살펴 참고하며, *De libero arbitrio*로 표기한다.
82) Christopher Kirwan, *Augustine(Arguments of the Philosophers)* (New York: Routledge, 1989), 83.
83) *De libero arbitrio*, 2. 1. 3.

그는 딴 삶에 사로잡히며, 월등한 삶에 비한다면 이런 삶은 죽음이나 마찬가지이다…… 그렇게 되는 것은 죄 짓는 사람들이 욕구하는 선들도 결코 악한 것이 아니기 때문이다. 따라서 우리로서는 자유의지를 중간선에 꼭 넣어야 한다고 확신한다. 오히려 악한 것은 자유의지가 불변하는 선으로부터 돌아서는 배향이요, 가변적인 선들에로 돌아서는 전향이다. 다만 저 배향도 전향도 강요된 것이 아니라 자발적이므로 자유의지에 불행이라는 벌이 따라오는 것은 마땅하고 옳은 일이다.[84]

이에 어거스틴은 악의 기원이 인간의지의 남용이라고 선언한다.

그러므로 그들의 악한 의지의 근원은 교만이었다. 왜냐하면 교만은 모든 죄의 시작이기 때문이다. 사람의 교만의 시작은 하나님에 대한 배반이었다. 악마는 자기의 교만에다 지극히 사악한 질투를 보태었다. 교만을 통해서 자기가 단죄받았음을 절감하면서 바로 그 교만을 인간에게 심어놓고자 한 까닭이다.[85]

어거스틴은 『자유의지론』에서 죄가 유발하는 악의 문제를 인간 외부에서 찾고 있는 것이 아닌 인간 내면의 문제, 교만에 의한 자유의지의 타락으로 본다. 이러한 점에서 『자유의지론』은 악을 '불변의 무한한 선이신 하나님을 피조물의 의지가 외면하는 것'이라고 규명하면서 죽음 또한 그 연장선상에서 이해한다.

---

84) *De libero arbitrio*, 2. 19. 53. 참고로, 어거스틴은 『신국론』 XII. 7에서 이렇게 부언한다. "아무도 악한 자유의지의 작용인(作用因)을 찾아서는 안 된다. 거기에는 작용인이 없고 결함인(缺陷因)이 존재한다. 그것이 작용(作用)이 아니고 결함(缺陷)이기 때문이다. 최고로 존재하는 자로부터 더 못하게 존재하는 사물로 떨어져 나가는 것, 이것이 악한 의지를 가지기 시작함이다." *DCD.*, XII. 7.
85) *De libero arbitrio*, 3. 25. 76.

5. 『삼위일체론』

'힐'(E. Hill)에 따르면, 『삼위일체론』(DE TRINITATE, 400-416)은 『고백록』, 『신국론』과 더불어 '하나님을 만나는 인간의 길'로 평가받는 어거스틴의 역작이다.[86] 어거스틴은 교회가 자리하는 진리의 기둥이자 신앙의 출발점인 '삼위일체 하나님'(trinitas deus)에 대해 깊은 숙고를 하면서, 인간이 죽는 연유를 이렇게 지적한다.

> 인류가 악마의 권세에 넘겨진 것은 하나님의 정의(正義)에 의해서였다. 첫 인간의 범죄가 양성의 교접으로 태어나는 모든 사람에게 원초적으로 전달되고, 원조들의 죄 값이 모든 후손에게 지워지고 있는 까닭이다. 이렇게 인류가 '넘겨진' 사실이 맨 먼저 표현된 곳은 창세기인데, 여기서 뱀에게는 "너는 흙을 먹으리라"(창 3:14)는 말씀이 내리고 사람에게는 "너는 흙이니 흙으로 돌아가리라"(창 3:19)는 말씀이 내린 것으로 되어있다. "흙으로 돌아가리라"는 말씀으로 인해서 육체의 죽음이 예고되었으니 본래 만들어졌던 올바른 인간으로 존속했더라면 죽음을 겪지 않았을 것이기 때문이다. 그 대신 살아있는 사람에게 "너는 흙이다"라는 말씀은 "저 사람들에게 나의 영이 영원히 머물지 않으리니 그들은 살덩어리일 따름이다"(창 6: 3)는 말씀과 같다. 그리하여 너는 "흙을 먹으라"고 말씀한 그 상대에게 인간이 넘겨졌음을 하나님이 확인한 것이다.[87]

어거스틴에 따르면, 이런 죽음을 맞은 인간이 구원을 받는 길은 하나님의 은혜 아래에서 가능하다.

---

86) Aurelius Augustinus, *DE TRINITATE*, 성염 역주, 『삼위일체론』 (왜관: 분도출판사, 2015), 역자 해제 27. 이하 *DE TRINITATE*는 *De Trinit.*로 표기하되, 영역본 ST. AUGUSTINE, *ON THE TRINITY*, trans. ARTHUR WEST HADDAN, *NPNF.*, Vol. III을 함께 대조하여 살핀다.
87) *De Trinit.*, 13. 12. 16.

> 죄를 범하는 자를 하나님이 저버리자마자 죄의 장본인이 당장 그 자리로 쳐들어왔다. 그렇다고 해서 하나님이 당신 피조물을 철저히 버린 것은 아니어서 당신이 여전히 창조하고 생명을 주는 하나님임을 피조물에게 보여주고 있고, 비록 죄벌로 악을 당하지만 그 악과 더불어 많은 선을 베풀어주는 분임을 보여주고 있다. 그분은 "분노로 당신의 자비를 거두는"(시 77:10) 일이 없었기 때문이다…… 죄의 범행이 하나님의 의당한 분노를 자아내어 인간을 악마에게 복종시켰다면, 죄의 용서는 하나님의 너그러운 화해를 힘입어 인간을 악마로부터 되찾았다.[88]

이처럼 『삼위일체론』은 인간의 죽음이 사람의 죄로 인한 것이며, 인간은 악의 권세에서 해방시키시는 하나님의 은혜로써 절망적 사망에서 구원이 가능하다고 명료히 제시한다.

6. 『신국론』

어거스틴은 『재론고』(Retractations)에서 그의 『신국론』(DE CIVITATE DEI, 431-26) 집필 동기를 이렇게 밝힌다.

> 그 무렵 로마는 고트족의 왕 알라릭의 침입과 그에 뒤따르는 거대한 재난의 물결에 당혹해하고 있었다. 다양하게 거짓 신들을 섬기는 자들, 우리가 지금 처절하게 이교도라고 부르는 사람들은 로마 전복의 책임을 기독교에 돌리고, 진정한 신에 대한 모독을 더욱 격렬하고 혹심(酷甚)하게 퍼붓기 시작했다. 이것이 나로 하여금 하나님의 성전을 향한 나의 열망에 불을 지르게 했고, 저들의 독신(瀆神)과 오류(誤謬)를 논박하기 위해 『신국론』을 집필하기 시작했다.[89]

---

88) *De Trinit.*, 13. 12. 16.
89) Augustine, *Retractationes*, II. 49. 2. trans. Boniface Ramsey, *Revisions* Vol. 2, *The Works of Saint Augustine: A Translation for the 21st Century* (New York: New City Press, 2010).

어거스틴은 『신국론』에서 "죽음으로 영혼이 육체로부터 분리 된다"는 보편적 사실을 넘어 "죄의 응보가 따르지 않았더라면 바로 이 죽음이 일어나지 않을 수도 있었다"고 진술한다.[90] 어거스틴은 "인간에게 선이 되는 것은 자기 자신에 의해 비롯되는 것이 아니라 하나님에 의해 비롯되는 길밖에 없으며, 인간은 죄를 지음으로써 하나님을 저버리고, 자기 자신에 따라 삶으로써 범죄를 저지른다"[91]고 단언함으로써 인간이 범하는 죄의 문제가 인간 자신의 귀책사유임을 밝힌다. 어거스틴은 첫 인간 아담의 타락과 관련하여 "선하게 창조된 본성이 그 타락으로 인해 부패했으니, 그의 창조주에 의해서가 아니면 복원되지 못한다"[92]고 담담히 밝힌다.

특히 어거스틴은 "아담이 속은 것이 아니고 여자가 속아 죄에 빠졌느니라"(딤전 2:14)를 "아담은 속은 것이 아니라 오히려 잘 알고서 죄를 범했다"는 뜻으로 이해한다. 그래서 "아담과 하와 둘 다 잘못 믿어서 속은 것은 아니지만 그래도 죄를 지음으로써 둘 다 사로 잡혔고 악마의 덫에 걸려들었음은 분명하다"고 판단한다.[93] 이런 점에서 어거스틴은 인간의 원조(元祖)가 자신들의 불순종으로 받은 죽음의 응보가 정당했다고 분별하면서 사람의 죽음의 근원적 이유를 이렇게 밝힌다.

> 그러므로 명령을 내린 하나님이 경멸을 당한 것이다. 그들을 창조한 분, 하나님의 형상대로 그들을 만든 분, 다른 동물들을 다스리게 한 분, 낙원에 데려다 놓은 분, 모든 물건을 풍성하게 베풀고 건강을 풍족하게 베풀어 준 분이 경멸을 당했다. 수많은 계명이나 거창한 계명이나 어려운 계명을 지우지 않은 분, 오히려 지극히 간단하고 지극히 가벼운 계명 하나로 구원에 유익한 순명을 지탱해 준 분, 당신의 그 피조물에게는 자유로운 종살이가 타당하여 그 계명 하

---

90) *DCD*., XIII. 3. 19.
91) *DCD*., XIV. 1. 4. 1.
92) *DCD*., XIV. 2. 11.
93) *DCD*., XIV. 2. 11. 2.

> 나로 당신이 주님임을 일깨워주던 분이 경멸을 당했다. 따라서 단죄가 뒤따른
> 것은 정당했다. 계명을 지킴으로써 육으로도 영적이었을 인간이 단죄 받아서
> 지성으로도 육적 존재가 되었다…… 그는 스스로 원하여 영으로 죽은 자가 되
> 었고, 본인이 싫은데도 육으로 죽을 자가 되었으며, 영원한 생명을 저버리고,
> 은총이 구해주지 않는 한, 영원한 죽음에로 단죄 받는 자가 되었다.[94]

결국 어거스틴은 『신국론』에서 "죽음에 이르기까지 둘째 사람의 순종이 그토록 칭송받는 것처럼, 죽음에 이르기까지 불순종했으므로 첫 사람의 순종은 그토록 가증스러운 것이다"[95]는 판단을 내림으로써 사람의 죽음의 근원적 이유가 아담의 불순종에 있다고 규명한다.

정리하면, 어거스틴은 이상에서 살펴본 그의 주요 저작들에서 죽음을 두려워하는 인간의 실존을 여실히 드러낸다. 그리고 사람이 죽는 근원적 연유로써 인간의 교만과 불순종과 의지의 남용의 죄를 지적한다. 먼저 『독백』은 인간의 영혼이 불멸한다고 해도 인간으로서 죽음으로 인한 망각에 대한 근원적 두려움이 어거스틴 자신에게 있음을 피력함으로써 죽음에 절망하는 인간존재를 폭로한다. 『영혼 불멸』은 존재의 결핍이자 생명의 결핍인 죽음이 인간에게 보편적이라고 할지라도 그 죽음의 마수가 생명의 원천인 영혼에는 적용되지 않는다는 어거스틴의 신앙적 기본 인식을 표방한다. 『참된 종교』은 육체를 지닌 인간의 근원적 허망함은 사람이 범한 죄의 결과에서 유래하는 영혼의 도착(倒錯)때문이라는 신학적 반성을 한다. 『자유의지론』은 '피조물의 의지가 불변의 무한한 선이신 하나님을 외면하는 악'을 행한 결과로써 사람은 죽음을 당하는데, 죽음에 이르게 하는 이 악은 인간의 내면에 깊숙이 자리한 교만에 의한 자유의지의 타락이라는 신학적 결론을 내린다. 『삼위일체론』은 인간의

---

94) DCD., XIV. 2. 15. 1.
95) DCD., XIV. 2. 15. 1.

죽음이 사람의 죄로 인한 것이며, 인간을 절망케 하는 사망은 악의 권세에서 해방시키시는 하나님의 은혜로 극복된다는 성서적 진리를 강하게 세운다. 한 걸음 더 나아가 『신국론』은 이상의 모든 논의를 포괄하면서 사람의 죽음에 대한 근원적 연유가 '아담의 가증스러운 불순종의 죄'에 있다고 귀결 짓는다.

IV. "사람은 왜 죽는가"에 대한 어거스틴의 성찰 평가

이제 앞서 살핀 바 어거스틴의 주요 저작에 담긴 죽음의 연유에 대한 사유 모티프가 그의 신학 세계에 귀착된 모습과 후대의 교회에 끼친 영향을 간략히 살펴보자.

1. 사람의 죽음 연유에 대한 어거스틴의 사유

사람의 죽음 연유에 대한 어거스틴의 사유는 인문학적 이해를 기반으로 하여 철저히 성서적이고 신학적이다. 특히 어거스틴은 사람이 죽는 직접적인 연유를 원죄라고 지적하면서, 교만과 불순종과 의지남용의 죄를 원죄의 주축 요인으로 지목한다. 어거스틴은 『라우렌시우스에게 보낸 신망애 편람』(Enchiridion ad Laurentium de fide, spe, charitate)에서 "이성적 피조물인 인간이 죄를 지은 다음 낙원에서 추방되었고, 자신의 죄 때문에, 자기 자신도 죽음과 저주라는 형벌에 얽매이게 되었다"[96]며 원죄의

---

96) Aurelius Augustinus, *Enchiridion ad Laurentium de fide, spe, charitate*, 26. trans. J. F. SHAW, THE ENCHIRIDION, ADDRESSED TO LAURENTIUS; BEING A TREATISE ON FAITH, HOPE AND LOVE, NPNF., Vol. III. 이하 THE ENCHIRIDION,

치명성을 한탄한다. 어거스틴에 따르면, 아담의 타락은 마치 나무의 뿌리가 썩은 것과 마찬가지다. 아담은 그의 아내로 말미암아 죄를 짓게 되었지만, 그녀는 그와 함께 성죄를 받았다. 육신의 정욕은 불순종에 대한 징벌로 주어진 것인데, 이 정욕으로 말미암아 태어난 아담과 하와의 후손은 모두 원죄를 지니게 되었다. 여기에 더하여 어거스틴은 원죄에 여러 죄악들이 포함되어 있다고 지적한다.

> 그러나 "한 사람으로 말미암아"(롬 5:12) 세상에 죄가 들어왔고 이 때문에 유아들이 세례를 받는데, 그 죄를 세목별로 분석해 보면 그 안에 여러 가지 죄가 들어 있음을 알 수 있다. 예를 들어, 죄 가운데는 교만이라는 죄가 있는데, 이로 인해 인간은 하나님의 권능에 의지하기보다 자기 자신의 힘에 의지하기를 좋아했다. 또 신성모독이라는 죄가 있는데, 이로 인해 인간은 하나님을 신뢰하지 않았다. 또 살인이라는 죄가 있는데, 이로 인해 인간은 스스로 죽음을 향해 뛰어들었다. 또 영적 간음이라는 죄가 있는데, 이로 인해 인간 영혼의 순전함이 뱀의 꼬임으로 부패하게 되었다. 또 도둑질이라는 죄가 있는데, 이로 인해 인간은 금단의 열매에 손을 대게 되었다. 또 탐욕이라는 죄가 있는데, 이로 인해 인간은 그에게 꼭 필요한 것 이상을 탐하게 되었다. 이런 식으로 면밀히 분석해 보면, 단 하나의 죄에서 여러 가지 다른 많은 죄를 찾아낼 수 있다.[97]

원죄와 관련하여, 어거스틴은 아담이 범한 가장 큰 죄를 '교만'(superbia)이라고 지적한다. 어거스틴에 따르면, 교만(오만)은 모든 죄의 시작으로서 "전도된 우월감에 대한 욕구"(superbia, perversae celsitudinis appetitus)이다.[98] 교만은 "하나님께 대한 인간 의지의 반역이고 스스로

ADDRESSED TO LAURENTIUS: BEING A TREATISE ON FAITH, HOPE AND LOVE은 ENCHIRIDION으로 표기한다.
97) ENCHIRIDION, 45.
98) DCD., XIV. 2. 13. 1

최고선을 자처한 행위"[99]이다. 어거스틴에 따르면, 교만은 사랑에 비해 비루(鄙陋)한 것이다.[100] 이에 어거스틴은 "교만한 영혼은 정도를 넘어서서 탐욕스런 영혼이 되어버린다"고 경계한다.

> 교만은 모든 죄의 시작이다...... 분명 모든 악의 뿌리는 탐욕이다(딤전 6:10). 우리는 교만 속에도 탐욕이 있다는 것을 본다. 탐욕스럽다는 것은 넉넉한 것을 넘어서는 것이다. 아담은 교만에 떨어졌다. 탐욕에는 떨어지지 않았는가? 하나님으로도 만족할 줄 몰랐던 자보다 더 탐욕스러운 사람이 어디 있겠는가?[101]

또한 어거스틴은 첫 사람이 원죄로 말미암아 부패해져 '불순종'(inoboediéntia)이라는 큰 죄를 범하여 사람의 본성을 나쁘게 만들고, 그 후손들이 죄를 범하여 사망에 이르게 했다고 지적한다.

> 최초의 두 사람이 하나는 무(無)에서 창조되었고 다른 하나는 그 한 사람에게서 창조되었는데, 그들이 불순종으로 죽음을 불러들이지 않았다면 이 인류 또한 각자에게 죽음이 닥치는 일도 없었을 것이다. 그 두 사람에 의해 범해진 죄는 너무나 커서 인간 본성이 죄로 더 나쁘게 변했을 뿐 아니라 죄의 부채와 죽음을 고스란히 지닌 채로 후손에게까지 전달되기에 이르렀다.[102]

---

99) *De libero arbitrio*, 2. 19. 53.
100) Aurelius Augustinus, *IN EPISTOLAM IOANNIS AD PARTHOS TRACTATUS*, 8. 9. 최익철 역, 『요한 서간 강해』(왜관: 분도출판사, 2012). 어거스틴은 교만과 사랑의 유사성과 차이점을 다음과 같이 정확하게 평가한다. "교만이 사랑과 얼마나 비슷하고 거의 똑같은 마음에 잘 새겨보라. 사랑도 굶주린 사람을 먹여주고, 교만도 먹여준다. 사랑은 하나님께서 찬미를 받으시도록 하지만, 교만은 자신이 찬미를 받으려 한다. 사랑도 헐벗은 이를 입혀주고, 교만도 입혀준다. 사랑도 단식하고 교만도 단식한다. 사랑도 죽은 사람을 묻어주고, 교만도 묻어준다. 사랑이 행하고 싶어 하고 또 행하고 있는 모든 선행을, 교만은 마치 자기 말을 몰듯 반대 방향으로 이끈다. 그러나 사랑이 마음 안에 있어, 잘못 인도된 교만의 자리를 없앤다. 잘못 인도하는 사람이 아니라 잘못 인도된 교만을 없애버린다. 교만을 마부로 삼은 사람은 불행하다. 고꾸라질 수밖에 없기 때문이다."
101) Aurelius Augustinus, 『요한 서간 강해』, 8. 6.
102) *DCD.*, XIV. 1. 1

어거스틴은 아담의 불순종을 "아담에게 거룩한 명령을 내린 하나님이 경멸을 당한 것"[103]으로 규정한다. 따라서 불순종한 아담에게 단죄가 뒤따른 것은 정당한데 "계명을 지킴으로써 육으로도 영적이었을 인간이 단죄 받아서 지성으로도 육적 존재가 되기에 이른다"[104]고 평가한다. 이에 어거스틴은 죽음에 이르기까지 순종했으므로 둘째 사람의 순종이 그토록 칭송받는 것처럼, 죽음에 이르기까지 불순종했던 첫 사람의 불순종은 그토록 가증스러웠기에 "창조주로부터 그토록 전율할 형벌이 부과될 일임에도 불구하고 복종하지 않았다는 사실이 얼마나 큰 악인지를 누가 설명할 수 있겠느냐"[105]고 탄식한다.

나아가 어거스틴은 사람이 죽는 까닭으로 '자유의지의 남용'을 문제 삼는다. 어거스틴에 따르면, 하나님께서 자유의지를 주신 것은 "사람이 자유의지가 없으면 올바르게 살 수 없기 때문"이다.[106] 어거스틴은 사람이 죽는 이유가 "자유의지를 오만하고 불손하게 사용하여 주 하나님을 상심시켰기"때문인데, 인간이 자유의지를 남용한 결과 "죽음에 처해지고 짐승처럼 살며 정욕의 노예가 되고 죽은 다음에는 형벌을 당하며 단죄를 받게 되었다"고 밝힌다.[107]

더욱이 어거스틴은 "하나님이 아담에게 자유의지를 선물로 주사 명령을 통해서는 그를 다스리시고 죽음을 통해서는 그에게 죽음의 고통아래 순종하게 했다"[108]고 지적하면서, 자유의지의 남용의 문제를 이렇게 평가한다.

---

103) *DCD.*, XIV. 2. 15. 1.
104) *DCD.*, XIV. 2. 15. 1.
105) *DCD.*, XIV. 2. 15. 1.
106) *De libero arbitrio*, 2. 1. 3.
107) *DCD.*, XII. 1. 22.
108) *ENCHIRIDION*, 25.

망하게 된 자가 망함으로부터 자유함을 얻지 못하고서, 대체 무슨 선을 행할 수 있겠는가? 이 역시 불가능하다. 이는 인간이 자유의지를 그릇 사용함으로써 자기 자신도 망쳤고, 자유의지도 망쳤기 때문이다. 마치 자살하는 자가 비록 자살하는 바로 그 순간에는 살아있지만, 자살함으로써 더 이상 살지 못하고, 자살 한 다음에는 스스로 소생할 수 없는 것과 마찬가지로, 자유의지로 죄를 짓게 되면 죄가 승리하게 되어 자유의지는 상실되는 것이다(벧후 2:19)[109]

특히 어거스틴은 원죄가 죽음을 생겨나게 했다고 지목하면서, 인간은 두 종류의 죽음에 직면한다고 강조한다.

> 그러므로 하나님께서 낙원에 있던 첫 사람에게 금단의 열매에 대하여 "네 그것을 먹는 날에는 정녕 죽으리라"고 하셨을 때, 이 경고 속에는 첫째 사망의 부분이 영혼이 하나님으로부터 단절되는 것과, 첫째 사망의 두 번째 부분인 영혼이 육체로부터 단절되는 것, 그리고 첫째 사망의 전부인 영혼이 형벌을 받아 하나님과 육체로부터 분리되는 것만 아니라 둘째 사망 즉 더 이상의 무엇이 있을 수 없는 영원한 사망까지도 포함이 되어 있었다.[110]

한 걸음 더 나아가 어거스틴은 "인류의 시조 아담과 하와가 계명을 어기자마자 하나님의 은혜는 그들을 떠났고, 그들은 자기들의 죄악으로 인하여 혼돈에 빠져들었는데 무화과나무 잎을 취하여 자기들의 부끄러운 부분을 가렸다"[111]고 지적한다. 어거스틴에 따르면, 인류의 시조의 지체는 동일한 상태로 남아 있었지만 "영혼은 자기가 지닌 자유를 반역하고 하나님 섬기기를 멸시함으로써 육체를 주관하던 주도권을 상실하는 비극을 맞이했다." 이에 어거스틴은 "우리는 첫 번 범죄로 말미암아 사망의

---

109) *ENCHIRIDION*, 30.
110) *DCD.*, XIII. 2. 12.
111) *DCD.*, XIII. 2. 13.

씨앗을 가지고 있고 또 이러한 갈등 속에서 태어난 지체들을 가지고 있기 때문에 본성이 손상되어 있으며 영혼과 육체가 대립하거나 육체가 영혼을 이기는 경우까지를 당하게 된다"[112]고 실낙원의 비극을 평가한다.

2. 죽음에 대한 어거스틴의 인식변화

어거스틴의 죽음관은 그의 회심을 전후로 하여 일반적이고 인문학적인 통념의 죽음관에 머무르지 않고 성서적 하나님의 은혜 안에서 죽음을 인식하는 신앙적 특성으로 변모한다. 어거스틴에게 있어 인간은 "사멸하는 육신을 사용하는 이성적 영혼이다"(man is a rational soul with a mortal and earthly body in its service).[113] 어거스틴은 "이 육체가 존재하기 시작했다는 사실로 인해 인간은 이미 죽음 속에 있다"[114]고 강조한다. 이는 "누군가 결국 죽을 육체 속에 존재하기 시작한 이상 죽음이 도래하지 않고 작용하지 않는 순간은 결코 없을 것"[115]이기 때문이다. 이에 어거스틴은 "인간 실존 전체에 삶과 죽음이 공존 한다"(simul esse vivens et moriens)고 말하면서 삶과 죽음의 교차점에 선 인간으로서 실존적 고뇌를 고백한다.

> 인간이 언제 죽음 속에 있는지 누가 말할 수 있겠는가? 만일 아무도 죽어가는 사람인 동시에 살아있는 사람일 수 없다면, 죽어가는 사람이라고 말할 수는 없다. 영혼이 육체 속에 있는 한 그가 살아있는 사람임을 부정할 수 없기 때문이다. 누군가의 육체 속에서 죽는 일이 일어나고 있는 사람을 차라리 죽어가

---

112) DCD., XIII. 2. 13.
113) Aurelius Augustinus, *De Moribus Ecclesiae Catholicae* 26. 48, trans. Richard Stothert, *ON THE MORALS OF THE CATHOLIC CHURCH*, NPNF., Vol. IV.
114) 성염은 어거스틴의 이 명제가 죽음의 현시성에 대한 세네카(Seneca)의 다음 문장을 축약한 것으로 본다. "(태어나서) 첫 빛을 본 순간부터 인간은 이미 죽음의 여로에 들었으며 죽음의 운명에 가까이 가는 중이다. 청춘에 다가갈수록 생명의 연륜은 줄어든다." *Seneca, Epistula ad Marciam de consolatione* 21. 6. *DCD.*, XIII. 1. 10에서 재인용.
115) DCD., XIII. 1. 10.

는 사람이라고 불러야 한다면, 또 어떤 사람도 죽어가는 사람이자 동시에 살아있는 사람일 수 없다면, 사람이 관연 언제 살아있다고 해야 할지 나도 모르겠다.[116]

실제 어거스틴은 『고백록』에서 친구의 죽음에 큰 고통을 느꼈다고 토로한다.[117] 하나님께로 회심한 직후 저술한 『독백』에서는 '친구를 잃는 두려움과 고통의 두려움과 죽음의 두려움'[118]과 '죽음으로 인한 망각'[119]이 초래할 두려움으로 인해 괴롭다고 실토한다. 어거스틴은 죽음을 '존재의 결핍'이고 '생명의 결핍'이며 '끝'이라는 실존적 반성을 한다.

캐럴 스트로의 평가에 따르면, 어거스틴은 '베드로가 그리스도를 부인한 것'을 예로 들면서 죽음의 두려움을 '이해할 만한'(understandable) 인간 실존의 현실로 평가했다.[120] 인간의 죽음에 대한 어거스틴의 이 같은 인식은 죽음에 대한 자연적이고 보편적이며 인문학적인 통념을 그가 공유했으며, 동시에 어거스틴 또한 인간으로서 죽음에 대한 두려움을 가지고 있었던 사람임을 방증한다.

전체적으로 볼 때, 하나님께로 회심한 어거스틴은 교회의 사제로서 사역을 감당하면서 그의 죽음관에 변화를 가져온다. 먼저 어거스틴은 죽음에 관한 그의 시대의 인문학적 통념에 머무르지 않고 성서적 죽음관을 수용하고 확고히 견지한다. '황명환'은 어거스틴의 죽음관을 이렇게 평가한다.

> 아우구스티누스는 영혼만을 인간의 본질요소로 파악했다. 그는 죽음이 죄를 범한 아담에게 형벌로 주어진 것이라고 한 점에서 성서적 죽음관과 같은 입장

---

116) *DCD.*, XIII. 1. 9.
117) *Conf.*, 4. 4. 9.
118) *THE SOLILOQUIES*, I. ix. 16.
119) *THE SOLILOQUIES*, II. xx. 36.
120) Carole Straw, "Timor mortis," *Augustine through the Ages: AN ENCYCLOPEDIA*, 839.

을 취했다. 그에 따르면, 성도들은 '육체적 죽음'으로서 '일차적 죽음'을 경험하지만, 영원한 저주와 형벌로서의 '이차적 죽음'은 모면한다. 그러나 악인들은 두 죽음을 모두 겪으며 영벌에 처해진다. 그는 영혼 자체의 불사불멸성을 주장하지는 않고 하나님의 피조물성을 인정하면서도 육신을 인간의 본질적 요소로 대하지 않음으로써 결국 (육신에서 분리되어 영원한 생명을 누리거나 영원한 저주를 받는) 영혼을 중시한다. 이점에서 아우구스티누스는 플라톤의 이원론적 견해를 수용하고 있다.[121]

황명환에 따르면, 죽음과 관련한 어거스틴의 이원론적 입장은 교회에 강력한 영향을 끼쳤다. 먼저, 교회 안에 육신과 현실세계를 부정적으로 평가하는 내세지향적 구원관이 자리 잡게 되었다. 그리고 죽음을 통한 영혼구원사상이 전면에 부상하게 되었다. 나아가 후대의 교회는 죽음을 영원한 생명으로 나아가는 관문으로 여겼고, 지상에서의 삶은 죽음을 향한 순례로 생각하는 경향이 강화되었다.[122]

다음으로 어거스틴은 당시의 교회가 강조해온 죽음에 대한 '승리주의'(triumphalism)를 수용하면서도 하나님의 은혜 아래 죽음의 문제를 극복하는 신앙적 성숙을 구현한다. 문시영은 어거스틴의 죽음관의 변화를 이렇게 정리한다.

> 어거스틴 이전까지 교회에서는 죽음의 두려움을 이기는 것을 영혼불멸과 부활에 대한 기독교신앙의 핵심요소로 간주했으며 박해 속에서도 신앙을 따라 살아간 주어지는 보상으로 여겼다. 따라서 죽음의 두려움을 갖는다는 것은 개인들의 믿음이 약한 탓으로 각자의 신앙을 영웅의 수준으로 강화시켜야 한다는 관점이 주도적이었다…… 어거스틴은 그의 설교(*Sermones* 297. 3-4)에서 이러한 두려움을 모든 피조물이 느끼는 보편적인 것으로서의 두려움이라고

---

121) 황명환, 『죽음 인문학-인류는 죽음을 어떻게 이해해 왔는가?』(서울: 두란노, 2019), 27.
122) 황명환, 『죽음 인문학-인류는 죽음을 어떻게 이해해 왔는가?』, 27-28.

설명하며 아담에게서 비롯되어 우리들 모두가 살아남기를 바라는 자연적 동경에서 생겨난 것이라고 강조했다...... 이러한 뜻에서 어거스틴은 베드로가 죽음이 두려워서 그리스도를 세 번이나 부인했던 예에서 보듯 어거스틴은 영혼이 육체와의 결합을 넘어 은혜에 의해 성령께 결합되어야만 죽음을 두려움을 이길 수 있다고 강조한다.[123]

문시영에 따르면, 심지어 어거스틴은 순교자들의 영웅적 신앙보다 그들이 순교의 과정에서 죽음의 두려움을 이겨낼 은혜를 입었다는 점을 강조하여 회중들로 하여금 하나님의 그 은혜를 믿음으로 간구하도록[124] 촉구했다.

특히 어거스틴은 로마의 자살 영웅과 기독교 순교자들을 명료히 구분한다. 어거스틴은 "위대한 정신력을 내세워 자살을 변명하지 못한다"[125]고 언급하며 로마인의 죽음관을 배격한다. 동시에 그리스도인들은 더더욱 자살을 해서는 안 된다고 강조한다. 이는 "성조(聖祖)들이 자살을 하지 않았고 예언자들도 하지 않았으며 사도들도 하지 않았고 주 그리스도께서도 자살을 허락하지 않았기 때문"이다.[126] 심지어 어거스틴은 "욥이나 그 성자들을 카토(Marcus Porcius Cato)보다도 훌륭하다"[127]고 여긴다. 이에 어거스틴은 아무도 자기에게 자발적 죽음인 자살을 자초해서는 안 된다고 이렇게 강조한다.

> 아무도 잠시 환난을 피하려다가 영원한 환난을 당해서는 안 된다. 아무도 타인의 죄 때문에 그것을 기화로 해서 본인의 중죄를 범해서는 안 된다...... 참회

---

123) 문시영, "아우구스티누스와 '죽음의 두려움'(timor mortis)—죽음의 윤리학적 성찰," 169-70.
124) 문시영, "아우구스티누스와 '죽음의 두려움'(timor mortis)—죽음의 윤리학적 성찰," 177.
125) *DCD*., I. 2. 22. 1.
126) *DCD*., I. 2. 22. 2.
127) *DCD*., I. 2. 24. 어거스틴은 카토가 한 번도 카이사르를 못 이겼고 카이사르에게 패배하자 억울하여 굴종하지 않으려고 자살을 했다고 지적한다. 그에 반해 욥이나 믿음의 성조들은 죄를 짓지 않기 위해 죄에 떨어지는 일을 하지 않았다고 평가한다. *DCD*., I. 2. 25.

로써 회복할 수도 있을 테고, 그 죄를 참회하기 위해서라도 이 생명이 필요한 것이므로, 아무도 사후에다 거는, 더 나은 생명을 희구한다면서 죽음을 자초해서는 안 된다. 자기 죽음을 소래한 죄인들은 사후에 더 나은 생명이 거두어 주지 않기 때문이다.[128]

한 걸음 더 나아가 어거스틴은 "인간이 옛 죄에 대한 하나님의 지극히 정의로우신 법에 따라 인간이 갖고 있는 가장 무거운 사슬인 죽음의 공포는 인간의 영혼이 하나님께 온전히 돌아서는 회심 안에서 극복될 수 있다고 선언한 후, '하나님을 향한 갈망'(in desire for God) 안에서 모든 죽음의 공포와 고통이 무너지고 극복 된다"고 확신한다.[129]

포시디우스에 따르면, 어거스틴은 생의 최후 순간까지 하나님을 믿고 의지하며 신앙적 죽음의 본을 보였다.

> 그 성인께서는 거룩한 교회의 선익(善益)과 행복을 위해서 하나님께서 선사하신 76년의 긴 생애 가운데, 거의 40년을 사제와 주교로 사셨다. 그분께서는 아무리 세례를 받고 칭송받는 그리스도인이나 사제로 살았다 할지라도, 마땅하고 적합한 참회 없이 육신을 떠나서는 안 된다고 가족 대화 가운데 우리에게 말씀하시곤 했다. 돌아가시게 될 마지막 병환 중에 당신 스스로도 그렇게 하셨다. 그분께서는 참회에 관한 다윗의 시편을 짧게 옮겨 적게 하시고 그 종이를 벽에 붙이게 하신 다음, 침대에 앓아누워 계시면서 날마다 그것을 곰곰이 되새기고 읽었으며, 뜨거운 눈물을 끊임없이 흘리셨다. 육신을 떠나기 열흘 전쯤부터······ 그분께서는 모든 시간을 기도에 바치셨다. 당신의 마지막 병환 때까지 끊임없이 교회에서 하나님의 말씀을 기쁘고 힘차게 맑은 정신과 건전한 판단력으로 설교하셨다. 육신의 모든 지체를 온전히 보존하셨고, 시력과 청력도 건강하셨는데, 그분은 우리가 곁에서 지켜보면서 기도하는 중에 성경에 쓰인 대로 행복

---

128) *DCD.*, I. 2. 26.
129) *ON THE MORALS OF THE CATHOLIC CHURCH*, 1. 22. 40.

한 만년을 보내시다가 당신 성조(聖祖)들과 함께 잠드셨다(왕상 2:10).[130]

정리하면, 어거스틴이 자신의 죽음을 대하는 모습은 회심 전의 모습과는 질적 차원이 다르다. 어거스틴은 생의 마지막 순간까지 말씀을 묵상하며 기도에 헌신하며 하나님의 은혜를 믿고[131] 갈구하는 거룩한 성도로서 교회를 섬겼다. 죽음에 임하는 어거스틴의 모습은 죽음에 직면한 후대의 성도가 본받아야 할 전형적인 사표(師表)로서 충분하다고 사려 된다.

3. 죽음에 대한 성찰에 기초한 어거스틴의 신학사상의 발전

어거스틴은 사람의 죽음 연유에 대한 깊은 성찰을 통해 원죄론과 자유의지론 그리고 은혜론의 신학적 기초토대를 형성하고 집약한다. 먼저 어거스틴의 원죄론에 대한 '로버트 오커넬'(ROBERT J. O'CONNELL)의 평가에 따르면, 어거스틴은 『라우렌시우스에게 보낸 신망애 편람』 제8장 23절[132]의 경우에서 보듯 아담과 후대의 사람들이 죄에 대한 동일한 영장(warrant)

---

130) v. Aug., 31. 1. 포시디우스는 어거스틴의 이러한 모습에 너무나 감동을 받고 어거스틴의 길을 걷기를 희구하며 이런 기도부탁을 한다. "하나님의 선물로 말미암아 어거스틴과 함께 거의 40년 동안 따스하고 살가운 정으로 어떤 마찰도 없이 살아온 내가, 이승의 삶에서는 그분을 본받고 닮으며, 미래의 삶에서는 그분과 함께 전능하신 하나님께서 약속하신 바를 누릴 수 있도록 나와 함께 그리고 나를 위해 기도해 주시기를 청한다." v. Aug., 31. 9.
131) 어거스틴은 믿음의 가치를 이렇게 평가한다. "믿음은 과거사, 현재사, 미래사 모두에 관계한다. 우리가 그리스도의 죽으심을 믿는 것은 과거사를 믿는 것이고, 그가 아버지 우편에 앉아 계심을 믿는 것은 현재사를 믿는 것이고, 그가 장차 심판하러 오시리라 믿는 것은 미래사를 믿는 것이다....... 그런데 귀신들에게는 소망과 사랑이 없고 오히려 우리가 바라고 사랑하는 것이 장차 임할 것으로 믿으면서 두려워한다. 이런 까닭에 사도 바울은 '사랑으로써 역사하는 믿음'(갈 5:6)을 인정하고 권면하는데, 믿음은 소망과 사랑 없이는 존재할 수 없다. 그런즉 사랑도 소망도 믿음 없이 존재하지 않고, 소망도 사랑 없이 존재하지 않으며, 이 둘은 또 믿음 없이 존재하지 않는다." ENCHIRIDION, 8.
132) "우리는 우리와 관계된 모든 선의 원인이 오직 하나님의 선하심뿐임을 추호도 의심하지 말아야 한다. 그러나 우리가 당하는 악의 원인은 불변적 선을 배반한 가변적 선의 의지에 있다. 배반은, 악한 천사들이 먼저 했고, 나중에 인간이 했다." ENCHIRIDION, 23.

을 받았다고 동일시한다.[133] '김균진'에 따르면, 성서가 말하는 아담은 "개인인 동시에 모든 인간의 근원적 통일성에 대한 표현"이다.[134] '베른하르드 로제'(Bernhard Lohse)에 의하면, 어거스틴은 "인간의 본성이 죄로 인해서 타락했다"고 강조했는데, 이는 아담이 단순히 일개 개인이 아니라 인류의 시조로서 그의 후손은 모두 다 아담의 죄 된 상태에 처해 있기 때문이다.[135] '하인리히 오토'(Heinrich Ott)에 따르면, 기독교신학의 전통에서 원죄는 "인간이 하나님에게서 멀리 떨어져 있고 소외되어 있는 상태가 여러 세대를 거쳐 유전되고 있는 것으로서 개인의 삶에 나타나는 모든 죄가 되는 행위의 뿌리요 불이행의 뿌리"인데,[136] 후대의 역사 속에서 원죄에 대한 다양한 신학적 검토가 개진되고[137] 있다. '빌헬름 게에를링스'(Wihelm Geerlings)는 "어거스틴의 원죄론이 어거스틴의 이전의 전통에서는 없던 형태였다"고 지적하면서 어거스틴을 원죄론의 창시자로 지목한다.[138]

자유의지와 관련하여, 어거스틴은 의지의 자유로움이 하나님으로부터 온 것이기에 선하며 인간에게 자유의지가 주어진 것은 정당하다는 자유의지론의 골격을 형성한다.

---

133) ROBERT J. O'CONNELL, *SOUNDINGS in ST. AUGUSTINE'S IMAGINATION* (New York: Fordham University Press, 1994), 90.
134) 김균진, 『基督敎組織新學 II』(서울: 연세대학교출판부, 1989), 118.
135) Bernhard Lohse, *A Short History of Christian Doctrine*, 차종순 역, 『基督敎 敎理의 歷史』 (서울: 목양사, 1986), 165.
136) Heinrich Ott, *Die Antwort Des Glaubens*, 김광식 역, 『神學解題』(서울: 한국신학연구소출판부, 1981), 175.
137) 하인리히 오토에 따르면, 교회의 역사 속에 원죄에 대한 다양한 신학적 이해가 도모되었다. 예를 들면 '스콜라주의'(Scholasticism)는 아담의 죄 속에서 죄를 짓는다는 원죄설 주장, '슐라이에르마허'(Friedrich Schleiermacher)는 인류의 총체적 행위와 총체적 죄책이 원죄라고 강조, '칼 바르트'(Karl Barth)는 원죄를 '인간이 언제나 어느새 죄로부터 나오면서 인간 자신이 전도(顚倒)되고 도착(倒錯)되어 죄를 범하는 것'으로 파악, '폴 틸리히'(P. Tillich)는 원죄를 '소외의 보편적 비극성'으로 인식, '피엘 쇼넨베르크'(Piet Schoonenberg)는 "인격이 상황에 처해있는 존재이기에 세상의 죄는 다시 인간 속에 있는 현실이 되는 것"을 원죄로 이해한다. Heinrich Ott, 『神學解題』, 177-79.
138) Wihelm Geerlings, *Augustinus*, 권진호 역, 『교부 어거스틴』(서울: 기독교문서선교회, 2013), 131.

인간은 자유의지가 없다면 올바르게 행동하지 못할 것이다. 그렇지만 하나님이 인간에게 자유의지를 준 것은 그 자유의지를 통해 범죄도 저지르게 하려고 준 것으로 믿어서는 안 된다. 자유의지 없이는 사람이 올바르게 살 수 없다는 사실 만으로도 그분이 왜 그것을 주셨어야 하는 충분한 이유가 된다. 만일 누가 범죄 하는데 자유의지를 이용한다면 하나님으로부터 징벌을 그에게 내리라는 것은 납득할 만하다...... 형벌에도 보상에도 정의가 있어야 마땅하리니 이 정의 또한 하나님으로부터 유래하는 선 가운데 하나이다. 그러므로 하나님은 인간에게 자유로운 의지를 주셨어야 했다.[139]

문제는 자유의지와 타락이다. 어거스틴에 따르면, 죄는 아무것에도 강요를 받지 않고 무엇을 버리거나 취하도록 하는 마음의 운동인 의지가 저급한 선을 선택할 때 생겨난다.[140] 어거스틴은 사람이 강요가 아니라 자발적으로 타락했는데, 타락한 인간은 하나님의 도움 없이 선을 행할 수 있는 자유를 상실했다고 탄식한다.[141] 이런 점에서 어거스틴은 "악의 근원이 하나님께서 행하신 만물의 창조의 필연적 결과가 아니라 자유의지의 선택의 결과"[142]임을 분명히 했다. '유지황'은 악과 관련한 자유의지에 대한 어거스틴의 신학적 탁견은 "하나님의 절대유일성과 선하심을 부정하고 의문시했던 마니교 이원론의 허구성을 밝혀주었다"[143]고 평가한다.

한편 어거스틴은 자유의지를 도와주는 은혜의 필요성을 호소한다. 질송에 따르면, 어거스틴에게 있어 은혜는 "타락한 본성의 상태에 있는 인간의 구원을 가능하게 하는 하나님의 자유로운 선물들의 총체"[144]이다.

---

139) *De libero arbitrio*, 2. 1. 3.
140) *De libero arbitrio*, 2. 3. 53.
141) *ENCHIRIDION*, 106.
142) *De libero arbitrio*, 3. 1. 3..
143) 유지황, 『어거스틴의 신학사상 이해-사랑과 영혼의 순례』 (서울: 땅에쓰신글씨, 2006), 48.
144) Etienne Gilson, *INTRODUCTION A L'ÉUDE DE SAINT AUGUSRIN*, 김태규 역, 『아우구스티누스 사상의 이해』 (서울: 성균관대학교출판부, 2011), 299.

어거스틴은 원죄로 인해 자유의지가 타락하여 죽음의 절망에 처한 인간이 살 수 있는 길은 구주 그리스도의 은혜를 믿는 믿음에 있다고 설파한다.

> 우리가 분명히 영혼으로나 육체로나 죽어있었다는 사실은 어느 그리스도 신자도 의심하지 않는다. 영혼으로 죽은 것은 죄 때문이고 육체로 죽은 것은 죄의 형벌 때문이며 그래서 몸으로도 '죄 때문에' 죽어 있다. 그래서 영혼과 육신에 의약(醫藥)과 부활이 소용되었으니, 그래야만 전보다 더 못하게 변질되어 있던 것이 더 좋게 쇄신될 수 있었다…… 그 쇄신은 "경건하지 아니한 자를 의롭다 하시는 이를 믿는" 신앙(롬 4:5)에 의해서 비롯하고, 선한 행위로 나날이 증대되고 보강되며, 내적 인간이 새롭게 된다. 그 대신 육신은 이 생명이 오래 가면 오래갈수록 나이로든 질병으로든 그밖에 다른 고생으로든 더욱 더 부패하며 모두가 마지막 고생에 이르기까지 부패해 간다.[145]

특히 어거스틴은 기독론적 신앙의 구원론을 피력하면서 대속하시는 그리스도의 보혈의 사랑을 확고하게 신뢰하며 증거 한다.

> 우리 죄를 사하기 위해 흘리신 그리스도의 보혈은 사실상 우리를 위한 속전으로 제시되었다. 마귀는 그것을 받음으로써 결박당하고 그로써 우리는 해방될 수 있었다.[146]

> 그리스도는 비록 죄가 없으셨으나 우리 죄를 말소하고 우리가 받을 형벌을 제하시기 위해서 우리가 받을 형벌을 대신 받으셨다. 이것은 내 추측이 아니라 사도 바울이 항상 강조했던 교훈이다. 그리스도는 우리 죄를 짊어지셨다. 그 뱀이 치명적인 계교로 우리를 던져 넣었던 그 죽음이 십자가에 달려 말살되었다.[147]

---

145) *De Trinit.*, 4. 3. 5.
146) *De Trinit.*, 13. 15. 19.
147) AURELIUS AUGUSTINUS, *CONTRA FAUSTUM MANICHAEUM*, trans. Richard Stothert, *REPLY TO FAUSTUS THE MANICHAEAN*, XIV. 7, *NPNF.* Vol. IV.

'권진호'에 따르면, 어거스틴이 인간의 구원을 논함에 있어 그리스도가 절대적으로 필요하다고 단정한 것은 "그리스도라야 아담을 능가하기 때문"이다. 어거스틴은 "아담을 통해 원죄가 인간에게로 왔고, 그리스도를 통해 인간은 이 원죄로부터 뿐만 아니라 모든 불법행위로부터 자유롭게 된다"고 선언한다.[148]

그런데 펠라기우스가 어거스틴의 원죄론과 자유의지론과 은혜론에 총체적으로 반기를 들어 소위 '펠라기우스 논쟁'(the Pelagian Controversy)이 벌어졌다. 펠라기우스는 인간의 본성을 지나치게 낙천적으로 본 나머지 인간은 하나님의 은혜보다 자신의 선한 행위로 구원에 이를 수 있다고 주장을 했다. '게랄드 보너'(Gerald Bonner)에 따르면, 펠라기우스의 주장은 다음의 여섯 가지로 압축된다. 첫째, 아담은 유한하게 창조되었다. 만일 아담이 죄를 범하지 않았다고 해도 그는 죽었을 것이다. 둘째, 아담의 죄는 그에게만 상처를 입힌 것이지, 인류 전체에 해당되는 것은 아니다. 셋째, 출생 당시 신생아는 마치 타락하기 이전의 아담의 상태와 같다. 넷째, 인류 전체는 아담의 죽음이나 죄 때문에 죽는 것이 아니고, 그리스도의 부활을 통해서 사는 것도 아니다. 다섯째, 율법은 인간을 하나님의 나라로 이끄는 데 있어 복음과 같은 효과를 지닌다. 여섯째, 그리스도가 오기 전에는 '죄 없는'(sinless) 인간이 있었다.[149]

질송은 "412년경에 시작한 반(反)펠라기우스 논쟁은 어거스틴에게 은혜의 필요성을 더욱 더 강력하게 강조하도록 용기를 주었다"고 평가하면서, 펠라기우스를 반대하는 어거스틴의 입장을 이렇게 정리한다.[150]

---

148) 권진호, 『성 어거스틴의 은총론 연구』 (서울: 기독교문서선교회, 2011), 151.
149) Gerald Bonner, *Augustine and Modern Research on Pelagianism* (Villanova: Villanova University Press, 1972), 320-21.
150) Etienne Gilson, 『중세 기독교 철학사(상)』, 121.

어거스틴은 은혜의 필요성에 대한 끝없는 반대에 대답하면서 본성과 자유의지의 권리를 강조할 이유가 없었다. 은혜는 하나님께서 인간의 자유의지에 허락하시는 도움이므로 도덕적 의를 이루기 위하여 은혜와 자유의지를 모두 사용한다. 만일 은혜가 자유의지를 파멸시키면, 은혜의 도움을 받아들일 것이 전혀 남지 않을 것이다. 그러므로 은혜의 효과는 자유의지를 억눌러서는 안 되고 자유의지가 그 목적을 달성하도록 돕는 것이다. 선한 목적을 위하여 선택 의지(free choice, *liberum arbitrium*)를 사용하는 이런 능력은 바로 자유(*libertas*)다. 악을 행할 수 있다는 것은 선택 의지에 대한 증거이다. 악을 행하지 않을 수 있다는 것도 선택 의지에 대한 증거다. 그러나 은혜로 악을 행할 수 없는 지점에 갇히는 것은 자유의 가장 높은 단계이다. 은혜로 완전히 힘을 얻은 사람은 가장 자유롭다. 즉 참된 자유는 그리스도를 섬기는 것이다...... 사람은 하나님께로부터 육신으로 돌아섬으로써 그 자유를 잃었다. 그러므로 사람은 육신으로부터 하나님께로 돌아섬으로써 그 자유를 다시 얻을 수 있다.

포시디우스의 기록에 의하면, 펠라기우스파는 "아주 교묘하고 해로운 화술로써 글을 쓰고, 공식석상에서나 개인의 집에서 할 수 있는 곳이라면 어디서든 이야기하는 노련한 논객이었고, 이 고약한 사람들이 사도좌(使徒座)마저 그들의 사악함으로 기울게 하려고 열심히 작당했으므로 아프리카 주교회의는 로마의 주교에게 공교회 신앙으로 이 이단을 물리치고 단죄해야한다"[151]고 절박하게 설득했다. 포시디우스에 의하면, 어거스틴은 그의 시대의 새로운 이단자인 펠라기우스파에 맞서서 "대략 10년 동안 수많은 책을 저술하고 교회에서 성도들을 상대로 자주 펠라기우스파 오류에 대해 설교하면서 수고를 많이 했다."[152]

'이석우'는 "어거스틴에게 있어 인간에게 믿도록 하는 하나님의 은혜

---

151) v. *Aug.*, 18. 1-2.
152) '이연학'과 '최원오'에 따르면, 어거스틴은 411년에 펠라기우스 논쟁에 뛰어든 이래 세상을 떠날 때 까지 펠라기우스를 붙들고 싸워야 했다. 어거스틴은 대략 10년 동안이 아니라 20년 가까이 이 논쟁에 매달렸다. 어거스틴이 펠라기우스에 맞서 저술한 작품은 오늘날까지 16종이 전해진다. v. *Aug.*, 각주 78-19번에서 재인용.

는 하나님의 의지라는 확신을 가지고 하나님이 믿도록 의지하는 자와 그렇지 않은 자가 있다는 예정론을 제기 한다"[153]고 평가한다. '피터 브라운'(Peter Brown)은 펠라기우스와의 논쟁을 통해 강화된 어거스틴 신학의 승리는 중세의 성격을 결정할 만큼 시대적 의미를 지녔다고 본다.[154] 그런데 빌헬름 게에를링스는 로마가톨릭교회가 어거스틴의 예정론을 결코 수용하지 않았고 절충적 펠라기우스주의(Semi-Pelagianism)관점으로 결정하였다고 비판하면서, 어거스틴이 교회에 중대한 유산을 남겼다고 평가한다.[155]

V. 나가는 말

"사람은 왜 죽는가"에 대한 어거스틴의 성찰은 무수한 지인들의 죽음을 접한 어거스틴의 인간적 고뇌 위에 성서를 기반으로 한 죽음의 문제를 숙고하는 사유의 귀결이다. 인간의 죽음과 관련하여, 어거스틴은 플라톤의 사상을 비롯한 제 철학적 사상을 일정부분 원용하고 피력한다는 점에서 인문학적이다. 동시에 어거스틴은 인간의 죽음을 죄의 삯이라는 성서적 사유에서 숙고하고 강화하며 확장하고 구축하는 신학적 특이점을 가진다.

어거스틴의 죽음관은 그의 회심을 전후하여 인문학적인 일반적 통념에 머무르지 않고 하나님의 은혜 안에서 죽음을 인식하는 성서적 신앙적 특성으로 변모한다. 특히 어거스틴은 그의 저서 곳곳에서 죽음에 직면하는 인간의 비참한 실상과 죽음의 두려움이 있음을 그대로 투사한다. 그

---

153) 이석우, 『아우구스티누스』 (서울: 민음사, 1995), 254.
154) Peter Brown, *Augustine of Hippo* (London: Faber & Faber, 1968), 367.
155) Wihelm Geerlings, 『교부 어거스틴』, 131.

렇지만 어거스틴은 그가 회심하기 전에 가졌던 죽음의 공포를 하나님의 은총인 그리스도 안에서 극복하는 신앙적 통전(通全)을 확신한다. 특히 어거스틴은 신학적으로 인간을 두려움의 절망에 처하게 하는 죽음의 원인이 인간 내면에 깊이 자리한 교만과 자유의지의 남용과 불순종으로 통칭되는 원죄라고 명료하게 지적한다. 곧 어거스틴은 사람이 죽는 직접적인 연유는 원죄에 있다면서, 교만과 불순종과 의지남용의 죄를 원죄의 주축 요인으로 지목한다.

결국 어거스틴은 아담의 후예로서 죽음이 주는 고통의 실존에 선다. 그렇지만 어거스틴은 하나님의 자녀로서 교만과 의지의 남용과 불순종의 죄인 원죄의 치명성을 고발한다. 동시에 하나님의 은혜이신 예수 그리스도의 구원의 은총을 갈망하는 신학적 해제를 궁구한다. 그리하여 어거스틴은 인간의 구원이 인간 그 자신에게 의존되는 것이 아니라 하나님의 은혜의 축복임을 일깨운다.

"사람은 왜 죽는가?" 어거스틴은 인간의 근저에 뿌리박혀 있는 죄의 심각성과 그 죄가 불러오는 치명적 결과인 죽음의 방증에 기반 하여, 사람은 죄 때문에 죽는다고 담담히 답한다. 더불어서 어거스틴은 죄로 인한 죽음의 절망을 치열하게 성찰하면서 오직 하나님의 은총이신 예수 그리스도 구원의 은혜를 믿는 믿음으로 육신의 죽음을 넘어 영원한 죽음을 극복하는 성서적 진리의 확실성을 확증하고 영생의 비전을 강화한다. 결과적으로 죽음에 이르게 하는 인간의 원죄에 대한 어거스틴의 숙고는 바울의 성서적 신학사상에 굳게 서서 비성경적 사상으로부터 공교회의 신앙을 보호하고 예수 그리스도 구원의 은총의 신학을 적극적으로 개진하는 계기가 된다. 이런 점에서 볼 때, "사람은 왜 죽는가"에 대한 어거스틴의 성찰은 기독교적 죽음학(thanatology)과 천국학(heavenoloy)의 기축토대이자 기독론적 은혜론의 원초적 배경으로 자리매김한다.

참고문헌

NPNF. SCHAFF, PHILIP. ED. *A SELECT LIBRARY OF THE NICENE AND POST-NICENE FATHERS OF THE CHRISTIAN CHURCH.* GRAND RAPIDS: WM. B. EERDMANS PUB. CO., 1993.

Augustinus, Aurelius. *Confessions.* 선한용 역.『성 어거스틴의 고백록』. 서울: 대한기독교서회, 1990.

_____. *CONTRA FAUSTUM MANICHAEUM.* trans. Richard Stothert. *REPLY TO FAUSTUS THE MANICHAEAN. NPNF.* Vol. IV.

_____. *ON THE MORALS OF THE CATHOLIC CHURCH. NPNF.* Vol. IV.

_____. *DE CIVITATE DEI.* 성염 역.『신국론』. 왜관, 분도출판사, 2004.

_____. *De libero arbitrio.* 성염 역주.『자유의지론』. 왜관: 분도출판사, 1998.

_____. *DE IMMORTALITATE ANIMAE.* 성염 역주.『영혼 불멸』. 왜관: 분도출판사, 2018.

_____. *De Moribus Ecclesiae Catholicae.* trans. Richard Stothert. *ON THE MORALS OF THE CATHOLIC CHURCH. NPNF.* Vol. IV.

_____. *DE VERA RELIGIONE.* 성염 역.『참된 종교』. 왜관: 분도출판사, 1989.

_____. *Enchiridion ad Laurentium de fide, spe, charitate.* trans. J. F. SHAW, *THE ENCHIRIDION, ADDRESSED TO LAURENTIUS: BEING A TREATISE ON FAITH, HOPE AND LOVE. NPNF.* Vol. III.

_____. *IN EPISTOLAM IOANNIS AD PARTHOS TRACTATUS.* 최익철 역.『요한 서간 강해』. 왜관: 분도출판사, 2012.

_____. *LETTERS OF ST. AUGUSTINE. NPNF.* Vol. I.

_____. *OF TRUE RELIGION,* trans. JOHN H. S. BURLEIGH, *AUGUSTINE: EARLIER WRITINGS, Library of Christian Classics,* Vol. VI. Philadelphia: The Westminster Press, 1953.

_____. *ON FREE WILL*, trans. JOHN H. S. BURLEIGH, *AUGUSTINE: EARLIER WRITINGS, Library of Christian Classics*, Vol. VI. Philadelphia: The Westminster Press, 1953.

_____. *Retractationes.* trans., Boniface Ramsey. *Revisions* Vol. 2. *The Works of Saint Augustine: A Translation for the 21st Century.* New York: New City Press, 2010.

_____. *THE CITY OF GOD. NPNF.* VOL. II.

_____. *THE SOLILOQUIES.* trans. John H. S. Burleigh, *AUGUSTINE: EARLIER WRITINGS, Library of Christian Classics*, Vol. VI. Philadelphia: The Westminster Press, 1953.

권석우. "성, 여성, 죽음—유대기독교문화에 나타난 뱀과 이브에 대한 논의를 중심으로." 「인문언어」 제11권(1)(2009), 149-73.

권진호. 『성 어거스틴의 은총론 연구』. 서울: 기독교문서선교회, 2011.

김균진. 『基督教組織新學 II』. 서울: 연세대학교출판부, 1989.

명형진. "천년왕국설의 신학사적 고찰-고대 그리스도교의 종말 사상을 중심으로." 「가톨릭 신학」 제33호 (2018), 79~120.

문시영. "아우구스티누스와 '죽음의 두려움'(timor mortis)-죽음의 윤리학적 성찰." 「대학과 선교」 제40집 (2019), 161-190.

박용규. 『초대교회사』. 서울: 총신대학출판부, 1994.

변종찬. "죽음의 공포에 대한 아우구스티누스의 이해." 「가톨릭신학과사상」 제68호 (2011), 219~259.

양명수. "그리스도교에서 본 삶과 죽음." 「民族文化論叢」 제58집 (2014), 321-342.

유지황. 『어거스틴의 신학사상 이해-사랑과 영혼의 순례』. 서울: 땅에쓰신글씨, 2006.

이장식. 『젊은 어거스틴』. 서울: 종로서적, 1993.

장재호. "원죄와 죽음의 문제-아우구스티누스와 토마스 아퀴나스를 중심으로." 「대학과 선교」 제39집 (2019), 223-262.

황명환. 『죽음 인문학-인류는 죽음을 어떻게 이해해 왔는가?』. 서울: 두란노, 2019.

황명환 외.『제1회 이폴연구소 죽음논문집-과학은 죽음을 극복할 수 있는가?』. 서울: 이폴출판사, 2019.

_____.『제2회 이폴연구소 죽음논문집-우리는 왜 죽음을 두려워하는가?』. 서울: 이폴출판사, 2021.

_____.『제3회 이폴연구소 죽음논문집-죽음교육의 필요성과 그 방법에 관하여』. 서울: 이폴출판사, 2021.

Geerlings, Wihelm. *Augustinus*. 권진호 역.『교부 어거스틴』. 서울: 기독교문서선교회, 2013.

Gilson, Etienne. *HISTORY of Christian Philosophy in the Middle Ages*. 김기찬 역. 『중세 기독교 철학사(상)』. 서울: 크리스챤 다이제스트, 1994.

_____. *INTRODUCTION A L'ÉUDE DE SAINT AUGUSRIN*. 김태규 역. 『아우구스티누스 사상의 이해』. 서울: 성균관대학교출판부, 2011.

Hirschberger, Johannes. *Geschichte Der Philosophie*. 강성위 역. 『서양철학사(상)』. 대구: 이문출판사, 1995.

Lohse, Bernhard. *A Short History of Christian Doctrine*. 차종순 역.『基督教 教理의 歷史』. 서울: 목양사, 1986.

Ott, Heinrich. *Die Antwort Des Glaubens*. 김광식 역.『神學解題』. 서울: 한국신학연구소 출판부, 1981.

PLATON. *NOMOI*. 김남두 등 역.『플라톤의 법률2』. 파주: 나남, 2018.

Possidius. *Vita Augustini*. 이연학, 최원호 역주.『아우구스티누스의 생애』. 왜관: 분도출판사, 2009.

Niebuhr, Reinhold. *The Nature and Destiny of Man*. 오희천 역.『인간의 본성과 운명I』. 서울: 종문화사, 2013.

Roberts, David E. "초기 저술들." ed., ROY W. BATTENHOUSE. *A Companion to the Study of ST. AUGUSTINE*, 현재규 역.『아우구스티누스 연구핸드북』. 서울: 크리스챤 다이제스트, 1994.

Bonner, Gerald. *Augustine and Modern Research on Pelagianism*. Villanova:

Villanova University Press, 1972.

Brown, Peter. *Augustine of Hippo*. London: Faber & Faber, 1968.

Clark, Mary T. "Augustinian Spirituality." *AUGUSTINIAN STUDIES* 15 (1984): 83-92.

Kirwan, Christopher. *Augustine*(Arguments of the Philosophers). New York: Routledge, 1989.

Irenaeus. *Against Heresies. THE ANTE-NICENE FATHERS*. Vol. I. GRAND RAPIDS: WM. B. EERDMANS PUB. CO., 1985.

Mourant, J. *Augustine on Immortality*. Villanova: Villanova University Press, 1969.

O'CONNELL, ROBERT J. *SOUNDINGS in ST. AUGUSTINE'S IMAGINATION*. New York: Fordham University Press, 1994.

PLOTINUS. *THE ENNEADS*. trans. STEPHEN MacKENNA. New York: Penguin Books, 1991.

Possidius. *Santi Augustini Vita*, trans. Herbert T. Weiskotten. *The Life of Saint Augustine. CHRISTIAN ROMAN EMPIRE SERIES*. Vol. 6. Merchantville: Evolution Pub., 2008.

Straw, Carole. "Timor mortis." ed. Allan D. Fitzgerald. *Augustine through the Ages: AN ENCYCLOPEDIA*. Grand Rapids: Wm. B. Eerdmans Pub. Co., 1999.

<Abstract>

Augustine's Reflection on "Why Do People Die"

Kyu Chul Lee
(Ph. D.)

This study examines Augustine's theological reflection on "Why do people die." Augustine reflects on the problem of death based on the Bible on top of the human agony of witnessing the deaths of countless acquaintances. Augustine's research has a theological singularity that strengthens, expands, and builds the biblical thought that death is the wages of sin, based on the humanistic understanding that uses and expresses the thoughts of several philosophers, including Plato, in relation to death.

Augustine clearly points out that death, which puts human beings in fear and despair, is the original sin, which is collectively called pride and the abuse of free will and disobedience deep within human beings.

As a descendant of Adam, Augustine stands in the existence of the pain of death. However, Augustine, as a child of God, denounces the fatality of original sin, which is the sin of pride, abuse of the will, and disobedience. At the same time, Augustine seeks the theological release of longing for the saving grace of Jesus Christ, the grace of God.

| Keywords |

Augustine, Death, The Original Sin, Free Will, Grace

 특별기고 ①

팬데믹 장기화 속에 악화하는 고독사 실태와 예방 대책에 대한 논의
- 위태로운 청년세대의 삶과 죽음을 중심으로-

곽혜원 *
(21세기 교회와 신학포럼 대표)

[국문 초록]

고독사 및 무연사는 우리가 살아가는 이 시대의 불행한 죽음을 극단적 형태로 드러내는 죽음이다. 고독사는 곁에 돌봐주는 사람 하나 없이 혼자 살다가 쓸쓸히 죽음을 맞이한 후에 시간이 한참 지나 부패한 주검으로 발견되는 죽음이다. '고독사', 모든 인간관계가 끊긴 상태에서 홀로 죽어 시신을 거두어줄 사람조차 없는 죽음인 '무연사', 이는 가족을 비롯한 사회적 관계망이 모두 해체된 사회에서 연을 잃어버린 사람들이 겪는 참담한 사회현상이다.

고독사 및 무연사는 본래 일본에서 통용되는 단어로서, 10여 년 전 일본의 단카이 세대가 겪는 문제에 대한 우려가 나오면서 널리 사용되기 시작하였다.

---

*논문 투고일: 2022년 3월 4일   *논문 수정일: 2024년 1월 20일
*게재 확정일: 2024년 3월 20일

* 이화여대 사회학과를 졸업했고 한세대와 장로회신학대학원에서 신학을 공부했으며 독일 튀빙엔(Tübingen) 대학에서 조직신학 박사학위(Dr. theol.)를 받았다. 현재 경기대학교 교양학부 초빙교수이며 〈21세기교회와신학포럼〉 대표이다. 단독저서로는 *Das Todesverständnis der koreanischen Kultur*(한국 문화의 죽음 이해), 『현대세계의 위기와 하나님의 나라』, 『삼위일체론 전통과 실천적 삶』(문화체육관광부 우수학술도서), 『자살문제, 어떻게 할 것인가』, 『존엄한 삶, 존엄한 죽음』(한국출판문화진흥원 우수저작)을 발표했으며, 공저로는 『제2종교개혁이 필요한 한국교회』, 『관계 속에 계신 삼위일체 하나님』, 『죽음 목회』, 『과학은 죽음을 극복할 수 있는가』, 『우리는 죽음을 왜 두려워하는가』, 『죽음교육의 필요성과 그 방법에 관하여』, 『젠더 이데올로기 심층 연구』, 『유토피아니즘과 하나님의 나라』, 『퀴어 신학이 왜 문제인가』, 『세속적 인간화와 성경적 새 사람』, 『죽음의 시대를 넘어 생명 신학』, 『여성과 젠더』(근간)가 있다. 위르겐 몰트만(J. Moltmann)의 저서들 『절망의 끝에 숨어있는 새로운 시작』, 『세계 속에 있는 하나님』, 『하나님의 이름은 정의이다』, 『희망의 윤리』를 번역하였다.

당시에 대한민국에서 고독사는 지금 당장 우려되는 문제가 아니라는 예단이 지배적이었지만, 이것은 잘못된 판단이었다. 왜냐하면 우리나라에서도 고독사 문제는 이미 더는 방치할 수 없는 단계에 들어섰을 뿐만 아니라, 인구 대비로 볼 때 일본과 다를 바 없는 매우 심각한 사안이기 때문이다.

또한 고독사 문제가 주로 연로한 홀몸노인의 문제일 거라는 예상이 지배적이었지만, 중장년층에서 급속히 확산하기 때문이다. 사실상 고독사에는 우리 사회의 모든 문제가 총체적으로 집약되어 있다. 무엇보다 참담한 현실은 COVID-19 팬데믹 장기화 속에 취업에 실패하고 사회적으로도 고립된 삶을 살다가 홀로 생을 마감하는 청년 고독생(孤獨生)·고독사(孤獨死)가 급증하는 가운데 '자살 고독사'(고독사로 발견되는 자살)로 사망하는 청년들이 크게 늘어나는 추세이다.

이러한 문제의식에서 출발하는 본 논문은 혼자 고립되어 살다가 아무도 모르게 홀로 죽음을 맞이한 이의 시신을 제때 거두어줄 사람조차 없는 고독사가 청년세대에서 급증하는 비정한 현실, 고독사를 둘러싼 불편한 진실, 곧 가정해체와 사회 양극화, 여기에 인맥 양극화가 긴밀한 상관관계를 이룬 외톨이 빈공층이 고독사를 당하는 상황, 그리고 고독사를 사전에 예방하고 사후에 대처하기 위한 한국 사회와 한국 교회의 과제를 논하고자 한다.

| 주제어 |
고독사, 무연사회, 가족해체, 사회 양극화, 인맥(인간관계) 양극화

1. 문제 제기: 팬데믹 장기화 속에 무너지는 대한민국의 미래

　제4차 산업혁명의 초(超)연결 시대 속에서 인공지능(AI)이 주도하는 인류문명의 대전환을 논하던 2020년, 지구촌은 사상 초유의 COVID-19 팬데믹(pandemic) 블랙홀에 빠지게 되었다. 인류역사상 가장 풍요로운 물질문명과 최첨단의 과학기술, 최고의 의학기술을 자랑하는 이 시대가 미증유의 위기에 봉착한 것이다. 앞으로도 팬데믹은 정치·경제·사회·문화적으로 전대미문의 충격을 거듭할 가능성이 크다는 발표들이 잇따르면서 바이러스와의 전쟁에서 인류문명의 승리는 매우 불확실한 상황이다. 이제 21세기가 문명사적으로 변곡점을 맞이할 거라는 사실엔 이론의 여지가 없다. 팬데믹과 함께 역사의 변곡점이 21세기에 도래함으로써, COVID-19는 인류역사에 근본적 영향을 미치는 매개변수이자 결정요인이 될 것이다. 바야흐로 'COVID-19 체제'의 원년인 2020년 이후 완전히 다른 세상이 도래함으로써, 이전의 세상으로 되돌아갈 수 없는 이른바 '뉴 노멀'(new normal: 새 기준 또는 표준) 시대가 열리게 된 것이다.

　COVID-19 사태 초기 가장 먼저 대두되었던 문제는 이전과 확연히 달라진 상장례(喪葬禮)와 인간의 존엄성 훼손 문제였다. 인종과 문화는 달라도 고인과 작별하는 상장례는 마땅히 예법을 갖추기 마련인데, 팬데믹으로 인해 장례식을 생략하고 주검을 마치 폐기물처럼 처리하는 가공할 만한 현실에 맞닥뜨렸기 때문이다. 중국에서는 장례도 못 치른 채 비닐에 쌓인 시신을 화물트럭에 실어나르는 것을 은폐했었고, 인도의 인부들은 시체를 구덩이에 내팽개쳤다는 보도가 나오기도 했었다. 심지어 GDP

1위 초강대국 미국에서조차 시신을 무인도에 집단 매장했으며, 이탈리아의 한 병원에서는 화장실에 방치했다는 믿기 힘든 이야기들이 쏟아져 나왔었다. 이것은 비단 다른 나라들만의 문제가 아니어서 우리나라에서도 한때 사망자 급증에 따라, 시신이 상온에서 훼손되거나 창고에 관을 쌓아두거나 냉장고에 몇 구씩 겹쳐 넣는 일도 발생하였다. 그러므로 "죽음을 앞둔 코로나 환자들이 가장 먼저 잃게 될 것은 존엄성이다."라는 말이 공공연히 거론되는 상황 속에서 "환자가 어디에서 사망하든 존엄성만큼은 바이러스에 잠식당해선 안 된다."[1]라며 인간의 존엄성에 경각심을 갖는 움직임이 일기도 했다.

그러나 팬데믹 사태가 장기화하면서 더욱 심각한 양상으로 치닫는 문제는, 최악의 경제위기 속에 갈수록 악화하는 사회 양극화와 사회 약자들의 생존기반 붕괴이다. 팬데믹으로 인해 빈부격차가 그 어느 때보다 극심해지면서 사회적 취약계층이 생존의 위기에 내몰리는 것은 전 세계적으로 심각한 현안이다. 팬데믹은 전 세계를 한꺼번에 급습했지만, 그 충격은 결코 공평하지 않아서 가장 먼저 취약한 계층을 강타하고 나서 기존의 빈부격차를 극대화시킨 것이다.[2] 우리나라에서도 팬데믹은 종래 심각했던 사회 양극화 악화와 사회 약자의 양산 문제를 더욱 위중한 위기 국면으로 몰아가고 있다. COVID-19가 우리 삶을 점령한 지 2년을 넘기면서, 그렇지 않아도 경기 불황에다 팬데믹 여파로 자살 동향 데이터가 심상찮은 위기 국면을 드러내고 있다. 현재 많은 국민이 깊은 절망의 수렁에 빠져있거나, 생존의 벼랑 끝에서 극단적 선택을 하고 있다.

무엇보다 매우 안타까운 문제는 청년세대가 불투명한 장래에 대한 좌

---

1) 2020년 9월 캐나다 매니토바대학이 발표한 의학저널의 첫 문장.
2) 곽혜원, "사회적 소외자 대책과 한국 기독교의 사회적 과제(부제: 글로벌 팬데믹 속에 악화하는 사회 양극화에 대한 대처방안 논의)", 「개혁주의 이론과 실천」 제22호(2022.02), 67ff.

절감 속에 희망을 상실한 현실이다. 대한민국이 팬데믹 극복에 총력을 기울이는 동안, 다른 한쪽에서는 대한민국의 미래가 무너지고 있다는 우려의 목소리가 높다. 종전에도 높았던 실업률에 팬데믹 상황까지 겹치면서 취업에 실패하고 사회적으로도 고립된 많은 청년이 홀로 아무도 모르게 생을 마감하는 청년 고독사가 나날이 증가하고 있기 때문이다. 과거에는 고령층에게만 있을법한 일로 생각되었지만, 이제는 청장년의 고독사가 그리 낯설지 않게 된 것이다. 고독사한 청년들의 방에는 노인들의 고독사 현장과는 약간 다른 모습이 엿보이는데, 결정적 차이점은 바로 방에서 빼곡히 발견된 꿈을 향한 열정이 처절하게 좌절된 흔적이다.[3] 사그라진 청춘이 쥐 죽은 듯 웅크리고 누워 있는 고독사 현장에는 책장 한켠에 꽂힌 각종 토익 공부 책과 자격증 서적들, '나는 할 수 있다' 반듯하게 붙어 있는 포스트잇, 면접과 시험 스케줄이 성실하게 적힌 철 지난 탁상 달력 그리고 치열한 구직활동을 위해 작성한 수십, 수백 통의 이력서들이 원룸이나 고시원 방안을 가득 채운 경우가 많다고 전해진다.[4]

더욱 안타까운 현실은 고독사로 사망한 다수 청년들이 자살로 생을 마감한 지 한참 지나 부패한 주검으로 발견되는 비극이다. 통계청 발표에 따르면, 최근 '자살 고독사'(고독사로 발견되는 자살)로 사망하는 2030 청년들이 크게 늘어나는 추세이다.[5] 2019년 기준 연령대별 고독사 중 자살률은 30대(34.1퍼센트)가 가장 높았으며, 20대(27.8퍼센트)가 그 뒤를 이었다. 2020년은 30대가 41.2퍼센트, 20대가 40.9퍼센트로 1년 사이 청년세대의 자살

---

[3] 고독사 현장을 청소하는 특수청소업체 관계자의 증언에 따르면, "혼자 살다 세상을 떠난 젊은이들의 방을 청소해 보면 노인들의 고독사와는 약간 다른 모습인데, 이력서 등 구직을 했던 흔적이 종종 발견되기도 한다", "여기저기 계속 이력서만 내고 다니느라고...빈 이력서 아직 안 쓴 거 그것도 있고 그래서 그런 게 합쳐져서 150장 정도"라고 한다.
[4] "낡은 세간살이 대신 이력서 … 노인과 다른 '청년 고독사'", 「한겨레」, (2019.12.21)
[5] 2030 청년들의 고독사는 절반 가량이 자살로 밝혀짐으로써, 다른 연령층에 비해 자살 고독사 비율이 매우 높은 편이다.

고독사가 큰 폭으로 증가했음을 확인할 수 있다.[6] 청년들의 고독사는 절반가량이 자살로 밝혀짐으로써, 다른 연령층에 비해 매우 높은 고독사 자살률을 기록한다. 미래를 향해 한창 전진해야 할 청년세대의 사망원인의 제1순위가 자살인 점도 이미 우리 사회의 암울한 단면을 보여준다.[7] 이런 연유에서 필자는 자살과 고독사를 함께 조망하면서 연구했는데, 고독사 사망자의 상당수가 자살로 목숨을 잃음으로 양자가 긴밀한 상관관계에 놓여있을 뿐만 아니라, 자살을 유발하는 원인과 고독사 발생원인 또한 상당수 중첩되기 때문이다.

사실 국가의 미래를 책임질, '밀레니얼(Millennial)-Z세대'로 일컬어지는 2030세대는 초연결성(hyper-connectivity)과 초지능화(super-intelligence)를 특징으로 하는 제4차 산업혁명의 중심세대, 정보기술(IT)에 정통한 디지털 신(新)인류로 지칭되는 세대, 인공지능 네이티브(AI-native) 제1세대, 모바일 시대의 주역으로서 스마트폰 정보혁명을 선도하는 세대, 역사상 최고의 스펙(specification)을 쌓은 인재 집단, 대한민국이 사회·경제·문화적으로 가장 융성한 시대를 살아가는 세대이다. 이들은 다문화적이고 글로벌화를 추구하며 외국어에 능통한 세대, 공정성과 투명성에 민감하여 이를 사회문제로 제기하는 세대. 최신 트렌드와 남과 다른 이색적 경험을 추구하는 세대. 기성세대와는 확연히 차별화되어 형식에 얽매이지 않으려는 세대, 개인적 워라벨(work life balance, 일과 삶의 균형)에 관심을 기울이는 세대이기도 하다.

---

[6] 최혜영 더불어민주당 의원실에 의하면, 전국 17개 광역지자체가 집계한 10~30대 무연고 사망 사례는 2017년 63건에서 2020년 100건으로 늘었다. 무연고 사망으로 처리되지 않는 고독사도 많기 때문에 실제 고독사하는 청년은 더 많을 것으로 추정된다. 서울시 관계자는 "고독사 통계가 정확하지 않다"며 "그동안 고독사에 대해 경찰과 자치구 사이 소통이 없어 집계가 원활하지 못했다"고 설명하였다. 고독사 현장을 청소하는 특수청소업체들도 생활고에 따른 청년 고독사는 계속 증가 추세라고 강조한다. 이들에 따르면 청년들이 극단적 선택을 한 장소에서는 '힘들다'는 내용의 메모장, 다량의 복권, 취업 준비 관련 서적들이 자주 발견된다.
[7] 20대의 경우, 자살은 2000년부터 2002년까지 사망원인 2순위였으나, 2003년부터 현재까지 1순위를 기록하고 있다. 30대는 2000년과 2001년 3순위였지만, 2002년 2순위로 올라서고 2003년 이래로 부동 1순위를 유지하고 있다.

그럼에도 불구하고 청년세대는 글로벌 경제위기 이후에 사회에 진출하여 최악의 경기 불황으로 인해 신(新)빈곤층으로 전락한 세대, 절대다수가 실직 상태이거나 비정규직으로 고용된 '일하는 빈곤층'(working poor),[8] 미래에 대한 두려움과 사회에 대한 불안감을 표출하는 세대, 기성세대에 대한 상대적 박탈감과 기존체제에 강한 불신감을 갖는 세대, 경제성장이 멈춘 시대에 살면서 스스로 '헬조선'(hell+朝鮮)을 살아간다고 자조적으로 말하는 세대, 지구상에서 '가장 우울한 계층'(a most melancholy class)으로 거론되고 있다. 많은 청년이 매일처럼 이력서를 쓰지만, 갈수록 좁아지는 취업문에 절망하고 있다. 치열하게 살아보려고 노력하지만, 출구가 보이지 않는 현실 속에 벼랑 끝까지 몰려있다. 일자리를 구하다 지쳐 '어찌됐든 이제 일은 하지 않을 것'이라는 청년 NEET('그냥 쉰다'는 사람들)족이 늘어나는 한편으로, 비정한 현실에 스스로를 가둬버리는 '은둔형 외톨이'가 되어가고 있다. 설상가상으로 청년세대는 사상 초유의 COVID-19 팬데믹 사태를 만나 골이 깊어진 사회 양극화 속에서 소득과 자산 격차를 금융투자로 만회하려고 고군분투하지만, 오히려 소득과 자산 가치가 더욱 무너지고 삶과 미래마저 무너져가는 세대로 우려되기도 한다.

이러한 문제의식에서 출발하는 본 논문은 혼자 고립되어 살다가 아무도 모르게 홀로 죽음을 맞이한 이의 시신을 제때 거두어줄 사람조차 없는 고독사가 청년세대에서 급증하는 비정한 현실, 그럼에도 불구하고 고독사에 대한 정확한 공식 통계 및 실태 파악이 이루어지지 않은 문제의 심각성, 고독사를 둘러싼 불편한 진실, 곧 가정해체와 사회 양극화, 여기에 인맥 양극화가 긴밀한 상관관계를 이룬 외톨이 빈공층이 고독사를 당하는 상황, 그리고 고독사를 사전에 예방하기 위한 대처 방안과 한국

---

[8] 일자리를 갖고 있지만 정상적 생계유지가 곤란할 정도로 소득이 낮은 사람들을 지칭한다.

교회의 과제에 대해 생각해 보고자 한다.

2. 고독사의 정확한 공식 통계 및 명확한 개념 정립의 중요성

주지하듯이, 고독사는 이 시대의 불행한 죽음을 극단적 형태로 드러내는 죽음이다. 곁에 돌봐주는 사람 하나 없이 혼자 살다가 자살이나 지병 등으로 쓸쓸히 죽음을 맞이한 후 시간이 한참 지나 부패한 주검으로 발견되는 '고독사'(孤獨死), 고독사와 함께 모든 연(緣)을 잃어버리고 사회적 관계망도 단절된 사람들이 겪는 '무연사'(無緣死)도 참담한 사회현상이다. 연이란 사람과의 관계이자 네트워크인데, 고독과 함께 무연은 그 연이 끊어진 상태, 주변에 의지할 사람 하나 없는 고립무원(孤立無援)의 처지를 뜻한다. 특별히 무연사란 고독사보다 더 불행한 죽음으로서, 타인과 인연을 맺지 못할 뿐만 아니라 맺지 않으려는 '무연사회'(無緣社會)가 전제된 개념이다. 무연사를 당하는 이들은 가족, 친척, 고향 등과 연을 끊고 지역사회와의 교류도 잃어버림으로써, 곧 혈연(血緣), 지연(地緣), 사연(事緣) 등 모든 인맥을 상실한 사람들인 것이다.[9]

위에서 제시한 고독사 및 무연사 개념은 주로 일본에서 통용되는 개념이다. 본래 일본에서 유래한 두 용어는 단카이 세대(제2차 세계대전 직후 태어난 베이비붐 세대를 지칭)가 겪는 현실에 대한 우려가 나오면서 널리 사용되기 시작하였다. 고독사 및 무연사에 대한 법적 정의는 불명확하지만, 1970년대 일본에서 핵가족화가 진행되면서 사망한 홀몸노인이 상당 시간 후 발

---

9) 곽혜원, 『존엄한 삶, 존엄한 죽음』(서울: 새물결플러스, 2014), 347f.

견된 사건의 보도로 처음 등장하였다. 그러다가 1995년 한신(阪神) 대지진 발생 몇 달 후부터 임대주택에서 혼자 살던 재난 피해자들 사이에서 '나 홀로 죽음'(こどくし)[10]을 맞는 사례가 발생하였다. 하지만 가족 및 친척과 떨어져 혼자 사는 저소득층 고령자들이 많았기 때문에 그 당시 심각한 사회문제로 여겨지지 않았다가, 이후 각처에서 고독사 사례가 급증하면서 일본 사회의 큰 사회문제로 대두되었다. 특별히 2010년 일본 NHK 방송의 무연사회 프로젝트팀이 제작한 '무연사회'[11] 특집은 일본 전역의 지자체에서 공공 비용으로 장례를 치러준 시신이 전국적으로 매년 32,000여 구에 이른다고 보도함으로써 사태의 위중함을 폭로하였다.

그런데 10여년 전만 해도 대한민국에서 고독사는 지금 당장이 아닌, 향후에 우려될 문제라는 예단이 지배적이었다. 필자 역시 고독사 문제를 심층적으로 연구하기 전에는 우리나라의 상황이 일본의 현실보다는 훨씬 양호할 거라고 추정했었다.[12] 하지만 이것은 완전히 오판이었는데, 왜냐하면 우리나라에서도 고독사 문제가 이미 더는 방치할 수 없는 단계에 들어섰을 뿐만 아니라, 인구 대비로 볼 때 일본과 다를 바 없는 매우 심각한 사안이기 때문이다. 즉 우리보다 앞서 고독사가 사회문제화된 일본의 일이 우리나라에서도 촉각을 곤두세우게 하는 사회적 이슈가 된 것이다. 또한 고독사 문제가 주로 홀몸노인의 문제일 거라는 예상이 지배적이었지만, 현실은 예상과 달랐다. 왜냐하면 한때 쪽방 홀몸노인의 일로만 여

---

10) 영어권에서도 고독사를 뜻하는 일본어 '코도쿠시(こどくし)'를 번역하지 않고 발음 그대로 'kodokushi'라고 표기한다.
11) '무연사회' 특집 방송의 내용은 단행본(NHK 무연사회프로젝트팀/김범수 옮김, 『무연사회』)으로 발간되기도 했다. 이 방송이 방영된 후 일본 내에서는 자신도 무연 처지로 전락할지 모른다는 공포감이 확산됨으로써, 무연 공포는 세대와 빈부를 뛰어넘는 이슈가 되었다. 그뿐만 아니라 이 방송은 한국이 일본보다 출산율이 더 낮고 미혼 및 만혼 추세가 확산하고 있어 일본과 처한 상황이 크게 다르지 않다고 경고함으로써 우리나라에도 커다란 충격을 주었다.
12) 곽혜원, 『존엄한 삶, 존엄한 죽음』, 355.

겨져 왔던 고독사가 중장년층을 넘어 이제는 청년층으로 급속히 확산하고 있기 때문이다.

우리나라에서도 일본에 이어 고독사 문제가 위중한 사회문제로 비화되었음에도 불구하고, 이에 대한 본격적 논의가 시작된 지 채 그리 오래되지 않는다. 더욱이 한 해 평균 고독사가 얼마나 발생하는지에 대한 정부의 공식적 통계가 2022년 12월에야 발표된 데다 고독사에 대한 명확한 개념도 정립된 지 얼마 되지 않는 상태이다. 통계청은 매년 '사망원인통계'를 발표했지만, 여기에는 단지 의사가 사망 진단서에 기록한 사망원인만으로 통계가 집계되었다. 물론 고독사 공식 통계가 없는 것은 고독사의 정의와 사망 후 발견 시점을 24시간 혹은 48시간으로 할지 등이 여전히 논란의 대상이기 때문이다. 사실 아무도 지켜보지 않은 가운데 숨진 고인의 사망 시점을 정확히 추산하기 쉽지 않기도 하지만, 발견 시점보다는 고인의 사망 전 행적, 이를테면 생전의 고독한 삶(고독생)을 살펴보는 게 더 중요하다고 전문가들은 입을 모은다.[13]

시신을 인계하는 이가 없어 죽음 뒤 쓸쓸하게 홀로 남겨지는 '무연고 사망'도 매년 증가추세이다.[14] 사실 고독사는 사망 시점에서 홀로 죽는 것이고, 무연고사는 장례 시점에서 시신을 인도받을 이가 없는(유가족이 시신 인수를 거부하는) 죽음으로 개념이 좀 다르다고 볼 수도 있다. 고독사 후 가족에게 연락이 닿아 시신을 인계하는 경우도 있지만, 주검 인도를 거부당해 무연고사로 처리되어 지방자치단체가 장례와 유품 정리 등을 대행하는 경우가 훨씬 더 많다. 장사법상 배우자, 자녀, 부모 순으로 장례 결정권이 있는데, 장례 비용과 가족관계 단절 등으로 주검 인수를 포기하면 애도

---

13) "고독사 … 인연이 끊긴 사회: 더불어 사는 사회를 위해", 5회, 「국제신문」(2013.12.17).
14) 서일준 국회의원(거제·국민의힘)이 보건복지부로부터 제출받은 자료에 따르면, 지난 2012년 이후 2021년까지 전국의 무연고 사망자는 2만393명으로 10년 사이 3배 증가했는데, 무연고 사망자 10명 중 7명이 기초생활수급자로 나타났다.

없이 그냥 '처리'되는 것이다. 고독사의 한 유형인 무연고사는 행정기관이 아니면 시신마저 수습할 수 없는 처지에 놓인다는 점에서 매우 안타까운 죽음이라 아니할 수 없다.

고독사에 대한 정부의 정확한 공식 통계가 여전히 미흡한 상황 속에서 단순히 지자체에서 장례를 치러준 무연고 사망자 수치와 홀몸노인 중 위험군을 추정해 발표한 것이 현재로서는 전부라고 볼 수 있다. 그동안 언론에서 보도한 통계자료들은 지자체가 발표한 무연고 사망자 수치이거나, 홀몸노인 수를 잠재적 고독사 군으로 추정해 인용한 것이었다. 엄밀히 말해, 대한민국의 고독사 통계는 무연고 사망자 통계를 통해 고독사 규모를 대략 가늠하는 정도이다. 우리나라는 고독사의 정확한 통계가 아직도 부족하기에, 무연고 사망자 통계를 통해 고독사 통계를 대신하는 상황이기 때문이다. 이로 보건대, 여전히 우리나라에서 이 문제에 대해 올바른 접근이 이루어지지 않음을 절감하지 않을 수 없다. 이것은 일본이 고독사에 대한 해결방안을 모색하기 위해 치열하게 고민하면서 범사회적 대책을 마련한 것과는 상반된 현실이다. 일본에서는 내각관방 내 '고독·고립 담당 장관'을 임명해 생활관리사와 지자체가 협업해 세밀한 돌봄서비스를 운영하고 있다.

또한 영국은 2018년 세계 최초로 사회체육부 장관을 고독부 장관(Minister for Loneliness)으로, 보건부 장관을 자살예방 장관으로 겸직 발령하여 지자체와 기업을 통해 장기적 치료 서비스를 제공하는 등 국가 차원의 대책을 마련하고 있다. 전체 인구 중 약 900만 명이 고독을 느낌에도 600만 명은 고독을 감추는데, 만성화된 고독은 하루 15개비 담배를 피운 것처럼 건강에 해롭다는 연구 결과에 근거해서이다. 그뿐만 아니라 자살 등의 증가로 국가 경제에 320억 파운드의 손실을 끼칠 수 있다는 연구 결과에 따라 만성화된 고독은 건강을 해치고 생산성을 저하시킴으로

의료·경제 등에 부담을 주는 사회문제, 국가가 해결해야 할 사회문제라는 공감대가 형성되었다. 2021년 두 나라 고독 부서 장관들은 양자 회담을 열고 "고독은 누구에게나 일어난다"면서 국가 정책적 개입의 필요성을 역설하였다.

현재 COVID-19 사태와 관련된 고독사도 국내에서 아직 통계로 잡히지 않고 있다. 고독사 실태조사와 통계작성을 의무화한 <고독사 예방 및 관리에 관한 법률>이 2021년 4월 1일부터 시행됨으로써, 실태조사가 본격적으로 진행되지 않았기 때문이다. 통계자료가 아직 나오지 않았음에도, 정신질환 치료기관이나 고시원 등 밀집시설에서는 코로나로 고독사한 실제 사례가 나오고 있다. 고시원에서 홀로 지내다 확진 판정을 받은 한 30대 남성은 숨진 뒤 유족의 시신 인계 거부로 '화장 처리'되었다. 많은 고시원은 일정한 직업 없이 일용직으로 연명하는 고독한 이들이 모여 사는 감옥과 다를 바 없는 데다, 환기 시설도 부재한 한 평짜리 방이 다닥다닥 붙어 있으니 감염에 취약한 환경인 것이다. 이외에도 소위 '코로나 고독사'의 위험은 도처에 상존하기 때문에, 고독사에 대한 정확한 공식 통계가 절실히 요청된다.

이와 함께 고독사에 대한 명확한 개념 정립을 통해 고독사 정의에 새로운 지평을 채택해야 한다는 전문가들의 의견도 제기되고 있다.[15] 이를 위해 학계가 잠정적으로 합의한 기존의 고독사 개념, 곧 '홀로 사는 사람이 일정한 시간이 흐른 뒤에 발견되는 죽음'의 수정 및 보완이 요구된다. 종전에는 고독사가 단순히 홀로 거주하다 사망하는 개념으로 정의되었지만, 이제는 홀로 있는 공간에서 사망했다는 사실보다 관계의 단절과 결핍, 소외에 방점이 찍혀야 하기 때문이다. 또한 관계 박탈로 인한 자살도

---

15) 이은영, "외로움과 관계단절로부터 야기되는 자살은 고독사로 지정될 수 있는가", 「인간·환경·미래」 제21호, 73ff.

고독사의 범주로 고려할 필요성이 있어 보인다. 단순한 자살은 고독사에 포함시킬 수 없지만, 1인 가구의 형태에서 관계의 단절과 결핍, 소외로 인해 야기되는 우울감 등으로 자살하는 경우는 고독사에 포함시킬 수도 있기 때문이다. 그뿐만 아니라 지금까지 우리나라의 고독사 관련 연구는 초고령화 사회 속에서 주로 노인 고독사를 중심으로 전개되었고, 청장년층의 고독사 문제는 충분히 논의되지 않았다. 그러나 이제 고독사 대상을 노인층에만 집중하지 않고 중장년층에서 청년층까지 그 범위를 확장하여 심도있게 고찰해야 할 것이다.

3. 고독사의 실체, 외톨이 빈곤층이 당하는 참극

고독사가 급속도로 확산하는 상황을 목도하면서 필자는 이 불행한 죽음의 실체가 전통적 가족관계의 붕괴로 말미암은 가족해체, 사회 양극화(극심한 빈부격차), 인맥 양극화의 산물이라고 진단한다. 급격한 가족해체와 사회변동의 소용돌이 속에서 쓸쓸한 말년에 찾아오는 이 없이 가장 힘난한 인생 여정을 살아가는 연령층은 이론의 여지 없이 노년층이다. 그나마 다행스러운 점은 고독사 최대 위험군이 될 수도 있는 홀몸노인의 열악한 상황에 대해 이미 사회적으로 크게 공론화됨으로써, 적극적으로 시행되는 정부 정책으로 인해 상황이 나날이 호전되어가고 있다. 오히려 더 큰 문제는 복지의 사각지대에 방치된 청장년 남성들이라는 사실이 여러 조사 결과들을 통해 드러남으로써, 고독사의 또 다른 위험군으로 급부상하고 있다.

실제로 고독사 관련 조사에서는 중·장년 남성들의 외로운 죽음이 가장 많은 비중을 차지한다. 특히 이혼 등으로 인해 가족이 뿔뿔이 흩어지는 가정해체를 당한 남성들이 고독사의 직격탄을 맞을 가능성이 매우 높다. <국제신문> 취재팀이 2013년에 부산지역에서 일어난 변사사건 1,011건을 전수 조사하여 고독사 108건에 대한 '심리적 부검'(psychological autopsy)[16] 성격의 '사회 연결망 분석'(SNA)을 시행한 결과, 고독사와 긴밀한 연관성을 이룬 10개의 단어 - 이혼, 은둔(이웃과 전혀 왕래 없음), 사별, 가족관계 단절, 미혼, 신체적 지병, 생활고(부채), 실직, 알코올 중독, 우울증 - 를 밝혀냈는데, 그중 이혼이 단연 1위를 차지하였다.[17] 더욱이 이혼은 단순히 부부지간에 인연의 단절로만 끝나지 않고, 고독사를 유발하는 다양한 요인과 연결된다. 조사 대상자 중 이혼한 37명은 지병(12명), 생활고(9명), 우울증(5명), 알코올 중독(4명), 실직(2명) 등으로 고통을 받다가 고독사한 것으로 추정된다.[18]

이혼이 고독사를 유발하는 위험요인으로 연결된다는 것은, 가족해체가 단지 가정사에만 국한되지 않고 사회구성원이기도 한 당사자의 사회에 대한 결속감마저 떨어뜨림으로써 사회적 고립을 심화시키는 단계로까지 나아간다는 사실을 시사한다. 통상 자살이 사회적 통합의 약화로 인해 유발된다는 것은 기정사실인데, 이혼 또한 가정의 해체, 가정의 아노미(anomie)라는 점에서 자살과 동일하게 사회통합의 와해에 따른 결과라고 볼 수 있다. 특히 가족 사회를 통합시키는 측면에서 혼인상태는 자살에 중요한 영향을 끼치는데, 이혼은 가족 사회의 통합을 저해하여 자살률을

---

16) '심리적 부검'이라는 용어가 공식적으로 사용되지만, 필자는 '부검'이라는 단어에 대한 거부감을 고려하여 '검시'로 대치하기도 한다: 곽혜원, 『존엄한 삶, 존엄한 죽음』, 359.
17) "고독사 … 인연이 끊긴 사회: 더불어 사는 사회를 위해", 5회, 「국제신문」(2013.12.17).
18) 고독사 사망자는 남성(81명)이 여성(27명)보다 압도적으로 많았다. 고독사 사망자의 평균 연령은 57.1세로 남성이 56.7세, 여성이 58세였으며, 사망원인도 병사(22명)보다 자살(73명)이 훨씬 많았다. 이들은 대부분 무직(78.7퍼센트)이었으며, 그나마 직업이 있는 경우(13퍼센트)에도 안정된 정규직 근로자는 없었다. 이를 통해 우리는 예상보다 훨씬 낮은 연령대의 남성과 불안정한 직업군이 고독사와 깊게 연관되어 있음을 확인할 수 있다: 앞의 글.

높일 뿐만 아니라, 고독사의 발단으로도 작용한다. 엎친 데 덮친 격으로 이웃과도 단절되어 주변인의 도움을 전혀 받지 못하고 혼자서 견뎌야 하는 신체적 질병은 삶의 마지막을 괴롭히는 요인이다. 대다수 고독사 사망자들이 통상 집에서 사망하는데, 이는 곧 가족과 사회와의 인연이 끊기고 돈마저 없어 '동굴'과도 같은 집 안에 갇혀 스스로 고립되다가 비참한 최후를 맞이하는 것이다.[19]

가족해체와 더불어 우리는 고독사가 발생하는 이면에 사회 양극화와 그로 인해 파생되는 많은 문제가 도사리고 있음을 주목해야 한다. 주지하는 바와 같이, 사회 양극화는 최근 우리 사회에서 거의 모든 사회문제를 양산하는 거대한 사회병리적 실체이다. 사회 양극화로 말미암아 사회경제적 불의와 불공평, 빈곤층 확대와 실업자 양산, 희망의 상실과 우울증 확산, 무엇보다 무수한 자살 및 고독사가 발생하게 되었다고 볼 수 있다.[20] 이혼을 위시하여 많은 가정이 해체되는 가장 주된 원인이 현실적으로 실업이나 실직, 빈곤, 채무, 사업 실패, 재산 탕진, 빚보증 등 주로 경제적 문제에 기인한다는 사실을 고려한다면, 가정해체의 급증도 사회 양극화와 직간접으로 연관된 산물이라고 할 수 있다. 고독사가 빈곤, 특히 상대적 빈곤과 긴밀한 관련이 있음은 명약관화하다. 사실 과거에 모든 사람이 가난하면서도 서로가 깊은 정을 나누면서 살아가던 시절에는 고독사가 전혀 사회문제화되지 않았었다. 그런데 다른 사람은 잘사는데 자신의 인생은 꼬였다는 깊은 절망감 속에 빠져있을 때, 설상가상으로 가족이 뿔뿔이 해체되어 응급상황이 발생해도 아무도 자신을 보살펴줄 수 없는 극단의 고립 상황에 맞닥트리면, 고독사가 일어날 여건이 차곡차곡 쌓여가는 것이다.

---

19) 국제신문 취재팀, "고독사…인연이 끊긴 사회: 빈곤과 단절의 악순환", 2회, 『국제신문』(2013.11.26).
20) 곽혜원, 『자살문제, 어떻게 할 것인가』(서울: 21세기교회와신학포럼, 2011), 102-103.

필자가 고독사의 실체를 추적하면서 특히 주목하는 것은, 가족해체와 사회 양극화가 인맥(인간관계의 끈)의 양극화를 만들어냄으로써, 이들이 서로 상관관계를 이뤄 고독사를 일으킬 물리적 토대를 형성한다는 사실이다. 최근 사회문제를 연구하는 전문가들은 소외계층으로 갈수록 인간관계가 좁아지고 고독해져서 인맥의 양극화가 점점 더 심해진다고 진단한다. 즉 빈곤층으로 갈수록 사회적 네트워크가 약해지는 인간관계의 양극화 현상이 급격하게 진행된다는 것이다. 돈이 없으니 사람 만나기를 꺼리면서 결국 인간관계마저 끊어져 버리는데, 일례로 사회경제적으로 힘들어지니 가족들이 서로 강퍅하게 살다가 가정마저 파탄 나는 것이다. 그러므로 가난은 현실적 고통과 함께 외로움을 동반한다는 사실이 실제로 입증된다.[21] 필자가 보기에 인맥의 양극화가 가장 서글프게 나타나는 경우가 바로 일용직 및 비정규직으로 살아가는 '일하는 빈곤층'의 비혼화(非婚化) 현상이다. 사랑과 결혼이 불평등하게 소비됨으로 이른바 가난=독신이라는 항등식이 성립된 서글픈 현실이다.[22]

중장년의 생애 미혼자들(50세 시점에서 한번도 결혼하지 않은 사람들)이 급증하는데, 비자발적으로 결혼 시장에서 밀려나는 것은 특히 남성들에게서 두드러진다. 2020년 현재 30대 남성 중 50.8퍼센트(30대 여성 중 33.6퍼센트)가 결혼하지 않고 혼자 사는데, 이들 중 상당수는 죽을 때까지 미혼으로 남는다. 통계청 추계에 따르면, 한국 남성의 생애 미혼율은 2025년 20.7퍼센트, 2035년 29.3퍼센트이지만, 여성은 각각 12.3퍼센트, 19.5퍼센트로 전망된다. 2035년 무렵에는 남성 3명 중 1명, 여성 5명 중 1명이 평생 결혼하지 않고 홀로 산다고 예단할 수 있다. 나이가 들면 짝을 만나 자녀를 낳고 가정을 꾸리는 것은 개인사이면서도 기본적 인권의 문제이기도 한데,

---

21) 윤영호, 『나는 죽음을 이야기하는 의사입니다』(서울: 컬처그라퍼, 2012), 142.
22) 전영수, 『은퇴대국의 빈곤보고서: 고령사회 일본이 던지는 화두』(서울: 맛있는책, 2011), 170.

그런데 오늘날 한국 사회에서 많은 청년이 이 기본권을 행사할 기회를 사실상 박탈당하고 있는 것이다. 사랑과 결혼이 불평등하게 소비되는 재화(財貨), 일정 수준 이상의 학벌, 직업, 소득, 재산, 집안, 주거, 외모 요건을 갖춘 사람들만의 전유물이 되어가고 있기 때문이다. 이처럼 결혼에 적자생존의 냉정한 시장원리가 적용됨으로써, 홀로 쓸쓸하게 살면서 독신으로 늙어가는 청장년 동정이 급증하게 된 것이다.

지금까지의 논의를 토대로 필자가 발견한 고독사의 최대 위험군은 일정한 직업 없이 지병을 앓으면서 혼자 살아가는 중장년(최근엔 청년 포함하여 청장년) 이혼 남성 혹은 독신 남성들이다.[23] 가족해체, 사회 양극화, 인맥 양극화를 겪는 이들이 살아가는 가구 형태가 바로 1인 가구인데, 문제는 1인 가구의 세대주가 '화려한 싱글'이 아닌 '외톨이 빈곤층'으로 살아갈 가능성이 매우 농후하다는 사실이다.[24] 고독사의 최대 피해자가 단연 외톨이 빈곤층 1인 가구주라는 사실은, 고독사 확산과 1인 독신가구 증가 사이의 상관관계를 통해 분명히 확인할 수 있다. 고독사는 부부와 자녀로 구성된 전통적 가족 모델의 붕괴에 이어 기존의 핵가족 형태마저 해체되는 와중에 1인 가구가 급증하는 세태의 참극이라고 단언할 수 있다. 익히 알려져 있듯이, 저출산 및 고령화 추세,[25] 이혼 및 독신의 급증으로 인

---

23) 곽혜원, 『존엄한 삶, 존엄한 죽음』, 376.
24) 실제로 2020년 6월 통계청 자료에서 1인 가구가 받은 월 임금은 200만원 이상~300만원 미만이 36퍼센트로 가장 많았고, 100만원 이상~200만원 미만(21.3퍼센트)과 300만원 이상~400만원 미만(18.8퍼센트), 400만원 이상(12.2퍼센트), 100만원 미만(11.7퍼센트)이 뒤를 이었다.
25) 우리나라의 고령화 속도는 세계에서 유례를 찾아볼 수 없을 정도로 빠르다. 65세 이상 노인은 2010년에 전체 인구의 11퍼센트(535만 명)를 차지했고, 2019년에는 전체 인구의 15퍼센트, 2026년에는 20퍼센트를 넘어서 우리 사회가 곧 '초(超)고령사회'로 진입할 것으로 전망된다. 이런 흐름은 계속 이어져 2050년에는 65세 이상 노인이 전체 인구의 38.2퍼센트를 차지하는 '세계 최고령국'이 될 것으로 예견된다. 이를 고려할 때, 고령사회를 대비하는 노인 복지체계의 구축과 노인 자살예방을 위한 정책개발이 매우 시급한 상황이다: 「한국일보」(2008.02.28); 「중앙일보」(2010.11.01); 김정진·박지영·조흥식 공저, "노인 자살예방을 위한 실천적 정책 수립방안을 위한 연구", 한국자살예방협회 엮음, 『자살의 이해와 예방』(서울: 학지사, 2008), 54.

해 한국 사회의 가족구조에 큰 변동이 생김으로써, 2035년엔 1-2인 가구가 가장 보편적 가구 형태가 될 것으로 예견된다. 특히 결혼 기피, 비혼 및 만혼 등으로 인한 독신자의 증가로 1인 가구 수 비율은 기하급수적으로 늘어날 전망이다.[26] 이런 외톨이 빈곤층이 중병에 걸려 간병이 필요한 상태가 되거나 응급상황 발생시 고립무원이 되면, 이것이 바로 고독사가 발생할 최대 요건이다.

4. 고독사 사전 예방 및 사후 대처를 위한 한국 기독교의 과제

여기서는 앞서 고독사에 대한 실태 분석을 바탕으로 사전에는 예방하고 사후에는 극복할 수 있는 대처 방안에 대해 논의하고자 한다. 그동안 고독사 위험군으로서 홀몸노인에 대해서는 사회적으로 많은 공감대가 형성되어왔다. 또한 중앙정부나 지방자치단체의 복지정책이 주로 노약자와 여성, 장애인 등에 집중되어왔다. 그러나 실직과 재취업난, 이혼과 독신 등 갖가지 사유로 삶의 위기에 처해있는 청장년 남성들의 상실감이 상대적으로 커져 왔다. 더욱이 대부분의 1인 가구를 위한 정책도 고령층에 맞춰져 있는데, 청장년 1인 가구는 젊고 근로 능력이 있다는 이유로 복지 시스템의 우선순위에서 밀려나 있었다. 이러한 상황 속에서 복지의 사각지대에서 엄청난 인생의 파고를 넘고 있는 청장년 남성들을 구하기 위한 사회적·목회적 관심이 절실히 요청된다고 말할 수 있다. 그러므로 가장

---

26) 현재 1인 가구 비율은 급증하고 있는데, 2010년 1인 가구 수가 414만 가구로 전체 가구의 24퍼센트였지만, 2015년 520만3,000가구, 2019년 603만9,000가구, 2022년엔 750만2350가구로 34.5%에 달한다.

위험한 계층임에도 현실적 처우가 뒤따르지 않는 청장년 남성들의 고독사 문제를 해결하기 위한 예방 및 대처 방안에 관해 생각해 보고자 한다.

1. 세밀하고 견고한 사회 안전망 강화와 사회 약자들의 생존권 보호가 필수 불가결하게 선행되어야 한다.

COVID-19가 3년 이상 장기화되면서 우리 사회의 소외계층이 말 그대로 생존의 벼랑 끝에 서 있다. 최악으로 치닫는 경제위기 속에 급증하는 자살 및 고독사 사망자의 절대다수가 일정한 직업이 없거나 실직 상태였다는 점은, 이들의 절박한 사정을 실질적으로 도와줄 사회 안전망이 구축되지 않고선 현실적으로 문제해결의 길이 요원하다는 사실을 시사한다. 특히 생활고와 관련된 청장년 남성들의 급증하는 자살 및 고독사는 사회경제적 문제를 여실히 반영하기 때문에 사회 복지적 차원에서의 접근이 선행되어야 한다. 청장년 남성들의 자살 및 고독사를 막을 수 있는 첫걸음은 이들이 인간다운 삶을 유지할 수 있는 최소한의 삶의 기반을 마련해 주는 일, 특히 실업문제의 해결일 것이다. 가정과 사회를 책임져야 할, 대한민국의 중추 세력에게 안정적 고용기회를 창출하는 일이 대단히 중요한 이유는, 그렇지 않고서는 가정공동체의 해체로 이어질 뿐만 아니라 사회적·국가적으로도 엄청난 손실이 되기 때문이다.

2014년 4월 기준 통계청 발표에 따르면 우리나라의 실업자는 103만명(실업률 3.9퍼센트)이지만, '사실상 실업자'(불완전 취업, 잠재 구직자 등 실업 상태와 별반 차이가 없는 사람들)는 정부 공식통계의 3배가 넘는 316만명(11.1퍼센트)에 이르는 것으로 나타났다. 한편 통계청이 발표한 '2020년 6월 고용동향'에 따르면, 6월 실업자 수는 122만8,000명(전년동월대비 9만1,000명 증가) 늘었고 실업률은 4.3퍼센트였는데, 이는 통계 시계열이 바뀐 1999년 6월 148만9,000

명을 기록한 이후 21년 만의 최대치로 보고된다. 청년실업률 역시 10.7퍼센트로 21년 만에 가장 높았는데, 실업자 10명 중 4명이 청년일 만큼 청년들은 고용 한파를 최전선에서 맞고 있는 상황이다. 물론 2020년 6월은 사상 초유의 글로벌 팬데믹 사태에 봉착하여 모든 경제지표가 최악의 상황이어서 실업률이 최저치를 기록했을 수도 있다. 하지만 장기불황이 오래 지속되던 와중에 경제활동의 모든 주력 계층에서 실업자 수가 다시금 급등함으로써 우리 국민에게 암울한 그림자를 드리운다.

더욱이 경기불황과 비정규직 심화 등으로 비자발적으로 독거하는 사람들이 늘어나지만, 그에 걸맞은 사회 안전망이 마련되지 않는다면 자살 및 고독사가 발생할 가능성은 갈수록 치솟을 수밖에 없다. 지금 우리 국민의 상당수는 급변하는 사회체제를 따라가지 못한 채 언제 낙오될지 모르는 불안감 속에서 늘 쫓기듯 살아가는데, 이들 중 우리가 특히 관심을 기울여야 할 사람이 바로 은둔형 외톨이, 사회 부적응자이다. 실직 자체를 사회 부적응으로 볼 수 없음에도, 사회의 경쟁 강도가 격화되면서 멀쩡한 사람이 사회 부적응자로 낙인찍히는 것이 우리 사회의 현실이다. 따라서 사회 부적응자에 대한 최소한의 인간적 권리를 보호하기 위한 사회 안전망 강화가 너무나 시급한 상황이다. 선진국들은 사회가 발전할수록 그로부터 탈락한 낙오자, 은둔형 외톨이 문제가 증가함을 인식하여 사회 안전망을 더욱 치밀하게 구축하려는 노력을 기울여왔다. 그러므로 우리나라도 이제부터라도 낙오된 청장년 남성들을 위한 세밀하고 견고한 사회 안전망을 구축하는 데 심혈을 기울여야 할 것이다.

사회 안전망과 관련하여 반드시 짚고 넘어가야 할 문제는, 가구 형태의 변화에 따른 사회의 구조적 변화가 필히 수반되어야 한다는 것이다. 행정의 수요가 바뀌면 정부 정책도 유연성있게 뒤따라가야 하지만, 그동안 정부는 정책과 제도를 산업화 이후 형성되었던 4인 가구를 기준으로 기본 골격을 유지함으로써, 삶의 질이 최악인 1인 가구가 국가 정책의 사각지대에 놓여있다는 비판을 꾸준히 받아왔다. 일부 지자체에서 1인 가구를 겨냥한 조례를 제정하는 등 대책을 내놓았지만, 단편적이어서 기대에 미치지 못했었다. 그러나 고독사 최대 희생양인 외톨이 빈곤층 1인 가구가 급격히 증가하는 상황 속에서, 이제 전통적 가족제도는 물론 주거·고용·문화·복지·교육 등 모든 분야에서 변화에 대한 전방위적인 대응책이 절실히 요구되는 상황이다. 특히 소득과 자산 수준이 국민 평균의 36퍼센트에 불과한 1인 가구의 빈곤과 질병은 심각한 사회문제라는 사실을 깊이 유념함으로써, 1인 가구에 대한 사회 안전망을 확충하고 관련 기관을 재정비해야 할 것이다.

2. 사회경제적 공평(公平)과 정의(正義)의 정착은 우리 사회의 근본적 문제해결을 위한 핵심과제이다.

팬데믹 여파로 악화하는 사회경제적 양극화로 인해 가정해체·사회 해체가 가속화하는 상황 속에서 사회경제적 공평 및 정의를 정착시키는 일은, 한국 기독교에 명하시는 하나님의 명령일뿐만 아니라 오늘날 한국 사회를 위기로 몰아넣는 제반 문제를 근본적으로 해결할 수 있는 핵심과제이기도 하다. 여기서 우리는 '야훼(YHWH)의 공의에 관한 책'으로 일컬어지기도 하는 성서가 사회경제적 공평과 정의를 매우 중시한다는 사실을 직시할 필요가 있다. 특히 구약성서를 세심히 읽어보면, 야훼의 공의가 궁극적으로 사회경제적 공평과 정의에 귀결됨으로써, 양자가 긴밀한 연관성 속에 있다는 사실을 발견할 수 있다. 그러므로 사회경제적 공평과 정의는 야훼의 공의가 이 세상 속에 제대로 실현되는 지의 여부를 판가름하는 중요한 척도라고 말할 수 있다. 사실상 히브리어 '미슈파트'(מִשְׁפָּט)

와 '츠다카'(קִדְצָה)에 해당하는 공평과 정의는 '하나님 나라를 이루는 두 기둥'('하나님 통치의 두 원칙')으로서 하나님께서 그의 백성들에게 가장 원하시는 삶의 열매이기도 하다(시 33:5; 89:14; 99:4; 97:2 etc.).

특별히 기독교가 사회경제적 공의 구현을 위해 헌신해야 하는 이유는, 하나님의 명령과 함께 오늘날의 사회경제적 체제 속에서 사회 약자로 내몰린 사람들에 대한 보호와 배려 없이 이들의 생존권을 보호할 수 없기 때문이다. 성공과 출세라는 무한경쟁에서 도태된 루저들(looser), 생존 기반이 무너진 연약한 사회구성원을 보듬어 안지 않고는 하나님의 사랑과 자비와 정의와 평화가 다스리는 '하나님 나라'(마 4:17; 막 1:15 etc.)가 이 땅에 임할 수 없기 때문이다. 그러므로 생존의 벼랑에 서 있는 사회 약자들의 생명을 지켜주는 것은 우리의 선택사항이 아니라, 우리 모두가 생존할 수 있는 유일한 길이기 때문이다. 이제 한국 기독교는 공평과 정의를 실현하고 사회 약자들을 보호하라는 성서의 메시지에 귀 기울여 사생결단의 일념으로 사회 전반에 하나님의 공의를 실현할 수 있는 길을 모색해야 할 것이다. 그리하여 열심히 성실하게 살아가는 이들이 최선을 다해 노력한 정당한 대가를 받을 수 있는 정의로운 세상을 만드는 데 혼신의 힘을 기울여야 할 것이다.[27]

사회 약자들이 자살 및 고독사에 내몰리는 사회는 공동체적 연대를 무시하는 강자의 약육강식이 생존모델로 정당화됨으로써 따뜻한 인정의 그물망이 사라져버린 사회, 승자와 패자가 엄연히 구분되고 '승자가 모든 것을 독식함으로써 '디스토피아'(dystopia)가 도래한 사회, 유능한 사람만이 이상적 인간형으로 부각됨으로써 성공과 출세라는 무한경쟁에서 뒤처진 사람을 실패자·낙오자·패배자로 낙인찍어 버리는 사회이다. 사회 약자들

---

27) Cf. 곽혜원, 『현대 세계의 위기와 하나님의 나라』, 288-294.

이 한을 품고 세상을 등지는 상황 속에서 사회구성원 상호 간에 생존과 협력을 독려하면서 공평과 정의를 정착시키는 일은, 21세기 한국 기독교가 반드시 실천해야 할 중차대한 과제이다. 오늘날 한국 사회를 움직이는 거대한 동력이 된 한국 기독교가 주도적으로 움직인다면, 공평과 정의는 종국적으로 실현될 수 있다. 이제 막대한 물적·인적·시설 자원을 가진 공동체로 급성장한 한국 기독교는 이런 사역을 감당할 만한 충분한 역량을 지니고 있다. 물론 범교회적·범교단적 차원에서는 한계나 장애에 봉착할 수도 있다. 그러나 정치·경제·사회 각 영역의 중심적 위치에 있는 성도 개개인이 고난과 희생을 감수하면서도 썩어져 가는 밀알이 되어 헌신한다면, 이는 충분히 실현 가능한 일이다.

사실 무한경쟁의 약육강식 사회에서는 실패자와 낙오자만이 불행한 것이 아니라 성공하고 출세한 사람도 불행한데, 이는 최근 우리 사회에서 잇따르는 엘리트 계층의 자살사례에서 잘 드러난다. 이에 인간은 누구나 부유한 사람이나 가난한 사람이나, 성공한 사람이나 실패한 사람이나 그 존재 자체만으로 생명을 존중받을 수 있는 사회적 에토스(etos)를 조성하는 것이 그 무엇보다도 중요하다.[28] 그동안 설교 단상에서 세상에서의 부귀영화, 성공과 출세를 하나님의 축복으로 선포하는 목회자들의 잘못된 목회철학이 문제시되어왔다. 이와 직결된 신학자들의 그릇된 영광·번영의 신학이 많은 이들로 하여금 실패와 고난을 이겨내지 못하고 삶을 포기하도록 이끌었다는 비판도 심각하게 제기된 바 있다. 그러므로 이제 한국 기독교는 소수의 특권층·부유층이 승자독식하는(the winner takes it all) 사회체제에서 뒤처진 사회 약자들을 우선적으로 배려하라고 명령하시는 하나님의 말씀(신 10:18; 시 35:10; 68:5; 72:12-14; 82:3; 113:7; 140:12; 잠 22:23; 사 1:17 etc.)

---

28) 오승근, "토론자료", 서울생명의전화 주최, 「2007 자살예방 세미나 자료집」, 24.

에 귀 기울여 상생과 연대의 생존모델을 몸소 구현해야 할 것이다.

3. 상생(相生)·연대(連帶)하는 공동체를 복원하여 고독 사회를 치유하기 위한 사회적·목회적 노력도 요청된다.

앞장에서 필자는 고독사의 실체를 가족해체와 사회 양극화와 인맥 양극화의 결과물로 규정했는데, 어찌 보면 이것은 부수적 현상일지도 모른다. 그 배후에 고독 사회를 만들어낸 거대한 실체가 존재하는데, 이는 다름 아닌 급격한 사회변동, 특히 산업화와 도시화로 인한 심성의 황폐화이다. 우리나라는 세계사에 유례없는 속도로 산업화와 근대화를 이룩함으로써 전쟁의 참화를 딛고 기적적인 경제성장과 사회발전을 성취했지만, 경제와 사회가 숨 가쁘게 발전하는 동안 그 이면에서 그만큼 우리 국민의 심신이 고단해지고 정신이 병들게 되었기 때문이다. 유사 이래로 엄청난 역사적 질고를 헤쳐 온 우리 민족이 근·현대사에 진입하면서 숱한 고난과 역경을 겪으며 영혼이 피폐해질 대로 피폐해진 것이다. 이처럼 최단기간에 그토록 많은 것을 획득한 대가로, 그토록 서로 긴밀하게 정을 나눴던 우리 국민의 유대감은 산산이 깨져버리게 된 것이다.

주지하듯이 우리나라는 급속도로 경제개발을 추진하기 위해 사람들이 도시로 대거 이주하면서, 정서적 교감을 나눌 수 있는 전통적 공동체가 와해되는 부작용을 겪었다. 도시 상경 후 고향의 과소화·황폐화로 귀향 근거지를 잃어버린 것이다, 이에 지연 네트워크가 쇠퇴하면서 이웃과의 커뮤니케이션이 사라진 것은 고독사가 발생하게 된 중요한 배경이다. 가족과의 연대감, 지역과의 연결고리가 갈수록 약화되는데, 고독사는 이로 인한 공동체 파괴의 극단적 결과라고 말할 수 있다. 그러므로 농어촌 공동체가 와해되고 대도시로의 거대한 이주가 시작되면서 겪은 소속감과 공동체성의 상실, 곧 과도한 도시화로 인해 지연 네트워크가 쇠퇴하면서 초래한 이웃과의 소통 상실, 그로 인해 직·간접으로 영향받은 가정 해체의 현실이 고독 사회를 만들어내는 데 일조했음을 지적하지 않을 수 없다.

이런 사회적 기조 속에서 형성된 경제지상주의와 회사우선주의도 고독 사회를 낳은 어두운 단면이다. 회사에서 봉급을 받아 생계를 이어가는 한, 기업의 구조 조정과 감원 태풍, 조기 퇴직의 압박 속에서 살아갈 수밖에 없기에 이를 모면하기 위해서는 장시간 근로 부담을 감수하고 모든 개인사를 포기해야만 한다. 이런 상황 속에서 끈끈한 인간관계와 비공식적인 인적 교류는 뒷전으로 밀려나게 된다. 최근 들어 치열한 경쟁에서 살아남기 위해 사람들과 떨어져 혼자 살면서 수험공부하고 자기개발에 몰두하는 청년층이 급격히 늘어났는데, 이는 고독사의 연령층이 젊어지게 된 주요 원인이기도 하다.[29] 고독사의 최대 위험군이 4050 세대라는 사실은, 가정사를 등한히 하고 생업에 시달리다가 실직을 당해 가족으로부터 버림받은 이들이 건강마저 잃고 끝내 비참한 최후를 맞이하게 되었다고 볼 수 있다.

여기서 우리는 좀 더 근본적 차원에서 고독 사회를 치유하기 위해 상생·연대하는 공동체를 재건해야 할 한국 기독교의 역할과 사명을 생각해 보고자 한다. 사실 한국 기독교는 우리나라의 급격한 산업화와 도시화 과정에서 소속감과 공동체성을 상실한 사람들에게 정서적 교감을 나눌 수 있는 다양한 형태의 공동체를 마련해 주었다. 급속한 경제개발의 추진으로 인해 전통적인 농촌 공동체가 와해되는 상황에서 일종의 아노미

---

29) 2013년 9월 경기개발연구원의 '수도권 주민 인식조사'에서 20대 응답자의 33.8%가 '경쟁으로 인한 개인주의'를 무연사회의 1순위 원인으로 꼽았다. 최근 한 취업 인사 포털사이트가 대학생 443명을 대상으로 조사한 결과 스스로 '나홀로족'이라고 답한 비율이 무려 74.9%에 달하였다.

상태에 빠진 사람들에게, 또는 농촌 공동체로부터 이탈하여 도시로 이주한 사람들에게 교회는 상처를 치유하고 상실감을 보상해 주는 역할을 감당했던 것이다.[30] 이제 한국 기독교의 역할과 사명은 개인적 내면의 돌봄은 물론 사회적 차원에서의 치유 사역으로 확장할 필요성이 있다. 이런 맥락에서 필자는 21세기 한국 기독교가 최우선적으로 주력해야 할 역할과 사명으로 영혼 돌봄 시스템의 정착이라고 10여 년 전부터 강조해왔다. 한 걸음 더 나아가 한국 기독교는 지역사회를 향해 열린 공동체(공공의 공간)가 되어 지역의 교회 공동체는 물론, 필요에 따라 시민 공동체와도 연계할 필요가 있다.[31]

우리나라에 앞서 이미 고독사 문제를 겪었던 나라들, 예를 들어 일본, 프랑스, 스웨덴 등은 모두 지역사회의 공동체를 복원하려는 사회적 노력을 통해 이 문제를 해결해왔다. 이들 나라에서 고독사 문제가 진전된 상황과 배경은 서로 다름에도 불구하고, 그들이 내놓은 대안의 중심은 공동체를 강화함으로 사람 간의 '관계 맺음'을 가능하게 하는 매개를 만들어주는 일이었다. 즉 공통적 해법은 삶의 여정 동안 어떤 이유로든 관계를 잃어버린 사람들에게 관계를 되찾아주는 것이다. 더욱이 고독사의 직격탄을 맞는 1인 가구가 늘어나는 현상은 거스를 수 없는 추세인 만큼, 그 고독한 인간관계의 빈틈을 메워나가는 다양한 비영리 민간단체(NPO)의 활동과 함께 사회보장제도나 네트워크가 메울 수 없는 개인 차원의 소통과 인연 맺기도 중요시된다고 볼 수 있다. 사실 고독사를 막기 위해 많은 사람이 필요한 것은 아니어서, 혼자 사는 사람들에게 가장 필요한 것은 서로 대화하고 마음을 나눌 수 있는 한 사람만 있어도 충분하다.[32]

---

30) 곽혜원, "한국 교회에 대한 한국 사회의 인식," 『제2종교개혁이 필요한 한국 교회』(서울: 기독교문사, 2015), 185f.
31) 위의 글, 203.
32) KBS, "파노라마: 한국인의 고독사" 1편: 보이지 않는 죽음.

특별히 고독사가 고립된 1인 가구에서 주로 발생하는 불상사임을 고려할 때 이를 극복할 수 있는 주거환경도 필요한데, 그 대안으로 함께 살아갈 수 있는 공동 주거를 생각해 볼 수 있다. 이는 전통적 유연(有緣)의 부활 차원에서 고립성을 강화하는 주거환경(원룸·오피스텔 등)을 유연적(有緣的) 생활 공동체로 바꾸려는 노력이다. 무연사회를 극복할 대표적 집합 공간으로서 이미 전문가들을 통해 공동주택(collective house)이 거론된 바 있다. 이는 개별세대의 전용면적과 주민 공동의 공용면적이 각각 존재함으로써, 이합집산(離合集散)이 수월한 주거 형태이다. 즉 개별 전용공간에 주방과 화장실 등의 공유공간을 함께 배치함으로써, 고독을 존중하면서도 고립은 시키지 않는 지혜가 묻어난 주거 형태인 것이다. 이를 통해 사생활은 보장받으면서도 고립되지 않고, 인간관계는 이어지지만 간섭은 없으며, 안전하지만 생활의 제약은 없는 생활방식을 구현할 수 있을 것이다. 이런 공동주택은 고독사 문제가 나날이 심화하는 이 시대에 고려해 봄직한 생활방식이다.

4. 가장 중요한 정서적 안전망인 건강한 가정공동체를 재건하기 위한 노력도 절실히 요구된다.

오늘날 이 시대는 인류역사상 유례가 없는 물질적 풍요를 누리면서도, 나날이 영적·정신적 혼란에 빠져가고 있다. 점점 더 많은 사람이 삶의 구심점을 잃고 불안해하고, 우울증을 위시한 각종 정신질환으로 인해 삶의 환경이 피폐해지고 있다. 이 시대가 안녕(安寧)하지 못한 주된 원인으로 우리는 가정이 파탄난 현실을 직시해야 한다. 많은 이들이 우려하듯이 21세기 한국 사회는 가족 간의 대화 부재, 높은 이혼율, 가정폭력, 자녀학대 등 가정 위기가 고조되면서 가족해체가 갈수록 심화하고 있다. 필자가 건강한 가정공동체 구축의 중요성을 강조하는 이유는, 가정을 지키는 것이 바로 인간 자신을 지키는 일, 더 나아가 사회와 국가와 문명 자체를 지키는 일이라는 사실을 오랜 연구를 통해 절감했기 때문이다. 필자의 지론은 건전하고 안정된 가정은 건전하고 안정된 사회 각 영역을 이루며, 그 결과로 건전하고 안정된 개인의 삶은 물론 국가 공동체, 더 나아가 인류문명을 이룬다는 것이다. 그러므로 가정을 어떻게 건강하게 지킬 것인지의 문제는 개인과 사회, 국가와 문명의 향방을 좌우하게 된다는 것이다.

특별히 필자는 존엄한 삶·존엄한 죽음·존엄한 사회를 실현하기 위한 실천적 과제에 몰두하면서 건강한 가정공동체의 중요성을 뼈저리게 느끼고 있다. 한 개인에게 있어서 가정적 유대관계는 삶의 질은 물론 죽음의 질도 좌우하는 중요 조건, 곧 삶의 존엄·죽음의 존엄·인간의 존엄을 결정하는 최대 변수이다. 또한 현재 한국 사회의 심각한 현안 중에서 긴급히 해결 방안을 모색해야 할 사회문제인 자살을 막을 수 있는 가장 중요한 예방 기제도 건강한 가정이다. 실제로 가족의 정서적·사회적 지지는 자살 시도자의 행동에 절대적으로 중요한 영향을 미친다고 많은 연구자는 보고한다.[33] 그 연구 결과에 따르면, 자살 시도자는 가족과 갈등이 많은 반면, 가족으로부터 정서적·사회적 지지를 받는 사람은 자살행동이 매우 낮아진다. 그러므로 가족의 따뜻한 후원과 진심어린 격려, 부모의 조건 없는 사랑과 힘들 때 옆에 있어주는 형제자매의 존재는 자살의 훌륭한 방어요인이 될 수 있다.[34]

무엇보다도 가정공동체가 무너져서 가족의 따뜻한 지원을 받지 못해 발생하는 고독사에서 우리는 가정의 중요성을 확연히 인식할 수 있다. 곁에 돌봐주는 사람 하나 없이 혼자 살다가 혼자 맞이하는 죽음, 자살이나

---

33) 곽혜원, 『자살문제, 어떻게 할 것인가』(서울: 21세기교회와신학포럼, 2011), 71-80.
34) E. Durkheim/황보종우 옮김, 『자살론』(서울: , 2011), 238-239, 241, 323-330.

지병 등으로 쓸쓸히 죽음을 맞이한 후 시간이 한참 지나 부패한 주검으로 발견되는 고독사, 고독사를 넘어 모든 인간관계가 끊긴 상태에서 홀로 죽어 시신을 거두어줄 사람조차 없는 무연사, 이것이 전통적 가족관계의 붕괴로 말미암은 가정해체의 결과물이라는 것은 아무도 부인할 수 없는 사실이다. 건강한 가족관계는 서로 동고동락(同苦同樂)하면서 모든 것을 아낌없이 나누기 때문에 개개인과 사회구성원에게 없어서는 안 될 가장 중요한 정서적 안전망이라는 사실은 이론의 여지가 없다. 그러므로 고독사를 예방하는 근본적인 방책은 끈끈한 혈연 네트워크를 강화해서 건강한 가정공동체를 구축함으로 고독감과 소외감을 막고 지역사회 공동체를 공고히 하는 일이다.

하지만 오늘날 건강한 가정구축이 결코 수월하지 않은데, 우선 청년 세대는 가정을 꾸릴만한 정상적 취업을 하지 못해 비자발적으로 독신을 선택하는 현실이다. 설사 결혼을 해도 때늦은 결혼(만혼)에, 때늦은 출산(노산)으로 이어지는 고령 부모의 20-30년 후 가정경제가 비관적일 수밖에 없다는 게 전문가들의 뼈아픈 진단이다. 더욱 심각한 문제는 고독사의 결정적 토양인 이혼인데, 부부의 이혼으로 인한 가족해체는 가족 구성원에 대한 사형선고나 진배없는 아픔을 주기 때문이다. 이혼한 당사자, 특히 이혼 남성의 삶이 피폐해진 경우가 많은데, 자살 및 고독사 희생자의 다수가 이혼 남성이라는 사실은 이를 대변한다. 이처럼 건강한 가정공동체가 국민 개개인의 행복을 넘어 사회와 국가공동체의 안녕(安寧)과 긴밀한 상관관계에 있다면, 모든 수단과 방법을 총동원하여 건강한 가정을 구축할 수 있는 방도를 마련해야 할 것이다. 그뿐만 아니라 글로벌 성혁명(global sexual revolution)의 거센 파고 앞에서 가정이 해체됨으로 사람들의 심령이 황폐화되는 위기에 직면하여, 한국 사회와 한국 교회는 가장 중요한 정서적 안전망인 건강한 가정을 재건하는 데 총력을 기울여야 할 것이다.

COVID-19와 함께 가장 중요한 화두 중 하나가 바로 '가족의 재발견'이라고 거론됨으로써, 가족을 둘러싼 희로애락(喜怒哀樂)에 대한 담론들이 쏟아지는 상황이다. 팬데믹 때문에 외부활동을 못하고 가족과 지내는 시간이 많아지면서 평소 가까웠던 가족은 더 가까워진 반면, 가족구성원 간에 위기를 겪는 가정들이 확연히 늘어나고 있다. 인류의 귀중한 보고이자 세대 전승의 생명줄인 가정의 중요성은 너무나 명약관화하지만, 많은 가정이 트라우마의 온상이 되어 깨어진 상황 속에서 어떻게 가정을 다시 회복시키고 건강하게 지켜나갈 것인지에 대한 대책을 마련해야 할 중대 시점에 서 있다. 이제는 소유와 욕망에 대한 갈구 속에서 가족 간에 끊임없이 상처를 주고받는 트라우마 온상으로서의 가정공동체가 아니라, 원망과 집착을 내려놓고 마음을 비우고 서로 불쌍히 여기고 용납하면서 가족에게 삶의 지평을 열어주는 가정공동체로 전환되어야만 한다.

5. 고독사를 사전에 예방하기 위한 개인의 의지와 노력도 필수적이다.

우리가 살아가면서 당면하는 많은 문제는 사회와 국가의 개입을 통해서라야 비로소 종국적으로 해결이 가능하다는 이야기가 많은데, 이는 상당 부분 맞는 말이다. 필자는 자살 및 고독사를 사회 병리적 현상으로 접근하지만, 그렇다 하더라도 모든 문제를 전적으로 사회의 탓으로 돌리기에는 무리가 있음을 인정한다. 개개인의 노력으로 극복해야 할 부분도 사회적 책임으로 전가하는 오류를 범할 수 있기 때문이다. 우리가 모든 문제의 해결 방안을 사회적·국가적 차원 - 개개인이 감당하기 힘든 - 을 통해서만 가능하다고 생각한다면, 냉소주의와 자괴감에 빠져 아무것도 하지 못하거나, 정작 우리가 처리해야 할 중요한 일을 놓쳐버릴 수도 있을 것이다. 고독사 문제 역시 사회적·국가적 차원에서 해결해야 할 문제임을 직시함과 더불어 개인적 차원에서 해결할 수 있는 문제라는 인식도 뒤따라야 할 것이다.

고독사를 사전에 예방하기 위해 무엇보다 중요한 것은 고립된 삶에서 스스로 벗어나고자 하는 본인의 마음가짐일 것이다. 아무리 견고한 사회 안전망이 구축되고 서로 친밀한 교제를 나눌 수 있는 공동체가 형성된다고 해도, 정작 외로운 영혼이 스스로 고립을 자초한다면 그를 구제할 방법은 요원할 것이다. 사실 사람들은 공동체의 구속을 받지 않는 자유를 선택한 대가로 고독과 무연이라는 상황에 맞닥뜨릴 수밖에 없으며, 더욱이 모든 인간은 홀로 단독자로서 죽음을 맞이할 수밖에 없으므로 고독사는 불가피한 현실이라고 반론하는 사람도 있다.[35] 그렇다 하더라도 사랑하는 이들에게 둘러싸여 인생의 마지막 순간을 맞이하는 것이 임종을 앞둔 모든 인간의 한결같은 바람이라는 사실을 고려할 때, 고독사를 미연에 예방하려는 스스로의 선택과 결단이 병행되어야 할 것이다.

고독사를 사전에 예방하기 위한 개인의 노력으로서 필자는 건강관리와 인간관계, 일거리를 강조하고자 한다. 즉 남의 도움을 받지 않고 자기 스스로의 힘으로 일상생활을 영위할 수 있을 정도의 건강을 유지하고, 난관이 닥쳤을 때 의지할 수 있는 인간관계를 돈독히 쌓으며, '오늘 하루도 잘 살았다'고 뿌듯하게 잠들 수 있도록 삶에 의미를 부여하고 삶의 기반을 견고히 하는 일거리 - 여기서 일거리란 의식주를 가능하게 하는 생업은 물론 삶에 활력소가 되는 소소한 일거리도 포함 - 를 찾아 몸을 부지런히 움직이는 삶의 자세가 중요하다. 특별히 건강은 뒤의 두 요인보다 개인의 노력 여하에 가장 영향을 받는 동시에 생존을 위해 필수적인, 인

---

35) 시마다 히로미/이소담 옮김, 『사람은 홀로 죽는다』(서울: 미래의 창, 2011), 81-96.

생사에서 가장 중요한 자산이기 때문에 세 가지 요인 중 으뜸이라고 할 수 있겠다.

한편 신체적 조건이 같고 동일한 질병을 앓는 사람이라도 인간관계와 하는 일에 따라 질병의 경과가 판이할 뿐만 아니라, 생애 마지막 10-20년이 전혀 다르게 펼쳐지기도 한다. 한 임상 연구에 따르면, 인간관계가 좋고 할 일이 있는 - 가족 및 친구와 친하게 지내고 봉사 및 취미활동을 하느라 바쁜 - 사람들은 질병의 경과가 전혀 다르게 나타나고 통증도 덜 느낀다.[36] 대다수 고독사 희생자는 생을 마감하기 직전 스스로 몸을 거동하기 어려운 상태에서 아무런 도움의 손길도 받지 못해 변을 당하였다. 그러므로 생애 마지막 10-20년을 행복하게 살아가기 위해선 젊을 때부터 "100년 쓸 몸을 만든다"는 각오로 건강을 철저하게 관리해야 한다.[37] 또한 고령에 접어들수록 고립된 삶을 살 여지가 커지는 만큼 노후에 누구와 함께 어디서 어떻게 무엇을 하면서 살 것인가를 미리미리 준비하는 것도 필요하다.[38]

끝으로 필자는 냉혹한 사회구조적 문제에 직면하여 그 안에서 살아남기 위해 개인적 역량(empowerment)과 생명력을 강화하는 것이 바로 우리가 해야 할 몫이라고 역설하고자 한다.[39] 앞서 언급한 바와 같이, 오늘날 청년들 중에는 시대를 잘못 만나 불우하다는 한탄 속에 삶을 비관하는 이들이 많은데, 필자는 그들이 겪는 삶의 비애와 고난에 전적으로 공감하는 바이다. 대한민국의 급성장기에 성장하여 현재 자산 가치가 가장 높은 5060 세대가 그들보다 상대적으로 운이 좋았다고 말할 수도 있을

---

36) 조선일보 특별취재팀, "한국인의 마지막 10년"(2부), 7회, 「조선일보」(2014.09.13).
37) K. Pilleme/박여진 옮김, 『내가 알고 있는 걸 당신도 알게 된다면』(서울: 토네이도, 2012), 185-193.
38) 중년 이후 찾아올 사회적 고립을 막기 위해 관계의 끈을 엮는 일에 관해 참고: 앞의 책, 205-232.
39) 곽혜원, 『자살문제, 어떻게 할 것인가』, 240f.

것이다. 하지만 우리의 삶을 결코 타인이나 사회가 대신 살아줄 수 없는 것이기에, 언제까지나 타인이나 사회를 탓할 수만은 없을 것이다. 더욱이 우리 인생은 끝까지 가봐야 알 수 있다는 것이다. 현실이 어려울수록 이를 냉정하게 직시하고 어떻게 지혜롭게 극복해 나갈 수 있을지 고군분투하다 보면, 하나님께서 우리 삶에 '위기'를 '기회'로 바꿔주시는(전화위복) 일이 반드시 찾아온다는 사실을 적잖은 이들이 체험하기도 한다. 여기서 절대적 단서는 어떤 고통과 굴욕 속에서도 삶의 끈을 부여잡는, 살아있어야 한다는 조건이다.

사실 우리 인생은 하루하루의 삶에 허덕이느라 살아있다는 자체가 좋은 일이라는 것을 느끼기 어려울 때가 많다. 그러나 세월이 흐를수록 서서히 다가오는 죽음을 감지할 때, 우리는 살아있다는 것 자체가 아름다운 일임을 절실히 깨닫게 된다. 또한 자신에게 주어진 모든 기회와 가능성이 죽음으로 인해 언젠가 중지될 수밖에 없음을 안타까워하게 된다. 이에 죽음을 목전에 둔 사람들은 살아있음을 원망하는 사람들에게 생명, 곧 살아있다는 것은 그 자체에 있어서 좋은 일이라고 강권적으로 말하는 것이다. 우리가 인생을 살아가면서 때때로 슬픈 일과 괴로운 일을 만나 절망의 심연을 헤맬 수도 있지만, 절대로 죽을 때까지 내내 고통스럽지는 않을 것이다. 고통의 한복판에 있을 때는 죽을 것처럼 힘들고 절망스럽지만, 언젠가 반드시 고통의 날은 지나가고 새 날이 다가오게 될 것이기 때문이다.[40] 그러므로 살아있는 날들 동안에 삶과 생명에 대한 사랑을 충만히 누리면서 기쁘고 감사하게 살아가는 것은 살아있는 자가 반드시 행해야 할 의무일 것이다.

---

40) 위의 책, 238f.

5. 결어: 팬데믹 장기화 속에서 삶과 죽음을 넘어서는 생사 공동체의 회복

COVID-19 팬데믹의 장기화를 겪으면서 우리는 삶과 죽음을 넘어서는 기독교의 생사(生死) 공동체가 절실히 요청되는 시대를 직면하고 있다. 거듭되는 경기침체 속에 팬데믹 여파로 대다수 취약계층이 생존의 벼랑 끝으로 내몰리고 있고, 생존 기반을 잃은 실업자 및 실직자들이 극심한 생활고 속에서 앞날에 대한 희망을 잃고 깊은 절망의 수렁에 빠져들고 있기 때문이다. 강력한 방역 대책과 사회적 거리두기 조치가 길어지면서 사회 전체가 '코로나 블루·코로나 레드·코로나 블랙'이라는 신종 사회적·경제적 질병을 앓기도 했다. 상황이 이렇다 보니 최근 극도의 절망감을 표출하는 자살예방 상담기관들의 상담사례도 급증했다고 보고된다. 실제로 사회경제적 어려움 때문에 자살을 고민하거나 극단적 선택을 하는 이들도 늘어남으로써, 근 20년 넘게 OECD(경제협력개발기구) 1위의 비상 상황이던 자살률이 2018년 이후 가까스로 하락세로 접어들었다가 또 다시 상승세로 돌아서고 있다.

더욱 근심스러운 현실은 포스트 코로나, 곧 사태가 마무리되고 나서 그동안 감추고 견디고 참아왔던 모든 문제가 봇물 터지듯 터져 나오는 상황, '지연된 자살'이 폭증할 가능성이다. 1918년 스페인 독감 때도, 2003년 홍콩 사스(SARS) 때도, 2011년 동일본 대지진이 발생한 미야기현과 후쿠시마 원전 사고 때도 자살률이 첫해보다 오히려 2년 차에 급증한 사실은 우리에게 큰 경종을 울린다. 재난을 극복하느라 치열하게 살아왔음에도 호전되지 않는 암울한 현실에 절망하며 많은 이들이 생명의 끈을 놓았던 것이다. 이처럼 팬데믹 종결 후 자살 행렬이 이어질 가능성이 매우 크므로, 그 후폭풍을 견뎌내고 '우리'라는 끈끈한 유대감으로 서로서로 생명을 감싸 안는 공동체 의식이 절대적으로 필요하다.[41] 그러므로 장기실업으로 인한 생활고 속에서 스스로 목숨을 끊는 사람들을 붙들어 주는 21세기 한국 기독교의 생사 공동체 회복이 그 어느 때보다 절실하다고 아니할 수 없다.

초대 기독교 역사가들이 증언하듯이, "삶과 죽음의 주이신 그리스도"(롬 14:9)를 신앙하는 초대 교인들은 당시 무서운 전염병이 창궐하던 도시에 남아 죽음에 대한 두려움을 무릅쓰고 환자들을 헌신적으로 보살폈다. 이것은 로마 제국의 대다수 의사들이 환자를 방치함으로 말미암아 안락사(euthanasia)가 성행했던 상황과는 확연히 구별되는 행동이었다.[42] 또한 초대 교인들은 사람들의 업신여김을 당했던 고아와 과부들을 긍휼히 여기고 보살핌으로써, 당대의 비인간적인 사회 분위기를 쇄신하고 새로운 시대 정신을 주창하였다. 기독교의 발흥과 확립은 기존의 세계관을 근본적으로 바꾸어놓았는데, 특히 치명적 전염병이 발생한 결과 대부분의 공동체들이 신뢰를 잃은 와중에 초대 교회는 오히려 급성장했고 이 새로운 공동체로 사람들이 몰려오게 되었다.[43] 삶과 죽음의 한계를 넘어서는 초대 교회의 모습은 사상 초유의 팬데믹에 맞닥뜨려 교회와 성도의 정체성을 잃어가는 21세기 기독교에 시사하는 바가 매우 크다.

이제 21세기 한국 교회와 성도는 삶과 죽음을 주관하시는 하나님을 전적으로 신뢰함으로 삶과 죽음을 넘어서는 생사 공동체를 회복함으로써, 죽음의 기운이 횡행한 이 시대에 생명의 기운을 확산시켜야 할 것이다. 인간의 노력이 거의 무력해 보이는 가공할만한 대재앙 앞에서 많은 이들이 어떻게 대처해야 할지 몹시 난감해했지만, 그리스도인은 평안할

---

41) 곽혜원, "글로벌 팬데믹 시대 속에서 생사교육의 당위성에 대한 제언", 119.
42) I. Daubigin/신윤경 옮김, 『안락사의 역사』(서울: 섬돌, 2007), 27.
43) W. H. McNeill/김우영 옮김, 『전염병의 세계사』(서울: 이산, 2012), 143f.

때만이 아닌 오히려 재난의 때에 더욱 의연하게 대처해야 할 것이다. 끝으로 필자가 역설하는 바는, 삶의 의지를 잃어버려 살아갈 길이 막막하고 스스로 구제할 여력이 없는 이들이 다시 소생하기 위해서는 누군가로부터의 건짐과 구원의 경험을 해야 한다는 사실이다. 희망의 끈을 절대 놓지 않으면 다시 일어설 수 있다는 것은 어떤 고통과 굴욕 속에서도 부여잡아야 할 인생의 강력한 히든카드(희망의 저력)이지만, 이것이 누군가의 도움과 격려로부터 생겨나기 때문이다. 바로 그 누군가의 역할이 그리스도인의 사려깊은 역할인데, 생명력을 잃어가는 이에게 삶과 죽음을 넘어선 생명의 복음을 전하는 것은 본래 그리스도인이 감당해야 할 책임적 과제이기 때문이다. 특별히 자살 및 고독사 희생자의 절대다수가 스스로를 구제할 만한 여력을 갖지 못했다는 사실을 유념할 때, 이들이 절망을 딛고 일어설 수 있도록 희망에 대한 자립·자조 의지를 심어주는 일이 매우 중요하다.

참고문헌

곽혜원. "글로벌 팬데믹 시대 속에서 생사교육의 당위성에 대한 제언", 「문화와 융합」 제43권 2호(2021.02).

_____. "글로벌 팬데믹 시대에 논하는 기독교 생사학 및 생사교육의 과제", 「조직신학연구」 제39권(2021.08).

_____. "사회적 소외자 대책과 한국 기독교의 사회적 과제(부제: 글로벌 팬데믹 속에 악화하는 사회 양극화에 대한 대처방안 논의)", 「개혁주의 이론과 실천」 제22호(2022.02).

_____. 『자살문제, 어떻게 할 것인가: 한국인의 자살실태와 해결방안에 대한 종교사회학적 접근』, 서울: 21세기교회와신학포럼, 2011.

_____. 『존엄한 삶, 존엄한 죽음: 기독교 생사학의 과제와 전망』, 서울: 새물결플러스, 2014.

_____. "존엄한 죽음과 한국 기독교의 과제", 『이상원교수 은퇴기념 논문집』, 서울: 총신대학교 출판부, 2020.

_____. "한국 교회에 대한 한국 사회의 인식", 『제2종교개혁이 필요한 한국 교회』, 서울: 기독교문사, 2015.

국제신문 취재팀. "고독사, 노인보다 40-50대가 더 많다", 「국제신문」(2013.11.19).

_____. "고독사…인연이 끊긴 사회", 1회-5회, 「국제신문」(2013.11.19.~12.17).

김균진. 『기독교 신학』, 제5권, 서울: 새물결플러스, 2020.

_____. 『죽음과 부활의 신학』, 서울: 새물결플러스, 2015.

김 완, 『죽은 자의 집 청소: 죽음 언저리에서 행하는 특별한 서비스』, 서울: 김영사, 2020.

노명우. 『고독한 사람들의 사회학』, 서울: 사월의 책, 2014.

박용익. 『그들은 왜 자살을 생각하게 되었는가』, 서울: 고려대출판문화원, 2015.

서강대생명문화연구소 엮음. 『현대 사회와 자살』, 서울: 한국학술정보, 2011.

서종한. 『심리부검: 나는 자살한 것을 후회한다』, 서울: 학고재, 2015.

성유진 외 2인 공저. 『남자 혼자 죽다: 세상에 없는 죽음, 무연사 209인의 기록』, 서울: 생각의 힘, 2017.

오진탁. 『자살, 세상에서 가장 불행한 죽음』, 서울: 세종서적, 2008.

오후. 『가장 공적인 연애사』, 서울: 도서출판 날, 2020.

윤영호. 『나는 죽음을 이야기하는 의사입니다』, 서울: 컬처그라퍼, 2012.

이은영. "외로움과 관계 단절로부터 야기되는 자살은 고독사로 지정될 수 있는가", 「인간·환경·미래」 제21호.

전영수. 『은퇴대국의 빈곤보고서: 고령사회 일본이 던지는 화두』, 서울: 맛있는책, 2011.

조선일보 특별취재팀. "한국인의 마지막 10년"(1부), 1회-8회, 「조선일보」(2013.11.04~11.13).

_____. "한국인의 마지막 10년"(2부), 1회-10회, 「조선일보」(2014.09.01.~09.27).

한겨레 특별취재팀. "낡은 세간살이 대신 이력서 … 노인과 다른 '청년 고독사'", 「한겨레」(2019.12.21).

한국자살예방협회 엮음. 『자살의 이해와 예방』, 서울: 학지사, 2008.

한국죽음학회 엮음. 『죽음맞이(부제: 인간의 죽음 그리고 죽어감)』, 서울: 모시는사람들, 2013.

KBS. 〈스페셜: 우리는 어떻게 죽는가?〉(2013.12.19).

_____. 〈파노라마: 우리는 어떻게 죽는가〉(2013.12.19).

_____. 〈파노라마: 한국인의 고독사〉, 1편: 보이지 않는 죽음(2014.05.22).

_____. 〈파노라마: 한국인의 고독사〉, 2편: 마지막 메시지(2014.05.29).

_____. 〈시사직격: 죽어야 보이는 사람들 - 2021 청년 고독사 보고서〉(2021.05.07).

고타니 미도리/현대일본사회연구회 옮김. 『죽음과 장례의 의미를 묻는다: 고독사 시대에 변화하는 일본의 장례문화』, 서울: 한울, 2019.

나가오 가즈히로/신학희 옮김. 『남자의 고독사』, 서울: 연암서가, 2019.

노다 마사야키. 『떠나 보내는 길 위에서: 대형 참사 유족의 슬픔에 대한 기록』, 서울: 펜타그램, 2015.

우에노 치즈코/송경원 옮김. 『누구나 혼자인 시대의 죽음』, 서울: 어른의시간, 2016.

시마다 히로미/이소담 옮김. 『사람은 홀로 죽는다』, 서울: 미래의 창, 2011.

사이토 다카시/장은주 옮김. 『혼자 있는 시간의 힘』, 서울: 위즈덤하우스, 2015.

요시다 타이치/김석중 옮김. 『유품정리인은 보았다!』, 서울: 황금부엉이, 2012.

Barbagli, M./박우정 옮김. 『자살의 사회학: 세상에 작별을 고하다』, 서울: 글항아리, 2017.

Elias, N./김수정 옮김. 『죽어가는 자의 고독』, 서울: 문학동네, 2013(개정판).

Grashoff, U./배진아 옮김. 『이제 그만 생을 마치려 합니다』, 서울: 해토, 2005.

Joiner, T./김재성 옮김. 『사람들은 왜 자살하는가?』, 서울: 황소자리, 2012.

McNeill, W. H./김우영 옮김, 『전염병의 세계사』, 서울: 이산, 2012.

Mischler, G./유혜자 옮김. 『자살의 문화사』, 서울: 시공, 2002.

Moll, R./이지혜 옮김. 『죽음을 배우다』 서울: IVP, 2013.

NHK무연사회프로젝트팀/김범수 옮김. 『무연사회: 혼자 살다 혼자 죽는 사회』, 서울: 용오름, 2012.

Pilleme, K./박여진 옮김, 『내가 알고 있는 걸 당신도 알게 된다면』, 서울: 토네이도, 2012.

Schultz, R./노선정 옮김. 『죽음의 에티켓: 나 자신과 사랑하는 이의 죽음에 대한 모든 것』, 서울: 스노우폭스북스, 2019.

Schützenberger, A. A. 외 1인/허봉금 옮김. 『차마 울지 못한 당신을 위하여』, 서울: 민음인, 2014.

Shneidman, E. S./조용범 옮김. 『에드윈 슈나이드먼 박사의 심리부검 인터뷰』, 서울: 학지사, 2014.

Townsend, L./박선규 옮김. 『자살: 자살에 대한 목회적 반응』, 서울: 순전한 나드, 2009.

<Abstract>

A Study on the rapidly increasing situation of solitude death and the countermeasures

Kwak, Hyewon
(Forum for Church & Theology in 21c)

Solitude death reveals the most unfortunate death of this age in an extreme form. This death is a death that is found as a decomposed body long after a lonely death due to suicide or disease after living alone without anyone living together. This death is a death in which all human relations have been cut off, and there is no one to hold a funeral. This is a terrible social phenomenon experienced by people who have lost their relationships in a society where all social relationships, including family relationships.

The term "solitude death" originally began to be widely used more than a decade ago when concerns arose about the problems Japan was experiencing. At that time, it was widely expected that solitude would be a matter of concern in the future, not just right now in Korea, but this was a misjudgment. Because not only can we no longer nelect the solitude death problem in our country, but it is also a very serious relity, almost the same as Japan's population. In fact, men in their 40s and 50s account for the highest percentage of solitude deaths.

In a nutshell, the solitude issue is an overall concentration of all the problems in our society(the unemployment caused by social polarization, the collapse and divorce of the domestic economy, the increasing urbanization and anonymity, the dehumaization of society and the collapse of the basic community). Dispite the fact that the issue of solitude and death has become a serious social issue in Korea like Japan, it has been only a few years since interest and discussion began in Korea.

Moreover, the definition of solitude death has not been clearly defined in our country, and there are few accurate official government statistics on how lonely death occurs on average a year. Then we can see that our efforts to solve the solitude death problem have not been implemented properly so far. This situation in Korea ist very contracy to the fact that Japan ist fiercely struggling to solve the problem of solitude and death, investing huge amounts of money, and taking measures in the overall realm of society.

This paper aims to examine the rapid spread of solitude death in this consciousness and the uncomfortable truth about this problem, namely the reality that family disintegration, social polarization, and polarization of human ralations are closely correlated, causing solitude death, and the devastation of the mind due to rapid social changes that form the background of solitude death. And not only does this paper prevent solitude death, but it also wants to think about ways to solve this problem.

| **Keywords** |

solitude death, an unconnected society, family dismantling, sicial polarization, polarization of human relations

 특별기고 ②

기독교 생명윤리학의 흐름과 주요한 기독교 생명윤리학자들 소개

노영상[*]
(한국외항선교회)

[**국문초록**]

 본 글의 제목은 "기독교 생명윤리학의 흐름과 주요한 기독교 생명윤리학자들 소개"이다. 생명의료윤리학은 지난 1960년대부터 연구가 진작되기 시작하였다. 이 분야에 대한 연구비가 많이 지원된 것도 그 발흥의 원인 가운데 하나였던 것 같다.
 1960년대 이후 기독교 생명윤리 발전은 세 시기로 구분된다. '생명윤리의 르네상스' 시대, '생명윤리의 계몽주의' 시대, '세속화에 대한 불만'의 시대의 세 시기이다. 이에 있어 그 세 시기의 주안점을 간단히 정리하여 보면 다음과 같다.
 1) 1960, 70년대의 '생명윤리의 르네상스' 시대: 성경과 기독교 전통을 생명윤리의 자료로 사용하였던 시대이다.
 2) 1980년대의 '생명윤리의 계몽주의' 시대: 비기독교인과의 대화의 중시, 철학적 윤리를 강조하였던 시기이다.
 3) 1990년대의 '세속화에 대한 불만'의 시기: 다시 기독교적인 아이덴티티를 생명윤리 분야에서 찾고자 함, 생명윤리의 근본 문제들에 대한 질문을 하고 있다.

---

[*] 논문 투고일: 2022년 3월 4일   [*] 논문 수정일: 2022년 3월 10일
[*] 게재 확정일: 2022년 3월 19일

이 세 시기엔 주요한 기독교 생명윤리학자들이 참여하고 있는데, 첫 번째의 시기엔 가톨릭 신학자 리처드 매코믹(Richard A. McComick), 윌리엄 메이(William F. May)와 개신교 신학자 조지프 플레처(Joseph Fletcher), 폴 램지(Paul Ramey) 등이 있으며, 두 번째 시기의 주요 학자들로는 가톨릭의 저메인 그라이제쯔 (Germain Grisez), 개신교의 제임스 칠드리스 (James F. Childress) 등이 앞장섰다. 그리고 마지막 세 번째 시기의 주요 학자로는 개신교의 스탠리 하우어와쓰 (Stanley Hauerwas) 등을 들 수 있을 것이다.

| 주제어 |
기독교 생명윤리학, 기독교 생명윤리학의 흐름, 기독교 생명윤리학자, 생명윤리의 르네상스 시대, 생명윤리의 계몽주의 시대, 세속화에 대한 불만의 시대

1. 생명윤리학의 기원

생명윤리에 대한 논의를 활발하게 시작한 나라는 미국이다. 생명윤리는 미국에서 1960년대 초에 연구되기 시작하였다. 이 즈음에 미국에서 생명윤리에 대한 관심이 고조된 이유가 크게 세 가지로 지적된다.[1]

1) 먼저는 1960년대에 들어 미국사회는 도덕적 문제 전반에 관심을 갖기 시작하였다. 미국은 1, 2차 세계대전을 치른 후, 이 시기가 되어서야 경제적으로 어느 정도 안정을 취하게 되는데, 그러한 안정된 생활을 기반으로 도덕적 문제가 활발히 논의되기 시작한 것이다. 경제가 어려우면 도덕을 논할 여유가 생기지 않는다.

2) 다음으로는 생명윤리 부문에 대한 정부의 참여가 증대되어 국민의 공공의료 혜택에 있어서의 여러 정책적인 결정이 요청되고, 이 분야의 연구비가 대폭 증액된 것이, 그것의 또 다른 원인이다. 미국의 이 시기에 공공복지를 위한 많은 재원을 투여하였는바, 이에 어느 분야의 의료복지를 우선 개선할 것인가에 대한 논의가 필요하였고, 그러한 입장에서 의료윤리에 대한 연구가 진척되었던 것이다. 오늘 우리 사회는 미국의 1960년 초와 같이, 국민들의 복지수준 향상에 힘을 쓰고 있는 시점이다. 이에 이 분야에 대한 종교계와 의료계의 많은 연구가 필요할 것이라 생각한다.

---

1) 김일순, N. 포션 편역, 『의료윤리』, (서울: 연세대학교출판부, 1982), 5ff.

3) 그러나 무엇보다 중요한 이유는 의료기술의 발전에 따라 이전의 도덕적 기준으로는 판단할 수 없는 여러 사례들이 생겼으며, 이에 따라 그에 대한 윤리적인 접근이 요청되어졌다는 것이다. 오늘 이 세계는 이전의 60년대보다 더 빠른 의료기술 발전의 모습을 보이고 있으며, 이에 이러한 연구가 더욱 활발히 진행되어져야 할 것이라 생각한다.

2. 생명윤리 발전의 세 시기[2]

미국의 생명의료윤리 분야의 연구는 크게 세 가지 시기로 구분된다. 1960-70년대의 '의료윤리의 르네상스' 시대, 1980년대의 '의료윤리의 계몽주의' 시대, 그리고 1990년대의 '세속화에 대한 불만'의 세 시기이다.

1) 생명윤리의 르네상스 시대인 첫 번째 시기엔 죠셉 플레쳐(Joseph Fletcher), 폴 램지(Paul Ramsey) 등이 활동하였는데, 이들은 생명윤리를 위한 여러 자료들을 종교적 전통에서 가져오려 하였다. 이들을 성경과 기독교의 많은 전통적 가르침 가운데, 인간의 탄생과 질병의 고통 및 죽음 등에 대한 많은 자료들이 있음을 제시하였다.

2) 그러나 1980년대에 들어, 이러한 종교적인 전통들과 자료들이 중심적인 역할에서, 주변적인 역할로 그 위치가 변경되었다. 오늘과 같은 다원적인 사회에서 여러 부류의 사람들과 대화하기 위해서는 기독교

---

[2] Allen Verhey and Stephen E. Lammers, ed., *Theological Voices in Medical Ethics* (Grand Rapids: Eerdmans, 1993), 1-5.

만의 독특한 가치관을 내세워서는 안 되며, 보편적 원칙의 윤리(an ethics of universal principles)를 하여야 한다는 것이다. 이에 기독교의 사랑이라는 규범 및 종교적 권위나 교회의 교도권 대신, (개인의) 자율(autonomy), 선행(beneficence), 악행금지(nonmaleficence), 정의(justice) 등의 원칙이 생명윤리의 기본 원칙으로 제시되었다. 이런 분야의 연구에 앞장선 사람으로, 우리는 제임스 칠드리스(James Childress)를 들 수 있겠다.

3) 1980년대의 이런 경향에 반대하여, 생명윤리에서의 종교적 전통들을 재발견하고 종교적 목소리를 회복해야 한다는 주장들이 1990년대에 다시 나오게 되었다. 듀크대에 있는 스탠리 하우워와쓰(Stanley Hauerwas) 등이 이런 경향의 주역들이었는데, 그들은 이전 1980년대의 연구들이 오랫동안 축적된 종교적 전통들의 지혜와 지식들을 너무 가볍게 보았다고 비판하였다. 특히 이전 80년대의 생명윤리는 안락사, 낙태, 장기이식, 시험관 아기 등 골치 아픈 논쟁점들의 처리에만 관심을 가진 나머지, 고난과 죽음에 대한 이해, 환자에 대한 의사의 기본자세 등 생명윤리의 기본이 되는 문제에 대한 종교적 기반에 대해서는 소홀하였다고 하였다.

4) 이상의 생명윤리학사에 대한 개관을 통해, 우리는 주요한 몇 가지의 사항들을 발견하게 된다. 먼저는 종교와 과학간의 대화의 문제이다. 다음은 보편성과 어떤 종교공동체의 도덕적 특수성의 대결이다. 마지막으로, 철학적 윤리와 기독교 윤리사이의 관계이다. 이에 우리는 생명윤리의 연구를 진척함에 있어 이러한 제반의 관계들을 염두에 두어야 할 것이라 생각한다. 기독교 신학자, 의학자, 그리고 철학자 등이 힘을 합하여 이런 문제에 대한 공동의 대화를 확장해나간다면, 더 좋은 결론에 도달할 수 있을 것이라 생각한다.

3. 현대 기독교 생명윤리학자들 소개[3]

1) 가톨릭 생명윤리 학자들

(1) 리처드 맥코믹(Richard A. McCormick)[4]

리처드 맥코믹은 20세기 미국의 주요 가톨릭 도덕신학자 중의 한 명이다. 1960년대에 개신교의 상황윤리의 등장과 함께, 가톨릭의 자연법(natural law) 사상에도 변화가 있었다. 이전 학자들은 자연법을 일종의 변하지 않는 정태적인 것으로 이해하였으나, 1960년 이후 자연법도 인간의 본성이 변화하는 것과 같이 변할 수 있음을 인식하게 되었다. 그는 먼저 인간의 기본적 경향(basic inclinations)에 대한 이성적 반성을 중시한다. 그는 인간에게 선과 악을 판단할 수 있는 합리성을 신자나 자연인이나 모두 가지고 있는바, 이러한 인간 본성과 합리성에 대한 공동적인 기반이 비기독교인과의 대화의 근거가 된다고 하였다.[5] 그는 인간의 기본적 성향 중에 생명을 보존하려는 경향, 결혼하고 아이를 가지려는 경향, 다른 사람을 찾고 그로부터 인정을 받고자 하는 경향 곧 우정, 미지의 더 높은 힘들과

---

[3] 현대기독교윤리학자들의 견해에 대한 소개는, Allen Verhey and Stephen E. Lammers, ed., *Theological Voices in Medical Ethics*을 참조할 수 있다. 이 책은 각 윤리학자들의 생명윤리에 대한 이해를 설명하고 있는바, 각 신학자의 신학적 윤리 곧 신학과 윤리와의 관계, 그의 신학적 윤리와 생명윤리 사상과의 관계, 이러한 관점에서 포착된 그의 생명윤리의 특별한 주제에 대한 이해의 세 가지 영역을 다루고 있다.
[4] Allen Verhey and Stephen E. Lammers, ed., *Theological Voices in Medical Ethics*, 78-105.
[5] Lisa Sowle Cahill, "Religion and Theology," ed. by Jeremy Sugarman and Daniel P. Sulmasy, *Methods in Medical Ethics* (Washington D. C.: Georgetown University Press, 2001), 56-57.

관계를 갖고자 하는 경향, 행동을 인도하기 위해 지성을 사용하는 경향, 기술을 발전시켜 그것을 사용하려는 경향 등을 포함시킨다. 그는 이러한 경향들을 기본적인 객관적 가치 곧 도덕적 사유의 제일 원칙으로 강조하였다.[6] 그는 그러한 도덕적 가치라는 것이 이성 속에 위치하는 것이 아니라, 이성에 의한 반성을 통해 발견되는 것이라고 하면서, 도덕적 가치가 이성적 반성에 의해 가변적인 것임을 그는 강조하였다. 인간의 경험과 역사적 맥락 및 상황에 의거하여 그 자연법의 내용이 해석학(hermeneutics)적인 견지에서 변화할 수 있다는 것이다. 그는 이런 의미에서 일종의 수정주의자로 분류된다. 이런 각도에서 그는 가톨릭의 법전을 절대적인 것으로 강조하는 매뉴얼리스트라기보다는, 그러한 독단을 거부하는 유연한 입장의 대화론자였다고 볼 수 있다. 맥코믹은 비례주의(proportionalism)를 강조한다. 비례주의란 본래적 악과 선이 있는 것이 아니라, 그 행동의 결과에 따라 그 행동이 선이 될 수도 있고 악이 될 수도 있음을 언급한다. 한 상황에서 어떤 가치들이 갈등할 때, 기본적 가치들 사이의 비례적 가치에 따라 의사결정을 할 수밖에 없는 것이다. 맥코믹의 이 같은 비례주의는 일종의 상황윤리로 규범의 절대성보다는 맥락과 인간 경험에 따른 수정주의(revisionism)적인 견해라고 볼 수 있다. 그럼에도 불구하고 그는 객관적 표준에의 통찰을 버리지 않고 있다.[7]

그는 이성에 근거한 자연도덕과 신앙에 근거한 종교적 도덕 사이에 대화를 시도한다. 그는 신앙에 근거한 기독교의 도덕신학이 이성에 근거한 자연도덕에 위배되는 것이 아니며, 서로 대화가 가능하다는 공동도덕(common morality)의 입장을 견지한다. 그는 자연도덕의 통찰과 기독교 이야

---

6) Scott B. Rae and Paul M. Cox, *A Christian Approach in a Pluralistic Age* (Grand Rapids: Eerdmans, 1999), 15.
7) Lisa Sowle Cahill, "Religion and Theology," 57.

기에 의한 도덕적 비전 사이의 상호작용을 통해, 자연법의 내용을 생명의료윤리 상의 여섯 가지의 가치로 정리한바 있다. 자연법에 기반 한 가톨릭 의학윤리의 규범적 가치를 여섯 가지로 정리해보면 다음과 같다. 첫째는 기본 되나 절대적인 것은 아닌 것으로서의 인간 생명의 가치, 둘째 발생기의 인간생명의 존엄성, 셋째 하나님 사랑과 이웃 사랑과 연결되어 있는 인간생명, 넷째 인간이 본질적으로 사회성을 가진다는 것, 다섯째 생명을 주는 것과 사랑을 하는 것 사이의 하나 됨, 여섯째, 이성 간(heterosexual)의 결혼을 규범적 가치로 인정하는 것 등이다.

맥코믹은 동 시대에 같이 활동하였던 램지와 의견을 달리하는 것도 있었다. 그는 가톨릭교회의 자연법사상과 토마스 아퀴나스의 신학 전통에서 목적론적인 윤리의 입장에 서있었다면, 램지는 개신교 기독교윤리학의 전통과 신정통주의 신학자 칼 바르트의 영향을 받아 의무론적인 입장을 견지하였다. 맥코믹은 개인의 선은 항상 공공선(common good)과의 관계에서 고찰되어야 함을 말한다. 여기에서의 공공선은 공리주의적인 개념의 것이 아니며, 다른 사람들의 복지(welfare)를 고려해야 한다는 의미에서의 공공선이다. 그러나 램지는 공공에 전체적으로 어떤 선의 결과를 가져오느냐 하는 것이 판단기준이 되어서는 안 되며, 하나님에 대한 언약적 충성 속에서 모든 사람들을 인격적으로 대하는 우리의 의무가 중요하다고 하였다. 예를 들어 스스로 결정할 능력이 없는 특정한 질병을 가진 어린아이 환자에게 해가 되지 않는 새로운 의료기술을 실험할 경우, 맥코믹은 그것이 공공의 유익을 위한 것이므로 대리자가 결정할 수 있다고 말하였던 반면, 램지는 자기 스스로 의사결정을 할 능력이 없는 아이를 대신하여 대리자가 결정한다는 것은 그 아이의 인권을 침해하는 것이므로 그러한 대리자의 결정은 받아들여져서는 안 된다고 하였다.[8]

---

8) Lisa Sowle Cahill, "Religion and Theology," 58.

(2) 윌리엄 메이(William F. May)[9]

윌리엄 메이는 가톨릭 보수주의 신학자 중의 한 명이다. 그의 신학은 수정주의(revisionism) 입장에 있는 바, 가톨릭 신학자 맥코믹(Richard A. McCormick)의 입장과 같다.[10] 그는 가톨릭의 도덕적 주장을 오늘의 상황과 경험에서 수정하여야 한다고 말한다. 그의 윤리사상은 결과론이나, 의무론, 또는 덕을 중심으로 한 윤리 어느 하나에 집중하지는 않지만, 인격(character)을 윤리에서 강조하는 경향을 보이고 있다. 그는 먼저 생명윤리 전반에 대한 우리의 비전이 중요함을 언급한다. 그가 가지고 있는 비전으로서의 전망이 무엇이냐에 따라, 그의 생명윤리의 내용이 달라질 수밖에 없다는 것이다. 그는 수정적 비전(corrective vision)을 주장한다. 그는 종교를 신성함(the sacred)에 대한 경험으로 설명한다. 우리는 이러한 종교적 경험을 통해 우리의 비전을 정돈하게 된다. 그는 생명윤리에 있어 낙태나 안락사 등의 골치 아픈 논점들을 다루는 것보다, 전체적 비전을 정리하는 것이 필요함을 말한다. 그는 생명의료윤리에서 죽음에 대한 바른 비전을 정리하는 것이 중요한 일임을 언급하였다. 그는 죽음을 하나의 종교적인 측면을 갖는 신성한 것으로 이해한다. 인간의 죽음은 하나의 기계적 고장과 같은 것이 아니다. 그것은 하나님 앞에서의 신성한 것이다. 메이는 죽음에 대한 비전을 형성케 하는 이야기, 이미지, 제의, 상징 등이 중요함을 말한다. 기독교 교리에서의 부활, 성례전, 고난 등의 많은 것들은 우리에게 이러한 죽음에 대한 비전을 제시한다. 메이는 성경의 내용에서 죽음에 대한 의미를 세 가지로 간추린다. 육체의 위기, 공동체의 위기로서의 의사소통의 상실, 그리고 하나님과의 단절로서의 죽음에 대한 이해

---

9) Allen Verhey and Stephen E. Lammers, ed., *Theological Voices in Medical Ethics*, 106-126 참조.
10) Scott B. Rae and Paul M. Cox, *A Christian Approach in a Pluralistic Age*, 13-14.

의 세 가지이다. 그는 죽음과 고통을 피할 수 없는 것으로 보지만 결코 궁극적인 것으로 생각지는 않는다. 그는 이렇게 죽음을 이해한 다음, 그러한 죽음과 고통을 대하는 신자의 태도는 '의연함'(nonchalance)이어야 한다고 말한다. 그는 이런 각도에서 우리가 환자를 취급하여야 함을 언급하였다. 우리는 환자의 죽음과 고통을 모두 막아줄 수는 없다. 그러나 그 죽어가는 환자가 의연할 수 있도록 돌볼 수 있다. 이러한 죽음과 고통을 대함에 있어서의 그가 강조한 의연함의 자세는, 우리의 비전을 적합하게 수정하여 우리로 하여금 보다 고양된 생명윤리의 장으로 나아가게 한다. 또한 그는 의사가 갖는 전문직 윤리(professional ethics)의 성격을 다루면서, 의사는 인간 곧 환자와의 계약(contract)적 관계에서만 행동해서는 안 되며, 그는 그의 모든 행동이 하나님과의 언약(covenant)적 성격 속에서 이루어지는 것에 대해 책임감을 가져야 함을 강조하였다. 그의 저작 중 가장 중요한 책으로는 1983년에 출간된 『의사의 언약』(The Physician's Covenant)이 있다.

(3) 베르나르트 헤링(Bernard Häring)[11]

베르나르트 해링은 독일의 저명한 가톨릭교회 윤리학자이다. 그는 3권으로 된 『그리스도의 법』(The Law of Christ)이란 방대한 도덕신학 분야의 책을 저술한바 있다.[12] 해링은 미국의 생명윤리가 신학적인 기반과 상관없이 진행되고 있다고 비판하였으며, 당시의 가톨릭교회의 윤리도 매뉴얼(manuals, 규정집)에 치우친 율법적인 면을 가지고 있음을 비판하였다. 그는 먼저 성경과 신학에 기반 한 기독교윤리학으로서의 토대적 도덕신학(fundamental moral theology)을 세우기에 노력하였다. 그는 모든 특정한 가치들

---

11) Allen Verhey and Stephen E. Lammers, ed., *Theological Voices in Medical Ethics*, 209-238.
12) 의료윤리 분야의 그의 가장 중요한 저작은 *Ethics of Manipulation: Issues in Medicine, Behavior Control and Genetics* (New York: Seabury Press, 1976)이다.

을 뛰어넘는 최고의 가치(Supreme Value)와 신성한 당신(the sacred Thou)을 인정하는 신앙의 윤리를 강조한다. 이 같은 인격적인 신성한 당신과의 교제에 기초하지 않은 윤리는 기독교윤리라 할 수 없다는 것이다. 그는 성경의 제시하는 비전을 통해, 오늘의 실재를 해석하는 틀을 세워야 함을 말한다. 그는 이 같은 성경의 비전이 인간의 인격과 도덕적 규범과 판단기준 및 도덕적 숙고의 과정에 영향을 크게 미칠 수 있다고 언급한다. 그러나 해링은 성경만이 도덕적 삶에 유일하게 영향을 미치는 요인이 아니며, 인간실존(human existence)의 근본적 차원들에 대한 인간의 경험(experience)과 철학과 과학의 통찰(insight) 또한 중요한 것임을 설명하였다. 그는 인간이 하나님과의 인격적 관계 속에서 회심(conversion)함을 통하여, 그의 마음이 변혁되며, 이에 따라 그리스도의 현존과 조화되는 도덕적 성향, 태도, 동기, 행동 등이 야기되는 것임을 말하였다.

해링은 누구보다 규범적 판단(judgement)을 강조하는 매뉴얼의 윤리에서 벗어나고자 하였다. 그는 이르기를 도덕적 삶에 있어 중요한 것은 도덕적 판단의 근거로서의 법과 규범뿐 아니며, 오히려 그리스도 안에 있는 존재로서의 도덕적 행위자로서의 성향(disposition)이 중요함을 역설하였다. 이런 의미에서 그의 윤리는 마음(heart)의 윤리, 성향의 윤리이며, 원리중심의(principle-centered) 윤리이기보다는 인격중심의(person-centered) 윤리라고 할 수 있다. 그는 옳은 행동(right action)보다는 선한 인격(good character)의 중요성을 강조하였다. 이런 의미에서 그의 윤리는 전통적 가톨릭교회 도덕신학과 대비된다. 그는 윤리적 원칙(principle)을 특정 상황에 적용하는 도덕적 판단(judgement)의 문제에 앞서, 회심한 사람의 가치와 태도와 성향을 강조하는 판별(discernment)의 과정에 대해 초점을 맞추고 있다.

그는 인간에 대한 폭넓은 비전에서 그의 의료윤리를 전개한다. 그는 의료윤리가 하나의 의료기술 상의 문제에 대한 반성이 아니며, 그 안에는 철학적이며 신학적인 문제가 게재되어 있는 간학문적인 연구 분야라고 말한다. 인간에 대한 지식은 모든 윤리적 담화의 기본 되는 전제이다. 그는 인간에 대한 총체적이며 통합적인 비전(integral vision), 그리고 그 인간의 온전함에[13] 대한 비전을 제공하는 신학적 논의가 의료윤리 형성에 중요한 밑거름이 됨을 강조한다. 그는 인간의 한 면만을 강조하는 환원적 인간관에 반대하여, 전체적 인간이해가 중요함을 말하였다. 그는 이와 관련된 의료윤리와 상관된 중요한 질문을 네 가지로 정리한다. 첫째 인간의 본성은 무엇인가? 둘째 신체적 생명(bodily life)의 의미는 무엇인가? 셋째 인간의 죽음의 의미는 무엇인가? 넷째 건강과 질병의 의미는 무엇인가? 하는 것들이다. 그는 이와 같은 전체적인 인간의 비전에 대한 틀거리 속에서, 의료윤리의 세부문제를 다룰 것을 제안한 것이다. 그는 의료윤리의 전제가 되는 이런 문제들을 신학적이며 성경적인 기반에서 서술하였다. 그는 이 같은 통전적 비전(holistic vision)이, 의료윤리에 중요한 영향을 주게 됨을 강조하였다.

2) 개신교 생명윤리 학자들

(1) 죠셉 플레처(Joseph Fletcher)

죠셉 플레처는 상황윤리(situation ethics) 학자로 유명하다. '상황윤리'란 용어는 기독교윤리학자들이 만들어낸 개념으로, 철학적 윤리분야의 실존주의적 윤리와 그 내용에 있어 비슷한 점은 많다. 상황윤리는 가톨릭

---

13) 그는 전통적 가톨릭의 의료윤리가 인간의 전체성보다는 육체적인 면에 초점을 맞추고 있다고 비판한다. 의료윤리는 몸의 문제만을 다루는 것이 되어서는 안 되고, 인격 전체를 다루는 것이어야 한다고 그는 말한다. 그는 인간의 온전함을 하나님과 동료인간과 그를 둘러싸고 있는 세상과의 본질적 관계 속에 있는 인격체로서의 인간의, 모든 면에서의 위엄과 복리(well-being)로 표현하고 있다. [B. Häring, *Medical Ethics* (Notre Dame: Fides Publishers, 1973), 62-64.]

의 자연법윤리에 반대하여, 규범과 법에 의한 판단보다는 상황 속에서의 양심에 의한 결단을 중시한다. 상황윤리는 철학적으로는 실존주의의, 신학적으로는 신정통주의의 신학을 영향을 입은 바 크다. 상황윤리를 설명하는 가장 중요한 책으로 우리는 1966년에 출간된 플레처의 『상황윤리』(Situation Ethics: The New Morality)를 들 수 있다. 또한 1954년에 출간된 그의 책 『도덕과 의학』(Morals and Medicine)은 개신교 의료윤리 분야의 효시와 같은 책이다. 상황윤리는 원칙(principle)보다는 인격(person)을, 타율보다는 자율을, 규칙이나 자연법보다는 하나님의 의지로서의 사랑을 강조한다.[14] 플레처도 자신의 상황윤리는 율법주의(legalism)와 반규범주의(antinomianism) 모두를 극복한 상황주의(situationism)를 강조하는 윤리로서, 법으로서의 하나님의 사랑을 강조하는 윤리라고 주장한다.[15] 그는 사랑 일원주의(monism)로서의 상황윤리를 설명하며, 여섯 가지의 제안을 한다.[16] 첫째 유일한 본래적 선은 사랑뿐이다. 둘째 사랑이 기독교인의 의사결정의 궁극적 규범이다. 셋째 사랑만이 행위의 유일한 규범이다. 넷째 사랑은 그가 이웃을 좋아하든지 싫어하든지 간에 이웃의 선을 원한다(will). 다섯째 사랑이란 목적은 그 수단들을 정당화한다. 여섯째 의사결정은 상황적으로 이루어져야지 규정적으로 이루어져서는 안 된다. 그는 이와 같은 상황윤리의 원칙 하에서, 규칙과 규범을 강조하는 의무론적인 윤리보다는, 상황 속에서의 그 행동의 결과를 가지고 판단하는 목적론적 윤리의 입장을 강조하였다. 이러한 상황윤리에 대한 여러 비판들이 있었다. 상황윤리는 인간의 양심과 이성의 판단을 강조하는 것으로, 인간에 대한 낙관론에 기초한다는 것이다. 또한 객관적인 법보다는 주관에 의존하여 주관주의적 윤리로 흐

---

14) 존 로빈슨, 『신에게 솔직히』, 현영학 역 (서울: 대한기독교서회, 1968), 144 참조.
15) Joseph Fletcher, *Situation Ethics: The New Morality* (Philadelphia: The Westminster Press, 1966), 18-37.
16) Joseph Fletcher, *Situation Ethics: The New Morality*, 57-133.

를 위험이 있음과 동시, 도덕적 규범이 약화될 우려가 있는 것이다. 또한 상황윤리는 성도덕과 같은 개인적인 윤리를 설명하기에는 용이하나, 사회윤리 분야에 이 이론을 적용하기에는 한계가 있다는 비판을 받는다. 또한 상황윤리가 언급하는 바의 상황에 대한 정의가 애매하다는 비판도 있다.[17]

플레처는 상황윤리의 예를 다음과 같은 낙태의 경우를 들어 설명하였다. 1962년 어느 주립 정신병원에서 한 입원 환자가, 같은 병원에 정신분열증으로 입원해 있는 처녀를 강간한 사건이 있었다. 이를 알게 된 처녀의 아버지는 병원 측의 부주의한 경계로 이러한 일이 발생했음을 지적하고, 병원 측에 요청하기를 태아가 아직 자라기 전에 낙태시켜 달라고 했다. 병원 직원들과 원장은 형법이 임신한 어머니의 생명이 위험에 처했을 때의 치료적 유산의 경우를 제외하고는 모든 낙태 수술을 금하고 있고, 또 도덕법이 수태후의 태아를 방해하는 행위는 살인 곧 무죄한 인간의 생명을 빼앗는 죄로 간주한다는 근거에서, 낙태시켜 달라는 요청을 거부하였다. 상황윤리학자들은 다음과 같이 생각한다. 임신 초기에는 태 안에는 인격이라고 할 만한 인간의 생명이 아니므로 살인이 성립되지도 않으며, 설령 이것이 살인이라고 할지라도 이 경우에는 그 여자의 생명을 위협한 경우이므로, 충분히 자기 방어를 위한 살해였다고 말할 수 있다는 것이다. 이 경우에 가해자는 하나가 아니라 두 명이 된다. 그녀를 강간한 정신병자 남자가 그녀에 대한 첫 번째 가해자이다. 또한 장차 그녀에게서부터 태어나게 될 태아가 그녀에 대한 두 번째의 가해자가 된다. 그 여자의 경우에서는 다만 자기 방어라는 이유만으로도 낙태가 허락되어

---

17) 상황윤리에 대한 여러 윤리학자들의 평가는 Harvey Cox, *The Situation Ethics Debate* (Philadelphia: The Westminster Press, 1968)를 참고할 수 있다.

져야 한다는 것이다.[18]

(2) 폴 램지(Paul Ramsey)[19]

폴 램지의 윤리체계는 1950년의 저작인 『기초 기독교윤리』(Basic Christian Ethics)에 나타난다. 그는 니그렌(Anders Nygren), 바르트(Karl Barth), 리처드 니버 등의 신학에 영향을 받았다. 그의 윤리는 언약 중심적(covenant-centered) 윤리로 평가된다. 하나님의 행동에 대한 언약적 충성(covenant fidelity)은 인간 사이의 충성을 요구한다고 그는 말한다. 이런 의미에서 기독교 윤리는 하나님의 명령에 순종하는 의무론적 윤리이다. 앞의 가톨릭 윤리학자인 맥코믹의 도덕신학은 어떤 행동이 선한 결과를 가져오는가를 평가함에 따른 가치의 실현을 강조하는 목적론적 윤리인 반면, 램지의 윤리는 언약에 대한 순종적이며(obedient) 희생적이고(sacrificial) 차별이 없는(nonpreferential) 아가페적 사랑을 의무로 알고 규칙에 의거 행하는 의무론적 윤리라는 것이다.[20] 그의 윤리사상은 하나님의 인간에 대한 아가페 사랑에 근거한다. 하나님의 아가페가 인간을 통해 이웃에 전달된다. 그는 이러한 아가페의 이웃에 대한 전달에 기독교윤리가 위치한다고 설명한다. 먼저는 이웃과의 사랑으로서의 인격적 관계가 우선이다. 이 면에서 볼 때에는 플레처의 상황윤리와 비슷한 것 같지만, 그는 이후 그 사랑의 실행을 위해선, 규칙(rule)이 필요하다는 규칙 아가페주의(rule-agapism)의 입장을 가미하고 있다.[21] 이러한 그의 윤리는 '원칙에 입각한 사랑을 통한 유효한

---

18) Joseph Fletcher, *Situation Ethics: The New Morality*, 37ff.
19) Allen Verhey and Stephen E. Lammers, ed., *Theological Voices in Medical Ethics*, 7-29.
20) Paul Ramsey, *Basic Christian Ethics* (New York: Charles Scribner's Sons, 1951), 39-40.
21) 램지의 입장은 순수한 행동 아가페주의(act-agapism)와 규칙 아가페주의의 혼합된 형태임을 윌리엄 프랑케나(William Frankena)는 그의 책 『윤리』(현대신서)에서 말한 바 있다. 순수한 행동 아가페주의는 규범에 근거하는 윤리를 반대한다.

신앙'(faith effective through in-principled love)으로 정의 된다. 램지의 입장은 도덕적 규범에 근거하여 도덕적 결단을 내릴 수 있을 때에는 도덕적 규범에 의거하고, 타당성을 가지는 규범이 없거나 규범들이 서로 충돌하고 갈등을 일으킬 때에는 직접 사랑에 의거하여 도덕적 결단을 내리는 입장이다.[22] 램지는 성경의 주제에서 나온 기독교적 규범으로서의 하나님에 대한 언약적 책임이, 정의, 신실함, 돌봄, 생명의 신성함, 사랑 등으로 언급되는 사람들의 자연적 관계에도 충분한 적용이 가능하다고 말하면서, 그의 윤리가 교회내의 담론으로만 머무는 것에 반대하였다.[23]

램지는 그의 학문 활동 후기에 의료윤리에 대한 여러 권의 책들을 저술하는 등, 이 분야에 많은 공헌을 하였다. 이러한 언약 중심적 윤리는 그의 의료윤리에 대한 설명에서도 마찬가지로 영향을 미치고 있다. 그는 인체실험의 문제를 다루며, 먼저 인간에 대한 충성으로서의 인격적 사랑의 관계를 강조한다. 그는 인간을 일종의 실험대상의 물건과 같이 다룰 수 없음을 말한다. 치료와 실험은 다른 것이다. 치료에선 환자와 의사의 관계이지만, 실험에선 실험자와 실험 대상의 관계가 되는 것이다. 그러므로 이러한 인체에 대한 실험에 있어 중시되어야 할 것은 당사자의 동의(consent)이다. 이러한 실험은 치료와 달라서,[24] 대리인의 동의도 허락할 수 없음을 램지는 말하였다. 당사자가 그가 다른 사람의 치료를 위해, 먼저 희생적인 실험의 대상이 되는 것을 동의함이 필요함과 동시, 또한 그가 실험에 남용되는 것을 막기 위해서도 이러한 동의의 절차가 필요함을 그는 강조하였다. 그는 인간에 대한 사랑과 인격적 관계에서 의료윤리의 문

---

22) William K. Frankena, "Love and Principle in Christian Ethics," *Faith and Philosophy*, ed. by Alven Platinga (Grand Rapids: Eerdmans, 1964), 203-225.
23) Paul Ramsey, *Patient as Person* (New Haven and London: Yale University Press, 1970), xⅱ-xⅲ.
24) 실험에는 치료적 실험과 비치료적 실험이 있다. 이 경우는 비치료적 실험을 말한다.

제를 조망하였던 것이다.[25]

(3) 제임스 거스탑슨(James M. Gustafson)[26]

제임스 거스탑슨은 리차드 니버(H. Richard Niebuhr)의 제자이며, 거스탑슨의 예일에서의 제자 중의 한 명이 하우어와쓰(Stanley Hauerwas)이다. 그의 생명윤리를 연구하는 데 있어 중요한 책들은 그의 주저인 『신중심적 전망으로부터의 윤리』(Ethics from a Theocentric Perspective, 1981, 1984) 1, 2권과 『의료윤리에 대한 신학의 공헌』(The Contribution of Theology to Medical Ethics, 1977)이다. 거스탑슨은 생명윤리 분야의 독특한 공헌을 한 사람이다. 그는 낙태, 안락사 등 골치 아픈 문제에 답을 주는 윤리를 말하기 보다는, 기독교 생명윤리의 근본적인 문제에 대해 언급한다.

그의 기독교윤리 사상을 파악하기 위해서는 그가 자주 쓰는 용어 도덕적 판별(moral discernment)에 대한 설명이 필요하다.[27] 그는 의사결정 과정을 언급하는 말로 도덕적 판단(moral judgement)이란 용어를 쓰기보다는 도덕적 판별이란 용어를 선호하였다. 도덕적 판단이란 행동을 결정하기 위한 합리적 행위로서의 숙고(deliberation)만을 강조하나, 판별이란 이성적인 면뿐 아니라, 미학적이고 정서적인 차원(aesthetic and affective dimensions)들을 그 안에 포함한다.[28] 거스탑슨은 도덕적 판별을 구성하는 네 가지 요소를 언급한다. 전망(perspective)과 성향(disposition)과 의도(intention)와 판단(judgement)이다. 전망은 일종의 세계관 또는 그이 가치관이라 할 수 있는바, 선에 대한 문제와 연결된다. 성향과 의도는 도덕적 행위자의 문제와 연결되는데,

---

25) Allen Verhey and Stephen E. Lammers, ed., *Theological Voices in Medical Ethics*, 22-24.
26) 노영상, 『경건과 윤리』 (서울: 성광문화사, 1994), 241-244.
27) 노영상, 『경건과 윤리』, 155-213을 참조하시오.
28) James M. Gustafson. "All Things in Relation to God," *Second Opinion* 16 (March 1991), 92.

성향은 정서적인 측면이, 의도는 의지적인 측면이 강하다. 마지막으로 도덕적 판단은 윤리적인 규범을 상황에 적용하는 인간의 합리적인 능력을 말한다. 인간이 바른 행동결정을 하기 위해서는 이와 같이, 가치관으로서의 신앙적인 요소, 정서적이며 의지적인 요소, 그리고 이성적인 판단이 게재된다는 것이다. 거스탑슨은 삶이 선하다는 것에 대한 신중심적인 전망, 믿음과 소망과 사랑으로서의 성향, 이웃의 선을 추구하려는 의도, 도덕적 규범으로서의 예수 그리스도의 사랑을 강조하였다.

거스탑슨의 의료윤리는 이러한 그의 신학적 윤리의 입장과 연결되어 있다.[29] 먼저 그는 전망으로서의 생명윤리에서의 기독교적인 도덕적 관점(a moral point of view)에 대해서 설명한다. 거스탑슨은 생명윤리가 하나님께서 전 창조물의 복리(well-being)를 원하신다는 관점 속에서 전개되어야 함을 강조하였다. 다음으로 그는 성향으로서의 태도에 대해 설명한다. 생명윤리에서 기독교인은 나름의 태도를 가져야 하는바, 생명에 대한 존경(respect for life)의 태도, 개방성(openness)의 태도, 자기비판(self-criticism)의 태도 등이 중요함을 말하였다. 그는 다음으로 구체적인 환경에서의 행동의 방향성으로서의 의도성(intentionality)의 문제를 다루었다. 이 상에서 거스탑슨의 의료윤리에 대한 주요한 틀거리를, 우리는 전 창조물의 복리, 생명에 대한 존경, 그리고 사랑에의 의도성이란 말로 정리할 수 있을 것 같다. 이와 같이 그는 의료윤리에 대한 책을 쓰면서, 어느 골치 아픈 논점들에 집중하기 보다는 의료윤리를 테두리 치는 커다란 틀거리에 대해 더욱 집중하였다. 거스탑슨은 실제 의료윤리의 문제를 다룰 때에도, 이런 전반적인 틀거리를 중시하고 있으며, 동시 신중심적이라는 그의 입장을 견지하고 있다. 그의 신중심적인 전망으로서의 윤리는 윤리적 사고를 함에 있

---

29) 이 부분은 그의 책, *The Contribution of Theology to Medical Ethics* (Milwaukee: Marquette University Press, 1977)을 간략히 정리한 것이다.

어, 좁은 전망을 넘어서서 넓은 전망에서 검토할 것을 강조한다. 예를 기아 문제를 다룰 때에도, 그것은 인구증가와 식량의 감소라는 차원에서만 고찰하지 않으며, 정치, 경제, 사회, 문화 등의 모든 각도에서 그 문제를 진단하고자 노력하였다.

(4) 제임스 칠드리스(James F. Childress)[30]

칠드리스(James F. Childress)는 의료윤리학 분야에 전문적으로 투신한 신학자이다. 칠드리스는 이러한 학문적인 성과와 함께, 장기조달 문제와 같은 정부의 의료 및 보건 정책 결정에 적극적으로 참여하기도 하였다. 칠드리스는 교회 밖의 사회와 윤리적인 대화를 강조하는 공동 도덕(common morality)과 공적 신학(public theology)의 입장에 서있는 신학자이다. 칠드리스의 퀘이커 교단에 속한 신학자이다. 칠드리스는 윤리적 논의 범위를 교회 안으로 제한하지 않고 공적 범주로 확대하려고 노력하였다. 이 같은 경향은 퀘이커를 일으킨 조지 폭스(George Fox)의 영향을 받은 것이라 할 수 있다. 이에 그의 윤리학을 신학적이기보다는 상당히 철학적인 면이 많다. 칠드리스는 로스(W. D. Ross)와 같은 분석철학자들의 영향을 받아 분석적이고 법률적인 논거의 성격을 띠는바, 논리적이며 개념적인 이론을 주장하였다.[31] 칠드리스의 윤리는 공리주의적 성격을 나타내는바, 그것은 프랑케나(William Frankena)의 영향에서 비롯된 것이다.

그는 주로 리처드 니버나 램지의 신학적 윤리에 많은 영향을 입었는바, 인간은 하나님의 목적에 응답하는(responsive) 행동을 하여야 함을 그는 강조하였다. 이런 맥락에서 그의 의료윤리학의 주된 주제는 책임

---

30) Allen Verhey and Stephen E. Lammers, ed., *Theological Voices in Medical Ethics*, 127-156.
31) Allen Verhey and Stephen E. Lammers, ed., *Theological Voices in Medical Ethics*, 128.

(responsibility)의 문제에 연결되어 있다. 그러나 램지의 사상과는 달리 그는 의료윤리의 원칙들을 최고의 규범인 사랑에서 모두 끌어오지 않는다. 그와는 달리 서로 독립된 여러 원칙들을 그는 다양하게 열거하면서, 그들 사이의 조화와 균형을 강조하였다. 이러한 칠드리스의 책임과 원칙의 다양한 모습에 대한 강조는 그의 윤리 사상에 있어 혼합주의적이며 다원주의적이고 대화적인 면모로 나타나고 있다. 예를 들어 그는 장기조달(organ procurement) 문제를 여러 논문들에서 다루며, 세속적 논리와 기독교 전통에서의 논리를 함께 제기하고 있다. 장기조달에 대한 공공 정책에 있어 논의되는 문제들을 그는 비신학적인 사유(nontheological reasoning)를 통해 검토함과 동시, 하나님의 형상(imago dei), 아가페(agape), 생명의 선물(the gift of life), 청지기(stewardship) 등의 신학적인 논제들을 장기조달 문제에 적용하여 고찰하였던 것이다. 그는 이와 같이 종교적인 확신(religious conviction)과 사회의 장기조달 방법(societal procurement methods) 양자를 그의 생명윤리적 논의에 모두 포함시켰던 것이다. 그는 이와 같이 세속의 이성적 논의와 기독교 전통에서의 종교적 논의 사이에 대화를 추구하고자 노력한 신학자였던 것이다.[32]

그는 『생명의료윤리의 원칙들』(Principles of Biomedical Ethics)이란 책을 보참(Tom L. Beauchamp)과 함께 저술하였다. 이 책은 2001년 현재 5판이 출간된 바 있는, 의료윤리 분야의 명저 가운데 하나이다. 칠드리스는 이 책에서 네 가지의 원칙을 제시한다. 자율성(autonomy)의 원칙, 악행금지(nonmaleficence, 무해성, 피해회피)의 원칙, 선행(beneficence)의 원칙 및 정의(justice)의 원칙이다.[33] 우리는 원칙이란 용어를 알기 위해, 판단, 규칙, 이론이란 용

---

32) Allen Verhey and Stephen E. Lammers, ed., *Theological Voices in Medical Ethics*, 148.
33) 자율의 원칙은 인격에 대한 존경(respect for persons)을 말하며, 악행금지의 원칙은 크게 선행의 원칙에 포함되어 질 수도 있다.[Helga Kuhse and Peter Singer, *A Companion to Bioethics* (Malden: Blackwell, 1998), 62.]

어를 설명할 필요가 있다. 가장 구체적인 것이 특정한 행동을 결정하는 판단이다. 그리고 그 판단에 직접 적용되는 규범이 규칙이다. 그 규칙을 정당화하여 방향을 잡아주는 것이 원칙이며, 그 원칙의 근거가 되는 것이 윤리이론이다.[34] 칠드리스의 공헌은 낙태의 규칙, 안락사의 규칙과 판단 등 구체적인 특정한 문제에 착목하여 결론을 내는 것보다, 그러한 여러 문제들에 어떤 방향을 주는 의료윤리의 원칙을 세우려 하였다는 데에 있다. 이러한 커다란 원칙이 정해지면, 그러한 원칙에 의거하여 개별적인 문제들을 나름의 판단을 가지고 결정해 나갈 수 있다는 것이다. 물론 생명윤리의 원칙들이 다른 분야의 원칙들이 되는 것은 아니다. 생명윤리의 원칙이 있듯, 경제윤리의 원칙, 정치윤리의 원칙 등도 찾을 수 있을 것이라 생각된다. 아무튼 칠드리스는 의료윤리의 커다란 방향으로서의 원칙을 제시한 자로서, 그러한 작업은 그의 철학에 대한 심도 깊은 고찰에서 이루어진 것이라 할 수 있다.

(5) 스탠리 하우어와쓰(Stanley Hauerwas)

스탠리 하우어와쓰의 윤리를 개괄적으로 파악하는 데에는 『평화의 왕국』(The Peaceable Kingdom, 1983)이란 그의 책이 유용하다. 다음으로 그는 의료윤리에 대한 두 권의 책을 저술하였는바, 『고통 당하는 자와 함께 함』(Suffering Presence, 1986)과 『침묵에의 지적』(Naming the Silence, 1990)이다. 먼저 필자는 『고통 당하는 자와 함께 함』이라는 그의 책에 집중하고자 한다.[35] 하우어와쓰는 기독교윤리학자들이 의료윤리의 지협적 문제에만 착목하지 근본적인 문제에 대해서는 별 관심을 갖고 있지 않음을 아쉽게 생각

---

34) Scott B. Rae and Paul M. Cox, *A Christian Approach in a Pluralistic Age*, 57.
35) Stanley Hauerwas, *Suffering Presence: Theological Reflection in Medicine, the Mentally Handicapped, and the Church* (Notre Dame: University of Notre Dame Press, 1986), 61-83.

하였다.[36] 그렇게 골치 아픈 논쟁점(quandary)들에만 관심을 두게 되면, 기독교의 신념과 전망을 별 의미가 없게 되며, 오히려 일반 철학의 방법론을 따라 가게 된다. 기독교윤리는 기독교윤리다워야 한다. 하우어와쓰는 그와 같이 기독교윤리의 정체성을 강조한다. 기독교만이 의료윤리에 공헌할 수 있는 것, 교회공동체만이 의료윤리에 공헌할 수 있는 일이 있다는 것이다. 그는 이 같은 작업을 통해 기독교윤리의 정체성을 보다 확실히 할 수 있다고 하였다.[37] 그는 이런 작업을 위해 먼저 의료윤리의 근본적인 내용들을 정리한다. 질병은 환자에게 고통을 가져온다. 병에 걸린 환자는 건강한 세상과 사람들로부터 소외되어 외로움을 느끼게 된다. 이에 있어 의학은 병자의 고통을 완화해주고 그들의 소외를 돌봐주는 것이 되어야 한다.[38] 그는 이런 의미에서 의학을 환자와 고통을 함께 하는 기술(the skill of presence)이라고 정의한다.[39] 환자의 고통에 함께 하는 자세, 그의 고통에 참여하고 그의 고통의 현장 속으로 현존하는 것 그것이 중요하다고 그는 강조한다.

우리는 의료윤리의 골치 아픈 논쟁점들만을 다루며, 어떤 규칙을 만들고자 하는 데에 너무 많은 시간을 쓰고 있다고 그는 비판한다. 하지만 오늘의 상황은 너무 다원화 되어 있으며 도덕적 상황 또한 너무 다양하기 때문에, 어떤 법칙을 세우려고 하는 노력은 곧 난관에 봉착하게 될 것이라고 그는 설명한다. 문제는 남의 고통에 함께 하려는 기본적인 태도와 그런 방향으로서의 인격(character) 형성이 중요하다. 남의 고통에 함께 하려는 인격이 형성된 자에겐, 나머지의 문제는 사소한 것이다. 그 나머지의 지성적인 처리는 철학이나 윤리학 또는 과학에서 논의될 수 있는 것들로

---

36) Stanley Hauerwas, *Suffering Presence*, 71.
37) Stanley Hauerwas, *Suffering Presence*, 75.
38) Stanley Hauerwas, *Suffering Presence*, 76-78.
39) Stanley Hauerwas, *Suffering Presence*, 81.

서, 오히려 기독교윤리의 공헌은 이런 태도의 형성에 있음을 그는 말하였다. 그는 이런 고통당하는 이들과 함께 하는 능력을 물려받을 수 있는 곳이 기독교공동체 이외에서 찾기 힘들다고 하였다. 기독교의 비전과 이야기(narrative)는 이런 인격의 형성을 가능하게 한다. 그러므로 기독교 공동체가 윤리 분야에서 할 수 있는 일은 어떤 도덕적 규칙을 주는 것에 있기 보다는 도덕적 행동을 가능하게 하는 능력을 주는 것이다.[40] 예수 그리스도에게 나타난 계시의 이야기가 아니고서는 이러한 고통의 분담을 말하기 어렵다. 오직 예수 그리스도의 십자가만이 이런 희생을 가능케 하는 것으로, 의사들은 환자들을 대함에 있어 이런 기본정신으로 무장하여야 할 것이다. 이런 의미에서 의료의 행위는 인격적 헌신이 없는 치료(cure)라기보다는 고통당하는 사람과 함께 하려는 돌봄(care)의 의미가 앞선다고 할 수 있다.[41]

거스탑슨은 이런 하우어와쓰의 윤리를 너무 종파(sect)적이라고 비판한 적이 있다. 그의 윤리는 기독교 공동체 내에서만 통용이 가능하며, 기독교 밖의 사회와의 윤리적인 대화가 불가능하다는 것이다.[42] 의사결정의 문제보다는 인격형성의 문제를 강조하는 그의 윤리는 보편성보다는 기독교적 특수성을 강조하는 윤리로, 자유주의적 사회(liberal society)보다는 기독교공동체를 강조하는 윤리로 기울어졌다는 것이다.

---

40) Stanley Hauerwas, *Suffering Presence*, 81.
41) Stanley Hauerwas, *Suffering Presence*, 79.
42) James M. Gustafson, "The Sectarian Temptation: Reflections on Theology, the Church and University," *Catholic Theological Society of America Proceedings* 40 (1985), 83-94.

3) 현대 기독교 생명윤리 학자들 정리

〈표1〉 현대 기독교 생명윤리 학자들 소개

번호	성명	소속	그의 신학과 윤리
1	폴 렘지 (Paul Ramsey)	작고함 프린스턴 대학교 (Princeton University)	언약중심의 윤리(covenant-centered theology), 아가페의 윤리 강조. 보수적 입장
2	제임스 거스탑슨) James M. Gustafson	예일, 시카고, 에머리 대학교 (Yale, Chicago, Emory University) 그리스도교	신중심적 윤리(theocentric ethics), 규범에 의한 도덕적 판단과 동시 도덕적 행위자의 성향과 의도 및 기독교적 전망을 중시함. 중도적 입장
3	스탠리 하우어와쓰 (Stanley Hauerwas)	듀크 대학교 (Duke University) 감리교	이야기 윤리(narrative theology), 인격윤리(character ethics) 강조함. 생명윤리의 세부적 논점보다는 도덕적 행위자의 인격형성을 강조하는 윤리
4	리처드 맥코믹 (Richard McCormick)	죠지타운 대학교 (Georgetown University, 워싱턴) 미국 가톨릭 신학자	방법론으로서 자연법 윤리(the natural law ethics) 강조. 수정주의(revisionism) 신학자, 비례주의(proportionalism),
5	윌리엄 메이 (William F. May)	남감리교 대학교(Southern Methodist University) 미국 가톨릭 신학자	수정적 비전(corrective vision) 강조. 이야기 윤리(narrative ethics)
6	제임스 칠드리스 (James F. Childress)	버지니아 대학교(Medical Education of University of Virginia) 퀘이커	공적 신학(public theology), 다원주의적 방법(a pluralist method), 철학적 윤리(philosophical ethics), 특히 공리주의적 윤리 강조
7	저메인 그라이제쯔 (Germain Grisez)	성 마리아 대학(Mount Saint Mary's College in Maryland) 미국 가톨릭 신학자	철학적 신학(philosophical theology), 기독교 자연법윤리(a Christian natural law ethics) 강조
8	임매뉴얼 자코보비트 (Immanuel Jakobovit)	맨하탄의 5가 회당(the Fifth Avenue Synagogue)의 랍비	공적 신학(public ethics), 유대교 율법에 기초한 윤리
9	베르나르트 헤링 (Bernard Häring)	독일 가톨릭 신학자	신정통주의(neo-orthodoxy) 신학자, 성향의 윤리(an ethics of dispositions) 강조, 매뉴얼식의 가톨릭 윤리에 반대, 근본적 도덕신학의 문제들을 다룸, 통전적 인간이해, 삶과 죽음의 문제, 건강과 질병에 대한 기본적인 이해를 통한 생명윤리 전개
10	죠셉 플레처 (Joseph Fletcher)	미국 성공회 신학자 성공회 신학교(Episcopal Theological School)	상황윤리(situation ethics) 강조, 진보적 입장

참고문헌

김일순, N. 포션 편역. 『의료윤리』. 서울: 연세대학교출판부, 1982.

노영상. 『경건과 윤리』. 서울: 성광문화사, 1994.

존 로빈슨. 『신에게 솔직히』, 현영학 역. 서울: 대한기독교서회, 1968.

Cahill, Lisa Sowle. "Religion and Theology," ed. by Jeremy Sugarman and Daniel P. Sulmasy, *Methods in Medical Ethics*. Washington D. C.: Georgetown University Press, 2001.

Cox, Harve. *The Situation Ethics Debate*. Philadelphia: The Westminster Press, 1968.

Fletcher. Joseph. *Situation Ethics: The New Morality*. Philadelphia: The Westminster Press, 1966.

Frankena., William K. "Love and Principle in Christian Ethics," *Faith and Philosophy,* ed. by Alven Platinga. Grand Rapids: Eerdmans, 1964.

Gustafson, James M. "All Things in Relation to God," *Second Opinion* 16 (March 1991).

Gustafson, James M. "The Sectarian Temptation: Reflections on Theology, the Church and University," *Catholic Theological Society of America Proceedings* 40 (1985).

Gustafson, James M. *The Contribution of Theology to Medical Ethics*. Milwaukee: Marquette University Press, 1977.

Häring, Bernard. *Ethics of Manipulation: Issues in Medicine, Behavior Control and Genetics* New York: Seabury Press, 1976.

H. Häring, *Medical Ethics*. Notre Dame: Fides Publishers, 1973.

Hauerwas, Stanley. *Suffering Presence: Theological Reflection in Medicine, the Mentally Handicapped, and the Church*. Notre Dame: University of Notre Dame Press, 1986.

Kuhse, Helga and Singer, Peter. *A Companion to Bioethics*. Malden: Blackwell, 1998.

Rae, Scott B. and Cox, Paul M. *A Christian Approach in a Pluralistic Age*. Grand Rapids: Eerdmans, 1999.

Ramsey, Paul. *Basic Christian Ethics*. New York: Charles Scribner's Sons, 1951.

Paul Ramsey, *Patient as Person*. New Haven and London: Yale University Press, 1970.

Verhey, Allen and Lammers, Stephen E. ed. *Theological Voices in Medical Ethics*. Grand Rapids: Eerdmans, 1993.

<Abstract>

The Flow of Christian Bioethics and Introduction to Major Christian Bioethicists.

Ro, Youngsang
(Chairman of Korea Habor Evangelism)

The title of this article is "The Flow of Christian Bioethics and Introduction to Major Christian Bioethicists." The research into biomedical ethics began to advance in the 1960s. It seems that the large amount of research funding in this field was one of the reasons for its rise.

The development of Christian bioethics since the 1960s is divided into three periods. There are three periods: the 'Bioethics Renaissance' era, the 'Bioethics Enlightenment' era, and the 'Dissatisfaction with Secularization' era. In this regard, the main points of the three periods can be briefly summarized as follows.

1) The 'Bioethics Renaissance' era of the 1960s and 1970s: This was the era when the Bible and Christian tradition were used as materials for bioethics.

2) The 'Bioethics Enlightenment' era of the 1980s: This was a time when the importance of dialogue with non-Christians and philosophical ethics were emphasized.

3) The period of 'Dissatisfaction with secularization' in the 1990s: It was a time trying to find a Christian identity again in the field of bioethics, asking questions about the fundamental problems of bioethics.

Major Christian Bioethicists participate in these three periods. In the first period, Catholic theologians Richard A. McComick, William F. May and Protestant theologians Joseph Fletcher and Paul Paul Ramey, etc. were active, the important scholars of the second period included Catholic Germain Grisez and Protestant James F. Childress, and there was protestant Scholar, Stanley Hauer in the major scholars of the third and final period.

| Keywords |

Christian Bioethics, The Flow of Christian Bioethics, Major Christian Bioethicists, The Bioethics Renaissance era, The Bioethics Enlightenment era, The period of Dissatisfaction with secularization

제5회 죽음논문집
| 자살문제, 어떻게 할 것인가

| **발간사** | 황명환 박사

외로움과 자살(요한복음 16, 32)

주제논문

박인조 ○ 자살문제 대처를 위한
　　　　　그리스도인의 생명 존중과 공적 역할
이규철 ○ 신국론에 표명된 어거스틴의 자살관

특별기고

유영권 ○ 자살 문제 어떻게 할 것인가?

에세이

이동열 ○ 지금 자살을 생각하고 있습니까?
정진영 ○ 우리에게 주어진 길, 우리가 갈무리할 수 없는 길

| 발간사 |

황명환 박사
(이폴연구소)

외로움과 자살
요한복음 16. 32

얼마 전에 전혀 모르는 어떤 분이 전화를 했습니다. "황 명환 목사님이시지요?" "네, 그렇습니다. 어떻게 전화하셨나요?" "네, 목사님. 제가 고민이 좀 있어서요. 제 주변의 모든 사람들이 저를 배신하고 떠났습니다. 제 옆에는 아무도 없고, 이 상황이 좋아질 가능성도 전혀 없습니다. 너무나 외롭고 힘들어서 죽고 싶은데, 어떻게 하면 좋을까요?" "죽고 싶다면서요?" "그런데 스스로 목숨을 끊으면 지옥 가잖아요? 지옥에 안 가고 죽을 수 있는 방법이 있으면 알려주세요." 이런 내용이었습니다.

"더 이상 살고 싶지 않다. 죽고 싶다." 이런 생각을 안 해 본 사람이 있을까요? 없을 것입니다. 열심히 행복하게 사는 사람들도 한두 번은 다 죽고 싶다는 생각을 했을 것입니다. 죽고 싶다는 것은 실패자의 마음이 아니라 사실은 이 세상의 본질을 깨닫게 된 사람이 느끼는 감정입니다.

아무리 사랑하는 사람도 미울 때가 있고, 아무리 좋은 친구가 있어도 고독한 것이고, 아무리 많은 것을 이루었어도 허무한 생각이 드는 것이 인생입니다."

"목사님도 그렇습니까?" "물론이죠. 하나님은 세상을 창조하시고 참 좋다고 하셨지만 죄 가운데 있는 세상은 때로는 버겁고 떠나고 싶을 때가 있는 것입니다. 그러나 그렇다고 자기 생명을 끊어서는 안 됩니다. 생명은 살라(生)는 명령(命)이거든요. 그 대신 나를 십자가 앞에서 죽이면 됩니다." "자살은 안 된다면서 자기를 죽이라니 그게 무슨 소리입니까? 똑같은 말 아닙니까?" "아닙니다. 자살과 십자가 앞에서 자기를 죽이는 것은 전혀 다른 것입니다."

"왜 십자가에 자기가 못 박혀 죽었다고 고백해야 살아날 수 있는가? 그 이유를 설명해드릴게요. 문제를 해결하려면 그 문제로부터 벗어나서 내 마음이 하늘로 올라가야 합니다. 그런데 육신을 가진 인간이 어떻게 하늘로 올라갈 수 있는가? 하늘로 올라가는 방법은 하나밖에 없습니다. 십자가를 통해서 올라가는 것입니다. 이런 의미에서 십자가는 하나의 문입니다. 그 문으로 들어가는 방법은 간단합니다. "내가 십자가에 못 박혔습니다. 나는 예수님과 함께 죽었습니다. 세상에 대한 모든 미련, 기대를 버렸습니다. 죽으려는 마음도 내려놓았습니다. 오직 주님과 함께 죽고 주님과 함께 살기 원합니다." 이렇게 고백해야 합니다.

이렇게 나를 십자가에 못 박으면 예수님과 함께 죽게 되고, 예수님이 내 마음을 가지고 부활하셔서 하나님 보좌 우편으로 가십니다. 그 결과 내가 하나님 앞에 서게 되는 것입니다. 그러니까 내가 십자가에 죽었다고 고백하는 순간, 나는 십자가를 통하여 하나님께로 올라갑니다. 이제는 하나님의 마음으로, 예수님의 시선으로 문제를 바라볼 수 있습니다. 그러면 전혀 새로운 눈이 열리게 됩니다.

'나에게는 아무도 없다. 나는 더 이상 살아갈 힘도 없고, 살아야할 이유도 없다'고 생각했지만 하나님의 입장에서 보면 다릅니다. 보이는 사람은 없지만 전능하신 하나님이 나와 함께 하시고, 살아야 할 이유와 목적을 나는 발견하지 못했지만, 하나님은 내가 살아야 할 이유와 목적을 가지고 계십니다.

그러니까 오해하지 마세요. 외로움이란 내 주변에 사람이 없어서 느끼는 쓸쓸한 감정이 아닙니다. 외로움은 하나님과의 분리를 느끼는 내 영혼의 절규입니다. 그러므로 외롭다고 느낄수록 하나님께로 가야 합니다. 하나님은 외로운 사람을 기다리시고, 부르시고, 만나주시고, 다시 살아갈 힘과 용기를 주고 일으켜주십니다. 하나님을 만나는 가장 좋은 기회가 바로 외로울 때라는 것을 잊지 않기를 바랍니다." 이런 말을 해주었습니다.

오늘 본문에 보면 예수님도 십자가를 앞에 두고 무척이나 외로우셨습니다. 왜냐하면 모두가 예수님을 떠났기 때문입니다. 32절 상 반절입니다. "... 너희가 나를 혼자 두었다" 나에게는 지금 아무도 없다는 것입니다. 왜 이렇게 되었을까요? 예수님 앞에 십자가가 있었기 때문입니다. 십자가 처형을 당하는 사람과 함께 있으면 위험합니다. 그래서 피한 것입니다.

예수님은 이 외로움을 어떻게 해결했는가? 인간이란 원래 외로운 존재임을 아셨습니다. "저희들이 주님을 사랑합니다. 세상 끝까지라도 함께 하겠습니다." 이렇게 큰 소리 치지만 인간은 결국 다 떠나는 존재입니다. 부모도 떠나고, 자녀도 떠나고, 사랑하는 사람도 떠납니다. 결국 인간은 혼자입니다. 이것을 나타내는 철학용어가 있습니다. '단독자'입니다. 홀로 있는 고독한 존재라는 것입니다. 그런데 많은 사람들이 홀로 있지 않으려고 몸부림을 칩니다. 그러나 소용없습니다. 인간은 궁극적으로 혼자입니다.

그래서 예수님은 인간을 찾아 헤매거나 낙심하지 않았습니다. 오히려 하나님께로 갔습니다. 그 결과는 무엇인가? 32절 하 반절, "…내가 혼자 있는 것이 아니라 아버지께서 나와 함께 계시느니라" 이것을 확인합니다. 하나님을 간절히 찾았고, 하나님은 그런 예수님을 홀로 두지 않고 만나주셨습니다. 그래서 예수님 옆에 아무도 없었지만 하나님 안에서 평안과 기쁨이 충만했습니다. 이것이 외로움을 이기는 유일한 해결책입니다.

성경에 왜 이런 얘기가 자세하게 나오는가? 우리도 이런 과정을 따라야 한다는 것입니다. 세상을 살면서, 더구나 주님을 따라가는 삶을 살아가려고 할 때 반드시 엄청난 외로움이 따라올 것을 알라는 것입니다. 그러나 그런 순간이 와도 두려워하지 말라. 왜냐하면 33절입니다. 너희들이 외로울 때 나처럼 하나님께 나아가면 하나님이 너희와 함께하실 것이고 평안을 줄 것이다. 세상이 줄 수 없는, 세상이 알 수도 없는 평안을 줄 것이다. 그래서 세상을 이기게 해줄 것이다. 그러니 담대 하라는 뜻입니다.

그러면서 예수님은 중요한 말씀을 하시는데, 27절입니다. 하나님은 어떤 사람을 사랑하시는가? 두 가지 조건을 가진 사람입니다. 첫째는 예수님을 사랑하는 사람입니다. 둘째는 예수님이 하나님으로부터 왔다는 것을 믿는 사람입니다. 예수님을 사랑하는 사람은 예수님과 함께 십자가에 죽는 사람을 말합니다. 예수님이 하나님으로부터 왔다는 것을 믿는다는 것은 예수님이 하나님으로부터 왔기 때문에 예수님만이 우리를 하나님께로 인도한다는 것을 믿는다는 말입니다.

그러니까 하나님은 어떤 사람을 사랑하시는가? 예수님과 함께 십자가에 죽는 사람, 그렇게 십자가에 죽음으로써 하나님께로 나가는 사람입니다. 다시 말하면 십자가를 통해 하나님께로 나오는 사람을 사랑하신다. 친히 사랑하신다는 말은 하나님이 직접 다가오셔서 안아준다는 뜻입니다.

그런데 십자가에 죽는 것은 외로운 일입니다. 왜냐하면 내가 소중히 여기는 세상의 모든 기대와 가치와 소망을 포기해야만 하기 때문입니다. 그러니까 십자가를 통과하여 하나님께 나가는 시간은 세상적으로는 가장 외로운 시간입니다. 동시에 내 마음을 모두 하나님께 드리는 시간입니다. 그래서 십자가에 죽고, 그 십자가를 통과해서 하나님께 나오는 사람을 하나님은 너무나 사랑한다는 것입니다.

왜냐하면 이것이 하나님이 우리와 원하는 관계이기 때문입니다. 지금까지 우리 마음을 채웠던 이 세상의 모든 것을 다 포기하고 하나님으로만 우리 마음을 꽉 채우는 시간, 하나님과 우리가 가장 이상적으로 결합하는 순간이기 때문입니다.

그래서 이런 마음으로 나오는 사람을 친히 사랑하십니다. 그런 사람을 홀로 두지 않고, 찾아와서 만나주시고, 위로와 기쁨을 주시고, 평안을 주십니다. 그러니까 외로움은 세상을 떠나서 아버지께로 나가는 필수적 코스입니다. 이런 외로움이 없다면 세상의 모든 것을 내려놓고 십자가를 통과해서 하나님께 나갈 수 있는 사람은 없습니다.

이런 질문을 할 수 있습니다. "하나님은 왜 이렇게 인간을 외롭게 만드셨을까?" 그 외로움을 통하여 하나님께로 나오라는 것입니다. 그러므로 외로운 순간은 하나님께로 나가야 하는 시간이고, 하나님이 그 사람을 부르는 시간이고, 하나님을 만날 수 있는 최고의 기회라는 것을 기억하시기 바랍니다.

그래서 성경의 수많은 사람들은 외로울 때 어떻게 했는가? 눈을 들어 하나님을 바라보았습니다. 다윗 왕은 사울에게 쫓기면서 너무 외로웠습니다. 그럴수록 그는 하나님께로 피했습니다. 하나님께로 달려갔습니다. 부르짖고 탄식했습니다. 그러면서 하나님을 만났고, 위로를 받았고, 찬양했습니다. 그 결과 평안해졌고, 담대해졌습니다. 그래서 주님과 동행했고, 넉넉히 세상을 이길 수 있었고, 그의 삶은 축복의 통로가 되었습니다.

며칠 전에 남자 몇 사람이 식사를 하다가 반대쪽에 있는 아내들을 바라보면서 "아무개는 애처가(愛妻家)이고, 아무개는 공처가(恐妻家)이고, 아무개는 한처가(寒妻家)야. 자기 아내만 만나면 여름에도 덜덜 떨어. 나 원 참, 어떻게 이렇게 되었는지." 그러자 옆에서 그 말을 듣던 분이 이렇게 말했습니다. "아내에 대해 말할 때 홀아비 얘기를 들으면 좋습니다. 제가

5년 전에 아내를 먼저 하늘나라로 보냈거든요. 우리 부부도 꽤 사이가 좋은 부부였는데, 떠나고 나니 아내에게 잘한 것은 생각나지 않고 잘못한 것만 생각납니다. 그러니 있을 때 잘하세요." 그 말을 듣고 옆에 있던 분이 말했습니다. "아, 혼자시군요. 혼자 지내시기 얼마나 힘듭니까?" "맞아요. 힘들지요. 그런데 외로움 때문에 하나님을 더 찾게 되고, 그래서 제 신앙이 참으로 깊어졌습니다. 그래서 이제는 감사합니다. 아내가 떠난 것에 대한 감사가 아니라, 외로움을 사용하셔서 나를 빚어가심을 느끼면서 감사하고 있습니다. 있을 때는 사랑하고, 없을 때는 그 외로움을 하나님을 찾는 시간으로 여기면서 제 신앙은 깊어지고 있습니다. 아마 외롭지 않았다면 제가 이렇게 성장하지는 못했을 것입니다." 그 얘기가 참 인상 깊었습니다.

외로움은 하나님 사랑 안에서만 해결될 수 있습니다. 그런데 사람들은 사람을 만나서 외로움을 해결하려고 합니다. 이것은 올바른 방법이 아닙니다. 외로움을 통해 먼저 하나님과 만나야 합니다. 그리고 하나님이 주시는 위로와 기쁨, 평안을 누린 후에 그 다음에 사람을 만나야 합니다. 다시 말하면 외로움을 하나님 안에서 극복한 후에 사람을 만나야 합니다. 이것이 인간관계의 아주 중요한 비결입니다.

왜냐하면 내 마음이 외롭고 텅 비어있을 때는 다른 사람과 성숙한 관계를 맺기가 어렵기 때문입니다. 외로움의 상처를 그대로 가진 채, 그 빈 마음을 채우려고 사람에게 다가가면 반드시 내가 다른 사람에게 상처를 받거나 상처를 주게 되어 있습니다. 사람에게 매이기 때문입니다. 외로운 사람은 누구를 만나든지 그 대상을 피곤하게 만들고, 집착하거나 의존하고, 부자유하게 만듭니다. 마치 배고픈 맹수가 상대를 편안하게 대할 수 없는 것과 같습니다.

인간관계가 왜 이렇게 어려운가? 왜 그렇게 상처를 주고, 또 받아야 하는가? 왜 나는 사람을 만나면 지나치게 착해지거나, 지나치게 양보하거나, 지나치게 서운해 하거나, 지나치게 화를 내거나... 이렇게 사람에게 오버하는가? 왜 어떤 경우에는 아부하고, 두려워하고, 할 말을 못하고, 안 할 짓을 하고, 모든 사람에게 당당하고 평안하게 대하지 못하는가? 이런 생각을 해보셨어요? 어떻게 하면 사람들에게 집착도 하지 않고, 오버도 하지 않고 올바른 관계를 맺을 수 있을까? 하나님과 충분한 만남을 통해 치유되지 않은 상태에서 만나기 때문입니다.

하나님은 최초의 2인칭입니다. 좀 어려운 말인가요? 누군가를 만나기 전에 하나님을 만나야 한다는 뜻입니다. 외로움의 문제도 하나님과 먼저 해결해야 한다는 뜻입니다. 그 후에 사람을 만나야만 성숙한 관계를 맺어갈 수 있습니다.

많은 부부들이 갈등합니다. "내가 외로운 이유는 당신 때문이야. 당신이 나를 사랑하지 않기 때문이야" 이렇게 원망 불평합니다. 그러나 아닙니다. 진단이 틀렸습니다. 외로움은 내 영혼의 절규입니다. 옆에 사람이 있어도 외롭고, 없어도 외롭습니다. 성공해도 외롭고, 실패해도 외롭습니다. 외로움은 인간의 본질입니다. 이것을 치료하는 방법은 하나님께로 가는 것입니다. 십자가에서 죽는 것입니다. 그러면 하나님이 그 사람을 사랑하십니다. 하나님의 사랑만이 내 마음의 빈 공간을 완전히 채워줄 수 있습니다. 당신이 내 마음을 다 채우라고요? 불가능한 요구입니다.

그러니까 외로움 속에서 울지 말고, 낙심하지 말고, 사람을 찾아가지 말고, 그럴수록 주님을 더 찾으세요. 외로움을 충분히 잘 사용하기를 바랍니다. 그러면 여러분의 삶은 변할 것입니다. 하나님으로 충만한 인생이 될 것입니다. 그래서 그 힘으로 모든 사람과 마땅히 맺어야할 아름답고 성숙한 관계를 맺으며 살아갈 수 있습니다.

인간이 외로움을 극복하기는 참 어렵습니다. 그래서 외로움은 때로 자살의 가장 강력한 위험 요소 중 하나로 생각되고 있습니다. 자살에 대하여 많은 연구를 했던 프랑스의 뒤르켐도 외로움과 우울증이 만성화될 때, 자살에 대한 충동이 뿌리를 내리고 죽음의 욕망에 사로잡힐 수 있다고 했습니다.

내 주변에는 아무도 없이 나 혼자뿐이라는 생각, 외로움에 빠진 마음은 이 세상을 더 이상 견딜 수 없는 곳, 그래서 떠나고 싶은 곳으로 생각하도록 만들어버립니다. 그래서 자기를 지지해주는 공동체의 필요성은 갈수록 커지고 있습니다. 그런데 어느 공동체가 그런 외로움을 해결할 수 있을까요? 수많은 사람들이 군중 속의 고독을 뼈저리게 느끼는 이 현실 속에서 진정한 대안은 무엇일까요?

나를 다 아는 분, 그리고 내 있는 모습 그대로를 이해해주는 분, 그리고 언제나 나와 함께 할 수 있는 분, 내가 만난 문제를 모두 해결할 수 있는 사람이 있겠습니까? 이 세상에는 없습니다. 결국 우리 그리스도인이 외로움을 이기는 길은 예수님께로 나가는 것입니다. 사실은 이 세상에 연연하지 않고, 내가 십자가에 죽었음을 고백하며 주님께 나갈 때, 새로운 길이 열리고 주님과 동행하는 삶이 이루어집니다. 그러므로 '자살'이 아닌 '자신을 십자가에 못 박기'가 진정한 해결책입니다. 자신을 십자가에 못

박을 때 예수님이 나를 이 세상의 문제로부터 죽게 하시고, 그 문제로부터 나를 자유하게 하시고, 그 문제에 개입하셔서서 문제를 풀어가는 것입니다.

외로울 때 세상을 비관하지 말고, 예수님처럼 고백하면 좋겠습니다. "…그러나 내가 혼자 있는 것이 아니라 아버지께서 나와 함께 계시느니라" 그럴 때 우리는 평안을 누리고 세상을 이길 수 있게 될 것입니다.

 주제논문 ①

자살문제 대처를 위한 그리스도인의 생명 존중과 공적 역할

박인조*
(예수소망교회 부목사)

[국문초록]

한국사회에서 자살은 각종 통계와 보고서를 통해 심각한 사회적 문제로 인식되어 국가차원에서 여러 정책을 펼쳐왔지만 그 효과는 미미했다. 자살문제는 사회 생태계가 부의 편중, 사회적인 안정망의 부재, 계층 간의 갈등과 같은 양극화로 인해 위기에 놓였음을 보여준다. 생명경시 풍조의 확산과 인간의 존엄성 상실, 죽음이 공동체적 사건이라는 인식과 책임성의 결여 속에 자살을 결심하고 실행하는데 경제 및 신체건강과 정신건강 문제, 그리고 가족관계 문제 등 여러 요소가 작용한다. 자살을 시도했지만 실패한 자살 시도자, 자살을 심각하게 고민하지만 실행에 옮기지 못하는 자살 예비자에 대해서도 주의 깊게 살펴야하는데, 자살문제의 범위 안에는 나와 내 주변, 내 가정이 얼마든지 포함될 수 있다는 심각성을 인식해야 한다.

인간은 하나님의 형상대로 지음 받은 존재로 그 생명의 소유권이 인간 자신이 아닌 하나님에게 있다. 인간은 자신에게 주어진 생명을 지키고 성장시켜야 할 소명과 함께, 다른 사람은 물론 자연 세계의 생명까지도 보전하고 다스려야 할

*논문 투고일: 2022년 8월 9일   *논문 수정일: 2022년 10월 17일
*게재 확정일: 2023년 1월 30일

청지기의 역할을 부여받았다. 성경에 직접적으로 명시된 자살에 대한 금지규정은 없지만, 생명을 소중히 여기고 존중함으로 자살을 금한다. 인간 생명의 주인과 주관자는 오직 생명의 창조자이며 주인이신 하나님 한분뿐이므로, 인간은 타인의 생명이든 자신의 생명이든 결코 자기 마음대로 좌지우지 할 수 없다. 그래서 자살은 하나님의 주권, 하나님의 은혜와 정의 그리고 사랑이라는 하나님 나라 사상에서 어긋한 행위이다.

생명의 존엄성은 하나님의 사랑 안에서 견고하게 세워지고, 예수 그리스도의 성육신과 속죄의 사건을 통해 드러난 하나님의 사랑은 비참한 죽음의 상태에 처해 있던 인간 생명에 새로운 가치를 부여했다. 이 생명은 자신은 물론, 타인과 사회 그리고 생태계와의 관계망 속에 서로 연결된 생명이므로 하나님이 주신 생명을 해치는 자살은 광범위하게 악영향을 끼친다. 그래서 자살문제 대처를 위해서는 생물학적·의학적·사회학적 요인과 함께 영적인 문제까지 복합적으로 다루는 것이 필요하다. 이를 위한 성경적·목회적 관점에서의 죽음교육은 자살문제 대처를 위한 실제적인 방안이다.

자살의 결정에는 자기 존중감과 우울증과 같은 고립감이 영향을 마치므로 인간의 본질과 존재 이유 그리고 생명에 대한 바른 인식을 갖는 것이 중요하다. 그리고 교회공동체는 예수 그리스도의 사랑 안에서 생명의 소중함을 일깨우며 자살을 정죄하기보다 관심과 돌봄, 그리고 예방과 치료가 필요한 질병으로 바라보아야 한다. 그러므로 생명에 대한 신학적 담론과 긍휼이라는 교회의 실천적 행동을 통해 공론장에서 목소리를 내야하며, 공적 영역에 참여하는 주요 그룹들과 함께 지원체계를 구축하고 지속적인 연구와 사례발표를 통해 자살예방을 위한 공적 역할을 실천해야 한다.

| 주제어 |
자살, 양극화, 우울증, 심리부검, 하나님의 형상, 생명존중, 공적신학, 공적역할, 공론장

들어가는 글

　인간은 하나님의 형상대로 지음 받은 존재로 그 생명의 소유권이 인간 자신이 아닌 하나님에게 있다. 또한 인간은 처음부터 완성된 존재가 아닌, 주어진 생명을 지키고 성장시켜야 할 소명을 가지고 태어났다. 그리고 자신의 생명만 아니라, 다른 사람은 물론 자연 세계의 생명까지도 보전하고 다스려야 할 청지기의 역할을 부여받았다. 그래서 스스로 자신의 생명을 끊는 자살은 하나님이 주신 생명을 해치는 행위로 기독교의 생명에 대한 인식에서 어긋난 행동이다. 더욱이 한 사람의 자살이 당사자는 물론 주변 사람과 사회에 미치는 악영향을 가늠해볼 때, 자살은 윤리적으로 타당하지 않다. 그럼에도 한국개신교 가운데 자살예방을 통해 소중한 생명에 대한 기독교 세계관을 증거하고, 자살하려는 사람을 보호하고 지키려는 실천은 미미하다. 오히려 자살을 구원의 여부와 연결시켜 지옥 형벌에 처해질만한 죄라고 주장하며 자살 사망자와 남은 가족을 정죄하고 비난하는 경우가 있다. 이러한 태도와 함께 인간의 삶과 죽음을 천국과 지옥의 이분법적인 해석에 국한시키는 한국개신교의 태도는 성경에 근거하지 않을 뿐 아니라, 하나님의 절대적인 주권에 속하는 구원의 문제를 인간이 판단하려는 그릇된 행태이다.

　자살을 결심하고 실행하는 데는 여러 요소가 작용한다. 자살 사망자들의 생애 이력을 살펴보면 일상에서 쌓인 수많은 스트레스가 누적된 경우가 많다. 오랜 세월에 걸쳐 쌓이거나 또는 특정 순간에 동시다발적으로 일어난 사건이 자살을 실행하도록 자극하는 촉발 요인과 결합되어 자살을 실행하게 된다. 사람들 앞에서 모욕당하거나 수치심을 느끼는 사건, 핵심적 열등감을 자극당하는 경험, 가족과의 사별, 실직, 고질적으로 앓아왔던 질병의 악화 등이 자살을 자극하는 요인이다. 사람마다 자살의 원인이 되는 요소는 다르다. 다만 공통적인 기저로는 무기력, 우울, 외로움, 충동성, 심각한 수준의 만성 고통 등을 꼽을 수 있다. 전문가들은 가족력, 병리·생리학적 특징, 약물남용이나 오용, 세로토닌 기능 및 신경조절물질 이상으로 인한 기분장애, 인구·사회학적 특성, 그리고 성격프로파일 등이 복합적으로 얽혀 자살에 영향을 미친다고 분석한다. 하지만 이러한 상황에 있다 하더라도 반드시 자살로 이어지지 않는 것은 삶에는 좌절을 일으키는 위험요인뿐 아니라, 아픔을 견디고 치유하며 살아갈 힘을 주는 보호요인도 함께 존재하기 때문이다.[1]

그러므로 자살문제 대처를 위해서는 생물학적·의학적·사회학적 요인과 함께 영적인 문제까지 복합적으로 다루는 것이 필요하다. 물론 한 개인의 자기 해석과 개인적 반응에 따라 자살을 결정하는 부분이 있으므로 인간의 본질과 존재 이유에 대한 바른 인식을 갖는 것이 중요하다. 생명의 주인이 하나님임을 인식하고, 지난 삶에 대한 긍정적·부정적인 인식은 물론, 미래에 대한 불안과 기대 속에서 현재를 살아가는 자신의 참다운 가치를 발견할 수 있어야 한다. 그리고 교회공동체는 그리스도의 사랑 안에서 생명의 소중함을 일깨우며 자살을 정죄하기보다는 관심과 돌봄, 치료가 필요한 질병으로 보고 자살예방을 위해 공적 영역에 참여하는 주요 그룹들과 함께 공적인 역할을 감당해야 한다.

---

1) 서종한, 『심리부검: 사람은 왜 자살하는가』(서울: 시간여행, 2018), 64-66.

1. 한국사회가 해결 못하는 문제인 자살

　한국사회에서 자살은 이미 각종 통계와 보고서를 통해 심각한 사회적 문제로 인식되고 있다. 최근 몇 년 사이, 코로나19와 관련된 확진자와 위중증자 및 사망자 숫자 또 백신 접종과 방역 조치와 같은 뉴스에 사람들의 관심이 집중되면서 자살문제가 주의 깊게 다루어지고 있지 못하다. 그런데 코로나바이러스 확산을 막기 위해 시행된 사회적 거리두기로 사람들 사이의 관계 단절은 우울증 증가로 이어지고 인터넷 포털 사이트에서 '죽고 싶다'와 같은 단어 검색이 늘어나는 등 자살문제는 여전히 심각한 사회 문제이다. 코로나19 유행이 시작된 이후 자살률이 소폭 줄어들긴 했지만,[2] 여성과 20대 그리고 서비스·판매직에서는 자살이 늘었다. 이에 대해 그리스도인 개인과 교회 공동체는 사회의 구성원으로서 생명존중이라는 기독교의 가치관과 윤리관을 증언해야함과 동시에 생명을 지키고 보호하는 일에 책임적 역할을 감당해야 할 사명이 있다.

　일반적으로 사람들은 죽음에 대해 말하는 것은 부정하거나 실례가 된다고 생각해 일상에서 좀처럼 꺼내려하지 않는다. 또 대부분의 시간을 죽음과 무관하게 살기에 잊고 지낸다. 과거에는 마을 누군가의 집 문 앞에 '상중(喪中)'이라고 적힌 등(燈), 현관문 안에서 들려오는 곡소리, 검은 옷을 입고 집을 드나드는 사람들을 볼 수 있었다. 하지만 오늘날은 집 주변을 비롯한 일상의 현장에서 죽음과 관련된 경험을 하기 어렵다. 가끔 도

---

[2]　보건복지부·한국생명존중희망재단 「2022 자살예방 백서」에 따르면 코로나19 유행전인 2019년에 비해 2020년 자살 사망자수는 604명, 자살률은 1.2명 줄었다.

로에서 마주치는 영구차와 부고(訃告)를 듣고 찾아가게 되는 세련된 병원 장례식장를 제외하고는 좀처럼 죽음을 생각할 일이 없다. 뉴스와 드라마 등과 같은 미디어 매체에서 죽음과 관련된 기사와 영상이 쏟아지지만, 대부분 나와는 전혀 관계없는 일처럼 느껴진다. 이런 상황에서 자살에 대한 이야기는 해당 가족을 제외한 다른 사람에게는 좀처럼 공개되지 않는다. 도덕적으로나 종교적으로 금기시된 원인과 수치심 때문이다. 그만큼 가족의 슬픔은 더욱 깊이 숨겨지고 폐쇄된다. 그런데 생명과학과 의료기술의 발달로 연명의료가 가능해지면서 죽음이 임박한 상황에서 좀 더 생명을 연장하려는 사람이 있는 반면, 정반대로 누군가는 죽음을 선택해 생명을 중단하려고 한다. 보건복지부·한국생명존중희망재단이 발표한 <2022 자살예방 백서>에 따르면 2020년 한해 자살 사망자는 13,195명에 이른다. 인구 10만 명당 자살 사망자를 가리키는 자살률은 25.7명으로 경제협력개발기구(OECD) 회원국 평균보다 2배 이상 많은 가장 높은 수치다. 통계청에서 발표한 <2020년 사망원인 통계>에서 고의적 자해(자살)는 악성신생물(암), 심장 질환, 폐렴, 뇌혈관 질환에 이어 네 번째로 높은 사망원인인데, 질병 이외의 외부요인에 의한 사망으로는 첫 번째 사망원인에 해당했다.[3]

자살문제의 심각성을 인식한 정부는 국가차원에서 단기 및 장기적인 정책을 펼쳐왔다. 하지만 그 효과는 미미하고 상황이 개선될 것을 기대하기 어려워 보인다.[4] 다양한 정책과 프로그램이 운영되고 있지만 자살률

---

3) 사망의 외인 사망률은 자살 25.7명, 운수사고 7.7명, 추락사고 5.2명 순이었다.
4) 보건복지부는 2004년 12월, <제1차 자살예방 5개년 기본계획>(2004~2008년)을 수립한다. 주요 사업내용은 생명존중문화 조성, 언론의 자살보도 원고지침 보급 및 모니터링, 청소년 정신건강증진 및 자살예방, 노인 정신건강증진 및 자살예방, 우울증 및 자살위험자 조기발견 및 상담체계 구축, 자살예방 등 정신건강 상담전화 운영, 자살시도자 치료 및 사후관리, 자살예방 인터넷 상담 운영, 자살 감시체계 구축, 교육·훈련, 자살예방에 대한 연구지원, 자살관련 통계의 품질개선이다. 하지만 법적 기반이 미비한 상태에서 보건복지부 주관으로 수립·추진되었다는 반성과 정책에 대한 국민적 합의 및 사회적 공론화, 안정적인 재원 확보 등의 문제점이

은 좀처럼 줄어들지 않고, 여러 시도에도 해법을 찾지 못해 우왕좌왕하는 실정이다. 이에 대해 곽혜원은 자살관련 연구가 주로 개인의 심리적·정신의학적 측면에 초점이 맞춰지며, 자살이 자신의 행위를 책임질 수 없는 정신질환자의 우발적 행위, 의지가 박약한 일부 비정상인의 일탈행위, 실패한 사람이 행하는 부도덕한 행위로 간주되고 있기 때문이라고 지적한다. 그러면서 자살은 아노미적 사회해체의 현실 속에서, 무엇보다 사회 양극화 현상의 일환으로 야기된다는 점과 같은 사회 병리적 현상으로 인식해야 한다고 강조한다.[5] 그리고 자살문제에 대한 한국교회의 관심이나 역할은 미미한데, 특히 교회에 깊이 뿌리내린 기복적이고 성공지향적인 가치관과 맞물려 자살을 죄악시하며 정죄하는 교회 내 분위기로 자살문제는 방치되고 있다.

인간은 하나님의 형상으로 지음 받은 고귀한 존재라는 인식 속에 생명을 보호하고 지키는 것이야말로 교회의 가장 중요한 사명이라는데 그리스도인은 동의한다. 자살문제를 단지 개인의 일탈로만 볼 수 없다는 것이 다양한 연구결과를 통해서 밝혀지고 있는데, 한국개신교는 한 생명을

지적되면서 2007년에 〈제2차 자살예방종합대책〉(2009~2013년)이 수립되었으며, 이 기간 중 법적 기반으로서 『자살예방 및 생명존중 문화조성을 위한 법률』(일명, 자살예방법)이 2011년에 제정되어 2012년부터 시행된다. 주요 사업내용으로 제시한 10대 과제는 자살에 대한 국민의 인식개선, 자살위험에 대한 개인·사회적 대응 역량 강화, 자살에 치명적인 방법과 수단에 대한 접근성 감소, 자살에 대한 대중매체의 책임 강화, 자살 고위험군에 대한 정신보건서비스 강화, 자살예방 인력에 대한 교육체계 강화, 자살예방을 위한 법과 제도적 기반 조성, 자살예방 서비스 제공을 위한 인프라 구축, 자살예방을 위한 연구·감시체계 구축, 근거기반 자살예방정책 개발이다. 이는 자살을 개인이나 가정사의 문제로 보던 과거와 달리, 국가적인 차원에서 국민의 기본권과 생명권을 보호하는 현대복지국가의 이상 실현을 위한 조치였다. 2016년 1월 수립된 〈제3차 자살예방기본계획〉(2016~2020년)은 자살로부터 안전하고 건강한 사회를 비전으로 제시하고, 2014년 인구 10만 명당 27.3명이었던 자살률을 2020년까지 20.0명으로 감소시킨다는 목표를 세우고 시행되었다. 10대 과제로는 자살관련 사회인식 개선, 자살예방을 위한 사회적 지지체계 마련, 자살위험환경 개선, 생애주기별 자살예방 대책 추진, 자살 고위험군 지지체계 강화, 자살 위기대응 및 사후관리체계 마련, 지역사회 자살 대응 역량 강화, 정신건강 인프라 강화, 게이트키퍼 교육 등 자살예방 인력확충, 근거 기반 자살예방 연구체계 마련이다. 이정은·유지영, "뉴스 빅데이터를 활용한 한국의 자살현상 분석," 『한국콘텐츠학회논문지』 제21권 3호(2021), 34-36.

5) 곽혜원, 『자살문제, 어떻게 할 것인가?』(서울: 21세기교회와신학포럼, 2011), 6-7.

귀히 여기시는 하나님의 사랑과 한 사람을 위해 자신을 온전히 내어주신 예수 그리스도의 헌신, 그리고 지금도 생명이 소생되는 길로 인도하시는 성령의 역사에 응답해야 한다. 자살문제에 대한 적극적인 대처야말로 교회가 감당해야 할 핵심적인 공적 사역임을 인식하고 사회와 협력하여 문제해결을 위한 역할을 감당해야 한다.

2. 자살문제에 대한 다양한 접근들

뒤르켐은 자살을 "자살자 자신이 그 결과를 알고 행하는 적극적 또는 소극적 행위의 직접적 또는 간접적 결과로 인한 모든 죽음의 경우를 뜻한다"고 설명한다.[6] 자살이 발생하는 데에는 수많은 요인이 작용하는데, 자살을 실행하는 개인에게 작용하는 요인으로는 자살로 이루고자 하는 목표인 '의도(intention)', 죽음에 이를 가능성이 얼마나 높은지를 말하는 '치명성(lethality)', 자살을 마음먹은 이유인 '동기(motivation)'을 주목해야 한다. 자살 의도가 높다는 것은 그 결과가 무엇인지 명확하게 알고 있다는 것이므로 치명적인 자살 방식을 선택할 가능성도 높다. 자살 치명성의 정도는 자살자가 선택한 자살 수단과 자살이 시도된 상황, 그리고 그 둘의 상호작용에 따라 결정된다. 자살 동기에 있어서는 막연하게 죽고 싶은 것을 넘어서 죽을 이유가 명확해졌다면 그만큼 자살 위험성이 높다. 반면, 동기가 있더라도 문제 해결의 희망이나 변화된 관점이 제시된다면 위험성을 낮출 수 있다.[7] 그래서 자살예방을 위한 조치는 건강한 사람, 자살생각

---
[6] Émile Durkheim, *Le Suicide, Etude Sociologie*, 황보종우 역, 『자살론』(파주: 청아출판사, 2008), 21-23.
[7] 서종한, 『심리부검: 사람은 왜 자살하는가』, 66-69.

이 있는 사람, 자살을 시도하고 만성적인 자살위험이 있는 사람에 따라 3개의 예방수준으로 구분할 수 있다.[8]

자살은 기본적으로 두 가지 종류, 스스로 자신의 삶을 포기하는 자신을 적대하는 행위로서의 자살(Selbstmord)과 스스로를 고통에서 놓여나게 하는 행위로서의 자살(Freitod)로 구분할 수 있다. 박충구는 이 두 가지는 중복되는 경우도 있으나, 전통적으로 생각하는 전자와 같은 자살은 '비합리적 자살'이라고 하면서 자기 살해의 성격이 짙다며, 이런 유형의 자살이 많은 사회는 건강하지 못한 정신의학적인 질병을 유발시키는 사회 구조를 안고 있는 사회라고 설명한다.[9] 자살은 단순히 개인의 문제로만 볼 것이 아니라, 사회적이고 정신의학적이며 영적인 관점에서 죽음에 이르는 병으로 보는 시각이 필요하다. 그러므로 자살 예방은 개인에게만 책임을 물으며 교리적으로나 법적으로 통제하는 방식으로는 실효성을 거둘 수 없다. 자살을 불러오는 사회적 문제요인과 정신의학적인 병인을 제거하고 개선하는 일이 함께 실행되어야 한다.

또한 근래에는 고령화와 연명의료 기술의 발달에 따른 수명연장으로 말기 환자가 긴 시간을 신체적 질병과 싸우다가 견딜 수 없는 고통 때문에 자살을 선택하는 소위 '합리적 자살'에 대한 논의가 확대되고 있다. 이런 경우 환자를 고통 속에 두는 것과 고통에서 구제하기 위해 본인이 원

---

8) 자살예방을 위한 3개의 예방수준에서 '1차적 자살예방'은 건강한 사람들을 대상으로 하며 자살을 유도하는 사회적 조건을 개선하여 자살의도를 사전에 예방하는 것이다. '2차적 자살예방'은 자살생각이 있는 사람들을 대상으로 하며 자살의도를 중단시키기 위한 개입을 의미한다. '3차적 자살예방'은 자살을 시도하고 만성적인 자살위험에 처한 소수의 사람들을 대상으로 하며 자살확률을 경감시키기 위한 조치를 의미한다. UN, "Prevention of Suicide: Guidelines for the formulation and implementation of national strategies"(1996)는 자살예방을 위한 국가전략 개발에 있어 정신질환에 대한 대책수립과 함께 사회적 연대와 책임감을 강조했으며, 보건에 대한 투자확대, 관련 분야와의 연계, 개인과 지역사회의 역량 강화, 정신건강증진을 위한 기반구조 마련 등을 포함한 포괄적인 국가정책의 수립을 권고했다. 이정은·유지영, "뉴스 빅데이터를 활용한 한국의 자살현상 분석", 35.
9) 박충구, "자살에 대한 인식의 변화," 『기독교사상』 722호(2019), 115-16.

하는 합리적 자살을 승인하는 것 중에서 어느 것이 보다 윤리적인지에 대한 문제에 직면하게 된다. 이것은 사회의 도덕 지수가 개인의 자유와 선택권을 중시하는 데 초점이 있는지, 아니면 개인의 자유보다 전통적 가치의 수호에 맞추어져 있는지의 문제와도 밀접하게 연관된다.[10] 이와 관련해 의사조력 자살처럼 죽음을 선택할 권리의 하나로 자살을 보고, 보다 적극적인 의미에서 죽음을 선택할 권리를 합법화하기도 한다.

(1) 한국사회에 있어 자살문제의 현실

<2022 자살예방 백서>에 따르면 2020년 한해 자살 사망자는 13,195명으로 자살률(인구 10만 명당 고의적 자해(자살) 사망자 수)은 25.7명이었다. 1997년 말 외환 위기의 영향으로 1998년 자살률이 18.4명으로 급격히 증가한 이후 2000년 13.6명으로 감소하지만, 2008년 금융대란을 겪으며 2009년 31명이 되었고, 2011년에 31.7명으로 최고 수치를 기록했다. 이후 2017년까지 감소하다 2018년부터 다시 증가하고 있다. 남성의 자살률은 35.5명(68.9%), 여성은 15.9명(31.1%)으로 남성이 여성보다 2.2배 높았다. 연령대별 자살자수는 50대가 2,606명으로, 자살률은 80세 이상이 62.6명으로, 자살률 증가는 20대 여성이 25.5%로 가장 높았다. 지역별 연령표준화 자살률(인구구조가 서로 다른 지역별 비교를 위해 각 지역별 인구를 표준화하여 산출한 자살률)은 충남 27.9명, 제주 25.5명, 강원 25.4명 순으로 높았다. 월별로는 7월 9.3%, 8월 9.0%, 5월 8.7% 순으로 높게 나타났다.

자살과 관련된 조사는 특성상 대상자가 이미 죽은 사람이어서 직접 만나 조사할 수 없으므로 자살 사망자의 유서나 유언, 유족과의 인터뷰를 통한 심리부검[11] 면담자료 그리고 자살 시도자나 생존자의 진술을 정

---

10) 위의 논문, 119-24.
11) 심리부검(psychological autopsy)을 현대 자살학의 선구자 에드윈 슈나이드먼(Edwin

리해 이루어진다. 그리고 시·군·구 단위의 자살률과 같이 지역이나 집단 속에서 나타나는 특성을 조사하는 방식으로 연구가 수행된다. 그 외에 설문조사, 국가 간 자살률 비교, 패널 데이터의 분석 등이 활용된다.[12] 그런데 한국사회에서 이와 관련한 조사는 현실적으로 가족 중에 자살자가 생겼을 때 자살을 숨겨야 하는 부끄러운 일로 여기는 부정적인 사회·문화적 인식의 영향으로 구체적인 대답을 피하면서 개인과 집단의 정확한 자살현상 분석과 진단에 방해요인이 되고 있다.[13]

자살동기에 있어서는 정신건강 문제, 경제 문제, 그리고 신체건강 문제가 두드러지는데, 이것은 이순주·강상경이 한국사회에서 자살의 주원인인 '경제 문제', '신체건강 문제', '정신건강 문제', '가족관계 문제'와 관련해 개인 및 지역 수준의 요인을 분석한 연구에서 확인할 수 있다. "자살의 주원인에 관한 개인 및 지역 수준의 요인 분석"[14]에 따르면, 성별에 있어 남성의 경우 '경제 문제'와 '신체건강 문제'가, 여성의 경우에는 '정신건강 문제'와 '가족관계 문제'가 상대적으로 높았다. 그 외에 연령에 있어서는 자살 시점의 연령이 높을수록 '정신건강 문제'보다 '신체건강 문제'로, 연령이 낮을수록 '경제 문제'로 인한 자살이 '정신건강 문제'보다 상대적으

Shneidman)은 "사망자의 삶, 생활 형태와 환경, 죽음에 이르게 한 사건과 행동을 재구성하기 위한 사후 조사 과정"이라고 정의한다. 자살 사망자는 자살을 결심하고 실행하기까지 주변에 유·무형의 흔적을 남긴다. 자살 이전 사망자의 말과 행적, 남겨놓은 물건, 생전의 주변 상황 등을 살펴보면 사망자가 어떻게 죽음에 이르렀는지 파악할 수 있다. 심리부검은 현장 조사, 자료 분석, 유가족과의 면담 등을 통해 사망자의 삶과 사망 직전 행적을 다양한 각도로 조망한다. 사망자가 주변에 남긴 것들, 주변 사람들이 갖고 있는 그에 대한 정보, 일정 기간 지속적으로 사망자를 알고 지내온 가까운 사람의 신뢰성 있는 이야기가 중요한 정보가 된다. 이러한 심리부검 자료는 자살에 관한 정보를 축적하고 분석해 자살 위험 징후를 판별하고, 유가족의 마음 깊은 곳에 있는 의문을 풀어주거나 그 진행과정에서 이루어지는 면담에서 심리적 해소를 경험하며 치료적 효과를 나타내 애도과정에 도움을 준다. 서종한, 『심리부검: 사람은 왜 자살하는가』, 14-15, 22-23.

12) 이순주·강상경, "자살의 주원인에 관한 개인 및 지역 수준의 요인 분석," 『정신건강과 사회복지』 제49권 3호(2021), 86-87.
13) 이정은·유지영, "뉴스 빅데이터를 활용한 한국의 자살현상 분석", 34.
14) 이순주·강상경, "자살의 주원인에 관한 개인 및 지역 수준의 요인 분석", 101-02.

로 높았다. 주목할 만한 분석 중 하나는 개인의 고용상태와 그가 속한 지역의 경제 및 인구·환경적 요인 그리고 가족해체 상태를 분석한 내용이다. 자살 사망자가 경제활동 상태였던 경우에는 사망한 지역의 총생산과 도시화율이 높은 경우에 '경제 문제'로 인한 자살이, 자살 사망자가 비경제활동 상태였던 경우에는 사망한 지역의 빈곤율과 인구밀도가 높은 경우에 '정신건강 문제'로 인한 자살률이 상대적으로 높았다. 자살 사망자가 이혼·별거·사별을 경험한 경우와 지자체의 조이혼률(粗離婚率, 인구 천 명당 새로 이혼한 비율)이 높을수록 '경제 문제'로 인한 자살이 상대적으로 높았다. 자살문제가 개인적인 차원의 한두 가지 요인에 의한 갑작스러운 사건이라기보다는 다양한 요인과 오랜 시간에 걸쳐 축적된 사회적인 차원의 문제이며 그 중에서도 경제적 위기와 밀접하게 관련되어 있음을 보여주는 조사이다.

자살문제에 있어 주의 깊게 살펴보아야 할 것은 자살률 증가의 문제만 아니라, 자살을 시도했지만 실패한 '자살 시도자'에 대한 것이다. 대략 그 비율은 자살 사망자의 20~30배로 추산된다. 또 자살의 대기상태라고 할 수 있는 '자살 충동자', 즉 자살을 심각하게 고민하지만 실행에 옮기지 못하는 자살 예비자의 비율도 높다. 자살 시도자는 이후에 또 다시 자살을 시도할 위험성이 높고 이런 경우 자살로 사망할 가능성이 매우 높은 것으로 알려지고 있다. 이처럼 자살문제의 범위 안에는 나와 내 주변, 내 가정이 얼마든지 포함될 수 있다는 심각성을 인식해야 한다.[15]

(2) 사회·심리적 관점에서의 자살문제

프랑스 사회학자 에밀 뒤르켐(Émile Durkheim)은 『자살론』(Le Suicide, Etude

---

15) 곽혜원, 『자살문제, 어떻게 할 것인가?』, 34-36.

Sociologie)에서 19세기 말, 산업화가 진행 중인 유럽에서 일어난 2만 6천 건의 자살 사망자에 대한 법무부 자료를 연령, 성별, 결혼상태, 자녀 유무 등에 따라 분석해 자살이 사회적 요인에 영향을 받는 사회적 현상임을 밝힌다. 뒤르켐은 『자살론』 제1부에서 자살에 영향을 미칠 것으로 추측하는 비사회적 원인인 '신체적-심리적 성향'과 같은 개인적 사실과 '물리적 환경', 즉 정신질환을 비롯한 비정상적인 정신상태와 알코올 중독, 개인적 기질, 인종, 기후와 온도 같은 자연적 요인 등을 분석한다. 그러면서 이러한 요소가 개인이 자살하게 되는 심리 상태를 만들 수는 있지만 핵심 요인은 아니며, 모방도 사회적 자살률에 영향을 미칠 정도의 요소는 아니라고 주장한다.[16]

뒤르켐은 경제구조의 변화, 도시화에 따른 높은 인구이동, 종교의 세속화 등과 같은 사회적 원인에 따른 사회·역사적 변천에 대응하는 과정을 자살률 상승에 결정적 영향을 미치는 중요한 요인으로 보았다. 이러한 변천과정이 사회해체와 자살을 유발하는 아노미(anomie) 상태를 만들어 도덕성의 약화와 개인주의 또는 이기주의로 흐르는 사회적 조건을 조성한다는 것이다. 그래서 사회규범이 사회질서와 공동체적 삶의 지속을 위해 강제력을 행사하는 '사회적 규제(social regulation)'와 한 사회의 구성원이 사회적 네트워크 안에 결속되는 정도를 가리키는 '사회적 통합(social integration)'을 자살을 초래하는 중요한 사회학적 변수로 주목한다. 그리고 이러한 사회적 통합과 사회적 규제의 변수에 따라 '이기적 자살', '이타적 자살', '아노미적 자살', '숙명적 자살'과 같은 자살의 유형이 결정된다고 분석한다.[17]

다시 말해 개인이 속한 종교사회, 가족사회, 정치사회의 통합된 정도

---

16) Émile Durkheim, 『자살론』, 32-33, 37, 73, 105, 129, 155.
17) 곽혜원, 『자살문제, 어떻게 할 것인가?』, 57-59.

와 개인에 대한 사회의 규제 정도에 자살률이 반비례한다고 설명한다. 핵심은 강력하게 통합된 사회적 집단이 만들어졌느냐는 점이다.[18] 그래서 종교가 자살을 예방하는 효과가 있으려면, 하나의 사회로서 여러 신념과 의식이라는 집단적 정신 상태를 강하게 만들어 공동체의 통합을 견고하게 할 수 있어야한다. 즉 종교가 사회에서 통용되는 도덕보다 자살을 더 강하게 비난하거나, 신이 내린 종교적 계명과 내세를 강조하는 설교의 교리와 논증으로 자살이 예방된다고 판단하지 않는다. 그보다는 종교사회에서의 결속력과 같은 사회적 통합과 규제 기능이 제 역할을 하느냐에 따른다고 본다. 그런 면에서 개신교회는 가톨릭교회보다 결속력이 약하기 때문에 결국 자살을 억제하는 영향력도 작다는 설명이다.

특히 현대사회에서 자살문제는 사회 생태계가 부의 편중, 사회적인 안정망의 부재, 계층 간의 갈등과 같은 위기의 상황임을 보여준다. 뒤르켐이 자살은 문명사회가 경험하는 심각한 질병 상태와 그 증상을 측정하는 척도[19]라고 말했듯이, 사회 내에서 일어나는 폭력과 성폭행 그리고 2차적 가해와 같은 사회적 문제의 영향으로 자살이 늘어나는 현대사회에서 자살은 그 사회의 건강성을 평가하는 지표가 된다. 또한 자살로 인한 영향은 자살 사망자만 아니라, 가족에게도 심각한 정신적 충격과 죄책감을 주어 삶을 황폐화시킨다. 그리고 사회 구성원들에게는 삶의 의미와 가치를 혼란스럽게 만들어 사회 전체적으로 생명경시 풍조를 조장한다. 그러므로 자살을 유발하는 근본 원인을 주목하고 사회구조적 문제를 살피는 사회적 차원에서의 접근이 중요하다.

---

18) Émile Durkheim, 『자살론』, 249-50.
19) 뒤르켐은 자살에 대한 통계와 사회적 조사를 분석해 성별과 연령, 경제적 상황과 사회적 여건에 따라 나타나는 차이점을 분석하며 이렇게 말한다. "예외적으로 높은 자살의 수는 오늘날 문명사회가 경험하고 있는 심각한 질병의 상태를 나타내며 그 심각성을 보여준다. 더 나아가 자살은 그 증상을 측정하는 척도라고까지 말할 수도 있다." 위의 책, 510-11.

자살은 여러 심리적 요인과도 관련되는데,[20] 지그문트 프로이트(Sigmund Freud)는 자살을 공격성이 자기 자신을 향해 가해진 일종의 전도된 살해로,[21] 칼 메닝거(Karl Menninger)도 자기 자신을 적대하는 과도한 과장에서 기인하는 것으로 보았다. 그래서 자살을 세 가지 내면적 속성인 누군가를 죽이고 싶은 '공격성', 죄책으로 인해 누군가가 자신을 죽여주기를 바라는 '피학성', 그리고 삶의 의욕을 잃어 죽기를 원하는 '우울'에 사로잡힌 상태를 포함하는 특별한 종류의 죽음으로 이해해야 한다고 설명한다.[22] 정신질환은 정신의학에서 자살의 원인으로 가장 유의미하게 고려하는 요인인데, 예를 들어 생물학적 신경전달물질인 도파민과 세로토닌과 같은 물질이 불균형을 이룬 상태에서 가정폭력, 이혼과 같은 환경적 요인이 결합될 때 자살이 일어난다고 설명한다.[23]

특히 우울증은 전 세계적으로 확산되는 추세로, 세계보건기구(WHO)는 21세기 인류를 크게 괴롭힐 질병 중 하나로 우울증을 꼽는다. 세계적으로 약 4억 5천만 명이 정신질환을 앓고 있는데, 그 가운데 1억 5천만 명이 우울증을, 9천만 명이 알코올 혹은 약물중독을, 2천 5백만 명이 정신분열증을 앓고, 해마다 100만 명이 자살로 생을 마감한다고 발표했다.[24] 이처럼 우울증은 사회적 부담을 가중시키며 자살을 높이는 위험요인 중에서 중요한 변인으로 꼽힌다. 정신의학계의 연구는 자살사망자의

---

20) 세계보건기구는 자살의 두 가지 위험 인자로 정신질환과 육체적 질병을, 정신과 교수인 케이 레드필드 재미슨(Kay Redfield Jamison)과 토머스 조이너는 정신 병리학적 및 유전학적 요인을, 애착이론가인 존 볼비(John Bowlby)는 애착대상의 상실로 인한 절망을, 에드윈 슈나이드먼(Edwin Shneidman)은 심리적 고통을 자살의 원인으로 설명한다. 제해종. "한국사회의 자살 문제에 대한 기독교적 답변," 『한국콘텐츠학회논문지』 제15권 2호(2015), 558-59.
21) 김진호, "서바이벌의 체계를 척결하라: 사회적 타살로서의 자살에 관하여", 김진호 외, 『가장 많이 알고 있음에도 가장 숙고되지 못한 '십계'에 대한 인문학적 고찰』(파주: (주)글항아리, 2018), 112.
22) 박충구, "자살에 대한 인식의 변화", 118-19.
23) 이순성, "자살예방: 그 한계와 대안," 『생명연구』 제18권(2010), 79-110.
24) 김충렬, 『알코올중독과 상담치료』(서울: 한국상담치료연구소 2010), 175.

45~70%가 우울증 환자이며, 우울증 환자의 약 15%가 자살한다고 보고해 우울증이 자살의 가장 강력한 위험인자임을 주장했다.[25] 그리고 자살은 일종의 정신의학적 질환이라는 것과 함께 순간적 실수로 생명을 잃어버리는 사고로 간주해야 한다는 의견도 제기되고 있다.[26] 사회적 배제의 경험이나 그로 인한 자기 증오와 같은 절망적인 사고에 빠져들면 다른 생각을 전혀 못하고 오로지 한 가지 생각에만 몰입하는 증상을 보이게 되는데, 이런 경우 현재 상황을 벗어날 수 있는 유일한 대안으로 자살을 선택하기도 한다.

(3) 윤리·목회적 관점에서의 자살문제

자살은 생명경시 풍조의 확산과 인간의 존엄성 상실이라는 측면에서 윤리적 문제를 낳다. 삶에서 경험하는 여러 종류의 고통을 스스로 해결할 수 없고 주변에서 지원과 지지를 받을 수 없을 때, 자살은 흔히 말하듯이 단순히 한 개인이 자신의 생명을 끊음으로 삶의 문제에서 벗어나려는 시도라고 생각할 수 있다. 하지만 이처럼 자살을 삶의 문제를 해결하기 위한 방법으로 선택하는 경우, 한 사람의 자살로 생겨나는 문제는 자살자 본인만 아니라 가족이나 지인, 주위 사람들에게 제2, 제3의 자살로 확대되는 위험요소로 작용한다. 자살로 인한 영향은 주변의 사람에게만 아니라 사회적으로도 죄책감과 분노를 비롯한 심각한 심리적 후유증을 남긴다.

세계보건기구 자살예방지침서는 한 사람의 자살이 평균적으로 6명에게 부정적 영향을 미친다고 지적했다.[27] 그래서 언론매체가 연예인과 사

---

25) 곽혜원, 『자살문제, 어떻게 할 것인가?』, 81.
26) 위의 책, 150.
27) 최성훈, "자살에 대한 이해와 목회적 대응방안," 『신학과 실천』 제76호(2021), 757.

회고위층의 자살과 자살방법을 구체적으로 보도하는 경우에 주의해야 하는 것은 일반인, 특히 청소년과 청년이 자살을 따라할 수 있기 때문이다. 이것을 '베르테르 효과(Werther effect)'[28]라고 하는데, 이에 대한 대책으로 2013년 보건복지부는 자살보도의 문제점을 보완하는 <자살보도권고기준 2.0>을 발표했다. 하지만 언론의 자살보도 수위는 낮아지지 않고 있는데, 높은 자살률과 함께 자살에 대한 이해와 윤리적 인식의 부족을 드러낸다.[29]

목회적 차원에서 자살문제는 창조주 하나님이 만드신 생명의 가치를 인식시키고, 성도의 교제를 통해 건강한 공동체를 세움으로 풀어가야 할 중요한 과제이다. 자살문제에 대한 교회의 대처는 영혼과 육신이 분리된 것이 아니라 하나라는 성경적 인간 이해 속에 생명을 살리는 하나님의 역사에 동참하는 일이라는 것을 인식해야 한다. 그러므로 이것이야말로 교회가 사회와 협력하여 책임적으로 감당해야 할 교회의 공적인 사역이다. 특히 자살자와 자살자의 남은 가족이 신앙을 가진 경우, 사랑하는 가족을 자살에서 보호하지 못했다는 죄책감과 상실감은 물론, 자살하면 지옥에 가는 형벌을 받는다는 생각에 수치심과 분노 등의 복합적인 심리적 압박을 경험하게 되므로 교회 공동체의 세심한 돌봄이 요청된다.

그러므로 자살문제 해결을 위해서는 국가가 사회복지 기능 차원에서 운영하는 자살예방센터 등과 같은 공공기관을 통한 방법에만 의존할 것이 아니라, 먼저 교회가 성경과 신학적 관점에서 자살 예방을 위한 구체적이고 체계적인 교육과정을 구비해야 한다. 목회자 및 평신도 사역자를

---

[28] 1774년 9월, 한 여인에 대한 사랑으로 스스로 권총 자살을 한 젊은이의 이야기를 다룬 괴테의 『젊은 베르테르의 슬픔』 소설이 베스트셀러가 되었을 때, 수많은 젊은이가 권총 자살을 했다. 그들은 소설의 주인공과 같은 푸른색 코트와 노란색 조끼를 입고 있었고, 곁에는 괴테의 소설이 있었다. 1974년 사회학자 필립스는 이런 모방 자살 현상을 '베르테르 효과'라고 명명했다.

[29] 이정은·유지영, "뉴스 빅데이터를 활용한 한국의 자살현상 분석", 42-43.

육성해서 자살 생존자와 자살 유가족을 위한 상담과 돌봄 사역을 실시해야 할 필요가 있다. 또한 사회적으로 취약한 노년층, 특히 생활서비스 제공과 정서적 지지기 필요한 독거노인, 그리고 학업에 대한 부담과 학교 내 폭력 등에 시달리는 청소년, 취업과 경제적인 문제로 인한 스트레스로 힘들어하는 청년에 대한 목회적 지원을 강화함으로 자살을 예방하기 위한 공적 역할을 감당해야 한다.[30]

3. 성경과 기독교전통에서 살펴본 자살문제

그리스도인은 하나님의 일방적이고 무조건적인 사랑에 근거해서 하나님 안에서 내가 누구인지를 인식한다. 그리고 그 인식을 바탕으로 하나님과 소통하며 더 깊은 관계로 나아가면서 주체적이고 책임적인 존재로 이웃 그리고 세상과 관계를 맺게 된다. 이러한 '참여하는 은혜(participative grace)'[31]는 인간의 노력이나 높은 이상이 아니라, 하나님의 주도적인 행위로 받을 자격이 없는 이들에게 주시는 하나님의 선물이다. 동시에 예수 그리스도 안에서 하나님의 은혜에 응답하는 적극적인 참여를 요청한다. 그러므로 자살문제는 하나님과의 관계에서 일방적이고 무조건적으로 받은 사랑의 구체적인 현실인 생명의 가치와 그 생명이 누구에게로부터 주어진 것인지를 인식하지 못하는 자기 정체성의 부재에서부터 시작된다. 그래서 생명을 품은 삶이란, 하나님의 선물로 받은 생명이 하나님의 충만한 은혜 안에 있다는 사실을 증언한다. 반면 자살은 생명을 보존하고 지

---

30) 최성훈, "자살에 대한 이해와 목회적 대응방안", 758.
31) Glen Stassen&David Gushee, *Kingdom Ethics*, 신광은·박종금 역, 『하나님의 통치와 예수 따름의 윤리』(논산: 도서출판 대장간, 2012), 37, 57-59.

키며 더욱 풍성하게 하는 책임을 망각하고 그리고 하나님의 형상으로서 인간에게 부여하신 존엄성을 파괴하는 행위가 된다. 자살은 하나님의 소유권을 침해하는 행위이다.[32]

이처럼 자살은 생명을 보존하고 다스리시는 하나님의 통치를 거부하는 행위로 하나님의 주권, 하나님의 은혜와 정의 그리고 사랑이라는 하나님 나라 사상에서 어긋난다. 그래서 자살문제를 들여다보면 생명을 인식하고 대함에 있어 율법적으로나 관습적으로 성경을 해석하는 기독교 전통의 문제점이 드러날 뿐만 아니라, 자살의 원인을 분석하거나 진단함에 있어서는 기독교 공동체의 공적 역할에 대해 묻게 된다. 그래서 궁극적으로 생명을 지키고 보존함으로 샬롬의 공동체를 세우는 것은 하나님이 교회에 맡기신 사명으로 자살문제를 방치하지 않고 자살의 위기에 직면한 사람들을 돌보며 지지하는 것이야말로 교회가 감당해야 할 공적 역할임이 선명하게 밝혀진다.

(1) 성경의 사례로 본 자살에 대한 이해

성경에서 직접적으로 명시된 자살[33]에 대한 금지규정을 찾을 수는 없다. 하지만 성경은 하나님이 사람을 창조하실 때 하나님의 형상대로 만드시고 생기를 불어넣어 생령이 되게 하셨다는 것(창 1:26-27; 창 5:1)과 하나님의 형상으로 지으신 사람을 죽인 자는 죽임을 당할 것(창 9:6)이라는 율법을 통해 생명의 가치와 보존의 의미를 밝힌다. 유영권은 성경에서 기록된

---

32) 강사문, 『구약의 하나님』(서울: 한국성경학연구소, 1999), 351.
33) 김중은은 자살의 동의어인 "자결"이 성경에서 두 번 사용되었다고 설명한다. 하나는 요한복음 8장 21-22절에서 예수님이 유대인들에게 내가 가는 곳에 너희는 오지 못할 것이라고 말씀하시자, 유대인들이 "내가 가는 곳에는 너희 오지 못하리라 하니 그가 자결하려는가"라고 말한 것에서 이다. 또 하나는 사도행전 16장 27절에서 바울과 실라가 빌립보 감옥에 갇혔을 때, 한 밤중에 큰 지진이 나서 옥문이 열린 것을 본 간수가 자다가 깨어 죄수들이 도망한 줄 알고 "칼을 빼어 자결하려"고 한 본문에서다. 김중은, "자살문제에 대한 성경적-신학적 접근", 『장신논단』, 제38집(2010), 17-18.

자살 사건이 단순 묘사로만 그치고 자살행위에 대한 가치판단이나 해석을 하지 않는 것은 이미 성경 전체는 생명 존중사상을 바탕으로 하고 있기 때문이라고 설명한다.[34] 즉 구체적으로 자살을 정죄하거나 금지하는 것을 찾을 수는 없지만, 생명의 소중함과 생명을 존중하는 것을 통해 자살을 금지하고 있음을 알 수 있다.

성경에서 자살의 사례로 드는 것 중의 하나가 사사시대 사사 기드온의 아들인 아비멜렉에 대한 내용이다. 기드온은 아내가 여러 명이어서 아들이 70명이나 되었고 또 세겜에 첩이 있어 아들을 낳았는데, 그가 아비멜렉입니다. 아비멜렉은 세겜 사람들을 회유해 왕이 되지만, 3년 만에 세겜 사람의 배반과 함께 시작된 전쟁에서 한 여인이 던진 맷돌 위짝을 맞고 머리 두개골이 깨진다. 그러자 아비멜렉은 여자에게 죽었다는 모욕적인 말을 듣기 싫어 부관에게 칼을 빼어 자기를 죽이라고 한다. 이렇게 부관이 찌른 칼에 아비멜렉은 죽는데, 이 경우는 의도와 방식에서 자살이라기보다는 전쟁터에서의 비참한 죽음에 가깝다(삿 9:53-54). 또 다른 사례로 드는 것이 삼손의 죽음이다. 삼손을 잡은 블레셋 사람이 다곤 신전에 모여 큰 제사를 드리며 축제를 벌이면서 삼손을 모욕하고 괴롭힐 때, 삼손은 마지막으로 하나님께 강하게 해주셔서 원수를 갚게 해달라고 기도한다. 그리고는 다곤 신전 건물을 받치는 두 기둥을 껴안고 블레셋 사람과 함께 죽기를 구하며 힘을 주어 건물을 무너트리면서 여러 사람과 같이 죽는다(삿 16:23-31). 이 사례도 자살이라기보다는 블레셋과 싸우는 과정에서의 장렬한 전사로 보인다.

성경에서 자살 사례로 볼 수 있는 것으로는 이스라엘 초대 임금인 사울의 경우이다. 사울은 길보아 산에서 블레셋과의 전투 중에 적이 쏜 화

---

34) 유영권, "자살 이해와 대처방안," 『목회와 상담』 9권(2007), 171-72.

살을 맞아 중상을 입는다. 사울은 블레셋 군인들에게 생포되어 모욕적으로 죽게 될 것을 염려해 옆의 부관에게 자신을 죽일 것을 명령한다. 하지만 부관이 두려워 지시대로 하지 않자, 사울은 스스로 자기 칼을 뽑아 그 위에 엎드러져 죽는다. 스스로 자신의 목숨을 끊는 죽음을 선택했다는 점에서 자살의 사례이다. 그리고 그 옆에 있던 부관이 사울의 죽음을 보고 자신도 칼 위에 엎드러져 자살한다(삼상 31:1-5).

또한 다윗 왕의 아들 압살롬은 아버지를 제거하고 자신이 왕이 되려고 반역을 일으킨다. 이 때 압살롬의 참모 역할을 했던 아히도벨이 다윗 왕을 죽일 구체적인 계획을 제안하지만 받아들여지지 않으면서 반역은 실패로 돌아간다. 그러자 아히도벨은 자살한다(삼하 17:23). 또 시므리는 잦은 암살과 반역으로 왕이 바뀌던 분열왕국시대에 북쪽 이스라엘에서 엘라 왕의 병거부대를 통솔하는 지휘관이었다. 엘라가 신하의 집에서 술에 취해 있을 때, 시므리는 그를 죽이고 왕이 된다. 하지만 이스라엘 군대가 시므리를 왕으로 인정하지 않고 즉석에서 지휘관 오므리를 왕으로 삼는다. 이 오므리의 군대에 시므리의 성이 함락되자, 시므리는 왕궁의 요새로 피신한 후 불을 질러 자살한다(왕상 16:15-18).

신약에 한 번 나타나는 자살에 대한 기록은 가룟 유다의 경우로 그는 예수님을 배신하고 당시 예수님을 죽이려고 모의하던 대제사장과 율법학자들과 백성의 장로들에게 은 서른 개를 받고 팔아넘긴다. 이후 죄책감에 시달리다 양심의 가책을 감당하지 못해 "내가 무죄한 피를 팔고 죄를 범하였도다"라는 말과 함께 은을 성소에 던져 넣고 돌아가 목매어 죽어 자살한다(마 27:3-5). 김중은은 가룟 유다의 자살과 관련해서 예수 그리스도에 대한 배신과 악행이라는 표면적인 것보다 더욱 근본적인 이유로 복음서는 이미 '사탄'이 유다의 마음에 들어갔다고 언명한 것을 주목해야 한다고 강조한다(눅 22:3; 요 6:70, 13:2). 그래서 성경적·신학적인 관점에서 근본적인 자살문제 해결책은 자신의 죄를 깨달아 회개하고(요일 1:8-10), 사탄의 일을 멸하고 사망 권세를 이기고 승리하신 예수 그리스도를 만나고(창 3:15; 눅 10:18; 히 2:14; 요일 3:8), 길과 진리와 생명이신 예수 그리스도를 나의 주님으로 내 마음에 영접하여 모시는 것이라고 설명한다(요 14:6).[35]

반면 성경에서 자살의 상황에까지 갔지만 자살을 하지 않은 성경 인물로 욥을 꼽을 있다. 그는 갑작스럽게 수많은 재산과 열 명의 자녀를 잃고 온 몸에 종기가 나서 극심한 고통에 시달리며 재 가운데 앉아 질그릇 조각으로 자기 몸을 긁고 있었다. 아내에게서는 죽어버리라는 말을 듣고, 친구들에게서는 죄를 회개하라는 말만 듣다가 결국 자살할 생각을 하며 하나님께 이렇게 부르짖는다. "이러므로 내 마음이 뼈를 깎는 고통을 겪느니 차라리 숨이 막히는 것과 죽는 것을 택하리이다(욥 7:15)." 하지만 욥은 고통에서 벗어나려고 자살을 선택하지 않는다. 이처럼 성경에서 자살 사건과 관련된 내용을 살펴보면 자살을 금지하는 규정이 있는 것은 아닐지라도, 직접적으로 또는 간접적으로 자살에 대해 부정적인 입장을 보여주고 있음을 확인할 수 있다. 성경에서 십계명의 제6계명인 "살인하지 말라"(출 20:13; 신 5:17)는 것과 죽음 이후의 천국에 대한 소망을 말씀한 것에서도 자살을 부정하는 관점을 확인할 수 있다.

성경은 모든 인간의 생명은 하나님으로부터 부여받은 것으로서 인간의 몸은 하나님의 성전이며(고전 3:16-17), 그리스도의 피 값으로 사신 바 되었으므로(고전 6:19-20; 히 10:19-20) 존귀하며, 따라서 이를 함부로 해하는 행위는 잘못이라고 말씀한다. 또한 성경은 인간 생명의 주인과 주관자는 오직 생명의 창조자이며 주인이신 하나님 한분뿐이라고 말씀한다. 그러므로 인간은 타인의 생명이든 자기의 생명이든 결코 자기 마음대로 좌지우

---

35) 김중은, "자살문제에 대한 성경적-신학적 접근", 29-30. 자살 방지를 위해 성경에서 자주 인용되는 구절로는 신 30:19; 욥 1:21; 행 16:27 이하; 엡 5:29 등이 있다. 위의 논문, 36.

지 할 수 없다.[36] 김중은은 구약성경에서 의도적이지 않은 살인은 의도된 계획적인 살인죄와 구분되고, 소위 도피성 제도를 마련하여 의도적이지 않은 살인에 대한 사면의 길을 터놓고 있다면서(민 35:11; 신 19:4; 수 20:3), 자살의 경우에도 의도적인 자살과 의도적이지 않은 자살을 구분할 필요가 있다고 설명한다. 예를 들어 정신질환이나 우발적인 사고사의 경우이다.[37] 이러한 의도성에 의해서 자살은 자기희생의 죽음이나 순교와도 구별된다.

(2) 기독교전통에 나타난 자살에 대한 논의들

초기 교부들은 십계명의 '살인하지 말라'는 제6계명을 근거로 자살을 성경의 가르침에 위배되는 심각한 죄악으로 간주하였을 뿐만 아니라, 생명을 지속하는 인간의 자연적 본성에도 어긋난다고 보았다. 아우구스티누스(Augustine of Hippo)는 『신국론』(The City of God)에서 자살하는 자를 명백한 살인자로 간주하여 정죄했다. 이런 견해는 하나님의 형상(Imago Dei)으로 창조된 인간의 존엄성을 강조하는 한편, 인간 삶의 주관자는 오직 하나님 한 분이시라는 믿음에 근거한다.[38] 교부 락탄티우스(Lactantinus)는 자살자를 살인자로 정죄했다. 인간이 세상에 온 것이 자신의 의지로 된 것이 아니라면, 세상을 떠날 때도 하나님의 명령이 있을 때만 떠날 수 있는 것으로 간주했다.[39]

---

36) 위의 논문, 15-16. 참조 성경구절은 신 32:39; 삼상 2:6; 욥 1:21; 눅 18:27; 계 1:18 등입니다.
37) 위의 논문, 16.
38) 최성훈, "자살에 대한 이해와 목회적 대응방안", 754. 아우구스티누스가 자살을 비난한 맥락을 신학적으로보다 정치적으로 보기도 한다. 카르타고를 중심으로 한 도나투스파 교회들이 로마 교회와 대립하던 상황에서 사제들은 순교를 불사한 반로마 항쟁을 부추겼고 대중의 호응이 있었다. 이에 아우구스티누스는 사제들이 주장한 순교를 자살이라고 하며 자살은 신이 인간에게 부여한 권리가 아니므로 신의 구원을 받을 수 없다고 주장했다. 김진호, "서바이벌의 체계를 척결하라: 사회적 타살로서의 자살에 관하여", 『가장 많이 알고 있음에도 가장 숙고되지 못한 '십계'에 대한 인문학적 고찰』, 114-16.
39) 이상원, "자살과 교회의 대책", 『신학지남』 통권 280호(2004), 105.

중세 신학자 토마스 아퀴나스(Thomas Aquinas)는 『신학대전』(Summa Theologiae)에서 자살은 자신의 보존과 애덕을 향하는 자연적인 본성을 거스르고 공동체에 위해를 가하는 일이며, 생명은 하나님께 부여받은 선물로서 하나님의 권한에 속한 것이기 때문에 하나님과 공동체에 대항하는 죄라고 주장한다.[40]

종교개혁 시대 마르틴 루터(Martin Luther)는 자살을 믿음과 죄인을 정죄하고 죽이는 기능인 율법 사이에서 당하는 괴로움의 표시라며, 사탄의 원인 제공과 개인이 느끼는 고통 사이에서 일어난다고 보았다.[41] 또한 장 칼뱅(Jean Calvin)은 설교에서 사울의 자살과 아히도벨의 자살이 범죄에 대한 하나님의 형벌이었다고 해석하고 자살을 강력히 비판하며 죄로 규정한다.[42] 그럼에도 자살이 성령훼방 죄로서 영원히 용서받지 못하는 죄라는 중세시대에 지배하던 자살관을 따르지는 않았다. 종교개혁자들은 부분적이기는 해도 하나님이 자살자들을 긍휼히 여기시고 회개를 허용하

---

40) 토마스 아퀴나스(Thomas Aquinas)는 『신학대전』(Summa Theologiae)에서 자살이 잘못인 이유를 설명한다. "자살은 다음의 세 가지 이유로 완전히 잘못된 일이다. 첫째, 만물은 자신을 사랑함과 그렇기 때문에 자신을 보존하고 적대적인 힘에 대항하려고 애씀이 당연하다. 자살은 자신의 자연적 경험성을 거스르는 것이고, 자신을 마땅히 보호하려는 자비로운 마음에도 역행한다. 둘째로, 모든 부분은 그 자체로 한 전체의 부분이 된다. 한 사람은 그 자신으로 전체 공동체의 일원이 되므로 마땅히 공동체의 일부분이다. 그러므로 자살은 자신에게만이 아니라, 그가 속한 공동체에게도 손해를 끼치는 것이다. 셋째, 생명은 하나님께서 사람에게 부여해주신 선물로 생명은 생과 사의 주인이신 하나님께 복속된다. 그러므로 자신의 목숨을 스스로 앗는 사람은 하나님께 죄를 짓는 것이다. 이는 다른 사람과 노예를 살해함으로 그 주인에게 해를 끼치는 것과 마찬가지이다. 혹은 권한을 부여 받지 못한 일에 자신이 권한을 가지고 판단하는 것과도 같다. 생과 사에 대해서는 하나님만이 권한을 가지고 계신다. 신명기에 하나님께서 살리기도 하고 죽이기도 하는 것은 바로 나 여호와라고 말씀하신 것처럼." 안석모, "자살의 이해와 목회적 대응," 『신학과 세계』 Vol.47(2003), 55 재인용.
41) 김중은, "자살문제에 대한 성경적-신학적 접근", 17. 루터는 자살자도 하나님의 구원의 은총에서 배제되는 것은 아니라는 말을 일반 평민들에게 가르쳐서는 안 된다고 말했는데, 그 이유는 사탄이 이것을 이용하여 더 많은 살인을 할 우려가 있기 때문이라고 했다. 이상원, "기독교윤리측면에서 본 자살," 『신학지남』 통권 298호(2009), 113 재인용.
42) 칼뱅이 자살을 죄로 규정한 이유로는 다음의 것들이 있다. ①인간에게 생명을 주신 이는 하나님이시요 또한 인간의 생명을 취하시는 분도 하나님이시기 때문에 자살은 하나님의 뜻에 불순종하는 교만의 죄이다. ②기독교인들은 어떠한 형태의 고문, 불행, 모욕이 찾아와도 무한히 견뎌내야 하는 자들이기 때문에 자살은 성급함의 표현이다. ③자살은 죽음을 피하고자 하는 자연적 감각을 역행하는 반자연적인 행위이다. ④자살은 악마의 분노에 사로잡힌 상태에서 행하는 잔인하고 악독한 행위이다. 곽혜원, 『자살문제, 어떻게 할 것인가?』, 170 재인용.

실 수 있다는 가능성을 열어놓았다. 자살을 인간의 궁극적인 구원의 문제에 대한 판단과 연관시키기보다, 전적으로 하나님의 주권에 맡겨야 한다는 입장이다.[43] 20세기 신학자 칼 바르트(Karl Barth)와 디트리히 본회퍼(Dietrich Bonfoeffer)도 자살을 반대했는데, 자살방지는 도덕적 요구나 법적 수단으로는 되지 않고 오직 복음 안에서만 가능하다고 보았다.[44]

그런데 한국개신교에서 자살에 대해 보이는 태도는 부정적인 입장을 넘어 용서받을 수 없는 죄, 구원받지 못할 죄로 여긴다. 자살을 구원의 문제와 연관시키는데, 먼저 하나님의 구원의 근거는 예수 그리스도를 믿는 믿음에 대한 것이지 자살 여부의 문제가 아니라는 점을 인식해야 한다. 인간에 대한 하나님의 용서는 예수 그리스도의 십자가 구속사건에 전적으로 근거하고, 이를 믿음으로 값없이 의롭다 함을 얻어 구원에 이른다. 그러므로 자살이 구원과 저주를 결정하는 조건일 수 없다. 또한 자살로 회개할 기회를 영원히 잃어버림으로 지옥에 간다는 주장도 현실성이 없는 것은 기독교인이 갑작스런 사고로 모든 죄를 회개하지 못하고 죽는 경우도 많기 때문이다.[45] 최근에 안락사와 함께 자살을 인간의 자기 결정권과 연계하여 합리화하는 것은 문제점이 있지만, 자살을 용서받을 수 없는 죄라는 교리로 판단하는 것은 수정되어야 한다.

4. 변혁적 주도행위를 통한 자살문제 대처

21세기 현대인들은 과거와 달리 복잡하고 급격히 변화하는 현실 속

---

43) 이상원, "기독교윤리측면에서 본 자살", 76.
44) 김중은, "자살문제에 대한 성경적-신학적 접근", 17.
45) 이상원, "기독교윤리측면에서 본 자살", 78-79.

에 살고 있어 자살문제에 대해서도 명확한 입장을 취하는데 갈등을 겪는다. 인간은 '생로병사(生老病死)', 생명의 탄생과 늙음 그리고 병듦과 죽음에서 생겨나는 수많은 문제를 기술개발이라는 노력으로 해결해 왔다. 하지만 그 과정에서 자원은 고갈되고 생태계의 균형은 위협받게 되면서 예상하지 못한 재난과 재해로 더욱 심각한 죽음의 위험 앞에 놓이게 되었다. 생명공학과 인공지능은 죽을 생명을 다시 살리고 새로운 삶을 선물하지만, 인간의 통제를 넘어선 작동원리를 알기 어려운 블랙박스 화된 시스템은 예상할 수 없는 인간 삶의 위협으로 여겨진다. 그 과정에서 자살은 훨씬 더 다양한 논리와 주장으로 정당화되거나 미화될 것으로 예상된다. 하지만 생명의 주인은 인간이 아니라 삼위일체 하나님이라는 것과 따라서 의도적으로 자신의 생명을 스스로 파괴하는 행위가 옳지 않다는 것은 분명하다. 그럼에도 자살을 다른 죄보다 더 심각한 용서받지 못할 죄나 하나님의 구원의 은총에서 배제되는 죄로 여기며 다른 사람을 심판하는 것은 성경적으로나 신학적으로 타당하지 않다.

특히 현대는 과거보다 더 정교하고 이해하기 어려운 악의 능력이 광범위하게 작동해 생명의 가치와 인간의 존엄성보다 신자본주의의 핵심인 소유와 소비를 우선시하며 우상으로 숭배하게 한다. 점점 심해지는 권력과 부의 집중으로 인한 불평등, 기술개발과 자동화에 따른 고용기회와 실질임금의 저하, 지구온난화로 인한 자연 재해와 정신질환의 증가, 안식과 쉼 그리고 여유가 없는 사회생활, 소셜 미디어의 발달과 개인주의가 가져오는 파괴성 등으로 하나님의 형상으로 만들어진 인간의 존재가치가 쉽게 무시된다. 그러면서 생명을 끊는 자살의 위험정도가 높아졌음에도 자살문제에 대해 무관심한 태도를 취하거나 방치하는 것이 일반적인 모습이다. 여전히 자살의 이유와 원인을 개인의 책임으로만 돌리려고 하는데, 그 결과 사회는 물론 각 종교에서도 자살자에 대해 안타까운 감정을 가지거나 전통적인 판단기준에 따른 교훈이나 규칙은 이야기할지는 모르지만, 문제해결을 위한 구체적이고 체계적인 준비와 행동을 포괄하는 책임적 실천은 보이지 못하고 있다.

그러므로 자살문제를 대처하는 근본적인 방식을 논의함에 있어서 성경의 진리에 근거한 신학적인 바른 이해와 공적 영역으로서의 실천이 중요하다. 자살을 바라보는 전통적인 의인 교훈(illustration)의 관점과 그에 따른 부정적 회피(negative avoidance)라는 악순환에서 은총을 바탕으로 하는 구원의 길인 '변혁적 주도행위(transforming initiatives)'로 나가야 한다.[46] 즉 하나님이 통치하는 세상에는 하나님의 뜻을 거스르는 존재와 세력이 인간 삶에 영향을 미친다는 것을 인식하며 삶 한가운데로 들어오는 하나님의 은혜에 참여해야 한다. 그리스도인에게 임하는 하나님의 구속적 은혜는 예수 그리스도의 구속으로 말미암은 칭의와 사죄의 능력일 뿐만 아니라, 성령을 통하여 우리를 회개하게 하시고 변화시켜 성화의 길로 나가게 만드시는 은혜이다. 생명을 보존하고 다스리시는 하나님의 주권은 하나님의 구속적인 은혜라는 하나님 나라 사상의 핵심 가치로 하나님의 형상으로서의 회복을 이끈다. 반면 생명을 파괴하는 것은 사탄의 특징으로 죄와 죽음의 배후 세력은 사탄이고, 이러한 죽음의 세력을 멸하고 생명을 주시는 분은 오직 예수 그리스도이다.

(1) 하나님의 주권과 그리스도인의 생명존중

글렌 스타센(Glen Stassen)과 데이비드 거쉬(David Gushee)는 그리스도인의 도덕적 신념을 '개별적·즉각적 판단 단계(particular·immediate judgment level)', '규칙 단계(rules level)', '원리 단계(principles level)', '기초적 신념 단계(basic-conviction

---

46) Glen Stassen&David Gushee, 『하나님의 통치와 예수 따름의 윤리』, 184-90.

level)'로 설명한다.[47] 자살문제에 있어서 성경이 '개별적·즉각적 판단 단계'와 '규칙 단계'에 해당하는 구체적인 내용을 명시하지는 않지만, 자살은 도덕적 신념의 '원리 단계'와 '기초적 신념 단계'에 있어서 하나님의 형상대로 창조된 인간 생명의 존엄성을 무너트리는 행위이다. 인간은 하나님이 흙으로 자신의 형상대로 빚으시고 그 코에 생기, 즉 생명의 기운을 불어넣어 주심으로 살아있는 생명체인 생령이 되었다(창 2:7). 그만큼 인간의 생명은 세상의 그 무엇보다도 고귀하고 하나님께 속한 존재이므로 인간이 자신의 뜻대로 손상하거나 변형시킬 수 없었다. 또한 인간을 포함한 모든 생명체의 생명은 하나님에 의해서 주어지고 그리고 하나님에 의해서 거두어진다(행 17:24-28). 그래서 피는 생명을 상징하기에 피 흘리는 것과 짐승의 피를 먹는 것을 금했다(창 9:4; 레 3:17, 17:10; 신 12:23). 황소가 사람을 뿔로 받아서 죽게 했을 때 사람의 생명의 피를 흘린 일에 대해 심지어 짐승이라도 하나님이 그 책임을 물으시지만, 어떤 재산상의 위해도 죽음으로 벌할 수는 없었다. 마찬가지로 생명은 돈으로 잴 수 없기에 만일 생명이 상실되었다면 돈으로 갚을 수 없었다(민 35:31-33).[48]

이처럼 생명의 원천이 하나님에게 있고, 생명은 근본적으로 하나님으로부터 주어지며, 하나님은 생명을 다스리신다는 인식에서 생명의 가치는 존중된다. 성경이 생명을 일상적이고 생물학적인 생명으로서의 '비오

---

47) 위의 책, 139-50. 첫째 '개별적·즉각적 판단 단계(particular·immediate judgment level)'는 개별적인 행위나 개인들에 대해 즉각적으로 도덕적 판단을 내리는 단계로 이러한 판단을 이끌어 낼 수 있었던 규칙과 원리 또는 기초적 신념과 같은 원천들을 발견할 수 있거나 인용하는 것이 가능하다. 둘째 '규칙 단계(rules level)'는 하나의 즉각적 사례에만 적용되는 것이 아니라, 모든 유사한 사례에 적용되어 해야 할 것과 하지 말아야 할 것에 대해 지시해준다. 셋째 '원리 단계(principles level)'는 규칙보다 일반적이어서 해야 할 것에 대해 직접적으로나 구체적으로 지시해주지는 않지만, 규칙을 지지하거나 비판한다. 규칙이 왜 존재하는지 또 언제 그 규칙에 예외가 생길 수 있는지 알 수 있게 된다. 그리고 '기초적 신념 단계(basic-conviction level)'이다. 기독교 윤리학의 궁극적 기초는 하나님의 성품, 행위, 뜻에 대한 그리고 우리의 본성에 대한 가장 기초적인 확신이다.
48) Christopher Wright, *Old Testament Ethics for the People of God*, 김재영 역, 『현대를 위한 구약윤리』(서울: IVP, 2006), 425-27.

스(βίος)'와 생명의 본질로서의 '조에(ζωή)'라는 통전적 차원으로 설명하듯이, 인간의 육체적 생명과 정신적·영적 생명은 삼위일체 하나님과의 관계속에서 육체와 영혼, 개인과 공동체, 인간과 자연, 현세와 내세를 함께 포괄하는 다차원적 생명의 통전적 구원을 추구한다.[49] 그러므로 생명의 존엄성은 하나님의 사랑 안에서 견고하게 세워지고, 생명을 보존하고 지켜야 하는 분명한 이유는 하나님의 사랑과 성육신 사건이다. 또한 예수 그리스도의 속죄의 사건을 통해 드러난 하나님의 사랑은 가장 비참하고 가치 없는 상태에 처해 있던 인간생명에 가치와 존엄성을 부여했다.[50] 그러므로 인간의 생명을 인간의 의지와 판단대로 결정하는 것은 피조물인 인간의 권리를 넘어서는 일임을 인식하게 된다.

그런데 현대사회에서 인간 생명과 그 가치는 새로운 심각한 위기에 처했다. 그것은 늘어가는 자살만 아니라, 낙태와 인간복제 그리고 안락사에 대한 논쟁에까지 광범위하게 나타나고 있다. 자발적 안락사와 같이 죽음을 개인이 선택할 수 있는 것으로 볼 때, '의사 조력 자살(physician-assisted suicide, PAS)'도 자발적이면서 능동적 안락사의 한 형태라고 볼 수 있다. 서양에서 능동적 안락사에 대해서는 법적으로나 도덕적으로 금지하지만, 수동적 안락사에 대해서는 제한된 조건에서 허용되기도 하는데 그 경계는 모호하다. 안락사를 옹호하는 사람들은 의사가 환자에게 투약할 약물에 대한 처방전을 써주거나 특정 약물을 제공하는 방식으로 자살할 수 있는 수단을 제공하는 경우와 의사가 개인적으로 약물을 직접 투입해 주는 방식처럼 직접적으로 자살에 참여하는 경우를 구분한다. 그런데 이

---

49) 윤철호, 『한국교회와 하나님 나라를 위한 공적 신학』(서울: 새물결플러스, 2019), 256-57.
50) "인간의 존엄성의 근거가 하나님의 사랑, 특별히 그리스도의 속죄 사건에 있는 것이라는 사실은, 인간의 존엄성이 하나님의 은혜의 토대 위에 세워진 것이라는 사실 뿐만 아니라 하나님께서 가장 비참하고 가치 없는 상태에 처해 있던 인간에게 가치를 부여하신 것이라는 사실을 보여줍니다." Stephen Mott, *Biblical Ethics and Social Change*, 이문장 역, 『복음과 새로운 사회』(대전: 대장간, 2008), 『복음과 새로운 사회』, 87.

런 안락사에 대해 스타센과 거쉬는 하나님의 형상으로 지어진 신성한 인간의 생명과 연결된 이 문제는 생명에 대해 올바른 평가를 하는데 실패했음과 전진하는 하나님의 통치에 참여하는 길을 발견하지 못했음을 의미한다고 지적한다.[51]

모든 생명의 주인은 창조주 하나님이시고, 모든 생명은 하나님으로부터 나오며 하나님께로 돌아간다. 그래서 모든 생명은 피조물로서 창조주 하나님의 영광을 위해 존재하고, 하나님 안에서 생명은 다른 피조물과 하나의 유기적인 생명 공동체를 이루기 때문에 생명의 왜곡과 죽음은 곧 하나님과의 관계가 왜곡되거나 단절되었다는 의미이기도 하다. 예수님이 행하신 질병을 고치고, 가난하고 억눌리며 소외된 이들의 권리를 보호하신 사역은 하나님의 주권 아래 생명이 있음을 계시하는 사건이다. 특히 하나님의 형상으로서의 인간은 하나님과의 인격적 교제를 통해 궁극적으로 하나님의 성품에 참여할 존재로 지음 받은 무한한 가치를 지닌 생명이다. 이 생명이란 자기 자신은 물론, 타인과 사회, 생태계와의 관계망 속에 서로 연결된 생명이므로 한 생명의 죽음이 미치는 영향력은 크다. 따라서 윤철호는 생명과 구원의 하나님 나라 확장을 통해 죽음의 문화에 대항하여 생명의 문화를 지향하는 것이 선교라고 설명한다.[52]

하나님의 주권을 인정하고 생명을 존중함으로 자살을 예방하려는 노력은 성경적·목회적 관점에서의 죽음교육에서부터 시작해야 한다. 현대에 죽음은 삶으로부터 배제되고, 과학이 발달하고 상업주의가 자리를 잡으면서 죽음은 인간의 무능과 실패를 의미하는 것으로 여겨진다. 하지만

---

51) Glen Stassen&David Gushee, 『하나님의 통치와 예수 따름의 윤리』, 320. 스타센과 거쉬는 안락사라는 말을 전문적인 문제에 관해 쓰기보다 인간 생명의 신성함을 수호하기 위해 쓸 것을 권하는데, 그 유형은 안락사의 능동적·수동적 선택과 자발적·무(無)자발적·비(非)자발적 선택에 따라 여섯 가지로 구분될 수 있다. 위의 책, 325-31.
52) 윤철호, 『한국교회와 하나님 나라를 위한 공적 신학』, 287, 290.

죽음을 생각함으로 필요 이상의 공포에서 벗어나 인생을 전체적으로 바라보고 주어진 현실의 가치를 알면 참된 소망을 갖게 된다. 예배와 설교, 무엇보다 성찬을 통한 죽음교육은 생명의 가치와 생명을 존중하며 지키는 소명을 깨달을 수 있는 소중한 기회이므로 이 시간을 통한 죽음교육은 자살을 예방하는 실제적인 방안이 된다.[53]

(2) 자살문제 대처를 위한 교회의 공적 역할

자살에 대한 충동은 특정한 상황에 놓여 있는 일부의 사람들에게서만 나타나는 문제가 아니다. 실제로 누구라도 뜻하지 않은 상황에 직면했을 때 강한 자살충동에 휘말릴 수 있다. 그 중에서도 고통 중에 있는 자신을 아무도 돌봐 주는 사람이 없다고 느낄 때 강한 자살의 유혹을 받을 수 있다. 그러므로 자살문제를 대할 때 정죄하며 비난하기에 앞서, 하나님의 긍휼과 자비의 관점에서 다가가야 한다. 그래서 곽혜원은 누구나 자살에 취약한 존재라는 것을 인식하고, 이제 관심을 기울여야할 것은 '누가 자살 생각을 하고 있느냐' 보다, 오히려 '자살 생각을 하고 있는 그 사람 옆에 누가 있느냐'를 물어야 한다고 강조한다.[54] 그만큼 자살은 비판과 정죄의 대상이기 이전에 돌봄을 통한 예방과 치유의 대상이 되어야 한다는 점에서 자살자 자신 또는 남은 가족만의 책임이 아니라, 성도를

---

53) 황명환은 2019년 가을, 〈죽음 바로 알기〉라는 제목의 특별새벽기도회 기간에 다음의 주제로 설교하면서 죽음교육의 기회를 가졌다. '죽음을 인정하세요', '왜 죽음을 두려워하나요?', '죽음에 대한 인간의 해결책', '죽음에 대한 하나님의 해결책', '근사체험에 속지 마세요', '남은 시간을 어떻게 살 것인가?' 황명환, "기조강연", 황명환 외, 『죽음교육의 필요성과 그 방법에 관하여』(서울: 이폴출판사, 2021), 29.
54) 곽혜원, 『자살문제, 어떻게 할 것인가?』, 244-45. 실제로 세계 여러 나라에서 이루어진 자살방지를 위한 노력의 가장 큰 특징 중 하나는 주로 목회자들이 주도했다는 사실이다. 오늘날 미국 전역에 확산돼 있는 수많은 '자살방지 및 위기관리 센터(Suicide Prevention and Crisis Service)'는 현대 자살학의 창시자인 에드윈 쉬나이드만(Edward Shneidman)이 선도했지만, 미국 전역의 각 도시에 200여 곳이 넘게 설치된 센터들의 지도자는 대부분 목회자와 교인들이다. 위의 책, 230-31.

잘 돌보아야 하는 목회자와 교회 공동체의 책임이다.

그리스도인과 교회는 긍휼이라는 기독교적 가치관과 윤리관을 가지고 사회문제에 대해 구체적인 책임을 맡아 왔다. 디오니시우스(Dionysius)는 260년경에 쓴 한 편지에서 다른 사람을 돌보다가 목숨까지 잃은 한 기독교인의 영웅적인 간호를 치하하며 기독교 공동체가 어떻게 병자와 죽어가는 사람을 간호하고 시신을 매장하기 위해 돈을 아끼지 않았는지를 설명한다. 또 4세기 율리아누스(Julianu) 황제는 기독교인에 견줄 만한 이교도의 구제 기구를 설립할 목적으로 캠페인을 벌인다. 기독교인의 도덕성과 나그네에 대한 너그러움과 죽은 사람의 무덤을 잘 관리하는데 기독교의 성장이 있다며 이교도들이 기독교인의 미덕에 뒤처져서는 안 된다면서, 평상시는 물론 질병이 유행하던 시기에 이교도 공동체는 기독교인이 보여준 선행의 수준을 따라잡지 못했다고 지적한다.[55] 사회학자 로드니 스타크(Rodney Stark)는 다른 여러 종교인들이 고난에 대한 의문에 싸였을 때, 기독교인이 설명과 위안을 선사하고 기독교의 교리가 '행동을 위한 처방'을 제공함으로 이교도가 주류인 사회적 네트워크에서 기독교인이 주류인 사회적 네트워크로의 이동이 이루어지는 종교 개종이 이어졌다고 설명한다.[56]

---

55) Rodney Stark, *The Rise of Christianity*, 손현선 역, 『기독교의 발흥: 사회과학자의 시선으로 탐색한 초기 기독교 성장의 요인』(서울: 좋은씨앗, 2016), 128-32. "우리 기독교인 형제들은 대부분 무한한 사랑과 충성심을 보여주었으며 한시도 몸을 사리지 않고 상대방을 배려하는 데 온 힘을 쏟았습니다. 많은 이들이 다른 이를 간호하고 치유하다가 사망을 자신에게로 옮겨와 대신 죽음을 맞았습니다. … 우리 형제들 가운데 가장 뛰어난 사람들이 이런 식으로 목숨을 잃었습니다. 그 중에는 크게 칭찬을 받는 장로와 집사와 평신도들이 있었고 큰 경건과 강건한 믿음의 결실인 이런 죽음은 어느 모로 보나 순교와 다를 바 없습니다." 위의 책, 134-36.

56) 위의 책, 115-28. 죽음을 무릎 쓰고 병자를 돌본 기독교인을 '파라볼라노이(parabolanoi)', '위험을 무릎 쓰는 자들'이라고 불렀다. 강도 만난 유대인에게 다가간 사마리아인처럼, 이 용어는 죽음을 무릎 쓰고 나와 상관없는 사람을 살리기 위해 경계를 넘어서는 이들을 가리킨다. 백소영, "전염병과 종교", 김수련 외, 『포스트 코로나 사회』(파주: ㈜글항아리, 2020), 162-163. 최경환은 '위험을 감수하는 사랑'을 고아와 과부와 나그네를 돌보는 하나님의 사랑으로 표현하면서, 타자를 맞아들이기 위해 자신의 공간을 내어주고 자리를 비워주는 하나님의 희생적 사랑을 환대의 공공신학으로 설명한다. 최경환, 『공공신학으로 가는 길』(고양: 도서출판 100, 2019), 197-04.

그런데 현대 사회에서 종교가 점차 개인의 선택이나 선호의 문제로 전락하며 '사사화(privatization)'된 신앙이 조장되면서 신앙이 개인 수준을 넘어 공동체와 사회 수준으로 확장되지 못하고 있다. 그 결과 사회가 개인에게 미치는 영향을 가볍게 여기거나, 사회문제는 신앙의 영역과는 관계없는 일로 치부하기도 한다. 그런데 불의와 악들이 개인의 의사결정이나 책임에 따라서만 아니라, 집단적 사고방식과 행동양식으로 문화와 사회 질서의 여러 현상에 깊이 뿌리박혀 있음을 인식해야 한다.[57] 자살문제에 있어서도 마찬가지로, 점차 개인적이며 사적인 문제로 다루어지는 자살문제가 하나님이 주인이신 생명을 경시하고 하나님을 대적하는 악의 권세가 실재함을 보여주는 영적인 문제라는 인식을 가져야 한다. 인간은 그가 속한 사회집단과 연대감을 맺고 살아가는 존재로, 성경에서 사회적 행동에 관한 명령을 언급할 때 그 바탕에는 공동체가 중요한 위치에 있으며 생명을 주시는 하나님의 율법과 언약은 공동체에게 주어진다.[58] 그러므로 초대교회가 그러했듯이, 생명의 문제에 있어서 교회는 적극적인 돌봄과 섬김의 역할을 감당해야 한다.[59] 기독교공동체를 대상으로 한 섬김의 실천을 넘어 공적 영역으로까지 범위를 넓혀야 하는 이유이다.

이학준은 한국개신교 위기의 근본적인 원인이 '공적 영성'의 결여에 있다고 지적한다. 하나님을 추구하는 근본 동기가 사적이고 이기적 축복에 한정되어 버림으로 그 결과 '신앙 정체성'의 위기와 '사회적 적합성'의 위기를 낳았다는 설명이다. 공적(public), 공공성은 소통(communication)과 밀

---

57) Stephen Mott, 『복음과 새로운 사회』, 21-25.
58) 위의 책, 187-90.
59) 바나 그룹(Barna Group)에서 진행한 연구(미국 성인 2,500명 대상/ 2019년 7월 25일~8월 15일)에 따르면 '지역사회 문제 해결에 가장 적합한 집단은 누구인가?'라는 질문에 '교회와 기독교 단체'를 최우선으로 꼽은 실천적인 그리스도인은 33%(비실천적 그리스도인 17%)인 반면, 비그리스도인의 경우는 7%에 불과했다. 비그리스도인은 정부(42%)와 지역사회 주민(26%)을 공동선 추구에 더 적절한 대상으로 보았다. Don Everts, *The Hopeful Neighborhood*, 이지혜 역, 『희망의 이웃』(서울: (사)한국성서유니온선교회, 2022), 46.

접히 관계되는데, 이 소통의 폭이 나 중심으로부터 하나님 중심의 훨씬 더 넓은 차원으로 옮겨가는 동시에 하나님의 창조물인 세상과 역사가 그리스도 안에서 하나님과의 화해를 위해 소통 되어야 한다고 강조한다.[60] 스타센은 "다원화된 사회의 공적인 토론에서 우리는 첫째, 성경에 확실하게 근거한 '분명한 기독교 윤리'와 둘째로 이성, 경험, 필요에 호소하는 '공공윤리'를 동시에 필요로 한다"고 주장한다.[61] 즉 성경에 근거한 정체성과 신앙을 받아들이지 않는 사람은 물론, 사회나 국가의 결정에 영향을 주려면 이성과 경험이라는 공통적인 근거를 적극 활용할 필요가 있다는 것이다. 그럼에도 한국개신교는 개교회의 성장에만 관심을 쏟다보니, 성경에 근거한 그리스도인의 정체성을 기초로 객관화된 사고와 가치관을 가지고 여러 사회문제에 기독교적인 관점으로 참여해 하나님을 섬기고 이웃을 사랑하는 공적 영성을 감당하지 못했다. 그 결과 자살문제를 방관하거나 교리라는 안경을 끼고 정죄의 대상으로만 생각했다. 그래서 자살문제에 대해 죄악시하거나 또는 동정의 마음만 가질 뿐, 하나님이 주신 생명의 가치를 보존하고 그 역사에 동참해야 하는 책임적 역할에 소홀했다.

오늘날은 죽음이 개인화되면서 자신의 죽음이 공동체적 사건이라는 인식과 책임성이 결여되었고, 그 결과 나 혼자만 죽으면 그만이라는 생각 속에 자살을 더욱 쉽게 생각하게 되었다.[62] 그래서 더욱 자살문제는 교회적 차원의 대비와 예방책을 강구하는 것이 절실히 요청된다.[63] 교회는 자

---

(60) 이학준, 『한국 교회, 패러다임을 바꿔야 산다』(서울: 새물결플러스, 2011), 62-64.
(61) 김병권, "Glen Stassen의 기독교윤리학 방법론에 나타난 공공윤리의 특성," 『복음과 윤리』 제56집(2015), 274 재인용.
(62) 유영권, "자살 이해와 대처방안", 175-76.
(63) 곽혜원, 『자살문제, 어떻게 할 것인가?』, 150-51. 곽혜원은 자살문제를 해결하기 위한 선결과제로 사회 양극화 현상의 극복을 강조하며 이를 위해 한국교회는 먼저 교회 내적으로 예산을 책정해 교회 인근의 경제적으로 어려운 이들을 도울 수 있다고 설명한다. 그리고 더 나아가 교회 외적으로 사역의 범위를 확장하여 범 교회적·범 교단적 운동을 펼칠 수 있으며,

살문제에 대처하는데 있어 소극적인 역할을 넘어, 교회 공동체로서의 신앙정체성과 공적 영성의 차원에서 접근해야 한다.[64] 자살문제는 한 개인이나 관련된 사람들만의 일이 아니라, 교회가 생명에 대한 신학적 담론과 긍휼이라는 교회의 실천적 행동을 통해 사회라는 공론장에서 목소리를 내야 할 공적 영역에 해당한다. 이를 위한 구체적인 방안으로 지역 교회를 비롯한 사회 각 영역이 참여하는 심포지엄 및 지원체계 구축, 자살 생존자 및 자살 예비자 그리고 자살 유가족 지원을 위한 지역 교회의 실무 협의체 구성, 긴급 상담 및 현장 신속지원팀 운영, 사례 발표 및 정기모임을 제안한다.

결론

코로나19 사태가 장기화되면서 사회적 거리두기로 인한 '코로나 블루(Corona Blue)'의 확산으로 특히 청년층의 우울증 증가 및 소상공인들의 생계 곤란과 소외된 저소득 계층의 어려움이 한계상황에 도달하면서 자살 위기 계층이 증가하고 있다. 자살의 요인은 다양하지만, 사회적으로 고립

무엇보다 사회 양극화 문제의 근본적 해결을 위해 이를 고착시키는 경제적 글로벌화가 바람직한 방향으로 진행될 수 있도록 올바른 목소리를 내는 가운데 사회 약자들을 보호하는 여러 법적·제도적 장치를 마련해야 한다고 주장한다. 이를 위한 빈곤에 대한 기독교인들의 근본적인 의식 전환은 반드시 수반되어야 할 필요성이 있다고 강조한다. 위의 책, 137-40.

[64] 공적영역 차원에서 자살문제를 다루는 기독교 단체로 '기독교 자살예방 센터' 〈LifeHope〉가 있다. 이 단체는 "자살은 더 이상 그 원인을 개인 혹은 사회로 구별하여 생각하는 자세를 넘어서서, 우리 모두가 동참하여 예방하고 치유해야 할 중요한 세대 통합 및 사회통합의 주제"라는 철학을 가지고, 한 생명이 천하보다 귀하다는 예수님의 말씀을 믿고 그 생명의 가치를 실현하고 나눈다. 이 땅과 하나님 나라를 연결하는 '생명의 소중함'을 핵심가치로 기독교적 사상과 가치관을 통한 자살예방교육과 교회의 연합을 통한 사회적 책임을 감당하는 교육사역, 실천적 연구를 통해 자살예방활동 지원, 유관기관과의 교류를 통한 통전적인 예방활동을 감당한다. 그리고 자살 위험자와 유가족을 품고 상담하며 위로하는 치유의 섬김을 통해 이 땅에서 하나님 나라를 살아내는 예배자가 될 수 있도록 돕는다. 홈페이지(https://lifehope.or.kr/) 참조.

되고 단절된 경제적으로 어려운 계층이 자살에 더 취약하다.[65] 특히 경제적 아노미 또는 배우자의 사별과 같은 가정적 아노미로 혼자 남게 된 가족은 새로운 상황에 적응하지 못해 자살에 대한 저항력이 약해지기도 한다. 그래서 자존감이 높고 어려울 때 도움을 청할 수 있는 사람이 있는 경우는 자살의 위험이 낮은데, 한국사회의 현실은 그렇지 못하다. 그리고 감수성이 예민한 청소년 시기의 입시 스트레스와 저소득 청소년층의 어려운 경제적 상황도 자살 요인으로 지적되고 있어 성별과 생애주기에 따른 성취 과업과 그에 대한 좌절에서 보호할 수 있는 사회적 안전망을 촘촘히 구축하는 것은 중요한 자살예방 대책이다. 자살문제를 개인의 기질이나 특정 원인으로만 보는 단기적 해결 방법으로는 한계가 있다.[66] 그러므로 무엇보다 자살문제를 다양한 공론장들(public spheres)에서 여러 공공영역[67]이 함께 논의하는 것이 중요하다.

현대 사회에서 생명에 대한 태도는 전쟁, 테러, 낙태, 동물 학대, 자극적인 미디어, 인터넷 게임 등에서 흔히 생명경시로 나타난다. 하지만 생명은 하나님으로부터 부여받은 선물로 그 주인은 하나님이다. 이 선물은 동시에 유한함을 특징으로 하므로 보호하고 지켜야 한다. 하나님이 주신 생명을 온전히 회복할 뿐만 아니라, 영원한 생명을 선물로 주시기 위해 죄와 죽음과 사탄의 권세로부터 인간을 구속하신 예수 그리스도의 사역

---

65) 서울시복지재단에서 실시한 고독사 연구에서 자살이 구체적인 정황과 함께 일정기간 후에 발견된 특성으로 나타나는 것은 자살고독사로 분류할 것을 제안한다. 서울시복지재단, 『서울시 고독사 위험계층 실태조사 연구』(서울: 서울시복지재단, 2021), 5.
66) 이순주·강상경, "자살의 주원인에 관한 개인 및 지역 수준의 요인 분석", 101-02.
67) 김창환은 공적 영역에 참여하는 주요 그룹으로 정계, 재계, 미디어, 종교공동체, 학계, 시민사회를 제안한다. 그는 공공신학을 "이 세상에 하나님 나라를 이루기 위하여 성서의 지혜를 바탕으로 공동의 선을 추구함으로써 공적 영역에서 신학의 비평적이고, 반영적이며, 합리적인 참여"라고 정의한다. 이해와 행동을 추구하는 신학인 기독교적 가치관과 윤리관을 가지고 사회문제에 대한 영적, 윤리적 그리고 도덕적 가치관을 전달하며 비그리스도인과 상호 해결해 가는 것이다. 교회 공동체가 공적 영역에서 복음의 가치를 어떻게 공유하고 사회 공동체의 시민으로서 사회에 어떻게 기여하는지에 대한 신학적 고민으로 범세계적인 상황을 다룬다. 김창환, 『공공신학과 교회』(서울: 대한기독교서회, 2021), 9-11, 37-40, 271.

은 복음의 핵심이다. 그 생명을 풍성하게 하시는 성령 하나님은 주님의 몸 된 교회와 함께 지금도 일하신다. 이처럼 값비싼 은혜로 주어진 값진 생명이 소홀히 다루어지는 세상의 가치관 속에서 자살문제를 개인의 신앙에 내맡긴 교회의 태도는 깊이 반성해야 한다.

교회의 사회적인 책임은 하나님의 은혜와 사랑에 대한 구체적인 응답으로 그리스도인의 삶과 깊이 관계된다. 그러므로 교회가 주님의 몸 된 교회로서의 정체성에 합당한 본래의 모습을 갖게 될 때 하나님의 나라는 이루어진다.[68] 교회는 급증하는 자살에 대한 실태를 파악하고 이 문제를 개인적인 문제로 놔둘 것이 아니라, 사회적 문제로 동시에 목회적인 차원에서 교회의 공적 책임으로 다루어야 한다. 교회가 사회 곳곳에서 나타나는 사회·경제적 양극화의 극복을 위한 통합과 결속의 기능을 감당하며 생명의 주인이신 하나님의 주권을 증언함으로 자살을 양산하는 사회적 요인에 대처하는 역할을 감당할 때, 자살 예방의 결과는 구체적으로 나타난다. 이처럼 하나님이 주신 생명을 존중함으로 지키고 보존하며 살리는 한국개신교의 활동이야말로 하나님이 맡기신 공적역할로서의 교회의 핵심적인 사명이다.

---

68) Stephen Mott, 『복음과 새로운 사회』, 53-55.

참고문헌

곽혜원. 『자살문제, 어떻게 할 것인가?』. 서울: 21세기교회와신학포럼, 2011.
강사문. 『구약의 하나님』. 서울: 한국성경학연구소, 1999.
김병권. "Glen Stassen의 기독교윤리학 방법론에 나타난 공공윤리의 특성". 『복음과 윤리』 제56집(2015), 271-300.
김수련 외. 『포스트 코로나 사회-팬데믹의 경험과 달라진 세계』. 파주: ㈜글항아리, 2020.
김중은. "자살문제에 대한 성경적-신학적 접근". 『장신논단』 제38집(2010), 11-40.
김진호 외. 『가장 많이 알고 있음에도 가장 숙고되지 못한 '십계'에 대한 인문학적 고찰』. 파주: ㈜글항아리, 2018.
김창환. 『공공신학과 교회』. 서울: 대한기독교서회, 2021.
김충렬. 『기독교인이 왜 자살하는가?』. 서울: 한국상담치료연구소, 2009.
_____. 『알코올중독과 상담치료』. 서울: 한국상담치료연구소, 2010.
박충구. "자살에 대한 인식의 변화". 『기독교사상』 722호(2019), 114-125.
보건복지부·한국생명존중희망재단·한국기자협회. 〈자살보도 권고기준 3.0〉, 2021.
보건복지부 정신건강정책관 자살예방정책과. 〈2022년 자살예방사업 안내〉, 2021.
서울시복지재단. 「서울시 고독사 위험계층 실태조사 연구」. 서울: 서울시복지재단, 2021.
서종한. 『심리부검: 사람은 왜 자살 하는가』. 서울: 시간여행, 2018.
안석모. "자살의 이해와 목회적 대응". 『신학과 세계』 제47집(2003), 50-76.
유영권. "자살 이해와 대처방안". 『목회와 상담』 9권(2007), 169-192.
윤철호. 『한국교회와 하나님 나라를 위한 공적 신학』. 서울: 새물결플러스, 2019.
이상원. "기독교윤리적 측면에서 본 자살". 『신학지남』 제298호(2009), 55-80.
_____. "자살과 교회의 대책". 『신학지남』 제280호(2004), 92-115.
이순성. "자살예방: 그 한계와 대안". 『생명연구』 제18권(2010), 77-110.
이순주·강상경. "자살의 주원인에 관한 개인 및 지역 수준의 요인 분석". 『정신건강과 사회복지』 제49권 3호(2021), 84-110.

이정은·유지영. "뉴스 빅데이터를 활용한 한국의 자살현상 분석". 『한국콘텐츠학회논문지』 제21권 3호(2021), 33-46.

이학준. 『한국 교회, 패러다임을 바꿔야 산다』. 서울: 새물결플러스, 2011.

제해종. "한국 사회의 자살 문제에 대한 기독교적 답변". 『한국콘텐츠학회논문지』 제15권 2호(2015), 552-566.

최경환. 『공공신학으로 가는 길』. 고양: 도서출판 100, 2019.

최성훈. "자살에 대한 이해와 목회적 대응방안". 『신학과 실천』 제76호(2021), 743-765.

통계청. 「2020년 사망원인 통계」. 대전: 통계청, 2022.

한국생명존중희망재단. 『2022 자살예방 백서』. 서울: 한국생명존중희망재단, 2022.

황명환 외. 『죽음교육의 필요성과 그 방법에 관하여』. 서울: 이폴출판사, 2021.

Durkheim, Émile. *Le Suicide, Etude Sociologie*. 황보종우 역. 『자살론』. 파주: 청아출판사, 2008.

Everts, Don. *The Hopeful Neighborhood*. 이지혜 역. 『희망의 이웃』. 서울: (사)한국성서유니온선교회, 2022.

Mott, Stephen. *Biblical Ethics and Social Change*. 이문장 역. 『복음과 새로운 사회』. 대전: 대장간, 2008.

Stark, Rodney. *The Rise of Christianity*. 손현선 역. 『기독교의 발흥: 사회과학자의 시선으로 탐색한 초기 기독교 성장의 요인』. 서울: 좋은씨앗, 2016.

Stassen, Glen & Gushee, David. *Kingdom Ethics*. 신광은·박종금 역. 『하나님의 통치와 예수 따름의 윤리』. 논산: 도서출판 대장간, 2012.

Wright, Christopher. *Old Testament Ethics for the People of God*. 김재영 역. 『현대를 위한 구약윤리』. 서울: IVP, 2006.

<Abstract>

Respect for life and public role of christians in coping with suicide problem

Park In Zo
(Th. M.)

Suicide was recognized as a serious social problem through various statistics and reports in Korean society, and various policies were implemented at the national level, but the effect was insignificant. The suicide problem shows that the social ecosystem is in crisis due to polarization such as wealth bias, lack of social security net, and conflict between classes. Many factors, including economic, physical, and mental health problems, and family relations problems, play a role in deciding and executing suicide amid the spread of a disregard for life, loss of human dignity, and lack of responsibility and recognition that death is a communal event. Suicide attempters who have attempted suicide but have failed, and those who are seriously contemplating suicide but are unable to implement it should also be carefully considered.

Humans are beings created in the image of God, and the ownership of their life belongs to God, not to the man himself. Humans have been given the role of stewardship to preserve and govern not only other people but also the life of the natural world, along with the vocation to protect and grow the life given to them. Although there are no direct prohibitions against suicide in the Bible, suicide is prohibited by cherishing and respecting life.

Since there is only one God who is the creator and master of human life, man cannot control the life of others or his own. Therefore, suicide is an act that goes against the idea of the kingdom of God: God's sovereignty, God's grace, justice, and love.

The dignity of life is firmly established in the love of God, and the love of God revealed through the incarnation and atonement of Jesus Christ gave new value to human life in a state of wretched death. Since this life is interconnected in the network of relationships with not only oneself but also others, society, and the ecosystem, suicide that harms God-given life has a wide range of adverse effects. Therefore, to cope with the suicide problem, it is necessary to deal with biological, medical, and sociological factors as well as spiritual problems in a complex way.

Self-esteem and feelings of isolation such as depression play a role in the decision to commit suicide, so it is important to have a correct understanding of the essence of human beings, the reason for their existence, and life. And the church community should awaken the preciousness of life in the love of Jesus Christ and view it as a disease that requires attention, care, prevention, and treatment rather than condemning suicide. Therefore, through the theological discourse on life and the church's practical action of compassion, we must play a public role in suicide prevention together with major groups participating in the public sphere.

| **Keywords** |

suicide, polarization, depression, psychological autopsy, image of God, respect for Life, public theology, public role, public spheres

 주제논문 ②

신국론에 표명된 어거스틴의 자살관
『신국론』1. 16-28에 표명된 어거스틴의 자살 문제 담론
Augustine's Discourse on Suicide Problem in De civitate Dei 1. 16-28

이 규 철 *
(안동성결교회 담임목사)

[국문초록]

이 연구는 『신국론』1. 16-28에 표명된 어거스틴의 자살 문제 담론을 고찰한 것이다. 어거스틴은 410년 8월 24일 로마를 침탈한 서고트족에 의해 무수한 성폭행을 당한 그리스도인 부녀자들이 겪은 고통스러운 수치와 죽음의 두려움을 모티프로 한 인문학적 역사비평과 살인하지 말라는 십계명 제6계명에 근거한 성서적 생명 사랑의 휴머니즘에 기초한 신학적 성찰을 통해 "사람이 타인이나 자기 자신도 죽여서는 안 된다"는 귀결에 이른다. 자살 문제에 대한 어거스틴 담론의 귀결은 중세교회를 비롯하여 오늘에 이르기까지 교회가 자살 행위를 부정적으로 판단하는 역사적 기점이 되며 자살에 대한 기독교적 이해 규범의 전거로 작용하는 역사적 특이점이다.

『신국론』1. 16-28에 표명된 어거스틴의 자살 문제 담론은 "자살 문제, 어떻게 할 것인가"를 숙고하는 한국사회와 한국교회에게 다음과 같은 통찰을 시사해 준다. 첫째, 한국사회와 한국교회는 진정한 정절과 두려움에 대한 성경적 사회적 인식을 개선해 나갈 필요가 있다. 둘째, 한국사회와 한국교회는 '좋은 친구-

---
*논문 투고일: 2022년 9월 13일   *논문 수정일: 2022년 10월 19일
*게재 확정일: 2023년 1월 30일

우정' 네트워크 강화를 강구해야 한다. 셋째, 한국사회와 한국교회는 하나님의 형상으로서의 인간이해를 공유하고 확장해야 한다. 인간은 영원하신 하나님이 주신 시간 안에서 삶을 명령받은 존재이기 때문이다

| 주제어 |
어거스틴, 자살 문제 어떻게 할 것인가, 로마의 침탈, 신국론, 하나님의 형상

1. 들어가는 말

"자살 문제, 어떻게 할 것인가."[1] 『신국론』(De civitate Dei)[2] 1. 16-28에 표명된 어거스틴의 자살 문제 담론은 '로마의 침탈'(The Sack of Rome)을 모티프로 한 인문학적 역사 비평과 생명을 사랑하는 휴머니즘이 동반된 신학적 성찰의 결집이다. 어거스틴은 『신국론』 1. 16-28에서 410년 8월 24일 서고트족(Visigoths)에 의한 '로마의 침탈' 시 자행된 폭력적 추행 때문에 자행된 자살[3]의 문제를 깊이 논변하면서 자살을 반대하는 신앙적 신학적 사유를 다음과 같이 집약한다.

> 아무도 자기에게 자발적 죽음을 자초해서는 안 된다.
> 아무도 잠시 환난을 피하려다가 영원한 환난을 당해서는 안 된다.
> 아무도 타인의 죄 때문에 그것을 기화로 본인에게 중죄를 범해서는 안 된다.
> 타인의 죄가 본인을 오염시키지 못한 이상, 또 아무도 본인의 지나간 죄 때문

---

[1] '자살 문제, 어떻게 할 것인가'는 '수서교회 이폴연구소'가 주최하는 "제5회 죽음세미나 논문 및 에세이 공모" 주제이다.
[2] 어거스틴의 『신국론』은 다음 두 권의 책을 참고한다. Augustine, *THE CITY OF GOD*, ED., PHILIP SCHAFF, *A SELECT LIBRARY OF THE NICENE AND POST-NICENE FATHERS OF THE CHRISTIAN CHURCH*, VOL. II (GRAND RAPIDS: WM. B. EERDMANS PUB. CO., 1993). Aurelius Augustinus, *DE CIVITATE DEI*, 성염 역, 『신국론』 (왜관: 분도출판사, 2004). 이하 *A SELECT LIBRARY OF THE NICENE AND POST-NICENE FATHERS OF THE CHRISTIAN CHURCH*는 NPNF로, *DE CIVITATE DEI*는 DCD로 표기한다.
[3] '최창무'에 따르면, 라틴어는 인간의 살인행위를 'homicidium'이라 하고 자살을 자기 자신을 살해한다는 의미인 'suicidium'으로 구분하는데, 이는 자살을 자기의 희생적 죽음과 구별하기 위함이다. 최창무, 『윤리신학 2』 (서울: 가톨릭대학출판부, 1995); 인간의 자살을 사회적 현상으로 이해한 '에밀 뒤르켐'(Emile Durkheim)에 따르면, 자살은 "자살자 자신이 그 결과를 알고 행하는 적극적 또는 소극적 행위의 직접적 또는 간접적 결과로 인한 모든 죽음의 경우를 뜻한다." Emile Durkheim, *Suicide: A Study in Sociology*, 황보종우 역, 『에밀 뒤르켐의 자살론』 (파주: 청아출판사, 2010), 21-2.

에 죽음을 자초해서는 안 된다. 참회함으로써 회복할 수도 있을 테고 바로 그 죄를 참회하기 위해서라도 생명이 필요할 것이므로, 아무도 사후에 더 나은 생명을 희구하기 위해 죽음을 자초해서는 안 된다. 자기 죽음을 초래한 죄인들은 사후에 더 나은 생명이 거두어주지 않기 때문이다.[4]

'존 바우어슈미트'(John C. Bauerschmidt)의 분석에 따르면, 어거스틴은 자살을 '자기 살인'(self-murder)이자 '죄'(sin)라고 명료하게 지적한다. 동시에 어거스틴은 자살을 '명예로운 자질'(honorable quality)로 여기는 행태 또한 적절하지 않다고 비판한다.[5] 『신국론』 1. 16-28에서 로마의 침탈로 인해 발생한 무수한 자살 문제를 진지하게 표명한 어거스틴의 담론은 오늘날의 한국사회와 한국교회 크리스천들에게 우리 사회 곳곳에서 발생하는 '자살 문제'[6]에 대하여도 진지하게 숙고하고 해결책을 모색하는 책임과 사명을 자각케 한다.

그런데 한국 학계가 '자살 문제에 대한 기독교적 과제와 역할'[7]에 대

---

4) DCD. I. 26.
5) John C. Bauerschmidt, "Suicide," Augustine through Ages: An Encyclopedia, Ed., Allan D. Fitzgerald (Grand Rapids: William B. Eerdmans Pub. Co., 1999), 820.
6) 『2022 자살예방백서』에 따르면, 2020년 통계기준 우리나라 전체 자살사망자 13,195명 중 남자는 9,093명으로 68.9%, 여자는 4,102명으로 31.1%를 차지하였고, 자살률은 남자(35.5명)가 여자(15.9명)보다 2.2배 높았다. 반면, 응급실에 내원한 자해·자살 시도는 여자(21,176건, 60.7%)가 남자(13,729건, 39.3%)보다 1.54배 많았다. 연령대별로 보면 50대가 2,606명으로 가장 많았고, 자살률은 연령대가 높을수록 증가하여 80세 이상(62.6명)이 가장 높았다. 반면, 응급실 내원 자해·자살 시도자는 20대(10,007건, 28.7%)가 가장 많았고, 다음으로 40대(5,279건, 15.1%), 30대(5,272건, 15.1%)순이었다.
보건복지부, 한국생명존중희망재단 편, 『2022 자살예방백서』 (서울: 한국생명존중희망재단, 2022), 89.
7) 학위논문을 제외하고 자살문제에 대한 기독교적 과제와 역할을 논한 주요 학술논문은 다음과 같다.
권혁남, "자살문제에 대한 칸트의 논의와 기독교적 응답," 「신학과 실천」 53 (2017), 439-58; 김남일, "구약성서가 말하는 자살," 「복음과 선교」 11 (2009), 1-24; 김찬규, "기독교 영성과 정신 건강의 관계성," 「신학과 쟴벧」 46 (2015), 191-212; 김형희, "한국사회의 자살 현상과 사회적 통합을 지향하는 기독교교육-뒤르케임(Emile Durkheim)의 자살론을 중심으로," 「대학과 선교」 47 (2021), 163-88; 윤철원, "자살 vs 생명존중: 자살에 대한 성찰-성서 시대의 이해," 「활천」 585 (2002. 8), 18-23; 이원옥, "성경신학적 측면에서 본 그리스도의 자살," 「복음과 선교」 11 (2009), 1-20; 이종원, "자살의 윤리적 문제," 『기독교사회윤리』 21 (2011), 103-32; 조성돈, "기독교의 죽음 이해와 자살 예방," 「종교문화학보」 17(1) (2020), 1-20;

해서는 꾸준하게 연구하고 있으나, 자살에 대한 어거스틴의 성찰 특히 『신국론』 1. 16-28에 표명된 어거스틴의 자살 문제 담론을 직접적으로 연구한 것은 전무하다. 자살 문제에 대한 어거스틴의 담론 연구가 필요한 것은 자살 문제에 대한 어거스틴의 담론이 자살자를 대하는 중세 교회로부터 현대에 이르는 기독교회의 기본적 전거(典據)로 작용하기 때문이다. 이런 점에서 『신국론』 1. 16-28에 표명된 어거스틴의 자살 문제 담론에 대한 연구가 필요하다고 사료된다.

이에 논자는 "『신국론』 1. 16-28에 표명된 어거스틴의 자살 문제 담론"을 살핌에 있어 다음 몇 가지 질문을 해명하고 규명하면서 귀결에 이르고자 한다.

첫째, 『신국론』 1. 16-28에 투사된 시대상은 어떤 형국인가?

둘째, 자살에 대한 고대인들의 생각들과 교회의 판단은 어떤 특징이 있는가?

셋째, 자살에 대한 어거스틴의 사유의 특이점은 무엇인가?

넷째, 『신국론』 1. 16-28에 표명된 어거스틴의 자살 문제 담론이 자살자 증대로 인해 매우 곤고한 한국 사회와 한국교회에 주는 시사점은 무엇인가?

이 연구는 어거스틴이 『신국론』 1. 16-28에서 표명한 자살 문제 담론과 관련된 제 질문을 해명하고 규명함으로써 자살 문제에 대한 어거스틴의 사유를 통전적으로 파악하고, 오늘날 한국사회와 한국교회의 "자살 문제, 어떻게 할 것인가"에 대한 해결책으로서 자살 문제에 대한 어거스틴의 담론 적용 가능성을 모색하고자 한다.

조준필, "자살 vs 생명존중: 자살 예방의 과학적 접근," 「활천」 585 (2002. 8), 12-7; 한수환, ""자살"에 대한 기독교윤리학적 이해," 「광신논단」 20 (2011), 179-99; 한승진, "자살을 부추기는 사회와 기독교 생명윤리," 「인문학연구」 18 (2010), 201-38.

2. 전이해

1) 선행 연구

본격적인 논의에 앞서, 본 연구 주제 관련 선행연구를 살펴보자. 그런데 이미 앞서 지적한 바와 같이 『신국론』에 표명된 어거스틴의 자살 문제 담론을 직접적으로 다룬 논문은 없다. 그렇지만 어거스틴을 포함한 신학자들과 자살 문제에 대한 교회의 입장을 다룬 논문은 몇 편 있다. 이에 본 연구를 진행하는 데 도움이 되는 학술 논문을 간략히 살펴보되, 학위 논문은 제외하고 최근 20년(2000년부터)내 한국교육학술정보원에 등재된 국내학자들의 학술논문을 중심으로 논제와 관련한 주요 논점을 정리해 본다.

2007년 '유영권'의 "자살 이해와 대처방안"은 성경의 자살 기사를 살피면서 생명에 대한 기독교 이해를 정리한다. 그리고 죽음에 대한 이해 속에서 기독교 역사에서의 자살에 대한 이해를 평가하고 자살 문제에 대한 현대적 해석을 평가한다. 또한 유영권은 자살에 대한 대처방안으로서 자살에 대한 성서적 해석과 제 교육의 필요성을 역설하고 지역치료공동체(Mental Health Community)를 구성할 것을 제안한다.[8]

2010년 '한승진'의 "자살과 구원의 상관성에 대한 소고"는 자살이 십계명 중 제 6계명을 위반한 것이고 신의 주권을 침해한 것이라는 기독교

---

8) 유영권, "자살 이해와 대처방안," 「목회와 상담」 9 (2007), 169-92.

적 관점을 살핀다. 이어 한승진은 성서가 말하는 제 자살들 곧 '아비멜렉, 삼손, 사울과 병사의 동반자살, 아히도벨, 시므리, 가룟 유다'의 자살과 구원 논쟁을 평가한 후, 자살에 대한 정죄와 심판의 논설보다는 자살 예방을 위한 생명의 소중함을 일깨우는 필요성을 제안한다.[9]

2010년 '김영일'의 "자살 이론과 자살에 대한 기독교적 입장"은 현대인 사망의 주 요인으로 자살을 지목한다. 그리고 일반적 견지에서 자살에 대한 개념과 종류, 자살의 원인과 방법, 그리고 자살에 대한 찬반 견해를 정리한다. 이어 김영일은 기독교적 관점에서 자살이 죄로 간주되는 이유와 자살을 반대하는 이유를 신학적으로 검토한다.[10]

2012년 '신원하'의 "자살과 구원의 관계에 대한 신학적 분석과 목회윤리적 성찰"은 교회의 역사 속에서의 자살과 관련한 공의회의 결의와 어거스틴, 토마스 아퀴나스, 루터 칼빈으로 이어지는 신학자들의 사상을 검토한다. 신원하는 이를 바탕으로 자살 예방을 위한 목회적 방안을 제시한다.[11]

2013년 '최병학'의 "자살 & 살자: 기독교 시각에서 본 자살과 생명윤리"는 기독교적 시각에서 자살과 생명이해, 자살의 대안과 기독교의 생명윤리를 검토한다. 최병학은 이를 기화로 '자살'이 아니라 '살자'는 생명운동을 제시하고 기독교생명윤리 실천을 모색한다.[12]

2015년 '제해종'의 "한국 사회의 자살 문제에 대한 기독교적 답변"은 한국 사회의 자살 현실을 직시하고 자살의 이해와 기독교적 답변을 모색한다. 이에 제해종은 자살에 대한 역사적 이해를 살피면서 성경의 자살

---

9) 한승진, "자살과 구원의 상관성에 대한 소고," 「인문과학연구」 28 (2010), 97-121.
10) 김영일, "자살이론과 자살에 대한 기독교적 입장," 「宗教文化學報」 7 (2010), 199-215.
11) 신원하, "자살과 구원의 관계에 대한 신학적 분석과 목회윤리적 성찰," 「기독교사회윤리」 23 (2012), 187-220.
12) 최병학, "자살 & 살자: 기독교 시각에서 본 자살과 생명윤리," 「윤리교육연구」 31 (2013), 65-92.

사례를 분석한다. 제해종은 이를 기반으로 하여 자살 예방을 위한 생명 존중사상 증대와 자살예방센터를 실제적으로 운영할 것을 제안한다.[13]

2019년 '이충범'의 "자살에 대한 서구적 이해와 인격교육학적 제언"은 그리스도교의 생명존중사상이 자살을 방지하는 데 유용하게 활용되지 못하였다는 문제의식에서 논의를 시작한다. 이어 이충범은 자살에 대한 그리스도교적 견해를 정리하고 '평암 이계학'(1937-2005)의 인격교육론에 기초하여 자살사회를 극복하자고 제언한다.[14]

한국인의 자살실태와 해결방안에 관한 연구서로는 '곽혜원'의 『자살문제, 어떻게 할 것인가?』가 유용하다. 곽혜원은 자살문제에 대한 종교사회학적 접근을 통해 '생명의 복음' 선포를 강화하여 인생의 비극이자 사회의 참극으로서의 자살문제를 걷어내고 생명의 기운을 확산시켜 생명문화 창달의 가능성을 모색한다.[15]

정리하면, 이상에서 살펴본 바와 같이 한국학계에서 『신국론』에 표명된 어거스틴의 자살 문제 담론을 직접적으로 명확하게 다룬 논문은 없다. 단지 자살에 대한 성서적 기독교윤리 차원에서의 연구가 대부분이다. 이런 점에서 『신국론』에 표명된 어거스틴의 자살 문제 담론을 고찰할 여지가 있다고 사려 된다.

2) 어거스틴 이전, 자살에 대한 고대인들의 주요 생각들

어거스틴 이전(以前) 자살에 대한 주요 사상들은 무엇이며, 자살에 대한 고대인들의 주요 생각들이 자살에 대한 어거스틴의 담론에 미친 영향은

---

13) 제해종, "한국 사회의 자살 문제에 대한 기독교적 답변," 「한국콘텐츠학회논문지」 15 (2015), 552-66.
14) 이충범, "자살에 대한 서구적 이해와 인격교육학적 제언," 「人格敎育」 13(3) (2019), 195-214.
15) 곽혜원, 『자살 문제, 어떻게 할 것인가?』 (서울: 21세기 교회와 신학 포럼, 2011), 9.

무엇일까?

어거스틴 이전 고대 그리스와 로마 세계는 자살 문제에 대해 시대에 따라 견해를 달리했다. 그리스와 로마의 문학의 세계에서 자살은 대체적으로 영웅적 행위로 간주되었다. 최병학에 따르면, '플루타르코스'(Plutarchos)의 경우 "자살은 명예를 빛내기 위하여 할 일이지 회피의 수단이 되어서는 안 된다"고 강조했다.[16]

그리스와 로마의 문학의 세계에서 자살 문제에 대한 고대 철학자들의 사상은 다양하다. '플라톤'은 『파이돈』에서 '소크라테스'(Socrates)의 입을 빌려 자살이 포함된 사람의 죽음 문제를 이렇게 피력한다.

> 철학에 제대로 헌신해서 살아가는 사람들은 누구나 다른 것에는 관심이 없고, 오로지 죽는 것에만 관심을 가지고 죽기만을 바라지. 이것은 엄연한 사실이네. 그런데 평생에 걸쳐 오로지 죽는 것에만 관심을 가지고 기꺼이 죽고자 해왔던 바로 그런 사람이 오랫동안 고대해 왔던 죽음을 앞두고서 죽기를 싫어하고 그 죽음을 꺼린다는 것이 말이 되겠는가?[17]

플라톤은 자살을 인간의 신체에서 영혼을 스스로 풀어주는 것이기에 신(神)의 뜻에 위배되는 잘못이라고 본다. 특히 플라톤은 『법률』에서 "자기 자신을 죽임으로써 운명의 여신을 억지로 좌절시킨 사람에게는 공식 장례를 치러주지 말고…외딴 곳에 매장하고 비석도 세우지 말아야 한

---

16) 최병학, "자살 & 살자: 기독교 시각에서 본 자살과 생명윤리," 68.
17) Platon, *PHAIDON*, 박문재 역, 『파이돈』 3. 6a (파주: 현대지성, 2020). 플라톤은 『법률』(*Nomoi*)에서 자살을 매우 수치스러운 것으로 간주하여 자살자는 '묘비도 없이 묻혀야 한다'고 주장했다. 그런데 플라톤은 이 원칙에 예외가 될 수 있는 네 가지 경우를 다음과 같이 제시했다. 첫째, 마음이 도덕적으로 매우 타락하여 구원받을 여지가 없는 경우. 둘째, 소크라테스처럼 법정의 판결에 의한 자살인 경우. 셋째, 피할 수 없는 최악의 개인적인 불행 때문에 도무지 자살을 하지 않을 수 없는 경우. 넷째, 누가 봐도 불법한 행위를 저질렀다는 수치심 때문에 자살을 한 경우. 그런데 플라톤은 이런 경우의 자살이라 할지라도 용서는 될 수 있을지언정, 자살 행위 자체는 매우 허약한 개인이 저지른 겁쟁이 짓이라고 비판했다. 최영민, "자살의 종교적·철학적 이해," 『자살의 이해와 예방』 (서울: 학지사, 2008), 29-30.

다"[18]고 선언한다.

아리스토텔레스(Aristotles)는 『니코마코스 윤리학』에서 자살에 대해 용감하지 않은 행동이라며 부정적 소견을 피력한다.

> 빈곤이나 사랑이나 이 밖에 무엇이든지 고통스러운 것을 피하기 위하여 죽는 것은 용감한 사람이 할 짓이 아니라 오히려 겁쟁이가 한 짓이다. 골치 아픈 일로부터 도피하는 것은 마음이 약한 탓이요, 이런 사람이 죽음에 나아가는 것은 죽음이 고귀해서가 아니라 오히려 해악으로부터 도피하기 위해서이다.[19]

아리스토텔레스는 사람이 가난하기 때문에 혹은 고통으로부터의 도피를 목적으로 자살을 하는 것을 비겁한 행동이라고 비판한다. 이처럼 플라톤이나 아리스토텔레스는 자살 문제를 개인의 자율성의 문제로 치부하여 깊은 관심을 표명하지 않는다.

반면 스토아 철학자들은 자살 문제를 개별적 도덕이나 품성의 문제가 아니라 개인이 자연스럽고 풍요롭게 살아갈 수 있는 방법이 없는 경우 자살을 허용했다. '게르트 미슐러'(G. Mischler)에 따르면, 스토아학파에게 있어 자살은 '권리라기보다는 의무에 가까웠던 죽음'으로 여겨 스토아학파를 주도하던 자들은 대부분 스스로 목숨을 끊었다.[20] 네로 황제의 자문관이었던 스토아학파의 거두 '세네카'(Lucius Annaeus Seneca, B. C. 4~A. D. 65)는 삶의 관건이 양(量)이 아니라 질(質)에 있으며 자살은 삶의 질을 담보한다고 보았다.

---

18) Plato, *NOMOI*, 박종현 역, 『법률』 IX. 873c (서울: 시공사, 2009)
19) Aristoteles, *ETHICA NICOMACHEA*, 3. 8, 최명관 역, 『니코마코스 윤리학』 (서울: 창, 2008).
20) Gerd Mischler, *VON DER FREIHEIT, DAS LEBEN ZU LASSEN*, 유혜자 역, 『자살의 문화사-죽을 수 있는 자유』 (서울: 시공사, 2002), 27-30. 게르트 미슐러에 의하면, 스콜라학파를 주도한 이들 중 자살 한 이들은 '제논(Zenon), 클레안테스(Kleanthes), 세네카(Seneca), 에픽테토스(Epiktetos), 플리니우스(Plinius)' 등이다.

> 내가 노년이 되어 정신이 타격을 받고 그 각 부분이 떨어져나가 나에게 남는 것은 인생이 아니라 단순히 숨을 쉬는 것뿐이 된다면 나는 뛰쳐나갈 것이네. 건물이 낡을 대로 낡아 무너지고 있는 거니까. 나는 병을 죽음으로 피하는 일은 하지 않겠네. 그것이 치유가 가능하고 영혼의 방해가 되지 않는 한은. 고통 때문에 자신의 몸에 폭력을 가하는 짓은 하지 않겠네. 그런 죽음은 패배니까. 그래도 이 고통을 언제까지나 견뎌야 한다는 것을 알게 되면 나는 갈 것이네. 그것은 고통 그 자체 뿐 아니라 고통 때문에 내가 살아야 하는 이유가 되는 모든 것에 손이 닿지 않게 되기 때문이네. 고통 때문에 죽는 인간은 나약한 겁쟁이이지만, 고통을 받기 위해 사는 인간은 어리석은 바보라네.[21]

이에 세네카는 삶의 질을 생의 관건으로 여겼다. 따라서 세네카는 스스로 죽는 자살을 '잘 죽는 것'으로 여기면서 다음과 같이 자살을 허용하고 긍정한다.

> 나는 죽을 각오가 되어 있지만 그래도 인생을 누릴 것이네. 왜냐하면 나는 언제까지 계속 누릴 수 있을까에 그리 신경을 쓰지 않으니까. 노년이 되기 전에 나는 잘 사는 것에 유의했네. 노년이 된 지금은 잘 죽는 것에 유의하고 있다네. 그런데 잘 죽는 것이란 스스로 죽는 것을 말하네. 본의가 아닌 것은 절대로 하지 않도록 노력하게.[22]

유럽 중북부 게르만 혈통은 자살을 명예로운 행동으로 인정했다. 게르트 미슐러에 의하면, 늙은이나 환자들은 다른 사람의 손을 빌려 목숨을 끊는 것을 보편적인 일로 받아들였다.[23] 특히 '타키투스'(Publius Cornelius Tactius)에 따르면, 게르만 전사들은 "전투 시 방패를 버리는 행동을 치욕적

---

21) Lucius Annaeus Seneca, *DE PROVIDENTIA*, 김천운 역, 『세네카 인생론』 (서울: 동서문화사, 2007), 480.
22) Lucius Annaeus Seneca, 『세네카 인생론』, 482.
23) Gerd Mischler, 『자살의 문화사-죽을 수 있는 자유』, 33.

인 것으로 여겨 자결로써 그들의 치욕을 씻었다."[24]

'시오노 나나미'(Shiono Nanami)에 의하면, 로마인들은 자살을 '의지적인 죽음'으로 불렀다.[25] 게르트 미슐러는 "로마 초기에는 스스로 죽음을 결정하는 자살이 금지되었지만 기원전 1세기 로마 공화국이 몰락해가는 무렵 자살의 물결이 끊이지 않았는데, 특히 카이사르의 권력 쟁취에 의해 자유가 제한된다고 생각한 원로원과 수많은 시민들이 죽음을 택했다"고 평가한다.[26]

'데오포루스'(Theophorus)로도 불린 사도적 교부(Apostolic Father) '이그나티우스'(Ignatius)는 "로마교회에 보내는 서신"에서 그리스도의 본을 따르는 자발적 순교의지를 강력하게 표명한다.

> 여러분들이 나를 방해하지 않는다면, 나는 자신의 선택으로 그리스도를 위해 죽습니다(I shall willingly die for God). 나는 여러분들이 나에게 부적절한 친절(an unseasonable good-will)을 보이지 않기를 간절히 바랍니다. 내가 야수들에게 던져지도록 주십시오. 왜냐하면 그러한 방법으로 나는 하나님께 다다를 수 있기 때문입니다(It will be granted to attain to God).[27]

이그나티우스의 경우에서와 같이, 그리스도교도 교부들은 그리스도의 본을 따르는 순교를 자발적 희생으로 한껏 찬양했는가하면, 다른 한편에서는 우려하는 경향이 공존했다. '조르주 마누아'(Georges Minos)는 순

---

24) Publius Cornelius Tactius, *Germania*, 천병희 역, 『게르마니아』 (고양: 숲, 2012), 35.
25) Shiono Nanami, *RES GESTA POPULI ROMANI* Vol. 5, 김석희 역, 『로마인 이야기-율리우스 카이사르(하)』 (서울: 한길사, 1999), 266.
26) Gerd Mischler, 『자살의 문화사-죽을 수 있는 자유』, 38-39. 게르트 미슐러에 따르면, 자살의 전형이자 정치적 형태로 인식된 혈관 절단에 의한 자살은 로마상류층 사이에서 빈번히 일어난 반면 스스로 굶어죽는 죽음은 자살의 철학적 형태로 받아들여졌다.
27) Ignatius, *EPISTLE OF IGNATIUS TO THE ROMANS*, IV, Ed., Alexander Roberts and James Donaldson, *THE ANTE-NICENE FATHERS*, Vol. I (Grand Rapids: Wm. B. Eerdmans Pub. Co., 1985). 이하 *THE ANTE-NICENE FATHERS*는 *ANF*로 표기한다.

교에 대한 초기 그리스도교의 관점을 이렇게 정리했다.

> 성 아타나시우스는 원칙적으로 그리스도교인은 스스로 죽음을 구해서는 안 된다고 하면서도 그리스도가 보인 모범을 생각하여 그들을 비난하지는 못했다. 나시안스의 성 그레고리우스는 일반적인 자살을 단죄하면서도 마카베오 형제의 모친 자살은 찬양했다. 닛사의 성 그레고리우스는 위대한 순교자 테오도우스의 자발적 죽음에 갈채를 보냈고, 성 바실리우스는 성 줄리에트의 순교를 찬양했다. 성 히에로니무스는 모순 앞에서 꿈쩍하지 않는다. 곧 히에로니무스는 스스로 목숨을 버리는 그리스도교인들을 비난하면서도 재혼보다는 죽음을 택한 이교도 과부들을 칭찬한다. 알렉산드리아의 성 베드로는 자발적으로 죽는 자들을 비난하나 굽히지 않는 자들을 칭찬한다. 오리게네스와 알렉산드리아의 디오니시우스는 예수가 스스로 목숨을 내놓았다 말하면서도 그리스도교인들에게는 죽음을 무릅쓰니 도피하는 편이 낫다고 권고한다. 성 키프리아누스도 조심스럽게 물러날 것을 권한다. 성 암브로시우스는 자살을 비난하면서도 "높이 살만한 죽음의 기회가 오거든 당장 그 기회를 잡아야 한다"고 역설한다. 하나님의 아들은 죽음을 피하지 않았기 때문이다. 성 암브로시우스는 삼손의 자살도 찬양한다. 성 클레멘스는 그리스도교인의 자살을 단호히 비난한 유일한 인물이다. 성 클레멘스는 스스로 죽는 자를 순교에 대한 잘못된 시각으로 하나님의 뜻을 제멋대로 추측하는 셈이라고 비판했다. 반면 사도 계율을 다룬 '디다스칼리아'(Didascalia)는 이 행위의 아름다운 면과 수치스런 과실의 위험성 사이에서 망설이는 태도를 취한다. 역사가 유세비오스는 전혀 비난하는 기색 없이 '돔니나, 베레니케, 프로스도키무스' 등 순교자 세 명의 예를 든다.[28]

초기 그리스도교에서 자살에 대한 기독교회의 입장을 분명하게 밝힌 이는 '루키우스 카이킬리우스 피르미아누스 락탄티우스'(Lucius Caecilius Firmianus Lactantius, 240~325)이다. '후베르투스 드롭너'(Hubertus R. Drobner)에 따르

---

28) Georges Minos, *HISTORIE DU SUICIDE*, 이세진 역, 『자살의 역사-자발적 죽음 앞의 서양 역사』(서울: 그린비, 2014), 50-1.

면, 락탄티우스는 '콘스탄티누스'(Flavius Valerius Aurelius Constantinus) 황제와 그의 장남 '크리스푸스'(Flavius Julius Crispus)의 스승이기도 했다.[29] 락탄티우스는 그의 대표저작인 THE DIVINE INSTITUES[30]에서 "피타고라스와 스토익학파와 같은 고대철학자들이 '영혼의 불멸'(the immortality of soul)을 빌미로 하여 자발적 죽음을 긍정하는 것을 어리석은 일"이라고 강력하게 비판한다. 락탄티우스에 따르면, 인간의 육체와 영혼은 절대적으로 분리된 것이 아니며, 하나님께서 몸과 영혼을 동시에 창조하였기에 인간은 자의적 존재가 아니다. 그러므로 그 스스로 목숨을 버릴 권리가 없다.[31] 이에 락탄티우스는 자살로써 자발적 순교에 나서려는 박해 속의 그리스도인들을 향해 이렇게 호소한다.

> 누구도 박해 시 스스로 나타나 순교 당하려 하면 안 된다. 그리스도인은 자신의 신앙에 충성을 다하고, 그런 후에 고난당하고 겪어야 할 것을 회피하지 않으면 그것으로 족하다[32]

'한스 폰 캄펜하우젠'(Hans Frhr. von Campenhausen)은 "어거스틴 또한 자살에 대한 락탄티우스의 이런 입장을 알았을 것"[33]이라고 평가한다.

정리하면, 어거스틴 이전 그리스 로마 세계 문학자들과 철학자들은 자살을 금지하고 허용하지 않는 입장과 허용하고 용인하는 입장이 병존

---

29) Hubertus R. Drobner, *Lehrbuch der Patrologie*, 하성수 역, 『교부학』 (왜관: 분도출판사, 2001), 272.
30) 락탄티우스가 304~311년에 저술한 *THE DIVINE INSTITUES*의 원제목은 *Divinae Institutiones*로서 『종교적 제도집』, 『거룩한 가르침』, 그리고 『신학적 근본 가르침』으로도 통칭된다. Hubertus R. Drobner, 『교부학』, 273.
31) LACTANTIUS, *Divinae Institutiones*, trans. WILLIAM FLETCHER, *The Divine Institutes*, III. XVIII, Ed., Alexander Roberts and James Donaldson, *ANF.*, Vol. VII (Grand Rapids: Wm. B. Eerdmans Pub. Co., 1985).
32) LACTANTIUS, *The Divine Institutes*, IV. XVIII.
33) Hans Frhr. von Campenhausen, *LATEINISCHE KIRCHENVATER*, 金光植, 『라틴 教父 研究-東方教父들의 生涯와 思想』 (서울: 대한기독교출판부, 1991), 116.

했다. 그런데 그리스도교 교부들은 그리스도의 본을 따르는 순교를 자발적 희생으로 여겨 심대한 비판을 가하지 않았는데, 락탄티우스를 기점으로 하여 자살에 대한 반대 입장을 분명하게 표명하기 시작했다.

3) 어거스틴 이후, 자살 문제에 대한 중세교회 공의회(公議會)의 결의들

어거스틴 이후 중세 교회가 공의회를 통해 자살에 대하여 공식적으로 어떤 판단을 내렸을까? 교회가 공식적으로 자살 문제를 정죄한 공의회는 '제2차 아를러 공의회'(Synods of Arles, 452년)[34]이다. 게르트 미슐러는 "아를러 공의회는 자살한 사람이 악귀에 씌었다고 정식으로 발표했다"고 지적한다.[35] '김종엽'에 따르면, 교회는 아를러 공의회부터 인간의 생명을 인간 자신의 주권적 권리가 아니라 신적인 계율의 영역으로 공식화했다.[36] 이로써 아를러 공의회는 "자살을 신성모독이며 도덕적 쟁점을 야기하지 않는 자명한 종교적 범죄로 여겨 자살자에게는 종부성사가 거절되었고 재산은 압류되었으며 매장 또한 거절되었다."[37]

'알렉산더 머레이'(Alexander Murray)에 따르면, '제2차 오를레앙 공의회'(Orleans, 2nd Council, 533년)는 자살자에 대한 교회의 조치를 더욱 엄격하게 강제했다. 제2차 오를레앙 공의회는 "사형당해 죽은 자들을 위해서는 사제가 미사를 드려도 되지만, 자살한 자들을 위해서는 미사를 드리거나

---

34) '클라우스 샤츠'(Klaus Schatz)에 따르면, '제1차 아를 공의회, 314년'는 '콘스탄티누스' 황제의 참관 하에 아를의 주교 '마리누스'의 주재로 '도나투스파' 문제를 다루었다. Klaus Schatz, *Allgemeine Konzilien-Brennpunkte der Kirhengeschichte*, 이종한 역, 『보편공의회사』 (왜관: 분도출판사, 2005), 28-9.
35) Gerd Mischler, 『자살의 문화사-죽을 수 있는 자유』, 50.
36) 김종엽, 『연대와 열광: 에밀 뒤르켐의 현대성 비판 연구』 (서울: 창작과 비평사, 1998), 51.
37) 김종엽, 『연대와 열광: 에밀 뒤르켐의 현대성 비판 연구』, 51

기도 또한 드리지 못하도록 결의"[38]했다. 이처럼 제2차 오를레앙 공의회는 자살자를 사형당한 자보다 더 악하다고 판단했다. 이후 '제1차 브라가 공의회'(Braga, 1st council, 561년)는 자살과 관련하여 "교회가 미사를 거행할 때 자살한 자들을 위한 추념 등과 같은 어떠한 의식도 금하였고. 자살자에게 성시교독과 성가를 부르는 장례식은 허락되지 않는다"[39]고 결의했다. 여기에 '제16차 톨레도 공의회'(Toledo, 16th council, 693)는 자살자에 대한 교회의 규정을 더더욱 강화한다. 알렉산더 머레이에 의하면, 제16차 톨레도 공의회는 "비록 자살 미수자일지라도 그 죄책을 장벌(杖罰)하되 2개월 동안 성도의 교제에서 배제하고 성찬 참석을 불허 한다"고 카논4조에 적시했다.[40] 여기에 더하여 866년 '교황 니콜라스 1세'(Nicholas I)는 "자살을 사탄의 사주로 말미암은 것"으로 간주하여 자살자의 장례를 금지하는 칙서를 내렸다.[41]

자살에 대한 중세교회의 결정적 입장은 '나폴리 대학'[42] 출신 '토마스 아퀴나스'(Thomas Aquinas)의 사상이다. 토마스 아퀴나스는 자살을 "본성의 자연 성향과 그것을 통해 스스로를 사랑해야 하는 자비를 거스르는 것"(Suicide is contrary to the inclination of nature, and to charity whereby every man should love himself)[43]으로 규정했다. 토마스 아퀴나스에게 있어 자살은 "사랑에 빚지

---

38) Alexander Murry, *Suicide in the Middle Ages: The Curse on Self-Murder*, Vol. II (Oxford: Oxford Univ. Press, 2000), 182-83.
39) Alexander Murry, *Suicide in the Middle Ages: The Curse on Self-Murder*, 183.
40) Alexander Murry, *Suicide in the Middle Ages: The Curse on Self-Murder*, 185.
41) Alexander Murry, *Suicide in the Middle Ages: The Curse on Self-Murder*, 191.
42) Shiono Nanami, *KOTEI FRIEDRICH NISEI SHOGAI*, 민경욱 역, 『황제 프리드리히 2세의 생애(상)』 (서울: 서울문화사, 2021), 154-55. 시오노 나나미에 의하면, 나폴리 대학은 1224년 프리드리히 대제가 세운 국립대학이다. 프리드리히는 고대에 교양 전반을 의미하는 '아르테스 리베라레스'(리버럴 아츠)를 모두 가르치고자 대학을 설립했다. 나폴리대학의 교훈은 'Ad Scientiarum et Seminarium Doctrinarum'(지식과 원천으로 돌아가라)이다. 토마스 아퀴나스는 나폴리대학에서 배우고 졸업한 후 나폴리대학에서 가르쳤다.
43) St. Thomas Aquinas, *Summa Theologia*, 정의채 역, 『神學大典』 II-II Q 64, art 4 (서울: 성바오로 출판사, 1989).

고 있는 자신과 공동체에 대한 모독이며, 하나님 외에 그 누구도 심판할 권한이 없기에 자살자는 신의 권한을 탈취하는 월권행위이며, 자살은 회개와 속죄를 통해 우주적 회복을 불가능하게 하는 행위이기에 죄가 되며 부당하다."[44] '김수현'에 따르면, 토마스 아퀴나스 이후 로마 가톨릭은 '1917년도 교회법 제 1240조'를 개정하기까지 '숙고하여 자살한 자'를 교회에 의한 매장의 권리를 박탈하고 '배교자 이단자, 이교자등과 함께 '교회의 장례식이 거부될 자'로 지목했다.[45]

정리하면, 중세교회의 자살 금지 교리는 어거스틴의 자살반대론에 기초하여 여러 차례의 공의회의 확인을 거쳐 토마스 아퀴나스에 이르러 체계적 자살 금지론을 구축하여 그리스도교의 성서에 기초한 기독교 세계관으로 자리매김한다.

---

44) St. Thomas Aquinas, 『神學大典』 II-II Q 64, art 5. 한수환에 따르면, 자살을 죽음의 죄(Todsünde)로 여긴 토마스 아퀴나스이지만 "초대교회 여자 성도들이 치욕을 피하여 스스로 죽은 행위에 대해서는 긍정적으로 평가하고 성령의 특별한 지도하에 행했을 것이라는 평가를 내렸다. 한수환, ""자살"에 대한 기독교윤리학적 이해," 183.
45) 김수현, "가톨릭교회의 장례식이 허가될 자와 거부될 자에 대한 연구-교회법 제1183조~제1185조를 중심으로" (미간행 석사학위논문, 인천가톨릭대학교 대학원 신학과, 2009), 45-56.

3. 『신국론』 1. 16-28에 표명된 어거스틴의 자살 문제 담론

1) 배경적 시대상

어거스틴은 『신국론』 II. 1. 2에서 자살 문제를 거론한 이유를 이렇게 해명한다.

> 특별히 나는 거룩한 여성들과 종교적으로 순결한 여성들을 위로하려는 의도였다. 그들을 대상으로 모종의 만행을 저지름으로써 본인들이 비록 고통스러운 수치를 당하기는 했지만 강직한 정절은 앗아가지 못했기 때문이다. 그 여자들이 후회해야 할 악이 없는 터에 자기네 평생을 두고 괜히 후회하는 일이 없게 하려는 뜻에서였다. 이어서 참으로 창피하고 파렴치 하게도 저 역경으로 인해 재앙을 겪은 그리스도인들을 두고, 누구보다도 농락을 당한 여자들의 정조, 순결하고 거룩하면서도 그런 농락을 당한 여자들의 정조를 두고 마구 흔들어대는 작자들을 공격하는 뜻에서 몇 마디 했다.[46]

어거스틴의 위 해명처럼, 『신국론』에 표명된 어거스틴의 자살 문제 담론은 410년 8월 24일 새벽 서고트족의 로마 침탈 시 강제로 성추행을 당한 그리스도교 부녀자들의 자살의 문제와 직접적으로 연계된다. 어거스틴은 서고트족으로부터 성추행을 당한 수치를 죽음으로써 씻고자 한 고결한 성도의 아픔과 그 가족들에게 대한 심심한 위로를 전한다. 동시에

---

[46] DCD. II. 2.

어거스틴은 자기 자신을 죽이는 자살 또한 사람을 죽이는 것 외에는 아무 것도 아님을 상기시키는 성서적이고 역사적이며 신학적인 분석을 동반한 논변을 통해 자살 문제에 대한 입장을 표명한다.

그렇다면 자살 문제에 대한 어거스틴 담론의 직접적 배경인 서고트족의 로마 침탈이 자행 될 즈음의 시대상은 어떠했을까? 피터 히더는『신국론』에 표명된 어거스틴의 자살 문제 담론의 직접적 배경이 되는 로마의 침탈 발생 배경을 이렇게 집약한다.

> 로마 유린은 훈족이 유럽의 핵심부에 등장하면서 게르만족 침입과 제위 찬탈의 내우외환이 겹치고 또 그로 인해 서로마제국이 크게 동요한 데서 비롯된 것이다. 로마 유린 자체는 대수로운 사건이 아니었다. 하지만 그로 전체를 뒤흔드는 엄청난 파장을 지닌 것이다.[47]

피터 히더의 지적처럼, 로마는 훈족에 의해 밀려난 게르만족의 대이동[48]에 의해 정세가 매우 위태로웠다. '자크 르고프'(Jacques Le Goff)는 "훈족의 잔혹한 공세에 굴복한 게르만족이 로마 역내로 이동을 하고 침입한 것은 로마 세계의 변형을 재촉한 재앙이자 침공"[49]이었다고 평한다. 자

---

47) Peter Heather,『로마제국 최후의 100년: 문명은 왜 야만에 압도당하였는가』, 323.
48) '피터 히더'(Peter Heather)는 게르만족의 이동에 대한 현대 학계의 평가를 세 방향에서 집약한다. 첫째, 게르만족 이동의 성격이 '침입'(invasion)인가 아니면 '이주'(migration)인가? 둘째, 게르만족은 비문명적인 야만족인가 아니면 독자적 문명을 구축하고 있는가? 셋째, 게르만족은 로마를 멸망시켰는가 아니면 로마문명을 변형하여 계승했는가? 피터 히더에 따르면, 프랑스나 영국 학자들은 는 게르만족 이동을 '야만족들의 침입'으로 여긴다. 반면, 독일학자들은 게르만족의 이동을 '민족이주'(Völkerwanderung)로 본다. Peter Heather, *Empires and Barbarians: The Fall of Rome and the Birth of Europe* (Oxford: Oxford University Press, 2009), 12-3.
49) Jacques Le Goff, *La Civilisation de l'Occident médiéval*, 유희수 역,『서양 중세 문명』(서울: 문학과 지성사, 2011), 47. 자크 르고프는 훈족의 잔인성이 다른 모든 민족들을 능가한다고 본다. 일례로 훈족은 쇠붙이로 갓 태어난 아기의 얼굴에 깊은 상처를 내어 솜털의 싹을 모두 없애버린다. 그래서 훈족은 수염도 매력도 없는 내시처럼 늙어 보인다. 특히 훈족들의 몸은 땅딸막하고 사지는 건장하며 목덜미는 두터운데, 그들의 육중한 몸매는 공포감을 자아낸다. …… 훈족들은 음식을 조리하지도 않고 양념도 넣지 않은 채 먹는다. 그리고 훈족은 갓 태어난 동물의 날고기로 영양을 보충하고는 말 등에 누워서 한동안 휴식을 취한다.

크 르고프의 분석에 의하면, 게르만족의 대이동은 로마의 농촌을 초토화시켰고 도시를 폐허로 만들어 농업의 몰락과 도시의 위축을 가속화했다. 뿐만 아니라 게르만족의 대이동은 인구 감소와 사회 변화를 재촉했다. 농민들은 사병을 거느린 대토지 소유자들의 강력한 보호아래 귀속되었고 소규모 자치농인 클로누스(clonus)의 상황은 노예와 흡사했다.[50)]

그렇다고 로마 제국이 게르만족의 대이동에 수반된 몇몇 준동에 대해 완전히 손을 놓고 있었던 것은 아니다. '발렌스'(Valens) 황제(재위 364-378 A. D.)는 로마 역내 게르만의 준동에 철퇴를 가하고자 로마 군세를 결집시켜 서고트족 징벌에 나섰다. 하지만 로마는 콘스탄티노플 북부에서 벌어진 '아드리아노플'(Adrianople) 전투에서 로마는 서고트족에게 대패했다. '김대식'에 따르면, 발렌스가 이끌던 로마군 2/3가 궤멸되었기에 더 이상 로마는 수십만 명으로 구성된 군대를 꾸릴 수 없게 되었다.[51)]

게르만족의 대이동은 로마 전역에 불안을 가중시켰지만, 392년 '테오도시우스 1세'(Theodosius I) 대제는 그리스도교를 로마의 국교로 선포한다. 이로써 정국이 안정된듯하던 로마 제국은 395년 1월 테오도시우

훈족은 묘지를 사용하지 않고 주택도 이용하지 않는다. 훈족은 실내복이나 외출복을 따로 입지 않고 삼베나 쥐 털을 나뭇가지로 꿰매서 입으며 한 번 빛바랜 옷을 입기만 하면 해질 때까지 벗는 법이 없다. 특히 훈족은 말 위에서 떠나지 않는다. 식사할 때도 물을 마실 때도 발을 땅에 대지 않으며, 심지어 말을 탄 채 말의 목에 기대어 잠을 자며, 그런 자세로 편안히 갖가지 꿈을 꾼다.

50) Jacques Le Goff, 『서양 중세 문명』, 43.
51) 김대식, 『그들은 어떻게 세상의 중심이 되었는가』 (파주: 21세기북스, 2019), 184. 김대식에 따르면, 로마 황제 발렌스는 트라키아(Thracia)로 이주를 원하는 서고트족을 로마 제국의 영내로 받아준다. 발렌스는 고트족들의 무기를 모두 압수하고 그들의 아들들을 포로로 삼는 대신 고트족의 생존을 위한 기본적인 식료품 제공을 약조했다. 허나 중간 관료들이 서고트족 수십만 명의 양식을 모두 갈취했다. 서고트족 가운데 아사자(餓死者)가 속출했다. 특히 로마관료들의 부패는 심각하여 개 한 마리와 젊은 여자 세 명을 등가(等價)로 취급하여 매매하기까지 했다. 이에 고트족의 반란이 일어났다. 반란 초기만 하더라도 발렌스는 상당수의 고트족을 물리치는 전과를 올렸지만 콘스탄티노플북부 '아드리아노플'(Adrianople) 전투에서 로마군 3분의2가 전멸 당했다. 더욱이 발렌스는 전투에 앞서 승리에 대한 자신감을 과시하여 많은 로마 귀족과 가족들을 함께 데리고 전장을 관람하다가 민간인들까지 죽음에 이르게 했다. 이렇게 로마군은 아드리아노플 전투 패배 이후 급격하게 쇠락한다.

스 1세가 서거[52]하자 동·서 로마로 분할된다. 동로마 제국은 '아르키디우스'(Arcadius), 서로마 제국은 '호노리우스'(Honorius)가 통치한다.[53]

로마 제국 내 정치적 유동성은 특히 서로마의 정정(政情) 불안을 재촉했다. '케니스 래토레트'(Kenneth Scott Latourette)에 따르면, 로마의 침탈 직전인 409년 말 서고트족의 수장 알라릭은 원로원을 압박하여 오스티아 항구를 관리하는 관청 장관 '아탈루스'(Attalus)를 서로마제국황제로 선출하게 했다.[54] 피터 히더에 의하면, 알라릭에 의해 세워진 이 아탈루스로 인해 한때 서로마에는 '호노리우스' 외에도 '콘스탄티누스 3세'와 아탈루스 등 세 명의 황제가 난립[55]하는 혼란이 더해졌다. 로마의 정정불안을 유도한 알라릭은 410년 7월 아탈루스를 폐위하고 호노리우스 황제를 상대로 다시 협상에 나섰다. 하지만 서고트족과 로마의 협상이 여의치 않자, 알라릭은 10만 명의 병사를 이끌고 로마를 유린했다.[56]

'질송'(E. Gilson)은 게르만족 일파인 서고트족이 로마를 기습 공격하여 처절하게 유린한 그 때의 참상을 이렇게 평가한다.

> 410년 8월 24일, 알라릭은 로마에 들어와 기독교인임에도 불구하고 3일 동안에 걸쳐 로마를 약탈하였다. 4일째 되는 날 그는 수많은 시체와 폐허를 뒤로한 채 막대한 전리품을 갖고 로마를 떠났다. 교회가 제국의 지지를 얻으려

---

52) '시오노 나나미'(鹽野七生)에 따르면, 암브로시우스는 테오도시우스의 장례식에서 이렇게 설교했다. "테오도시우스 황제는 죽지 않았습니다. 뒤에 남은 두 아들을 통해 살아계십니다. 아버지는 하늘에 있어도 지상에 남은 두 아들한테서 눈을 떼지 않고 지켜주고 계십니다. 그러니까 장병 여러분도, 시민 여러분도 돌아가신 황제한테 충성을 바쳤던 것처럼 젊은 두 후계자에게도 충성을 다해야 합니다. Shiono Nanami, *RES GESTAE POPULI ROMANI* 15, 김석희 역, 『로마인 이야기 15-로마 세계의 종언』(파주: 한길사, 2012), 24.

53) Susan Lynn Peterson, *Timeline Charts of the Western Church* (Grand Rapids: Zondervan Pub. House, 1999), 395.

54) Kenneth Scott Latourette, *A History of The Expansion of Christianity, Vol. 1: The First Five Centuries* (Grand Rapids: Zondervan Publishing House, 1970), 182.

55) Peter Heather, *The Fall of the Roman Empire: a new history of Rome and the Barbarians*, 이순호 역, 『로마제국 최후의 100년: 문명은 왜 야만에 압도당하였는가』(서울: 뿌리와 이파리, 2008), 319.

56) Peter Heather, 『로마제국 최후의 100년: 문명은 왜 야만에 압도당하였는가』, 320.

고 하는 순간에 최초의 제국 함락 사건이 일어났다. 이것이 곧 로마의 종언을 의미하는 것은 아니었으나 이 사건은 특히 충격적이었다.[57]

'데이비드 프라이'(David Frye)는 비극적인 로마의 침탈 사건을 이렇게 평한다.

> 로마의 아우라(Aura)는 로마에 그 어떤 특별한 보호도 제공하지 못했다. 여성들은 강간당했고 시체들은 묻지도 못했다. 일부 지역에서는 불에 탄 건물 외관이 수십 년 동안이나 보수되지 못하고 방치되었다. 로마를 탈출하는 난민들이 줄을 이었고 그들은 배를 타고 예루살렘 같은 먼 도시로 향했다. …… 히에로니무스는 "전 세계에서 가장 밝은 빛이 꺼졌다. 하나의 도시와 함께 세계 전체가 죽음을 맞았다"고 기록했다.[58]

한편 로마제국의 총독령 아프리카 히포의 주교였던 어거스틴은 알라릭에 의해 로마가 침탈된 소식을 접한 뒤 참담한 마음을 금하지 못했다. 하지만 어거스틴은 동시대 그리스도인들이 이 같은 심각한 위기 속에서도 신앙을 지켜나갈 수 있기를 기도하며 신앙적 격려를 아끼지 않는 설교[59]에 힘썼다. 어거스틴은 『신국론』을 집필하여 이교적 신앙을 가진 로마인들이 제기한 로마의 쇠망에 대한 교회의 책임 유무 문제를 해명하고, 비록 로마와 같은 지상왕국이 멸망할지라도 하나님의 도성은 새로운 지상 왕국들을 사용하며 영원히 존재하는 것임을 변증하는 신앙적 신학

---

57) ST. AUGUSTINE, "Introduction", *CITY OF GOD*, tr., G. Walsh and others (Garden city: Image Books, 1958), 13.
58) David Frye, *Walls: A History of Civilization in Blood and Brick*, 김지혜 역, 『장벽의 문명사』 (서울: 민음사, 2020), 180.
59) Jeremy Williams, "Barbarian Invasions," *Augustine through the Ages: En Encyclopedia* (Grand Rapids: Eerdmans Pub. Co., 1999), 93. '제레미 윌리암스'(Jeremy Williams)에 따르면, 로마의 침탈에 대한 어거스틴의 최초 설교는 410년 9월 22일의 'sermo 15A'이다. 어거스틴은 시편 32편과 욥기 2장을 토대로 하여 성도들에게 하나님의 시험과 연단에 복종할 것을 증거 했다. 어거스틴에 따르면, 이는 크리스천들이 펼치는 소망은 이 세상에 있는 것이 아니라 악한 이는 심판을 받고 의인은 신원(伸寃)을 받는 천국에 있기 때문이다.

적 통찰을 제시한다.

이상에서 살펴본 바와 같이 자살 문제에 대한 어거스틴 담론의 직접적 배경인 서고트족의 로마 침탈이 자행 될 무렵 로마 제국의 시대상은 매우 혼란스러웠고 암울했다. 게르만족의 대이동으로 인해 로마 사회의 안정성 추락과 빈번한 제위 찬탈의 내우외환은 로마의 쇠락을 부채질했다. 급기야 서고트족의 로마 침탈 때 무수한 로마의 시민들은 유린을 당하였고 많은 부녀자들이 성폭력을 당하면서 로마에 자살자가 속출하는 어둠의 그림자가 짙게 드리우게 된다.

2) 논의 전개

어거스틴은 자살 문제와 관련한 담론을 수록한 『신국론』을 413년에 집필하기 시작하여 426년에 완결한 후 『재론고』(Retractations)를 통해 『신국론』 집필동기를 이렇게 밝혔다.

> 그 무렵 로마는 고트족의 왕 알라릭의 침입과 그에 뒤따르는 거대한 재난의 물결에 당혹해하고 있었다. 다양하게 거짓 신들을 섬기는 자들, 우리가 지금 처절하게 이교도라고 부르는 사람들은 로마 전복의 책임을 기독교에 돌리고, 진정한 신에 대한 모독을 더욱 격렬하게 퍼부었다. 이것이 나로 하여금 하나님의 성전을 향한 열망을 품게 했고, 저들의 독신(瀆神)과 오류를 논박하기 위해 『신국론』을 집필했다. 첫 다섯 권의 책은 번영을 하거나 고난당하는 이유를 제신(諸神) 숭배와 연관 짓는 사람들을 반박하려는 것이다. 다음 다섯 권은 제신 숭배가 각종 재난들을 면제시키는 것은 아니지만 사후 미래세계에서 도움을 받을 수 있다고 생각하는 사람들에 대한 반론을 한 것이다....[60]

---

60) Augustine, *Retractationes*, II. 49. 2, tr., Boniface Ramsey, *Revisions* Vol. 2, *The Works of Saint Augustine:: A Translation for the 21st Century* (New York: New City Press, 2010).

어거스틴이 밝힌 것처럼『신국론』은 로마의 침탈 원인에 대한 어거스틴의 성경적 신학적 변증과 하나님의 나라에 대한 웅대한 비전을 수록한 것이다. 그 중 자살에 대한 어거스틴의 담론은 총 22권[61]으로 구성된『신국론』제1권[62]의 16-28장에 집중적으로 피력되어 있다.

그런데『신국론』1. 16-28에서 자살 문제와 관련한 어거스틴의 담론은 자살에 대한 모든 이유를 규명하거나 해명하지는 않는다. 다만 로마의 침탈과 관련된 최악의 상황에서 자살을 칭송하는 로마의 문화적 이슈와 예속을 강요하는 강제를 성서적 시각에서 거부하고 신학적으로 저항한다. 자살 문제에 대한 어거스틴의 담론은 다음과 같이 논의를 전재한다.

> 16. 거룩한 동정녀들마저 포로 신세에서 추행을 당했는데, 그것이 의지의 동의 없어도 영혼의 덕성을 오염시킬 수 있는가?
> 17. 처벌이나 치욕이 두려워 자결하는 죽음.
> 18. 정신은 거부해도 타인이 구속된 육체에 가하는 폭행과 정욕.
> 18. 1. 육신에 가해지는 강제 추행.
> 18. 2. 강제 추행이 영혼의 성덕을 손상시키지 않는다.
> 19. 자신에게 자행된 추행 때문에 자결한 루크레티아.
> 19. 1. 억지로 추행당한 루크레티아의 경우.
> 19. 2. 그러나 그 자결은 자해행위였다.

---

[61] 총 22권으로 구성된『신국론』의 각 권 논제는 다음과 같다. 제1권-시대의 재앙과 하나님의 섭리, 제2권-그릇된 도덕을 낳은 다신숭배, 제3권-로마사의 비판적 회고, 제4권-제국 성장에 아무것도 못해 준 많은 신들, 제4권-제국 성장에 아무 것도 못해 준 많은 신들, 제5권-운세의 이치가 있는가 없는가, 제6권-참 행복에 아무 도움도 못 되는 신들, 제7권-신들에 관한 자연주의 해석과 참 행복, 제8권-철학자들의 지혜에 비추어 견준 그리스도교와 로마인 종교, 제9권-그리스도와 철학자들의 가르침에 나타난 중개자의 역할, 제10권-영원한 생명의 종교, 제11권-하나님이 시간 속에 창조한 세계와 천사, 제12권-천사와 인간 창조, 제13권-영원한 생명의 복원인 인간의 구속, 제14권-범죄 후 인간 행태에서 나온 두 도성, 제15권-두 도성의 전개: 카인과 아벨부터 대홍수까지, 제16권-하나님 도성의 초기사: 노아부터 다윗까지, 제17권-예언자 시대의 하나님 도성, 제18권-역사 진행 속의 두 도성 비교, 제19권-선의 목적은 하나님 안의 평화, 제20권-최후 심판에서 닥칠 일들, 제21권-종말의 징벌, 제22권-육신의 부활과 영원한 생명. 성염 역,『신국론』해제, 7-11.

[62] 어거스틴은『신국론』제1권을 '서언, 그리스도 경배로 중단 된 전쟁(1부), 인생(시대)의 해악(2부), 도덕적으로 타락한 로마의 몰락(3부)'으로 구성한다. 성염 역,『신국론』해제, 85-6.

19. 3. 아무리 정결했더라도.

20. 어떤 이유로도 그리스도인들에게 자결할 권리가 주어져 있지는 않다.

21. 살인죄에 들지 않는 살인들.

22. 자결하는 죽음이 위대한 정신력에 해당할 수 있는가?

  22. 1. 위대한 정신력을 내세워 자살을 변명하지 못한다.

  22. 2. 하물며 그리스도인에게는 더욱 안 된다.

23. 카이사르의 승리를 견딜 수 없어 자결한 카토의 모범은 무엇인가?

24. 덕성에서 레굴루스가 카토보다 월등했다면 그리스도인들은 훨씬 탁월해야 한다.

25. 죄 짓지 않기 위해 죄에 떨어지는 일이 있어서는 안 된다.

26. 행해서는 안 될 일을 성인들이 했다고 알려지는 경우, 어떤 경우에서 행한 것으로 믿어야 하는가?

27. 죄에 떨어지는 경향 때문에 자발적 죽음을 바라야 할 것인가?

28. 하나님은 왜 금욕자들의 육체에 적병의 욕정이 미치도록 허락했을까?

  28. 1. 억지로 당한 일은 겸손을 가르치는 훈계일 수도 있다.

  28. 2. 아울러 어떤 양심으로 하나님을 섬길지 암시한다.[63]

어거스틴은 자살 문제에 대한 이상의 논변을 거쳐 "사람은 타인이나 그대 자신도 죽이지 말라 이는 자기를 죽이는 자는 여전히 사람 외에는 아무 것도 죽이지 아니하기 때문이다"(Neque enim qui se occidit alud quam hominen occidit)[64]고 자살시도를 금지한다. 자살에 대한 어거스틴의 이 입장은 어거스틴 이후 자살 문제에 대한 그리스도교의 기본 전거로서 자리매김한다.

3) 자살 문제에 대한 어거스틴의 논변 분석

이제 자살 문제와 관련하여 어거스틴이 『신국론』 1. 16-28에서 제기

---

63) 성염 역, 『신국론』 해제, 161-199의 주제 축약을 참고.
64) *DCD*. I. 20.

한 논제와 그 논제에 대한 어거스틴의 해제(解題)[65]를 분석해 보자.

논제1〉 "16. 거룩한 동정녀들마저 포로 신세에서 추행을 당했는데, 그것이 의지의 동의 없이도 영혼의 덕성을 오염시킬 수 있는가?"[66]

논제1 해제〉 어거스틴이 자살 문제와 관련하여 『신국론』 1. 16-28에서 제기한 첫 논제는 '강제 추행에 의한 영혼의 덕성 오염 여부'에 관한 것이다. 어거스틴이 이 논제를 제기한 것은 "로마를 침략한 자들이 유부녀들과 혼기가 찬 처녀들뿐 아니라 성별(聖別)된 여인들에게까지 가해진 정조 유린에는 그리스도인들에게도 막중한 죄상이 있다"는 억지 주장에 대해 반론을 하기 위함이다. 어거스틴은 "육신이 성스러운 의지에 의해 사용됨으로써 성스러워진다"는 전제하에 "본인의 의지가 확고하고 흔들림 없는 가운데 타인이 육신을 갖고서 내 육신에 가한 짓은 그것이 무엇이든 본인이 자살 같은 죄를 범하지 않고서는 도저히 피할 수 없던 경우라면, 당하는 사람의 탓이 되지 않는다"고 선언한다.[67] 이 같은 어거스틴의 논변은 소위 '올바로 살아가는 덕성'(the virtue which makes the good life)의 본질에 기초하여 강제로 추행당한 이들을 압박하는 수치심을 위로하고, 참다운 정절은 육신의 문제가 아니라 의지의 순결에 있음을 강조한 것이다.

논제2〉 "17. 징벌이나 불명예에 대한 치욕이 두려워 자결하는 죽음"[68]

논제2 해제〉 어거스틴은 "타인이 가하는 추행을 피하려고 자살이라는 본인의 죄악을 짓기 싫어 자살을 꺼린 여자들에게 누가 만일 부정하다

---

[65] 어거스틴은 자살에 관한 그의 담론을 진행함에 있어 "다른 사람들에게 답변을 제시하려는 의도에서가 아니라 우리 편 사람들에게 위로를 제공하는 뜻에서 문제를 거론 한다"고 담론의 의도를 밝힌다. *DCD*. I. 16.
[66] *DCD*. I. 16.
[67] *DCD*. I. 16.
[68] *DCD*. I. 17.

는 죄를 씌운다면 그런 사람이야말로 어리석음의 죄를 면할 수 없다"고 전제한다. 이어 "누구든 사사로운 권리로 사람을 죽일 수 없으며, 비록 자기에게 해를 끼치는 사람이라도 살해할 권리는 어느 법률도 허용하지 않는다"고 선언한다.[69] 특히 어거스틴은 '유다의 자살'을 검토하면서 유다의 자살이 스승을 배반한 죄를 속죄하기보다는 그 죄를 증대시켰다고 비판한다.

> 유다는 하나님의 자비에 대해 절망하고서 또 자기 잘못을 후회하되 그 후회가 파멸적인 것이 되어 그는 구원을 얻게 하는 회개의 기회를 남겨놓지 않았다. 유다도 자신을 처형함으로써 더는 자기를 벌하지 못하게 되니까 진정으로 속죄하고 싶다면 자결을 삼가야 옳았다. 유다는 자신을 죽임으로써 죄 많은 인간을 죽인 것이요 그리스도의 죽음을 초래한 죄인만 아니고 자신을 죽음을 초래한 죄인으로서 이승의 삶을 끝냈으니 결국 스승을 배반한 죄악 때문에 자살이라는 또 다른 죄악으로 살해당한 셈이다.[70]

논제(3) "18. 정신은 거부해도 타인이 구속된 육체에 가하는 폭행과 정욕"[71]

논제3 해제〉 어거스틴은 "육신에 가해지는 강제 추행"[72]의 경우를 분석한다. 먼저 어거스틴은 "타인의 정욕이 나를 더럽힐까 두려워하기도 하지만, 그 정욕이 정작 타인의 것이라면 나를 더럽히지 못하리라"[73]는 전제하에 진정한 순결과 정절은 모든 악을 참아내는 인내의 덕에 있다고 주의를 환기시킨다. 이에 어거스틴은 참다운 정절은 육신의 문제가 아니라 의지의 순결에 있다는 논제1의 연장선상에서 참 정절은 '영혼의

---

69) *DCD*. I. 17.
70) *DCD*. I. 17.
71) *DCD*. I. 18.
72) *DCD*. I. 18. 1.
73) *DCD*. I. 18. 1.

선'(virtue of soul)과 연동되는 '성덕'(sanctitas, 거룩함)[74]이라고 논변한다.

> 영혼이 선이라면 비록 육신이 당하더라도 그 때문에 정절이 상실되지는 않는다. 거룩한 절제의 선이 불결한 육체적 욕망에 양보하지 않는 한 자기 의도를 꺾지 않고, 그 욕망에 지지 않고 저항하는 한 오히려 그런 일을 겪으면서 육신 자체가 거룩해진다. 그리고 육신을 거룩하게 사용하려는 의지가 본인에게 지속하는 한 그럴 능력도 본인에게 있기 때문에 무슨 일을 당하더라도 육신으로부터 그 성덕이 상실되지 않는다.[75]

다음으로 어거스틴은 "강제추행이 영혼의 성덕을 손상시키지 않는다"는 논지에서 "육신이 거룩한 것은 그 지체들이 온전하기 때문이거나 아무런 접촉도 겪지 않았기 때문이 아니라……영혼의 거룩함이 남아있는 한 비록 육신이 추행을 당했더라도 육신의 거룩함이 상실되지 않았기 때문이라"[76]고 부언(附言)한다. 이런 견지에서 어거스틴은 "정조를 유린당한 여자는 자살로써 수치를 가려야 한다"는 논조를 정면으로 반박한다.

> 그러므로 여자가 폭행으로 유린당하고 타인의 죄악으로 더럽혀졌더라도 본인이 아무런 동의를 하지 않았다면 자발적 죽음으로 자신에게 벌을 내려야 할 이유가 전혀 없다. 그러니 당하기도 전에 미리 죽음으로 자신을 벌할 이유는 더욱 없다! 타인이 가하려는 그 범죄마저 아직 확실하지 못한 터에 자신을 죽이는 확실한 살인이 허용되어서는 안 된다![77]

---

74) 성염은 "어거스틴이 아리스토텔레스의 윤리덕을 '거룩한(sancta) 절제, 육신이 거룩해지다(sanctificatur), 육신을 거룩하게(sancte)' 등의 표현을 사용하여 종교적 차원에서의 대신덕(對神德)으로 현양시키고자 노력 한다"고 평가한다. 성염 역, 『신국론』, 164에서 재인용.
75) DCD. I. 18. 1.
76) DCD. I. 18. 2.
77) DCD. I. 18. 2.

논제4〉 "19. 자신에게 자행된 추행 때문에 자결한 루크레티아 (Lucretia)"[78]

논제4 해제〉 어거스틴은 자신에게 자행된 추행 때문에 자결한 '루크레티아'를 정절의 표상으로 삼는 행태를 비판한다. 어거스틴이 루크레티아를 예거(例擧)하여 논한 것은 "포로로 잡혀 겁탈을 당한 그리스도교 여자들을 두고 경건한 생각과는 전혀 동떨어진 핑계를 대면서 조롱하는 자들을 반박하기 위함"[79]이다. 어거스틴은 "비록 육신이 유린당할지라도 정절의 각오가 조금이라도 변하여 악에 동의한 일이 결코 없는 이상 그것은 어디까지나 겁탈하여 성교를 행한 그 남자의 추행이지 겁탈 당하면서 성교를 한 그 여자의 추행이 결코 아니라"는 내적 정결론에 입각하여 루크레티아의 자살을 비판한다. 먼저 어거스틴은 "사람은 둘이었는데 간통을 저지른 것은 한 사람뿐이었다"는 세간의 평을 상기한다. 그리고 그 세평은 루크레티아가 '순결하기 이를 데 없는 정숙한 의지'(the chaste will)를 유지했다는 방증(傍證)이라고 평가한다. 하지만 어거스틴은 "간통을 저지르지도 않은 여자가 자기 자신을 저토록 엄하게 징계한 이것은 뭐라고 설명할 것인가"라고 반문한다. 그리고 어거스틴은 "루크레티아에게 해악을 끼친 자는 자기 부친과 더불어 추방당한 것이 고작이었는데 루크레티아는 극형을 당한 형국"[80]이라면서 법 집행의 부당성을 비판한다. 특히 어거스틴은 "강제로 유린당한 것이 부정이 아니라면 순결한 채로 벌을 받은 것도 정의가 아니다"[81]라고 선언한다. 이런 점에서 어거스틴은 루크레티아의 그 안타까운 자결은 실상 "칭송받고 있는 루크레티아가 무죄하고 정결하

---

78) 어거스틴에 따르면, 고대 로마의 귀부인이었던 루크레티아는 '타르퀸'(Tarquin) 왕의 아들이 음탕한 생각으로 그 여자를 붙잡아서 몸을 유린하자 그녀는 그 악독한 젊은이의 죄상을 남편 '콜라티누스'(Collatinus)와 친척인 '브루투스'(Brutus)에게 알려 고명하고 세도 있던 두 남자를 떠밀어 복수를 하게 했다. 그런 다음 루크레티아는 자기한테 행해진 추행을 두고 괴로워하다가 견디지 못하고 끝내 자결했다. DCD. I. 19. 1.
79) DCD. I. 19. 3.
80) DCD. I. 19. 2.
81) DCD. I. 19. 2.

고 완력으로 유린당한 루크레티아를 죽여 버린 자해행위였다"[82]며 안타까운 마음을 토로한다. 이에 어거스틴은 루크레티아의 경우와는 대조적으로 서고트족의 침탈을 당한 "그리스도교 여인들은 똑같은 일을 당하고서도 그들은 살아남았으며 타인의 범죄를 두고서 자신에게 복수를 가하는 짓은 하지 않았다"는 역사적 실증을 이렇게 제시한다.

> 그리스도교 여인들은 자신들을 추행한 사람의 죄악에 자기의 죄악을 보태지도 않았으니 적병들이 그 여자들을 상대로 능욕을 범했다고 해서 그 여자들이 부끄러워하여 자기 자신을 상대로 살인을 범하지는 않았다. 그러므로 그 여자들은 내심(內心)에 영광스런 정결을 간직하고 양심의 증언 또한 간직하고 있다. 그 여자들은 자기네 하나님의 눈앞에 그것을 간직하고 있으므로 더는 다른 것을 요하지 않는다...... 따라서 타인들로부터 간통한 여자로 낙인찍히는 인간적 혐의라는 모욕을 피하려고 자살이라는 잘못을 저지름으로써 하나님의 법의 권위로부터 일탈하려는 것을 않는 것이다.

논제5〉 "20. 어떤 이유로도 그리스도인들에게 자결할 권리가 주어져 있지는 않다"

논제5 해제〉 어거스틴은 "우리가 영생에 도달하기 위함이든 어떤 악을 피하거나 벗어나기 위함이든 성서 경전의 어디에도 우리에게 죽음을 자초하는 행위가 하나님으로부터 명령받거나 허용 된 바 결코 없다"는 전제하에 "율법서에 나오는 죽이지 못한다(출 20: 13)는 말씀을 자살이 우리에게 금지되어 있는 뜻으로 알아들어야한다"[83]고 이렇게 논변한다.

> 율법서에 나오는 죽이지 못한다는 말씀을 자살이 우리에게 금지되어 있는 뜻으로 알아들어야한다. 거짓 증언을 금지하면서 너의 이웃에게 불리한 거짓 증

---

82) DCD. I. 19. 2.
83) DCD. I. 20.

언을 못한다(출 20: 16)고 한 말씀과는 달리 이 말씀에는 너의 이웃이라는 구절이 첨가되어 있지 않다는 점에서 특히 그렇다....... 사랑하는 사람은 이웃을 사랑하라는 규범을 자기 자신으로부터 시작하여 받아들인다. 왜냐하면 네 이웃을 너 자신처럼 사랑하라는 말씀이 기록되어 있기 때문이다. 특히 죽이지 못한다는 말씀에 아무것도 첨가되어 있지 않음으로써 그 누구도 따라서 계명을 받는 자기 자신도 예외로 간주될 수 없다..[84]

이에 어거스틴은 어떤 이유로도 "타인도 죽이지 못하고 그대 자신도 죽이지 못한다, 자신을 죽이는 자는 사람을 죽이는 자 외에 다름 아니다"(Neque enim qui se occidit aliud quam hominem occidit)라고 천명한다. 이는 그리스도인들에게 자결할 권리가 주어져 있지 않기 때문이다.

논제6〉 "21. 살인죄가 되지 않으면서 사람을 죽이는 살인들"
논제6 해제〉 어거스틴은 '하나님의 권위'(Divine authority)에 근거하여 살인죄에 들지 않는 예외성을 검토한다. 어거스틴에 따르면, '살인에 들지 않는 살인들'은 "일정한 법(a general law)과 특정한 시기에 특정한 인간에게 부여된 특별한 명령(a special commission)에 의하여 정당화되는 경우"[85]이다. 먼저 어거스틴은 세속적 차원에서 예외의 경우를 제시한다.

> '명령권 자'(authority)에게 복종하여 시행해야 하는 사람은 칼이 칼을 부리는 사람에게 복종하는 것과 같으므로 살인이 아니다. 하나님의 권위로 전쟁을 수행하는 사람들, 아주 정당하고 합리적인 권력의 근원인 국가의 법에 따라 국가의 권위를 대변하면서 범죄자들에게 사형을 집행하는 이들이 살인을 금하는 계명을 거슬러 행동하는 것이 아니다.[86]

---

84) DCD. I. 20. 어거스틴은 "죽이지 못 한다"는 말씀은 농사와 목축업에 해당되는 것이 아니라 사람에 대한 계명이라고 지적한다. 이는 유실수나 이성이 없는 동물들(날짐승, 헤엄치는 것들, 길짐승, 파충류)에게는 인간과 같이 이성을 갖추고 있지 못하기 때문이다.
85) DCD. I. 21.
86) DCD. I. 21.

이어 어거스틴은 성경에서 살인으로 여기지 않는 경우를 제시한다.

> 아브라함은 자기 아들인 이삭을 죽일 준비가 되었을 때, 잔인하다고 비난받기는커녕 헌신적인 믿음으로 인하여 칭찬받았다. 그의 행동은 범죄가 아니라 순종이었다. 또 사사 입다가 전쟁에서 승리하고 돌아올 때 집 문에서 처음 영접하는 이를 하나님께 번제로 드리겠다고 서원했기 때문에 자기 딸을 살해한 일이 하나님의 계명에 대한 순종이라고 생각해도 타당하다(삿 11: 29). 또 삼손이 집을 무너뜨리면서 적들과 함께 압살 당했을 때, 그의 행위는 그를 통하여 기적을 일으킨 성령이 그로 하여금 그렇게 하도록 은밀하게 명령하셨다는 이 유만으로도 정당화된다(삿 16: 28).[87]

어거스틴은 "일반적으로 정당한 법으로 규정되었거나 특별히 정의의 근원인 하나님 자신에 의하여 명령된 이런 살인을 예외로 한다면, 자신이나 다른 사람을 살해하는 사람은 누구든지 살인죄에 연루되어 있다"는 점에서 자살은 살인죄를 짓는 것이라고 귀결 짓는다.

논제7〉 "22. 자살은 결코 당사자의 정신력이 강하다는 것을 증명해주지 않는다"

논제7 해제〉 어거스틴은 자살하는 사람에게 정신력이 강하다는 용어를 적용하는 것이 올바르지 않다는 전제하에, '테옴브로투스'(Theombrotus)[88]의 경우를 들어 "위대한 정신력을 내세워 자살을 변명하지 못 한다"[89]고 논변한다. 어거스틴에 의하면, 테옴브로투스는 '영혼의 불멸'을 토론한 플라톤의 책을 읽고서 성벽에서 뛰어내려 자살을 했

---

87) *DCD*. I. 21.
88) 어거스틴에 의하면, 테옴브로투스는 '영혼의 불멸'을 토론한 플라톤의 책을 읽고서 성벽에서 뛰어내려 현세 생명으로부터 자기에게 더 낫다고 보인 그 생명으로 건너갔다. *DCD*. I. 22. 1.
89) *DCD*. I. 22.

다. 그렇다고 테옴브로투스에게 스스로 목숨을 끊을만한 죄악으로 인한 절박함은 없었다. 어거스틴이 보기에 테옴브로투스는 단지 "죽음을 무릅쓰고 인생의 감미로운 사슬을 끊겠다는 지성의 동기로써 자살을 했다."[90] 이에 어거스틴은 정작 플라톤처럼 영혼의 불멸을 직관한 사람이 누구보다 앞장서서 자결을 감행했어야 하지만 플라톤은 자살을 하지 않았고 오히려 금지시켰음을 상기하면서 테옴브로투스의 자살을 나무란다.

한 걸음 더 나아가 어거스틴은 로마 침탈 시 침략자의 손에 닿지 않으려고 많은 사람들이 자결한 문제를 되짚는다. 이 문제는 "그런 일이 있었느냐를 따지는 것이 아니라 그렇게 했어야 하느냐"[91]는 당위의 문제이기 때문이다. 이에 어거스틴은 "믿음의 성조(聖祖)들이 자살을 하지 않았고 예언자들도 자살을 하지 않았으며 사도들 또한 자살을 하지 않았다"는 선례를 상기한다. 특히 어거스틴은 "주 예수 그리스도께서도 만일 박해를 당하거든 이 도시에서 저 도시로 도망하라고 사도들에게 권유했는데, 만약 자살이 타당한 행위였다면 그리스도께서도 박해자들의 손에 닿지 않게 자기 손으로 자결하라고 권유할 수도 있었을 것이지만 그리스도는 그렇게 하지 않았다"고 단언한다. 이에 어거스틴은 "하나님을 알지 못하는 이방인 테옴브로투스의 본보기가 무엇이든 한 분이신 참 하나님을 섬기는 자들에게 자살은 합당하지 않다"고 명료하게 주장한다.

논제8) "23. 카이사르의 승리를 견딜 수 없어 자결한 카토의 모범은 무엇인가"
논제3 해제〉 어거스틴은 자살의 부당함에 대한 논변을 진행하면서

---

90) *DCD*. I. 22. 1.
91) *DCD*. I. 22. 2.

'마르쿠스 포르키우스 카토'(Marcus Porcius Cato Uticensis)의 자결[92]을 이렇게 평가한다.

> 비록 카토가 박식하고 정직한 인물이었기에 그의 자결을 의로운 것으로 평할 수도 있겠으나, 그에 못지않게 식견 있는 카토의 친우들이 그를 만류하여 자결하지 말도록 설득했으며 동시에 카토의 친구들이 자살을 하는 것을 강건한 정신의 행위라기보다는 유약한 정신의 범죄로 여겼다는 점을 들어, 카토의 자결은 치욕을 피하는 기품이라기보다는 역경을 못 견디는 나약함이다.[93]

또한 어거스틴은 로마 공화정 3차 집정관 시절 군령을 어겼다고 아들을 처형하여 로마인다운 덕성의 모범으로 꼽혀온 '티투스 만리우스 토르콰투스'(Titus Manlius Torquatus, 235 B. C.)에 견주어 카토의 죽음을 이렇게 비판한다.

> 카이사르의 승리 하에서 살아남는 일이 비루했다면, 카토는 왜 자기 아들에게 카이사르의 호의에 모든 것을 걸라고 명하여 그런 치욕의 주인공이 되게 했는가? 왜 아들더러 자기와 함께 죽자고 강요하지 않았던가? 일찍이 토르콰투스는 자기 아들이 승자가 되었음에도 불구하고 군권을 어기고 적군에 대항하여 싸움을 걸었다고 해서 자기 아들을 죽여 후세의 칭송을 받았는데 왜 카토는 패배자라고 해서 자기 자신을 용서하지 않으면서도 아들만은 패배자로 용

---

[92] 시오노 나나미에 따르면, 카토는 원로원이 주도하는 '과두정'(oligarchy)을 고수하겠다는 정치적 신념을 갖고 있었고 개인적으로도 카이사르를 증오하였다. 카토는 '폼페이우스'가 탑수스(Thapsus) 전투에서 패한 뒤 사태를 되돌릴 수 없다는 판단 아래 친척 '루키우스 카이사르'에게 그의 아들을 데리고 율리우스 카이사르에게 가라고 말했다. 카이사르가 어떤 대가도 요구하지 않고 아들을 살려줄 것이라고 확신했기 때문이다. 이후 카토는 그가 최후의 항전지로 삼았던 우티카의 유지들을 초대하여 향연을 열고 '자유란 무엇인가'라는 주제로 심포지엄을 열었다. 카토는 소크라테스를 예로 들면서 "자기 자신에게 정직한 사람은 설령 죽는다 해도 자유로운 인간으로 계속 살 수 있다고 강조했다. 49세의 카토는 그의 침실에서 자결을 하였다. 시오노 나나미는 카토의 죽음에 대해 "생전에는 그리 대단한 업적을 올리지 못한 카토였지만 죽은 뒤에는 절대권력에 죽음으로 항거한 자유인의 표상으로 이름을 남겼다"고 평했다. Shiono Nanami, 『로마인 이야기 5-율리우스 카이사르(하)』, 262-66.
[93] DCD. I. 23.

서하여 살려 두었다는 말인가?……카토는 아들을 그토록 사랑했으므로 카이사르에게 용서받기 바라고 희망을 걸었으면서도 정작 자신은 카이사르에게서 용서받기를 꺼렸던 만큼 카이사르의 영광을 너무도 질시했거나 좀 더 부드러운 표현을 쓴다면 부끄러워했다는 말일까?[94]

어거스틴은 카토의 자결을 로마인들이 생각해온 '자유로운 용기'라기보다는 '역경을 못 견디는 나약함'이요 카이사르의 영광을 질투하는 '내적 부끄러움'에 불과하다고 평가절하 한다.

'포브스 위슬로'(Forbes Benignus Winslow)는 "카토가 조국을 위해 목숨을 바치는 것이 명예롭고 유쾌하다고 자주 말했지만, 카터의 죽음은 백성을 위해서가 아니라 카이사르와 그의 권력에 대한 분노와 증오를 해소할 요령으로 세상을 떠난 것"[95]이라고 어거스틴과 같은 맥락에서 비판한다.

논제9〉 "24. 덕성에서 레굴루스가 카토보다 월등했다면 그리스도인들은 훨씬 탁월해야 한다"

논제9 해제〉 먼저 어거스틴은 카르타고에게 패한 삶의 수치를 자살로써 매듭짓지 않고 의로운 명예를 버리지 않은 '마르쿠스 레굴루스'(Marcus Attilius Regulus)의 사례에 비추어 스스로 자살한 카토보다 마르쿠스 레굴루스가 훨씬 값진 죽음을 맞이했다고 평가한다.

> 나는 마르쿠스 카토보다는 마르쿠스 레굴루스를 훌륭하다고 여기겠다. 카토는 한 번도 카이사르를 못 이겼고 그에게 패하자 억울하여 굴종하지 않으려고 스스로 목숨을 끊는 편을 택했다. 그런데 레굴루스는 이미 카르타고인들을 무찌른 적도 있고 로마 군권을 쥔 로마 사령관으로서 승리를 가져온 바 있

---

94) *DCD*. I. 23.
95) Forbes Benignus Winslow, *The Anatomy of Suicide*, 유지훈 역, 『자살의 해부학』 (서울: 유아이북스, 2016), 18.

다. 그것도 카토처럼 내란에서 동포들을 무찌른 통탄할 승리가 아니라 외적을 무찔러 칭송받을 승리를 가져왔다. 그렇지만 마르크스 레굴루스는 후일에 카르타고에게 패했을 때도 스스로 목숨을 끊어 그들의 손에서 벗어나려 하지 않고 차라리 사로잡혀 그들의 손에 최후를 맞는 편을 택했다. 그리하여 카르타고인의 손아귀에서도 인내심을 보전했고 로마인들을 향하는 애정에서 지조를 지켰으며 패배한 육신을 자결로 적군들에게서 빼내지도 않았고 로마 시민들을 향하는 불굴의 정신을 포기하지도 않았다. 마르쿠스 레굴루스가 자살하려 하지 않은 것도 현생에 대한 사랑 때문은 아니었다. .... 마르쿠스 레굴루스는 자기 목숨을 스스로 끊기보다는 잔인한 적들에게서 온갖 형벌을 당하면서 목숨을 다하기로 선택한 것으로 미루어 보아, 그는 현세 생명을 철저히 멸시한 사람이었으며 사람이 스스로 목숨을 끊는다면 커다란 죄악이라고 판단했음에 틀림없다. 칭송받는 그 많은 위인들이며 무용이 탁월한 그 명사들 가운데서 로마인들이 그 사람보다 훌륭한 인물을 꼽고 있지 않다. 행운도 그를 타락시킨 바 없어 저토록 위대한 승리를 거두고서도 극히 가난하게 살았고 불행도 그를 꺾지 못해 본인은 저 참혹한 종말을 향해 의연하게 발길을 돌렸던 것이다. 저토록 용감하고 훌륭한 위인들은 비록 지상국의 수호자에 불과했고 비록 거짓 신들을 섬기는 사람들이었지만 전쟁의 관습과 법도를 따라 패배한 적병들을 살상하기는 삼가야 했다. 조금도 죽음을 두려워하지 않으면서도 자신에게 죽음을 가하기보다는 승리한 지배자들에게 인종(忍從)하는 편을 택했다.[96]

마르크스 레굴루스의 경우를 상기시킨 어거스틴은 "참된 하나님을 섬기고 하나님의 나라를 염원하는 그리스도인들이야 말로 자살이라는 이 범행을 더욱 자제해야 한다"[97]고 역설한다.

> 더구나 만일 하나님의 섭리가 자기들을 시험하고 바로잡으려는 뜻에서 일시적으로 원수들에게 종속시켰다면, 또 저런 비하 속에서도 자기들을 저버리지

---

96) *DCD*. I. 24.
97) *DCD*. I. 24.

않는다면, 지존하신 분이 다름 아닌 자기들을 위해 그토록 비천한 모습으로 왔다면, 그리스도인들은 자살을 더욱 삼갈 것이다. 더욱이 그리스도인들에게는 패배한 적을 살상하라고 강요하는 그 누구의 강요도 없고 그 어떤 정쟁의 법도도 없다. 따라서 정작 본인은 죄인이나 죄지을 적까지도 감히 죽이려고 하지 않는 터에 누군가 자기에게 죄를 지었다고 해서 또는 원수가 자기에게 죄를 짓지 않게 하려고 사람이 자살해야 한다고 강박하는 것처럼 사악한 오류가 어디 있겠는가?

이런 점에서 어거스틴은 '욥'이 스스로 목숨을 끊어 그 모든 환난에서 벗어나기 보다는 자기 육체에 닥쳐오는 소름끼치는 해악을 견디어냈음에 근거하여 욥이 카토보다 훌륭하다[98]고 평가한다.

논제10〉 "25. 죄짓기 않기 위해 죄에 떨어지는 일이 있어서는 안 된다"
논제10 해제〉 어거스틴은 현실적으로 "적병의 욕정에 짓눌린 육체가 부도덕한 쾌락으로 정신을 혼미케 하여 결국 죄에 동의하게까지 만들지 않을까 두려워하고 조심하는 일은 타당하다"고 이해한다. 그렇지만 "타인의 죄 때문이 아니라 욕정에 동조할지 모르는 본인의 죄 때문에 누군가가 자기 몸에 이런 죄를 짓기 전 자살해야한다"는 주장은 궤변에 불과하다고 비판한다.[99] 이에 어거스틴은 죄로써 죄를 회피하고자 해서는 안 된다고 호소한다.

> 여하튼 사람이 자신을 죽이는 일은 혐오스런 죄악이요 천벌 받을 정죄라는 것은 진리가 분명히 밝혀주기에……타인의 죄가 아니라 본인 의지를 피하기 위해서 곧 남의 욕정에 자극받아 자기 욕정에 동의하게 될까 두려워 죽음을 자초하는 폭력을 가해야 한다는 생각을 경계하면서…… 자기 하나님께 믿음을

---

98) *DCD*. I. 24.
99) *DCD*. I. 25.

두는 그리스도인의 지성에는 제발 이 같은 생각조차 하지 말아야 한다. 내 말하거니와 그리스도인의 지성이 육체의 어떤 쾌락에도 추하게 동의하는 일은 일어나지 말아야 한다.[100]

심지어 어거스틴은 자살은 구원의 여지가 전혀 없기에 "자살의 죄를 범하느니보다는 참회하여 용서받을 수 있는 파렴치를 범하는 게 더 흡족하지 않겠느냐"고 호소한다. 자살하는 자는 뉘우치고 회개하여 구원받을 여지가 없기 때문이다. 어거스틴의 이 호소는 중세의 교회 때부터 "자살하는 자에게는 뉘우쳐서 구원받을 여지가 없다"(ubi locus salubris paenitentiae non relinquitur)는 교리체계를 강화하는 결정적 논거가 된다. 이렇게 어거스틴은 욕정에 찬 인간의 불복종이 사멸하는 인간 지체에 여전히 깃들어 있음을 경계하면서 극단적 자살 금지를 종용한다.

논제11〉 "26. 행해서는 안 될 일을 성인들이 행했다고 알려지는 경우 어떤 명분에서 행한 것으로 믿어야 하는가"

논제11 해제〉 어거스틴은 "교회가 박해시대에 정절을 지키고자 강물에 몸을 던진 성도들을 기리는 기념경당을 짓고 사람들이 공경을 표하지 않느냐"며 자살을 긍정하는 이들의 부당성에대해 논박한다. 먼저 어거스틴은 "이런 여인들에 관해 나는 아무 것도 함부로 판단하고 싶지 않다"며 신중하게 접근한다. 동시에 어거스틴은 "과연 교회에 믿을 만한 증거를 보임으로써 신성한 권위가 교회를 이끌어 그런 성도들을 기념하는지 또한 모르겠다"며 더더욱 신중하게 성찰한다.[101] 하지만 어거스틴은 그 성도들의 투신이 하나님의 신적 명령에 순종한 것이라는

---

100) *DCD*. I. 25.
101) *DCD*. I. 26.

개연성도 있다고 이렇게 평가한다.

> 그 여자들이 인간적으로 속아서가 아니라 신적 명령을 받고서, 그러니까 잘못 그르쳐서가 아니라 하나님의 명령에 순종하여 그렇게 투신했다면 어떻게 하겠는가? 신전을 무너뜨리고 함께 죽은 삼손의 경우처럼, 우리는 달리 믿을 도리가 없다. 하나님이 명하실 때에 그리고 당신이 명령한다는 사실을 조금도 애매한 구석이 없이 통지해 주실 적에 누가 그런 순종을 죄악이라고 부르겠는가? 신심(信心)의 실천을 두고 감히 누가 시비할 것인가? 그렇다고 해서 누가 아들을 죽여서 하나님께 바치기로 작정한다면 더구나 아브라함도 그렇게 해서 칭송을 받았으니까 자기도 그렇게 하겠다면 이는 죄 없는 행동이 아닐 것이다. 그러나 군인이 권력에 복종하여 어떤 권력으로부터 합법적으로 명령을 받고서 사람을 죽이는 경우에는 어느 국가의 법률로도 살인죄를 범한 범인이 되지 않으며 오히려 죽이지 않았을 경우에 명령을 위반하고 묵살한 범인이 된다. 하지만 자기 자의로 자발적으로 그 짓을 행했다면 사람의 피를 흘린 범죄가 된다. 명령받지 않고서 행한 것이면, 벌을 받는 그만큼 명령받고서 행하지 않으면 또한 벌을 받을 것이다. 사령관의 명령이 그러하다면 하물며 창조주가 명령할 적에는 더욱 어떻겠는가! 그러므로 자살하는 것이 합당하지 않다고 들었던 사람도 그 명령을 무시할 수 없는 분이 자결하라는 명령을 내리는 경우에는 의당히 그렇게 행동할 것이다! 그렇지만 그 신적 명령이 과연 애매한 구석이 전혀 없는 것인지 살펴보도록 할 것이다! 우리는 양심에 귀를 기울여야지, 하나님의 내밀한 비밀을 판단할 수 있다고 자처해서는 안 된다. 사람 속에 있는 사람의 영이 아니고서야 사람 속에 무슨 일이 일어나는지 아무도 알지 못한다.[102]

이에 어거스틴은 강력하고 확고한 어조로 자살충동을 느끼는 자들을 진중하게 설득한다.

---

102) *DCD*. I. 26.

아무도 자기에게 자발적 죽음을 자초해서는 안 된다.
아무도 잠시 환난을 피하려다가 영원한 환난을 당해서는 안 된다.
아무도 타인의 죄 때문에 그것을 기화로 본인에게 중죄를 범해서는 안 된다.
타인의 죄가 본인을 오염시키지 못한 이상, 또 아무도 본인의 지나간 죄 때문에 죽음을 자초해서는 안 된다. 참회함으로써 회복할 수도 있을 테고 바로 그 죄를 참회하기 위해서라도 생명이 필요할 것이므로, 아무도 사후에 더 나은 생명을 희구하기 위해 죽음을 자초해서는 안 된다. 자기 죽음을 초래한 죄인들은 사후에 더 나은 생명이 거두어주지 않기 때문이다.[103]

논제12〉 "27. 죄에 떨어지는 경향 때문에 자발적 죽음을 바라야 할 것인가"

논제12 해제〉 어거스틴은 "쾌락이 눈멀게 하거나 고통이 혹심하여 죄에 떨어지지 않으려면 자살을 하는 것이 유익하다"는 주장을 반박한다. 어거스틴은 "만일 이 주장을 우리가 수긍하기로 한다면 그 범위가 확대되어 사람들이 거룩한 재생의 욕조에서 모든 죄의 용서를 받자마자 자살하라고 권유해야 하리라는 데까지 도달하리라"[104]고 탄식한다. 이에 어거스틴은 '세례'를 논거로 삼아 자발적 죽음을 경계한다.

> 자발적 죽음으로 지나간 모든 죄가 제대로 제거된다면 바로 그 순간에 자살을 해서는 왜 안 되는가? 그런데도 어째서 세례자들은 자기 목숨을 살려두는가? 무엇 때문에 머리끝까지 죄에서 해방된 몸을 이승의 위험으로 다시 끌고 들어온다는 말인가? 자신에게 죽음을 부과함으로써 모든 위험들을 일거에 회피하는 극히 손쉬운 노릇인데 말이다.......그래서 자기를 사로잡은 사람의 횡포로 말미암아 죄로 타락할까 겁내어 자신을 죽여야 할 것이며 만에 하나라도 살아남아야 한다고 여긴다면 이승에서 시시각각 유혹에 가득 찬 세상을 살아야 하리라고 그것도 한 주인 밑에서 공포를 안고서 살아가거나 무수한 주인들 밑에서 공포에 떨면서 살아야 하리라고 그런 주인들이 없다면 현생을 살아갈 수

---

103) *DCD*. I. 26.
104) *DCD*. I. 27.

는 없으리라고 생각하게 되었을까? 저들의 말이 옳다면 무슨 까닭으로 어째서 세례 받은 사람들에게 힘들여 권유하면서 그러니까 처녀들에게는 몸을 온전히 간수하도록 타이르고 과부들에게는 수절을 지키도록 타이르고 혼인한 사람들에게는 신의를 지키도록 타이르면서 시간을 낭비해야 한다는 말인가? …… 만일 누가 이런 시도를 하고 이렇게 사람을 설득하려고 나선다면 나는 그런 사람을 정신 나갔다고 말하지 않고 미쳤다고 하겠다.[105]

이에 어거스틴은 "자살할 만한 정당한 명분은 존재하지 않는다(ergo nulla est)"[106]고 선언한다.

논제13〉 "28. 하나님은 무슨 판단으로 금욕자들의 육체에 적병의 욕정이 미치도록 허락했을까"

논제13 해제〉 어거스틴은 "억지로 당한 일은 겸손을 가르치는 훈계일 수 있기에, 그리스도의 신도들의 정절이 비록 적병들의 노리개가 되었더라도 그 일로 여러분의 삶이 여러분 자신에게 혐오를 주어서는 안 된다"[107]고 호소한다. 특히 어거스틴은 양심에 호소한다.

여러분의 양심에 성실하게 질문을 던져 보라. 여러분이 혹시라도 처녀로서의 순결이나 유부녀로서의 절제나 과부로서의 정절이라는 선을 두고 지나치게 자만하고 있지나 않았는지, 인간적 찬사를 즐기면서 다른 여자들도 그런 덕성을 지니고 있으면 은근히 시샘하지나 않았는지 스스로 질문해 보라.[108]

이어 어거스틴은 "여러분이 여러분 몸에 죄짓는 사람들에게 동의하지만 않았다면 여러분이 이미 받은 하나님 은총에 하나님의 보우(保佑)가 첨

---

105) *DCD*. I. 27.
106) *DCD*. I. 27.
107) *DCD*. I. 28.
108) *DCD*. I. 28.

가되어 그 은총이 상실되지 않도록 조처된 셈이며, 인간적 영예에 애착하지 못하게 인간적 치욕이 뒤따른 것이다"[109]고 고난의 의미를 해석하고 위로의 메시지를 전한다.

한 걸음 더 나아가 어거스틴은 그리스도인들이 가질 수 있는 '자기 의'[110]를 경계한다. 정결은 하나님 마음에 드는 덕목이기 때문이다. 이에 어거스틴은 하나님의 거룩한 은총이 참다운 정결을 위해 희생당한 성도들에게 임할 것이기에 성도들 또한 하나님의 은총을 믿으면서 정결한 성도로서 살아야 됨을 촉구하면서 자살에 대한 논변을 마무리한다.

> 그러면 다음과 같은 결론에 이를 것이다. 곧 당신이 성도들에게 베풀어 주셨고 성도들 안에서 당신이 사랑하시는 그 성덕(聖德)이 육체의 순결을 잃음으로써 동시에 사라지는 그런 식으로 상실될 수 있는 것이라면 당신 성도들에게 정결이 유린되는 일이 일어나도록 허락하셨을 리 만무하다는 것이다.[111]

정리하면 『신국론』 1. 16-28에 표명된 어거스틴의 자살 문제 담론은 서고트족의 로마 침탈로 인한 매우 어둡고 암울한 시대상을 반영한다. 특히 어거스틴은 로마를 침탈한 서고트족에 의해 무수한 성폭행을 당한 그

---

109) 어거스틴은 이렇게 부연설명 한다. "소심한 영혼들이여 그 둘 다를 두고 위안을 삼을 것이니 은총에 힘입어 여러분이 시련을 통과한 것이고 영예를 두고는 여러분이 벌을 받은 셈이며 전자로 인해 여러분은 의롭게 되었고 후자로 인해 여러분은 교정을 받았기 때문이다." *DCD*. I. 28.
110) 어거스틴은 그리스도인들로 하여금 '정절, 선'과 관련하여 품는 '자기 의'의 경계 유형을 이렇게 언급한다. "유린당한 여자들 가운데서는 절제라는 선을 육체적 선들 가운데 끼는 것으로 여겨야 한다고 보았고 따라서 육체가 어느 남자의 욕정에도 닿지 않아야 절제의 선이 지속한다고 생각했을 수도 있다. 그 여자들은 육과 영이 거룩하려면 그것이 하나님의 보우를 받는 의지의 힘에만 달려 있지 않다고 생각했을 수도 있다. 또 억지로가 아니면 이런 선은 앗아갈 수 없는 것이려니 하는 생각을 안 했을지도 모른다. 여태까지 길게 논한 바 있으므로 그런 잘못된 생각은 아마 그 여자들한테서 지워졌을 것이다. 그 여자들은 자기가 바른 양심을 갖고서 하나님을 섬겼으리라고 생각하도록 할 것이다. 또 하나님에 관해 흔들리지 않는 신앙을 갖고서 하나님이 당신을 그렇게 섬기고 당신 이름을 부르는 사람들을 혹시라도 저버리시는 일이 있으리라는 생각을 절대 해서는 안 된다." *DCD*. I. 28.
111) *DCD*. I. 28.

리스도인 부녀자들의 안타까운 자살 문제를 다룬『신국론』1. 16-28의 담론을 통해 침탈자들에 의해 강제로 추행 당함으로써 감당할 수 없는 수치심의 압박을 받는 이들을 위로하고자 했다. 동시에 어거스틴은 성서적 역사적 신학적 논거를 바탕으로 서고트족의 침탈에 의해 추악한 추행을 당한 수치를 스스로의 죽음으로써 씻겠다는 그 자살 또한 자기 자신을 죽이는 죄를 짓는 것이라고 논변한다.

『신국론』1. 16-28에 표명된 어거스틴의 자살 문제 담론은 다음 몇 가지로 집약된다. 첫째, 그 누구도 자기에게 자발적 죽음을 자초해서는 안 된다. 둘째, 그 누구도 타인이 저지른 죄로 인해 그 자신을 죽음으로 내모는 중죄를 범해서는 안 된다. 셋째, 설사 타인으로 인해 육체가 침탈을 당하는 오욕을 받았다고 해도 그 침탈자의 죄가 침탈을 당하는 자의 영혼을 더럽히는 것은 아니기에 스스로 죽음을 자초해서는 안 된다. 넷째, 자살은 그 스스로 뉘우치고 회개하여 구원을 받을 여지를 없애는 것이다. 이런 점에서 어거스틴은 죄를 참회하고자 하는 자들에게 자살 할 것이 아니라 죄를 회개하고 하나님의 은총을 믿는 정결한 성도로서 살아야 한다고 강조한다. 참다운 정결은 육신의 문제가 아니라 의지의 순결에 있기 때문이다.

4. 『신국론』 1. 16-28에 표명된 어거스틴의 자살 문제 담론 평가

1) 자살 문제에 대한 어거스틴의 담론의 특성

자살 문제와 대한 어거스틴 논변은 다음 몇 가지 특성을 함유한다고 판단된다.

첫째, 『신국론』 1. 16-28에 표명된 어거스틴의 자살 문제 담론은 로마의 침탈이라는 역사적 비극 속에 자행된 인간의 자기 죽음의 문제를 역사비평의 관점과 성서적 인간이해를 기반으로 한 신학적 검토가 동반된 논변이다. 어거스틴은 자살 문제에 대한 그의 담론을 진행함에 있어 일반론적인 자살의 배경과 동기를 다루지는 않았다. 그렇다고 자기 죽음인 자살을 긍정하거나 수긍하지도 않았다. 어거스틴은 로마인들이 칭송하는 자살의 부당성을 로마 역사 속의 실존 인물인 루크레티아, 카토, 그리고 레굴루스의 경우를 들어 논박한다. 이런 점에서 어거스틴은 로마 시대의 문화 속에 살았던 로마인이었지만 자살 문제를 다룬 방식은 로마의 전통 종교들이 지향한 친(親)자살 경향을 비판하고 자살을 금지하는 강력한 성서적 신학적 입장을 취한다.

둘째, 『신국론』 1. 16-28에 표명된 어거스틴의 자살 문제 담론은 기본적으로 로마의 침탈이라는 역사적 참상 이면에 자리한 그리스도인 부녀자들의 안타까운 자기 죽음을 위로하는 동기에서 진행되었다. 동시에 자살 문제에 대한 어거스틴의 담론은 성서적 시각과 크리스천의 양심의 지평에서 자살 행위의 부적절성을 논변했다. 특히 어거스틴은 『신국론』 1. 16-28에서 로마의 침탈이라는 어두운 참상 속에서 자행된 인간의 죄를 리얼하게 폭로한다. 이런 점에서 볼 때, 자살 문제에 대한 어거스틴의 담론은 로마의 침탈 과정에서 강제로 추행을 당한 부녀자들의 고통과 두려움을 헤아리고 위로하는 사랑의 동기에서 논변한 것으로서 인간의 생명을 지극히 존중하는 휴머니즘의 발로에서 자살 문제에 접근했다고 평가된다. 이처럼 자살 문제를 인간의 아픔과 도의적 차원에서 공론화 한 어거스틴의 논변은 오늘날의 한국사회와 한국교회에게 자살 문제를 이해하고 그 충격을 최소화하는 기본 접근 방법론적 이해의 틀을 제시해 주는 단초가 된다.

셋째, 『신국론』 1. 16-28에 표명된 어거스틴의 자살 문제 담론은 서고트족의 침탈에 따른 강제 추행을 당한 그리스도인 부녀자들이 내적 수치심을 견디지 못해 자살을 한 측면이 강하다고 자살 원인을 진단한다. 이어 어거스틴은 참 정절은 육신의 정절 이전에 영혼의 선과 연동된 내적 영혼의 순결과 거룩함에 있다는 '영혼의 내적 정절론'(Inner Fidelity of the Soul)을 주창한다. 특히 어거스틴은 영혼의 내적 정절론에 기반 하여 로마의 수탈자에 의한 강제추행이 경건한 그리스도교 부녀자들의 영혼의 성덕을 손상시키지 않았다고 위로한다. 정조를 수탈당한 여자는 자살을 함으로써 삶의 수치를 씻어야 한다는 로마의 세속적 자살정당론을 거부한 어거스틴의 포즈는 하나님이 주신 생명을 사랑하는 성서적 기독교적 내적 가치를 제고한 것이라고 사려 된다.

넷째, 『신국론』 1. 16-28에 표명된 어거스틴의 자살 문제 담론이 자살의 부정적 측면을 강력하게 논한 것은 참 존재이신 하나님께로부터 연유한 각 사람의 생명이 본래적으로 귀중하기 때문이다. 어거스틴에게 있어 자살은 인간의 '생존 욕구'[112]를 강제로 거스르는 것이다. 따라서 어거스틴은 자신을 죽음으로 내모는 자살을 하나님이 허락하신 존재 당위성을 스스로 부정하고 거절하는 죄를 범한 것으로 평가한다. 또한 어거스틴은 자살이 사람으로 하여금 죄를 참회하고 회개할 기회를 그 스스로 박탈하는 것으로 규정한다. 곧 자살자는 회개할 기회를 상실한 죄를 범하는 자이다. 이에 어거스틴은 사람에게는 자살해야 할 정당한 명분이 근원적으로 주어져 있지 않다고 선언하면서 자살을 거부한다. 『신국론』1. 16-28에 표명된 어거스틴의 자살 문제 담론은 모든 사람이 생명에 대한 원초적 소중함을 인식할 것과 진정한 사랑이 자살 충동의 두려움과 고통을 이기는 근원적 기제가 됨을 시사해 준다.

다섯째, 『신국론』1. 16-28에서 자살 행위의 부적설성을 강력하게 논변한 어거스틴의 담론은 중세교회가 자살 행위를 부정적으로 판단하는 역사적 기점이 된다. 또한 자살 문제에 대한 어거스틴의 담론은 중세교회를 비롯하여 오늘에 이르기까지 기독교적 생명존중 논의의 기초가 되고 기독교 윤리학적 성찰의 토대로서 자리매김한다. 특히 『신국론』1. 16-28에 표명된 어거스틴의 자살 문제 담론은 십계명 제6계명을 비롯한 성경의 생명사랑의 본유적(本有的) 신적 명령에 기초한 논거로서 중세 교회를

---

[112] 어거스틴은 인간에게 내재된 생존욕구를 긍정적으로 평가하면서 이렇게 해명한다. "행복하기를 바라지 않는 사람이 없듯이, 존재하기를 바라지 않는 사람도 없습니다. 존재하지 않는다면 어떻게 행복할 수 있겠는가? 실제에 있어서 산다는 일 자체가 일종의 자연스러운 매력이고 기쁜 일이기 때문에 불행한 사람들도 죽기를 원하지 않는다. 자기가 불행하다는 것을 느끼면서도 죽으려 하지 않고 그 불행을 없애려 한다. 불행한 사람들 중에서도 가장 불행한 자라고 남들도 생각하고, 또 실제로 불행한 사람들, 지혜자로부터 어리석은 자라고 여겨질 뿐 아니라 행복하다고 믿고 있는 사람들에게 의해서도 가련한 거지처럼 여겨지는 정말 불쌍한 사람에게 다음과 같이 물어 본다고 하자. "만일 지금의 비참한 운명이 영원히 계속되어도 좋다고 한다면 불멸을 그대에게 주리라. 그러나 만일 비참이 언제까지나 계속되기를 바라지 않고, 아무런 보람 없이 오래 살려고 하지 않는다면, 그대에게 깨끗이 소멸되게 해 주겠다. 어느 쪽을 택하겠는가?" 그들은 환호를 지르면서 사라지는 것보다는, 지금처럼 비참한 상태라도 좋으니 그래도 영원히 존재하는 편을 선택할 것이다. 불행한 사람이라도 그런 기분으로 산다는 것은 누구나 알고 있다. 그들이 죽음을 두려워하고 죽음으로 존재를 마감하는 것보다는 오히려 괴로움 속에서라도 오래 살려고 하는 것을 보면, 자연이 사멸하는 데서 벗어나려 하고 있다는 사실은 명백하다." DCD. 11. 27. 1.

비롯한 후대의 크리스쳔에게 자살에 대한 기독교적 이해 규범의 전거로 작용하는 역사적 특이점을 내포한다고 평가된다.

2) 한국사회와 한국교회의 "자살문제, 어떻게 할 것인가"에 대한 어거스틴 담론의 시사점

『신국론』1. 16-28에 표명된 어거스틴의 자살 문제 담론이 자살자 증대로 인해 매우 곤고한 한국사회와 한국교회에 주는 시사점은 무엇인가? 『신국론』1. 16-28에 표명된 어거스틴의 자살 문제 담론을 기반으로 하여 한국사회와 한국교회가 "자살 문제, 어떻게 할 것인가"를 함께 검토해야 하는 것은 자살을 하는 이들의 사회적 삶의 정황이 자살 문제의 결정적 관건이 되기 때문이다. '에밀 뒤르켐'에 따르면, 자살의 직접적 원인인 개인적 경험은 자살자의 정신적 성향에서 유래한 것이며, 이 정신적 성향 자체가 사회의 정신상태의 반향이다.[113] 에밀 뒤르켐은 "어느 한 시기에 그 사회의 정신적 상태가 일시적인 자살 빈도를 결정하지만, 각 사회는 그 국민을 자살로 이끄는 일정한 양의 에너지로 이루어진 집단적인 힘을 가지고 있기에, 자살자의 행동은 얼핏 보기엔 개인적 기질을 나타내지만 실은 그들이 외적으로 표출하는 사회적 조건의 보완이며 연장이다"[114]고 분석한다. 에밀 뒤르켐은 "전체사회의 경향이 개인에게 영향을 미침으로써 자살의 원인이 된다"[115]고 단정한다. 에밀 뒤르켐의 견지에서 볼 때, 자살 문제는 그 사회를 구성하는 구성원 모두의 과제이자 직무이다. 따라서 "자살문제, 어떻게 할 것인가"에 대한 대응은 한국사회와 한국교회가

---

113) Emile Durkheim, 『에밀 뒤르켐의 자살론』, 379.
114) Emile Durkheim, 『에밀 뒤르켐의 자살론』, 378.
115) Emile Durkheim, 『에밀 뒤르켐의 자살론』, 379.

협력적 지평에서 매우 긴밀하게 함께 도모해야 할 협업과 협의의 과제이다. 이런 점에서 『신국론』 1. 16-28에 표명된 어거스틴의 자살 문제 담론은 "자살 문제, 어떻게 할 것인가"를 숙고하는 한국사회와 한국교회에게 다음과 같은 점을 시사해 주는 신학적 통찰과 제언(提言)이 된다고 사려 된다.

첫째, 진정한 정절과 두려움에 대한 사회적 인식 개선 필요.

『신국론』 1. 16-28에서 서고트족의 로마 침탈 시 강제로 폭압적 성추행을 당한 경건한 그리스도교 부녀자들을 엄습한 내적 수치심과 두려움을 자살의 주 요인으로 지목한 어거스틴은 "자살 문제, 어떻게 할 것인가"를 숙고하는 한국사회와 한국교회에게 진정한 정절과 두려움에 대한 인식 개선이 필요하다는 통찰을 제시한다. 어거스틴에 따르면, 진정한 정절은 육신의 정절 이전에 영혼의 선과 연동된 내적 영혼의 순결과 거룩함에 있다. 침탈자의 강제추행은 정절을 침탈당한 영혼의 성덕을 손상시키지 못한다는 영혼의 내적 정절론은 "상한 갈대를 꺾지 않고 꺼져가는 등불을 끄지 아니하는"(사 42: 3) 하나님의 은총에 기초한 인간 존중 사상의 극치이다. 어거스틴은 하나님의 무한한 사랑 속에 존재하는 인간의 생명은 본래적으로 고귀한 것이기에 비록 폭력적 탐욕에 의해 정조를 상실한 자라 할지라도 자살함으로써 수치를 씻어야 한다는 자살정당론을 단호히 거부한다.

또한 어거스틴은 로마의 침탈 시 정절을 수탈당한 그리스도교 부녀자들의 내면을 강타한 두려움의 문제를 위로하면서도 자살은 하나님 앞에서 죄가 된다고 명료하게 지적하며 만류한다. 이런 점에서 어거스틴은 한 인간으로 하여금 자살에 이르게 하는 두려움의 문제 또한 극복해야 할 과제로 상정하고 소위 '두려움에 굴복한 사람들'에게 이렇게 권고한다.

두려움에 굴복한 사람들에 관해서 생각해 봅시다. 왜 그들은 자비로우신 주님의 도움으로 자신들의 두려움에 맞서 용감하게 싸우지 못하고 무거운 악을 피하지 못합니까? 이런 일은 하나님께 대한 사랑이 불타고 세상에 탐욕이 연기를 뿜지 않는 곳에서 이루어집니다. 사랑은 말합니다. "누가 약해지면 나도 약해지지 않겠습니까? 누가 걸려 넘어지면 나도 분개하지 않겠습니까?"(고후 11: 29). 그러나 사랑은 하나님으로부터 옵니다. 우리에게 (사랑을)명하시는 그분께 (사랑을)받을 수 있도록 기도합시다. 우리는 언젠가 어떤 식으로든 죽어야 할 육신이 칼에 맞아 살해되는 것을 두려워하기보다, 악령의 칼에 그리스도의 양떼들의 영혼이 상하는 것을 더 두려워합시다. 여인들이 육체적으로 겁탈당하는 것보다, 내적 감각이 썩어 믿음의 순수성을 잃어버리는 것을 더 두려워합시다. 정결이 마음속에 간직되어 있기만 하다면, 정결은 이러한 폭력에 상처입지 않습니다. 왜냐하면 겁탈당하는 사람의 의지가 자기 육신을 음탕하게 사용하지 않으면서, 타인의 행위에 동의하지 않고 참아낸다면, 육신으로도 상처 입지 않기 때문입니다. 우리 눈앞에서 지상 건물의 돌과 나무가 불타는 것을 두려워하기보다, 우리의 내버린 "살아 있는 돌"(벧전 2: 5)들의 불이 꺼지는 것을 더 두려워합시다. 가능할 경우에도 이러한(악을) 피하지 말아야 한다는 것은 아닙니다. 다만 불경스럽지 않게 피할 수 없을 경우에는 그냥 견디어 내야 한다는 것입니다.[116]

두려움에 굴복한 사람들에게 주는 어거스틴의 권고처럼,『신국론』1. 16-28에 표명된 어거스틴의 자살 담론은 성폭력을 비롯한 비인간적 수탈을 당한 수치심과 두려움으로 인해 자기 죽음을 재촉하거나 자살 충동을 느끼는 사람들에게 진정한 정절의 가치를 재인식시키는 사회적 운동이 필요하다고 제기한다. 동시에 개인의 내적 평강을 해체시키는 두려움의 공포를 극복하도록 사회적 인식을 제고하고 개선하는 사회적 방안 강구의 필요성이 있음을 시사해 준다.

---

116) POSSIDIUS, *VITA AUGUSTINI*, 30. 24-28. 최원호 역.『아우구스티누스의 생애』(왜관: 분도출판사, 2009).

둘째, '좋은 친구-우정' 네트워크 강화.

어거스틴은 인간의 생존 욕구를 강제로 해체하고 그 자신을 죽음으로 내모는 자살을 하나님이 허락하신 존재 당위성을 스스로 부정하고 거절하는 죄라고 규정한다. 이는 사람이 자기 자신을 죽음에 이르도록 재촉하는 자살의 협살(挾殺)을 끊고 생존 욕구를 강화하고 존재의 당위성을 강화하도록 진심으로 소통하는 '좋은 친구-우정' 네트워크를 형성하도록 돕는 것이 한국사회와 한국교회의 절실한 과제임을 일깨운다. 특히 어거스틴의 사상에 입각하여 보면, 한국사회 뿐만 아니라 한국교회가 '좋은 친구-우정'을 형성해 나가도록 전적인 관심을 기울이고 노력해야 한다. 이는 어거스틴의 다음 진술처럼, 좋은 친구-우정의 속성은 일반적인 덕의 범주를 넘어 하나님께 대한 사랑(Caritas)으로 귀결되기 때문이다.

> 참다운 우정이란 우리에게 주신 성령으로 말미암아 우리 마음속에 부어주신 그 사랑 안에서 당신이 우리를 서로 매어주시지 않으시면 불가능하기 때문입니다.[117]

주지의 사실이지만, 사람이 하나님을 사랑하고 사람을 사랑하는 좋

---

[117] Augustine, *Confessions*, 4. 4. 7, 선한용 역, 『성 어거스틴의 고백록』(서울: 대한기독교서회, 1995). 이하 *Confessions*는 *Conf.*로 표기한다.; '이규철'에 따르면, 어거스틴은 우정에 관한 그리스 로마 철학자들의 사상을 그의 영혼에 부어지는 성령의 은총의 조명 아래 여과시켜 이를 신학적 우정론으로 개진시키고 승화시켰다. 어거스틴은 덕으로서의 우정을 넘어 적극적으로 하나님께 대한 사랑으로서의 우정을 강조했다. 그리하여 우정에 관한 어거스틴의 담론은 우정에 대한 고전 철학의 형이상학적 재검토의 범주가 아니라 하나님의 사랑을 받고 하나님께 사랑을 고하는 카리타스의 사랑 안으로 깊게 뿌리내린다. 특히 어거스틴에게 있어 참다운 우정은 '하나님의 은총 안에서, 하나님의 은총을 통해, 그리고 하나님의 은총으로 말미암아' 온전히 형성된다. 동시에 하나님이 그의 영원한 지혜를 공유하도록 인간에게 허락하셔서 원초적 정의의 상태가 하나님과 우정의 관계에 있는 견지에서 비로소 인간은 하나님의 친구가 될 수 있다. 이런 점에서 우정에 관한 어거스틴의 담론은 철저히 신학적이다. 더불어서 '우정은 꾸밈없는 믿음과 선하고 진실한 친구들 사이의 상호적 사랑 이외에 허물과 어려움이 많은 이 인간 사회에서 우리를 위로하는 것'이라는 어거스틴의 견해는 너무나 황량한 세상살이에 지친 현대인들에게 우정의 인간성을 회복하는 것이 무엇보다 귀중함을 강력히 일깨운다는 점에서 참으로 인간학적이다. 이규철, "우정에 대한 어거스틴의 담론," 「군선교신학」 10 (2012), 202.

은 친구-우정의 네트워크가 형성되고 돈독해지면 깊은 고독의 수렁에서 벗어나 외롭지 않게 되며 자연스럽게 위기대응 커뮤니케이션이 가능해진다. 바로 이런 점에서 좋은 친구-우정의 네트워크가 지닌 순기능을 활성화시키는 한국사회의 '좋은 친구-우정 캠페인'을 사회적으로 강화해 나갈 필요가 있다. 여기에 더하여 한국교회 또한 인륜을 존중하는 일반적 덕과 하나님께 대한 카리타스의 사랑이 어우러진 신앙의 좋은 친구-우정을 강화하는 신앙운동으로 승화시키는 선제적 조치를 범교단적으로 추진하는 지혜와 사랑의 집결 노력이 필요하다고 판단된다.

셋째, 하나님의 형상으로서의 인간 이해.

『신국론』 1. 16-28에 표명된 어거스틴의 자살 문제 담론은 한국사회와 한국교회로 하여금 사람이 '하나님의 형상'(imago Dei)을 따라 창조된 생명이기에 본원적으로 소중한 존재임을 인식하고 공유하며 존중하는 이해의 폭을 확장할 것을 강력하게 촉구한다. 어거스틴에 따르면, 인간은 생명의 신비를 함유한 경탄스러운 존재이다.

> 사람이란 그 자신도 알 수 없는 심연입니다. 그렇지만 주여, 당신은 그 머리털까지도 세시며(마 10: 30), 그 하나라도 버리지 않으십니다. 그러나 인간의 머리털을 세는 것은 그 감정과 마음의 움직임을 세는 것보다 훨씬 쉬운 일입니다.[118]

어거스틴은 사람의 본래적 인간성이 복잡하고 심원하기에 누구라도 쉽게 파악할 수 없지만 인간에 대한 깊은 관심을 가질 필요가 있다고 역설한다. 이는 인간 개개인이 하나님의 창조의 기적이기 때문이다. 이에 어거스틴은 이렇게 단언한다.

---

118) *Conf.*, 4. 14. 22.

대단히 많은 기적이 이 세계에 행하여져도 그것은 분명 이 세계 전체보다는 적다. 즉 하늘과 땅과 그 가운데 있는 모든 것은 분명 하나님이 만드셨다. 그러나 창조주가 어떤 분인지 알 수 없는 것과 마찬가지로, 어떤 방법으로 이 세상을 만들었는지 인간에게는 숨겨져 있어서 이해할 수 없다. 그 때문에 눈에 보이는 자연의 기적은 언제나 눈에 익숙해져 있지만, 정당하게 자연계를 관찰할 때에는 가장 비범하여 가장 희귀한 것보다도 위대하다. 왜냐하면 인간에 의해 행해진 모든 기적보다도 더욱 뛰어난 기적은 인간 자신이기 때문이다.[119]

특히 어거스틴은 각 사람이 고귀하고 소중한 존재인 것은 '하나님의 형상'을 따라 창조되었기 때문임을 명료하게 적시한다.

> 인간이 하나님의 형상에 따라 창조되었다는 것을 바르게 이해하고 믿을 때, 그는 그 부분에 의해 위에 계신 하나님께 다가가고, 그것에 의해 그가 동물과 공유하는바 보다 뒤떨어진 부분을 초월하고 극복한다. 그러나 이성과 지성이 태어나면서 내재하는 정신은 혹은 어두운 과거로부터의 죄악 때문에 약해지게 되기 때문에 우선 신앙으로 씻어 정결케 해야만 한다. 그래서 인간의 마음은 불변하는 빛에 애착할 뿐만 아니라 그것을 갖고 나아가 결국은 나날이 새로워지고 성스러워지며 이처럼 행복을 획득한다.[120]

인간의 생명에 대한 '황명환'의 분석에 따르면, 하나님의 형상으로 빚어진 인간에게 있어 "생명이란 살라(生)는 명령(命)이다."[121] 곧 인간은 "영원하신 하나님이 주신 시간 안에서 삶을 명령받은 존재이다."[122] 이런 점에서 볼 때, 『신국론』 1. 16-28에 표명된 어거스틴의 자살 문제 담론은 자

---

119) DCD. X. 2. 12.
120) DCD. XI. 1. 2.
121) 황명환, 『죽음 인문학』 (서울: 두란노, 2019), 397.
122) 황명환, 『죽음 인문학』, 401.

살문제에 대한 근본적인 해결 접점이 사람의 생명이 인간에 기인하는 것이 아니라 하나님의 형상으로 빚으신 하나님의 사랑에 기인된 것임을 인식하는 생각의 전환과 함께 영혼의 가치를 재인식하는 생명의식을 함유하는 것이 가장 근원적인 첩경이라고 제언한다.

5. 나가는 말

『신국론』1. 16-28에 표명된 어거스틴의 자살 문제 담론은 410년 8월 24일 서고트족의 로마의 침탈이라는 역사적 참사를 모티프로 한 인문학적 역사비평과 살인하지 말라는 십계명 제6계명에 근거한 성서적 생명 사랑의 휴머니즘에 기초한 신학적 성찰의 결집이다.

어거스틴은 『신국론』1. 16-28에 표명된 그의 자살 문제 담론에서 로마 역사 속에 실존했던 루크레티아, 카토, 그리고 레굴루스를 예로 하여 로마전통종교의 친(親)자살 경향을 비판하고 자살의 부당성을 논변한다. 특히 어거스틴은 로마를 침탈한 서고트족에 의해 무수한 성폭행을 당한 그리스도인 부녀자들이 겪은 고통스러운 수치와 죽음의 두려움을 위로하면서도, 침탈자의 무도하고 추악한 추행을 당한 수치를 스스로의 죽음으로써 씻겠다는 그 자살 또한 자기 자신을 죽이는 죄를 짓는 것에 지나지 않는다고 논변한다. 이로써 『신국론』1. 16-28에 표명된 어거스틴의 자살 문제 담론은 사람이 타인이나 자기 자신도 죽여서는 안 된다는 귀결에 이른다. 자살 문제에 대한 어거스틴 담론의 귀결은 중세교회를 비롯하여 오늘에 이르기까지 교회가 자살 행위를 부정적으로 판단하는 역사적 기점이 되며 자살에 대한 기독교적 이해 규범의 전거로 작용하는 역사적 특이점이다.

『신국론』 1. 16-28에 표명된 어거스틴의 자살 문제 담론이 "자살 문제, 어떻게 할 것인가"를 숙고하는 한국사회와 한국교회에게 시사해 주는 통찰은 다음과 같이 집약된다.

첫째, 한국사회와 한국교회는 진정한 정절과 두려움에 대한 성경적 사회적 인식을 개선해 나갈 필요가 있다. 어거스틴에 따르면, 진정한 정절은 육신의 정절 이전에 내적 영혼의 순결과 거룩함에 있기 때문이다.

둘째, 한국사회와 한국교회는 '좋은 친구-우정' 네트워크 강화를 강구해야 한다. 사람이 자기 자신을 죽음에 이르도록 재촉하는 자살의 협살(挾殺)을 끊고 생존 욕구를 강화하고 존재의 당위성을 강화하도록 진심으로 소통하는 '좋은 친구-우정' 네트워크는 자살 충동에 직면한 사람을 죽음의 깊은 수렁에서 벗어나게 하고 위기대응 커뮤니케이션을 활성화시키는 개연성이 크기 때문이다

셋째, 한국사회와 한국교회는 하나님의 형상으로서의 인간이해를 공유하고 확장해야 한다. 인간은 영원하신 하나님이 주신 시간 안에서 삶을 명령받은 존재이기 때문이다

종합하여 보면, 서고트족의 로마의 침탈이라는 역사적 참사를 모티프로 한『신국론』 1. 16-28에 표명된 어거스틴의 자살 문제 담론은 하나님의 무한한 사랑 속에 존재하는 인간의 생명이 본래적으로 고귀한 것임을 천명한다. 또한『신국론』 1. 16-28에 표명된 어거스틴의 자살 문제 담론은 비록 폭력적 탐욕에 의해 정조를 상실한 자에게 자살함으로써 수치를 씻어야 한다는 세속적 자살정당론을 단호히 거부한다. 나아가『신국론』 1. 16-28에 표명된 어거스틴의 자살 문제 담론은 침탈자의 강제추행이 정절을 침탈당한 영혼의 성덕을 손상시키지 못한다는 내적 정절론에 입각하여, 자살문제에 대한 근본적인 해결 접점은 사람의 생명이 인간에 기인

하는 것이 아니라 하나님의 형상으로 빚으신 하나님의 사랑에 기인된 것임을 인식하는 생각의 전환과 함께 영혼의 가치를 재인식하는 생명의식을 함유하는 것이 가장 근원적인 첩경임을 시사해 준다. 이런 점에서 『신국론』 1. 16-28에 표명된 어거스틴의 자살 문제 담론은 한국사회와 한국교회에게 인생살이의 수치와 두려움 때문에 자살 충동의 현실적 위기에 처한 이들을 외면하지 않고 "이 작은 자 중의 하나라도 잃는 것은 하늘에 계신 하나님 아버지의 뜻이 아니니라"(마 18: 14)는 예수 그리스도의 사랑의 마음으로 보듬고 위로하여 생명의 길로 이끄는 선한 사마리아인의 우정 네트워크가 구현되기를 긴히 제언한다.

참고문헌

Aurelius Augustinus. *DE CIVITATE DE*. 성염 역.『신국론』. 왜관: 분도출판사, 2004.

Augustine. *Confessions*. 선한용 역.『성 어거스틴의 고백록』. 서울: 대한기독교서회, 1995.

_____. *Retractationes*. tr., Boniface Ramsey. Revisions Vol. 2, *The Works of Saint Augustine: A Translation for the 21st Century*. New York: New City Press, 2010.

_____. *THE CITY OF GOD*. PHILIP SCHAFF, ED. *A SELECT LIBRARY OF THE NICENE AND POST-NICENE FATHERS OF THE CHRISTIAN CHURCH*. VOL. II. GRAND RAPIDS: WM. B. EERDMANS PUB. CO., 1993.

_____. "Introduction." *CITY OF GOD*. tr. G. Walsh and others. Garden city: Image Books, 1958.

곽혜원.『자살 문제, 어떻게 할 것인가?』. 서울: 21세기 교회와 신학 포럼, 2011.

권혁남. "자살문제에 대한 칸트의 논의와 기독교적 응답."「신학과 실천」53 (2017).

김남일. "구약성서가 말하는 자살."「복음과 선교」11 (2009).

김대식.『그들은 어떻게 세상의 중심이 되었는가』. 파주: 21세기북스, 2019.

김수현. "가톨릭교회의 장례식이 허가될 자와 거부될 자에 대한 연구-교회법 제1183조~제1185조를 중심으로." 미간행 석사학위논문, 인천가톨릭대학교 대학원 신학과, 2009.

김영일. "자살이론과 자살에 대한 기독교적 입장."「宗敎文化學報」7 (2010).

김종엽.『연대와 열광: 에밀 뒤르켐의 현대성 비판 연구』. 서울: 창작과 비평사, 1998.

김찬규. "기독교 영성과 정신 건강의 관계성."「신학과 실천」46 (2015).

김형희. "한국사회의 자살 현상과 사회적 통합을 지향하는 기독교교육-뒤르케임(Emile Durkheim)의 자살론을 중심으로."「대학과 선교」47 (2021).

보건복지부. 한국생명존중희망재단 편.『2022 자살예방백서』. 서울:

한국생명존중희망재단, 2022.

신원하. "자살과 구원의 관계에 대한 신학적 분석과 목회윤리적 성찰."「기독교사회윤리」 23 (2012).

유영권. "자살 이해와 대처방안."「목회와 상담」 9 (2007).

윤철원. "자살 vs 생명존중: 자살에 대한 성찰-성서 시대의 이해."「활천」 585 (2002. 8).

이규철. "우정에 대한 어거스틴의 담론."「군선교신학」 10 (2012).

이원옥. "성경신학적 측면에서 본 그리스도의 자살."「복음과 선교」 11 (2009).

이종원. "자살의 윤리적 문제."『기독교사회윤리』 21 (2011).

이충범. "자살에 대한 서구적 이해와 인격교육학적 제언."「人格教育」 13(3) (2019).

제해종. "한국 사회의 자살 문제에 대한 기독교적 답변."「한국콘텐츠학회논문지」 15 (2015).

조성돈. "기독교의 죽음 이해와 자살 예방."「종교문화학보」 17(1) (2020).

조준필. "자살 vs 생명존중: 자살 예방의 과학적 접근."「활천」 585 (2002. 8).

최병학. "자살 & 살자: 기독교 시각에서 본 자살과 생명윤리."「윤리교육연구」 31 (2013).

최창무.『윤리신학 2』. 서울: 가톨릭대학교출판부, 1995.

한수환. ""자살"에 대한 기독교윤리학적 이해."「광신논단」 20 (2011).

한승진. "자살과 구원의 상관성에 대한 소고."「인문과학연구」 28 (2010).

_____. "자살을 부추기는 사회와 기독교 생명윤리."「인문학연구」 18 (2010).

황명환.『죽음 인문학』. 서울: 두란노, 2019.

Aristoteles. *ETHICA NICOMACHEA*. 최명관 역.『니코마코스 윤리학』. 서울: 창, 2008.

Aquinas, Thomas. *Summa Theologia*. 정의채 역.『神學大典』. 서울: 성바오로 출판사, 1989.

Bauerschmidt, John C. "Suicide," *Augustine through Ages: An Encyclopedia*, Ed., Allan D. Fitzgerald. Grand Rapids: William B. Eerdmans Pub. Co., 1999.

Frye, David. Walls: *A History of Civilization in Blood and Brick*. 김지혜 역,『장벽의 문명사』. 서울: 민음사, 2020.

Campenhausen, Hans Frhr. von. *LATEINISCHE KIRCHENVATER*. 金光植,『라틴 教父 硏究-東方教父들의 生涯와 思想』. 서울: 대한기독교출판부, 1991.

Drobner, Hubertus R. *Lehrbuch der Patrologie*. 하성수 역.『교부학』. 왜관: 분도출판사, 2001.

Durkheim, Emile. *Suicide: A Study in Sociology*. 황보종우 역.『에밀 뒤르켐의 자살론』. 파주: 청아출판사, 2010.

Seneca, Lucius Annaeus. *DE PROVIDENTIA*. 김천운 역.『세네카 인생론』. 서울: 동서문화사, 2007.

Heather, Peter. *The Fall of the Roman Empire: a new history of Rome and the Barbarians*. 이순호 역.『로마제국 최후의 100년: 문명은 왜 야만에 압도당하였는가』. 서울: 뿌리와 이파리, 2008.

Latourette, Kenneth Scott. *A History of The Expansion of Christianity, Vol. 1: The First Five Centuries*. Grand Rapids: Zondervan Publishing House, 1970.

Minos, Georges. *HISTORIE DU SUICIDE*. 이세진 역.『자살의 역사-자발적 죽음 앞의 서양 역사』. 서울: 그린비, 2014.

Mischler, Gerd. *VON DER FREIHEIT, DAS LEBEN ZU LASSEN*. 유혜자 역.『자살의 문화사-죽을 수 있는 자유』. 서울: 시공사, 2002.

Murry, Alexander. *Suicide in the Middle Ages: The Curse on Self-Murder*, Vol. II. Oxford: Oxford Univ. Press, 2000.

Plato. *NOMOI*. 박종현 역.『법률』. 서울: 시공사, 2009.

_____. *PHAIDON*. 박문재 역.『파이돈』. 파주: 현대지성, 2020.

Schatz, Klaus. *Allgemeine Konzilien-Brennpunkte der Kirhengeschichte*. 이종한 역. 『보편공의회사』. 왜관: 분도출판사, 2005.

Goff, Jacques Le. *La Civilisation de l'Occident médiéval*. 유희수 역.『서양 중세 문명』. 서울: 문학과 지성사, 2011.

Nanami, Shiono. *KOTEI FRIEDRICH NISEI SHOGAI*. 민경욱 역.『황제 프리드리히 2세의 생애(상)』(서울: 서울문화사, 2021),

POSSIDIUS. *VITA AUGUSTINI*. 최원호 역.『아우구스티누스의 생애』. 왜관: 분도출판사, 2009.

Shiono Nanami, RES GESTA POPULI ROMANI Vol. 5, 김석희 역, 『로마인 이야기-율리우스 카이사르(하)』. 서울: 한길사, 1999.

_____. *RES GESTAE POPULI ROMANI Vol. 15.* 김석희 역. 『로마인 이야기 15-로마 세계의 종언』. 파주: 한길사, 2012.

Tactius, Publius Cornelius. *Germania.* 천병희 역. 『게르마니아』. 고양: 숲, 2012.

Winslow, Forbes Benignus. *The Anatomy of Suicide.* 유지훈 역. 『자살의 해부학』. 서울: 유아이북스, 2016.

Heather, Peter. *Empires and Barbarians: The Fall of Rome and the Birth of Europe.* Oxford: Oxford University Press, 2009.

Peterson, Susan Lynn. *Timeline Charts of the Western Church.* Grand Rapids: Zondervan Pub. House, 1999.

Ignatius. *EPISTLE OF IGNATIUS TO THE ROMANS,* IV. Ed., Alexander Roberts and James Donaldson, *THE ANTE-NICENE FATHERS,* Vol. I. Grand Rapids: Wm. B. Eerdmans Pub. Co., 1985.

LACTANTIUS. Divinae Institutiones. trans. WILLIAM FLETCHER. *The Divine Institutes,* III., Ed., Alexander Roberts and James Donaldson, *ANF.*, Vol. VII. Grand Rapids: Wm. B. Eerdmans Pub. Co., 1985.

Williams, Jeremy. "Barbarian Invasions." *Augustine through the Ages: En Encyclopedia.* Grand Rapids: Eerdmans Pub. Co., 1999.

<Abstract>

Augustine's Discourse on Suicide Problem in *De civitate Dei* 1. 16-28

Kyu Chul Lee
(Ph. D.)

This study examines Augustine's discourse on suicide problem expressed in *De civitate Dei* 1. 16-28. Augustine is a humanistic historical criticism based on the motif of the painful shame and fear of death of Christian women who were subjected to countless sexual assaults by the Visigoths who invaded Rome on August 24, 410, and a biblical perspective based on the sixth commandment not to murder. Through theological reflection based on the humanism of love of life, we come to the conclusion that "a man must not kill others or himself." The conclusion of Augustine's discourse on the issue of suicide is a historical singularity that serves as a historical starting point for negative judgments of suicidal behavior in the church from the medieval church to today, and serves as the authority for the Christian understanding of suicide.

Augustine's discourse on the suicide problem expressed in *De civitate Dei* 1. 16-28 suggests the following insight to the Korean society and the Korean church who are contemplating the "suicide problem, how to do it." First, Korean society and the Korean church need to improve the biblical social awareness of true fidelity and fear. Second, Korean society and the Korean church should seek to strengthen the "good friend-friendship" network. Third, Korean society and the Korean church should share and expand the understanding of man as the image of God. This is because human beings are commanded to live within the time given by the eternal God.

| **Keywords** |

Augustine, "suicide problem, how to do it," The Sack of Rome, *De civitate Dei, T*he Image of God

특별기고 ①

자살 문제 어떻게 할 것인가?

유영권 *
(연세대학교)

[국문초록]

　전 세계가 오랜 기간 동안 예상하지 못한 코로나를 경험하고 있다. 코로나가 미친 영향은 한국 사회에 여러가지 변화를 가져왔다. 코로나로 인해 사람에 대한 경계심이 더 높아지고 한 개인이 소속할만한 치료공동체가 사라진 결과 소속감이 결여되고 정신적, 심리적 스트레스가 높아지고 있다. 또한 심각해진 경제적 양극화는 젊은이들에게 상대적 박탈감을 일으켜 희망을 잃어가고 극단적 선택을 시도하는 지경에 이르게 되었다. 이러한 시대에서 필자는 종교가 사람 간의 신뢰도를 증진시키고, 치료공동체를 제공하며, 생명에 대한 가치관을 확립하고, 현재 고통을 초월하는 기능에 초점을 두고 포스트 코로나 시대에서 종교가 담당할 역할에 관하여 설명한다. 더 나아가 개신교에서 실행하고 있는 자살 예방 활동에 대하여 관주도형에서서 민간주도형으로 패러다임을 전환하는데 공헌하였으며, 자살 고위험군을 선별하고 사회적 지지망을 제공하는데 있어 공헌한 부분을 지적한다. 마지막으로 필자는 개신교가 자살문제를 해결하기 위해 정부기관과 유기체적 관계를 유지하고, 기독교인의 자살에 대한 자료 확보와

---

*논문 투고일: 2023년 1월 6일　　*논문 수정일: 2023년 1월 14일
*게재 확정일: 2023년 1월 30일

연구, 지역사회 기관과 연결하여 찾아가는 상담과 돌봄 서비스, 소속감이 없는 계층에 대한 돌봄 제공, 생명 존중 주간 선포와 집중 프로그램 지원, 기독교적 시각이 반영된 사살예방 교육 프로그램 개발, 기독교 전문 자살예방 센터 설립, 온라인 화상 상담과 SNS를 활용한 자살예방 방법 모색, 자살 생존자에 대한 예식 개발, 채플을 통한 자살예방 교육, 신학대학교의 커리큘럼에서 생명존중교육 의무화 등을 제안한다.

| 주제어 |
자살예방, 한국 개신교 교회 역할, 자살 생존자, 자살예방 교육, 포스트 코로나.

I. 서론

　　COVID-19는 심리적인 면에서 한 개인의 대인관계를 위축시키고 사회적으로 고립되게 하여 우울증, 공황장애 등을 증가시키며 정신건강에 부정적인 영향을 미쳤다. 코로나 시대는 빈부의 격차를 더 늘리는 양극화를 심화시켜 경제적 불평등 시대를 앞당겼다. 지난 IMF 때 경제적 어려움으로 인해 자살률이 증가하였는데 코로나로 인한 경제적 위축은 자영업자나 경제적인 어려움을 겪고 있는 인구층의 자살 위험을 증가시키고 있다. 우리 나라는 수많은 노력에도 불구하고 OECD 국가 중 자살률 1위라는 오명을 벗어나지 못하고 있고 코로나 이후 자살로 인한 사망률은 더 높아질 것이라 예상하고 있다. 이에 정부와 여러 유관 기관에서 자살 예방에 대한 대책을 마련하고 한 생명이라도 살리기 위해 많은 노력을 하고 있다. 이러한 흐름 속에서 기독교는 자살에 대해 어떻게 대처하고 어떤 역할을 할 것인가? 라는 질문을 던진다. 코로나 바이러스가 인간에게 질병 외에도 여러 어려움을 야기시켰듯이 자살도 바이러스처럼 우리나라 구석 구석에 영향을 미치고 있다. 코로나 바이러스 백신 주사를 맞고 면역을 얻을 수 있듯이 자살이라는 바이러스를 예방하는 백신은 없을까? 이 소고에서는 코로나 시대 이후에 있을 현상에 대해 조망하고 이러한 현상 속에서 개신교는 자살률을 낮추기 위해 어떤 역할을 해야 할 지 구체적인 역할을 제안하고자 한다.

II. 본론

2021년 자살사망자는 1만 3,352명으로 2020년 대비 157명(1.2%) 정도 소폭 증가하였다. 이는 코로나19 장기화로 인한 영향이 있을 것으로 추정된다. 2021년 자살률(인구 10만 명 당 자살자 수)은 26.0명으로 2020년 대비 0.3명(1.2%) 증가하였다. 자살률은 80세 이상(61.3명)이 가장 높았고, 뒤이어 70대(41.8명), 50대(30.1명), 60대(28.4명) 순으로 나타났다. 지난해(2021년) 자살률 증가는 코로나19 장기화로 인한 우울감 및 자살생각률 증가, 청소년·청년층(10대, 20대) 자살률 증가 등이 주요 원인으로 작용한 것으로 추정된다.[1] 특이할 점은 10대, 20대 자살률 증가이다. 특히 20대 여성 자살률이 전해에 비해 16.5% 증가하였고, 이 수치는 꾸준히 증가하고 있다. 이러한 추세는 코로나 시대에 개인이 겪는 스트레스와 위험 요인이 증가된 것을 반영하는 수치이다. 코로나 여파에 취약한 계층인 청소년과 청년층 그리고 양극화로 인한 사회적 박탈감이 있는 20대 여성에게 영향을 미쳤을 것으로 추측된다. 이러한 상황에서 코로나가 어떻게 한국 사회에 영향을 미쳤는지 자세히 살펴보고자 한다.

1) 코로나 시대의 사회적 현상

---

1) 김명희, "2021년 자살사망자 1만 3,352명, 지난해 대비 소폭 증가: 코로나19 장기화로 인한 우울감 증가 등이 원인으로 추정," 보건복지부, 2022년 10월, http://www.mohw.go.kr/react/al/sal0301vw.jsp?PAR_MENU_ID=04&MENU_ID=0403&page=1&CONT_SEQ=373035&SEARCHKEY=TITLE&SEARCHVALUE=%EC%9E%90%EC%82%B4

A. 사람에 대한 경계

코로나 바이러스 접촉과 확산에 대한 두려움이 다른 사람과의 대면 만남에 대한 두려움으로 이어져 타자에 대한 경계심이 높아지고 다른 사람을 믿고 의지하는 신뢰도가 하락하여 사람을 경계의 대상으로 여기는 풍조가 생겼다. 다른 사람에 대한 신뢰 지수가 낮아질수록 대인관계는 더욱 위축될 것이고 이로 인하여 정서적 고립감은 증가될 것이다.

B. 치료 공동체의 붕괴

가족 모임이나 사회적 모임의 해체로 인하여 이전에 지속되었던 지지 공동체가 더 이상 기능을 하지 못할 수 있다. 대면 예배를 드리거나 각종 공동체 모임을 하지 못한 여파가 있을 것이다. 교회 내외 여러 공동체도 응집력이 약화되었다. 서로에게 힘을 보태주고 심리적, 영적으로 지탱해 주는 공동체 붕괴로 말미암아 자신의 문제를 객관화하고 정서적 지지를 받는 기회가 감소될 수 있다.

C. 소속감이 감소됨

치료 공동체의 붕괴로 인하여 개인은 어느 단체나 기관에 소속된다는 소속감을 잃어버릴 수 있다. 소속감을 통해 한 개인은 고통을 이겨나가는 능력을 얻고, 공동체의 돌봄을 받음으로 위기를 극복해나갈 수 있는 힘을 얻을 수 있다. 코로나 영향으로 인한 소속감의 결여는 스트레스를 증가시키고 돌봄의 부재로 이어져 심리적 위기 시 긍정적 자원을 활용하는 능력이 감소되고 부정적 수단인 자살이라는 수단을 사용할 수 있다.

D. 정신적 스트레스의 증가

코로나 시대를 경험하면서 사람들은 자신의 몸에 대하여 민감성이 높아져 건강염려증이 많이 발생하게 되었다. 전반적인 불안 수치가 높아짐에 따라 사소한 것에 염려를 더 많이 하게 되었고, 이러한 불안들은 신체 증상으로 전환되어 신체전환 장애들을 증가시킬 수 있다. 또한 높은 불안을 다스리고 통제하기 위해 강박적인 행동을 만들어 이에 대처하려는 강박장애도 늘어날 수 있다.

E. 경제적 양극화로 인한 희망의 부재

코로나로 인하여 경제적 취약 계층일수록 더 많은 스트레스와 충격을 받아왔다. 이렇게 축적된 스트레스와 불안은 희망이 없는 미래를 생각하게 하여 현재의 고통에 절망하고 극단적인 선택을 시도할 수 있게 만든다. 이러한 양극화는 20대와 30대 즉, MZ 세대들에게 자신의 미래를 암울하게 생각하고 새로운 도전을 기피하거나 결혼과 연애에 대한 기피 현상을 만들어가고 있다. 앞으로 MZ 세대들의 자살률이 지속 증가할 것으로 예측된다.

F. 온라인 커뮤니케이션으로 인한 피해

코로나 이후 온라인 화상 미팅, SNS를 통한 대화들이 많이 증가되었다. 온라인을 통해서라도 소속감을 느끼고자 하는 시도일 것이다. 하지만 이렇게 만들어진 사이버 공간에서 언어 폭력과 따돌림으로 인한 피해도 점점 증가하고 있다. 청소년들의 경우 실제 사람과 대화를 잘 하지 못하고 사이버 공간에서 대화를 하고 관계를 맺는 것에 익숙하다 보니 실제 대화 능력이 부재하여 문제 해결 능력이 결핍될 경우를 볼 수 있다. 이러한 대화 부재와 문제 해결 능력의 부재는 실제로 경험하는 문제 해결에 있어 적극적인 해결 수단 보다 회피적인 수단을 동원하게 만든다.

2) 종교의 기능

앞에서는 코로나 시대 이후에 경험할 수 있는 여러 가지 현상들과 이런 현상들이 자살에 미치는 영향에 대하여 설명하였다. 반면 종교는 자살을 촉진하는 사회에서 긍정적인 기능을 할 수 있을 것이다. 종교성이 자살을 예방하는 기능이 있다는 연구들이 다양하게 보고되었다. 조광덕과 김정백[2]의 연구에서는 개신교인이 무종교인에 비해 불치병을 앓고 있을 경우와 피곤해서 죽고 싶을 경우에 자살을 허용할 가능성이 낮았다고 밝히고 있다. 송오식[3] 신은보[4] Gearing[5]의 연구에서도 종교를 가진 사람들이 자살에 대해 조금 더 부정적 인식을 가지고 있다고 밝히고 있다. 종교는 분명히 자살을 예방하는 데 중요한 역할을 할 가능성이 있다. 그렇다면 코로나시대에 자살을 촉진하는 시대적 상황 속에서 종교는 어떤 기능을 할 수 있을까?

A. 신뢰도 증진

사람에 대한 불신, 환경에 대한 불신은 자신을 위축시키고 스스로를 사회로부터 격리시켜 더욱 극심한 어려움에 이르게끔 한다. 사람에 대한 신뢰 그리고 자신에 대한 신뢰는 어려움을 극복해나가는 긍정적 자원으

---

2) 조광덕, 김정백, "Effecs of religion and religiosity on suicidal ideation: The mediating effect of the suicide attitude," Asian Jouranl of Religion and Society 10(1). (2022): 111.
3) 송오식, "자살 예방법의 이해와 종교적 실천 방안:종교적 성찰을 통한 접근," 종교문화학보 17(1), (2020): 91-116.
4) 신은보, "한국 성인의 자살요인과 종교의 상관성: 삶의 질, 죽음관여도, 죽음불안, 사생관의 영향을 중심으로," 불교와 사회 12 (2020): 136-181.
5) Robin E. Gearing, "Religion and Suicide," Journal of Religion & Health 48 (2009): 332-341.

로 작용한다. 종교는 코로나 시대에 경험하게 되는 타인에 대한 불신의 위험에서 다른 사람을 신뢰하고 자신을 신뢰할 수 있는 긍정적 자원을 제공해 준다. 종교를 통해서 한 개인은 자기 안에 있는 이야기를 풀어 놓을 수 있는 정화(Ventilate)의 작용을 경험할 수 있다. 자신의 고통을 털어놓고 해소하는 정화의 경험을 종교가 제공해 주는 것이다.

Gruntrip[6]은 종교가 건강한 퇴행을 하게 한다고 말한다. 즉, 한 인간이 힘들어 하며 고통에 처할 때 가장 안전한 곳에 의존하여 들어가 자신을 신뢰하고 그것을 바탕으로 다른 사람을 신뢰하게 되면 고립된 세계에서 나와 타자와 연결된 공동체에 속하여 타자의 지지와 격려를 받으며 긍정적 자원을 동원할 수 있을 것이다.

B. 치료 공동체의 제공 (Healing Community)

한 개인의 소속감이 결여된 한국 사회에서 종교는 치료 공동체로서의 기능을 제공할 수 있다. 이전 확대 가족에서는 가족 구성원이 서로 지지하는 역할을 하였다. 이러한 지지망이 사라지면서 자신의 어려움을 호소하고 지지 받을 수 있는 공간이 우리에게 필요한데 이러한 공간을 종교가 제공해준다. 치료적 공동체를 추구하는 세대들에게 종교가 건강한 기능을 제공할 수도 있지만 이러한 욕구를 이용해서 사이비나 이단 집단으로 유혹하여 한 개인의 기능을 마비시키는 경우도 있을 수 있다. 코로나 시대 이후 양극화가 더 첨예화 되는 상황에서 종교는 숨쉴 수 있는 공간(breathing space)을 제공해준다. 한 개인을 있는 그대로 수용해줌으로 정서적으로 안전한 기지를 제공해줄 수 있다.

---

6) Jay R. Greenberg & Stephen R. Mitchell, 정신분석학적 대상관계 이론. 이재훈역 (서울: 현대정신분석연구소, 1997): 330.

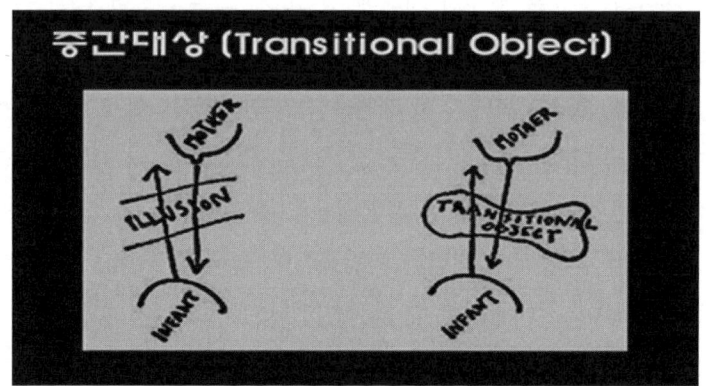

〈그림 1〉 중간 대상의 기능[7]

위니콧(Winnicott)[8]은 양육자의 부재시 그 불안을 다스릴 수 있는 공간이 놀이를 통하여 형성되며, 이는 환상(Illusion)의 공간이고 이 공간 속의 중간 대상(Transitional Object)이 불안을 조절하는 기능을 한다고 설명한다. 위의 그림에서 보듯이 양육자와 아이 사이에 환상 영역에서 중간 대상이 아이의 불안을 낮추는 안전 매개 역할을 한다. 양육자의 부재 시 양육자의 돌봄을 연상시키고 지금의 불안을 견딜 수 있게 만드는 대상인 중간 대상 (transitional object)으로써 종교는 무한 경쟁 시대에서 심리적으로 완충지 역할을 담당할 수 있을 것이다.

C. 생명에 대한 가치관 확립

나의 생명은 나의 것이다라는 개인화된 생각은 어려운 순간에 쉽게 자신의 목숨을 앗아가게 만들 수 있다. 자살사고를 가진 내담자들에게 만일 극단적인 선택을 시도한다면 "너의 주검을 누가 가장 먼저 발견할

---

7) Donald W Winnicott, 놀이와 현실. 이재훈역 (서울: 한국심리치료연구소, 1997):29.
8) Ibid.

것인가?"라는 질문을 하면 이 과정을 통해 이 세상에 나만 혼자 있는 것이 아니라 나를 생각하고, 나를 아끼는 누군가가 존재한다는 사실을 깨닫고 자살 충동을 억제할 수 있게 하는 효과가 나타난다.

    종교에서 가르치는 생명관은 나의 생명이 나의 것만이 아니라고 가르친다. 예를 들어 기독교에서는 한 사람의 생명은 하나님의 형상을 따라 창조되었고 고귀한 가치가 있으며 한 사람의 생명은 한 개인의 것이 아니라 사랑하는 사람과 같이 공유된다는 가치를 가르친다. 생명에 대해 혼란스러워하는 세대에게는 뚜렷한 생명에 대한 가치관이 필요하다. 자신에 대한 가치관과 세상에 대한 가치관을 아직 확립하지 않은 세대들에게 종교는 자신에 대한 가치관을 심어주고 세상에 대한 가치관을 정립해나가는 기능을 함으로써 어려운 상황에서 자신을 지킬 수 있게 도울 수 있다.

D. 초월의 기능

    현재의 고통에 대해 의미를 부여하고 그 고통을 초월할 수 있는 능력이 필요할 때 종교는 초월의 기능(Leap of Existence)을 부여해준다. 자신의 문제를 객관화하여 자기성찰에 이르게끔하고 자신의 고통을 참아낼 수 있는 의미를 발견하여 승화할 수 있도록 도울 수 있을 것이다.

3) 개신교 자살 예방 운동

    개신교 자살 예방 운동은 Life Hope 기독교 자살예방단체를 조직하면서 활성화 되기 시작했다. Life Hope는 "이땅에 상처입고 소외된 이웃들을 예수 그리스도의 심정으로 섬기고, 이를 통해 개인과 공동체의 영적 가치를 회복함으로써 하나님 나라의 소망을 삶 가운데 실천하는 것이다"는 미션을 가지고 상담, 교육, 연구를 실천해오고 있다. 교육 사업으로 자살예방을 위한 교회 교육 및 소그룹 교재 출간, 자살 예방을 위한 교회 지도자 세미나, 자살 예방 및 생명 존중을 위한 교회 집회 및 세미나 시행, 유가족을 위한 예배, 사이버 상담과 전화상담, 유가족 상담 교육 및 Gate Keeper 교육을 실행하고 있다. 2013년 9월 18일에는 생명 보듬 주일을 선포하고 생명보듬 주간 학술대회, 문화행사를 개최하였다. 개신교는 2018년 이후 생명 존중 민관사업에 합류하여 참여하고 있다. 개신교에서 주로 하는 사업은 매해 9월에 생명보듬 주간에 다양한 공연을 기획하고 생명보듬 함께 걷기를 통해 자살예방 운동을 홍보하는 부분에 많은 에너지를 쏟아왔다.

4) 개신교 자살 예방 운동에 대한 평가

A. 관주도형에서 민간주도형으로 패러다임 전환

한국 자살 예방 운동은 보건복지부 중심의 관주도형으로 진행되어 왔었다. 관주도형에서 민간단체 주도형으로 변화하는데 과정에 개신교의 참여가 공헌을 하였다. 또한 자살을 병으로 보는 정신과 의학 모델로부터 벗어나 자살은 개인적인 문제가 아니라 한국 사회 전체가 함께 고민하며 사회적 책임과 의무를 나누어야 한다는 것을 강조하는 사회운동 모델로의 전환에 기여하였다.

B. 자살 고위험군 선별

교회는 지역 사회에 치료적 공동체를 제공하며, 목회자와의 면담과 평신도들의 돌봄을 통하여 고위험군에 처한 성도들이 전문 기관을 찾아가도록 격려하며 돌보는 예방적인 역할을 하였다. 전문기관을 찾기 전에 일상생활에서 위기를 알아차리고 적절한 시기에 적절한 도움을 받을 수 있도록 최 전방에서 역할을 적극적으로 담당하고 있다.

C. 사회적 지지망을 형성하고 유지하는 노력에 중점

교회는 지역 사회에 숨쉬는 공간(breathing space)을 제공하였다. 자살 유가족들에게 예배를 통해 고인을 애도할 수 있는 치료적 공간을 제공하였다. 또한 교회는 치료 공동체 약화로 인하여 공적인 사회 돌봄 시스템이 부족할 때 사회적 지지망을 제공해왔다. 생명 존중 주간에 생명 존중의 말씀을 선포함으로 생명 경시 풍조를 저항하며 생명의 고귀한 가치를 가르치는 역할을 담당하고 있다.

5) 포스트 코로나 시대의 자살 예방을 위한 개신교 역할에 대한 제언

A. 정부 기관과 유기체적 관계를 유지하며 개신교 기관의 자율성 유지에 대한 필요성

한국 교회는 각 교회가 실시하는 사업에 우선적으로 치중하고 독자적인 프로그램을 개발하는데 많은 힘을 기울이고 있다. 상대적으로 각 교회가 속한 정부 기관, 유관 기관과 협조하여 프로그램을 개발하고 실시하는 데 부족한 면이 있다. 현재 정부는 민간단체가 적극적으로 협조하여 자살 예방 활동을 하고 있다. 한국 교회가 생명 존중 민간사업에 참여하면서 교회가 연결된 기관들과 연계하여 더욱 적극적으로 자살 예방에 관한 정책을 수립하고 프로그램을 개발하고 실시하는 협력 체제를 갖출 필요가 있다. 유수현[9]은 자살 예방을 위한 종교계의 협력 프로그램으

---

9) 유수현, "우리나라 자살예방을 위한 종교계의 협력방안," 생명존중정책 민관협의회 세미나 자료집. (2021): 1-7.

로 생명존중 인식 개선 활동, 자살 위기자의 조기발견, 연계 의뢰 및 지원, 사회통합을 위한 자살 위기대응 및 사후관리, Shelter 운영 지원, 자살 수단 접근 차단 등을 제안하였다. 기독교 자살예방의 독특성과 정체성을 유지하면서 동시에 다른 종교에서 실시하는 자살 예방 프로그램들과 협력 사업도 적극적으로 참여할 필요가 있다.

B. 연구, 통계, 실적에 대한 데이터 축적의 필요성

기독교인들의 자살에 대하여 자살 실태 연구와 통계 자료가 부족한 실정이다. 정재영[10]의 연구에 의하면, 개신교인 중에서 다섯 명 중 한 명 꼴로 자살에 대한 충동을 느꼈던 적이 있다고 보고한다. 자살 충동을 경험해 본 개신교인들 중 14.5%가 자살 계획을 세운 경험이 있다고 보고한다. 하지만 이러한 통계 수치나 정보가 여전히 부족한 상황이다. 앞으로 다음과 같은 주제들의 연구와 데이터를 축적할 필요가 있다. 기독교인들의 자살은 다른 종교를 가진 자살자들과 어떤 차이가 있는가? 기독교인들의 자살률은 타종교와 비교해서 혹은 무종교인들과 비교해서 어떤 양태를 보이고 있는가? 기독교인들의 신앙적 인지구조가 자살 예방에 미치는 영향은 무엇인가? 자살 유가족들이 교회에 바라는 기대는 무엇인가? 이러한 연구와 데이터를 바탕으로 실질적으로 기독교인들을 대상으로 자살예방 프로그램에 필요한 것이 무엇인지 파악하고 구체적 대안과 방안들을 마련할 수 있을 것이다.

C. 찾아가는 상담과 돌봄

자살 사고를 가진 내담자들은 고립되어 사회적 관계를 맺지 않거나 어려움이 있어도 적절하게 주변 자원을 사용하는 능력이 부족하다. 이런

---

10) 정재영, "자살에 대한 개신교인 인식과 교회의 책임," 신학과 실천 16 (2008): 35-61.

계층들이 자진해서 도움을 요청하러 오기를 기다리는 것 보다 자살 위험에 있는 군들을 찾아가서 돌봄을 제공해주는 것이 자살예방에 더 효과적이다. 교회가 속한 동네 주민센터를 활용하여 찾아가는 돌봄 서비스를 강화할 필요가 있다. 교회가 속한 지역사회의 취약계층들에 대한 이해를 더 확충할 필요가 있다. 주민센터에 취약계층을 찾아 돌봄을 주는 사회복지사, 간호사들이 있는데 그들과 연계하여 자살위험에 노출되어 있는 취약계층을 교회에서 정기적으로 찾아가거나 관심을 보여주는 활동을 제안한다. 지역단체와 MOU를 체결하여 다양한 민간단체와 연결하여 활동할 필요가 있다. 지역의 청소년 쉼터, 노숙자 센터, 경로당과 연결하여서 지역사회의 깊은 곳에 다가갈 수 있는 체계를 구축할 것을 제안한다.

D. 소속감이 없는 계층에 대한 돌봄

어려움에 처했을 때 자살에 이르게 하지 않게 하는 요인으로 소속감이라는 요소가 중요하다. 자신이 어느 단체에 소속되어 있거나 긍정적이며 지지적 자원을 가지고 있는 경우 상대적으로 그렇지 않은 인구층에 비해 자살을 시도하지 않는다고 알려져 있다. 이런 측면에서 보았을 때 소속감이 상대적으로 부족한 독거 노인, 은퇴한 중년 남성, 학교 밖 청소년 및 차상위 계층 등에 대한 돌봄 대책이 마련될 필요가 있다.

E. 생명존중 주간에 대한 제도적 선포 과정 필요성

전 세계적으로 9월 둘째 주간을 생명 존중 주간으로 선정하고 자살예방에 대한 운동과 학술 대회 등이 열리고 있다. 이 주간을 개신교 전체 교단에서 생명 존중 주간으로 선포하고 그날 전해지는 메시지로 생명 존중에 관한 설교가 전달될 필요가 있다. 정재영[11]의 연구에서도 개신교인

---

11) bid., 49.

들이 자살을 포기하는 이유 중 20%가 목사님의 설교를 듣고 포기한다고 보고하고 있다. 그만큼 강단에서 선포되는 메시지가 자살을 예방하는데 효과가 있다는 것이다.

생명 존중 주간에 각 교회마다 생명 존중을 위한 행사와 캠페인을 할 수 있는 기간으로 설정하고 다양한 프로그램을 실시 할 수 있다. 또한 생명 존중 주간 헌금을 자살 예방 운동 활동 기금으로 기부하거나 유산의 1%를 생명 존중 운동에 기부하는 운동도 펼친다면 일회적인 자살 예방 운동이 아니라 지속적으로 자살 예방 운동을 할 수 있는 기반을 조성할 수 있을 것이다.

F. 기독교적 시각을 반영한 자살 예방 교육 프로그램 개발

현재 한국에서 진행되는 자살예방교육프로그램은 보고 듣고 말하기 그리고 캐나다에 저작권료를 지급하는 ASSIST 교육을 들 수 있는데, 이제는 한국 자체 프로그램으로 자살 예방 교육 프로그램을 연구 개발하여 보급할 필요가 있다. 그리고 기독교적인 시각으로 자살 예방 교육 프로그램을 개발하여 각 교회 구역장, 교회 학교 교사, 임직자들을 교육하여, 각 교회에서 자살 위험군을 발견하고 예방할 수 있는 생명 지킴이(Gate Keeper)들을 양성할 필요가 있다. 생명 지킴이 교육이 전국에 걸쳐서 실행되고 있지만 실제로 현장에 투입되어 활동하는 비율은 그렇게 높지 않다. 기독교에서 자살 예방 교육 프로그램을 개발하여 생명 지킴이들을 양성하고 그 인원들이 실제 교회에서 그리고 지역 사회와 연결된 곳에서 활동할 수 있게 지원한다면 실질적인 자살예방의 효과성을 거두게 될 것이다.

G. 기독교 전문 자살 예방 센터 설립

현재 생명의 전화, 중앙자살예방센터, 한국자살예방협회 등에서 자살

예방 운동을 시행하고 상담과 교육을 적극적으로 실시하고 있다. 하지만 기독교인들이 편한 마음으로 기독교적인 가치관을 가지고 있는 기관에 문을 두드리고 위기에 처할 때 도움을 요청할 수 있는 전문적인 자살 예방 센터가 필요하다. 몇몇 교회가 재원을 마련하고 인력을 확보해서 서울 및 수도권에 설치하고 점진적으로 지방에 거점을 둔 자살 예방 센터를 설립한다면 기독교인들이 위기에 처한 순간 숨쉴 수 있는 공간으로써 효과적으로 활용될 것이다.

H. 온라인 화상상담과 인터넷 SNS 매체를 활용한 방법 활성화

코로나 시대로 인하여 온라인 화상상담과 가상 공간을 사용하는 빈도가 높아졌고 많은 사람들이 사이버 공간과 매체를 사용하는데 익숙해졌다. 이러한 문화적 변화 도구나 다양한 매체를 활용하여 위기에 처한 사람이 상담을 할 수 있도록 도울 수 있을 것이다. 예를 들어 SNS 메시지에 자살 위기가 감지되는 경우 적절한 메시지가 전달되고 도움을 받을 수 있는 연락처가 전달이 되는 시스템을 구성할 수 있을 것이다.

I. 자살 생존자를 위한 예식 개발

기독교인들이 자살 사고를 경험할 때 장례식을 서둘러 치루거나 쉬쉬하면서 사인을 숨기고 신속하게 장례를 치루는 경우가 많다. 목회자도 자살로 사망한 교인의 장례를 어떤 형식으로 거행해야하는 지 어떻게 장례 설교를 해야하는 지 혼란스러워 하는 경우가 많다. 이때 충분히 슬퍼하고 애도할 수 있는 과정이 생략되어 자살 유가족 생존자들이 또다시 자살 위험에 노출되는 경우를 보게 된다. 예식(Ritual)은 한 개인이 위기에 처할 때 그 순간에 의미를 부여하고 이전의 상태에서 새로운 상태로 변화

하는 과정에 꼭 필요한 요소이다.[12] 자살 생존자를 위한 특화된 예배 형식이 개발되어야 하고 자살 생존자들이 모여서 지지받고 도움을 받을 수 있는 집단 프로그램이 필요하다.

J. 채플을 활용한 생명존중 교육

전국 기독교 계통 미션 스쿨에서는 매주 채플이 실시되고 있다. 특별히 9월 둘째주 생명존중 주간에 맞추어 학생들에게 채플 시간을 통해 생명 존중 교육을 실시할 것을 제안한다. 필자가 속한 연세대학교에서도 교목실과 함께 9월 한달을 생명 존중에 관한 교육을 실시하였는데 효과적이었다. 자살 사고를 가진 친구들을 어떻게 분별하는지, 자살에 관한 언어적, 행동적, 상징적 징후들을 잘 파악하여 생명 지킴이로써 어떤 역할을 해야 하는지 등에 관한 교육을 실시할 수 있다. 군대에서도 군종 장교들에게 생명 존중 교육을 실시할 수 있는 자격을 갖추게 함으로 그들이 군에서 종교 행사를 진행할 때 생명 존중 교육을 실시할 수 있게 할 수 있다. 9월 둘째 주에 군에서 실시되는 모든 종교 행사에서 생명 존중의 말씀과 프로그램을 실시한다면 자살 예방에 큰 효과가 있을 것이다.

K. 목회자 양성 교육 커리큘럼에 생명 존중 교육 실시

목회자를 양성하는 신학 대학 커리큘럼에 생명 존중 교육을 실시할 수 있는 능력을 배양하는 과목을 개설하여 필수로 이수하도록 할 수 있을 것이다. 목회 현장으로 나가기 전 생명존중 교육을 받음으로써 나중에 목회 현장에서 자살 예방에 기여할 수 있는 기본 소양을 갖추고 졸업할 수 있도록 한다.

---

12) 유영권, "Ritual as a Therapeutic Framework for Pastoral Care And Counseling in Korean Context," Yonsei Journal of Theology, (1997):222-223.

III. 결론

한국 교회는 한국 민족의 아픔과 함께 하면서 성장해왔다. 일제의 억압에서 한국 사람들에게 독립의 희망을 불어 넣어 주었고 미션 스쿨에서 성경을 가르치며 신분 차별을 타파하고 여성들에게 교육의 기회를 갖게 함으로 한국 사회에 선한 영향력을 발휘하였다. 문맹자들에게 글을 가르치고 신분차별 없이 모두에게 균등한 기회가 보장되는 민주주의를 이끄는데도 큰 역할을 하였다. 이렇게 한국 사회에 사회적 영향력을 발휘할 때 한국 교회는 꾸준하게 성장하였다. 코로나 시대 이후 경제적으로 양극화되고 젊은이들이 희망을 잃고 방황하는 이 시대에 한국 교회가 사회적 영향력을 발휘할 수 있는 분야는 자살 예방 운동이라고 생각한다. 한국의 높은 자살률을 생각해 볼 때, 한국 교회가 앞장서 자살 예방 운동 기금을 모금하고 자살 예방 센터를 세우고, 9월 둘째주 마다 생명을 존중하는 메시지가 선포되고, 자살 예방 운동이 교회를 중심으로 일어난다면 3.1운동이 교회를 통해 전파되었듯이 한국 땅 전체에 생명 존중에 대한 운동을 확산하는데 큰 도움을 줄 것이다.

이 소고에서 제안한 지역 주민 센터와 연결하여 취약 계층을 찾아가서 상담하고 돌보는 시스템을 각 교회에서 적극적으로 추진하고 기독교적인 가치관이 반영된 자살 예방 프로그램을 개발하고 기독교 전문 자살 예방 센터가 조속한 시일에 설립되기를 바란다.

참고문헌

송오식. "자살예방법의 이해와 종교적 실천 방안." 종교문화학보 17.1 (2020): 91-116.

신은보. "한국 성인의 자살요인과 종교의 상관성:삶의 질, 죽음관여도, 죽음불안, 사생관의 영향을 중심으로." 불교와 사회 12 (2020): 136-181.

유수현. "우리나라 자살예방을 위한 종교계의 협력방안." 생명존중정책 민관협의회 세미나 자료집. (2021): 1-7.

유영권. "Ritual as a Therapeutic Framework for Pastoral Care And Counseling in Korean Context." *Yonsei Journal of Theology*. 2 (1997): 215-231.

이은규. "기독청소년 자살예방에 대한 고찰." 신학과 실천 23 (2010): 259-285.

정재영. "자살에 대한 개신교인의 인식과 교회의 책임." 신학과 실천 16 (2008): 35-61.

조광덕, 김중백. "종교와 종교성이 자살 생각에 미치는 영향: 자살 태도의 매개효과." 종교와 사회 10.1 (2022): 85-125.

조성돈. "기독교의 죽음 이해와 자살예방." 종교문화학보 17.1 (2020): 1-20.

조응태. "자살 문제 극복을 위한 한국 신종교의 역할." 평화학연구 12.1 (2011): 195-218.

최영훈. "원불교 생명존중과 자살예방." 종교문화학보 17.1 (2020): 65-90.

보건복지부. "2022자살예방백서." 서울: 한국생명존중희망재단, 2022년 6월

보건복지부. "2022자살예방백서." 서울: 한국생명존중희망재단, 2021년 7월

Gearing, Robin E and Dana Lizardi. "Religion and Suicide." *Journal of Religion and Health* 48, 3 (2009): 332-41.

Greenberg, Jay and Mitchell, Stephen. 정신분석학적 대상관계이론. 이재훈 역. 서울: 현대정신분석연구소, 1997.

Winnicott, Donald W. 놀이와 현실. 이재훈 역. 서울: 한국심리치료연구소, 1997.

김명희. "2021년 자살사망자 1만 3,352명, 지난해 대비 소폭 증가." 보건복지부, 2022년 10월 12일, http://www.mohw.go.kr/react/al/sal0301vw.jsp?PAR_MENU_ID=04&MENU_ID=

0403&page=1&CONT_SEQ=373035&SEARCHKEY=TITLE&SEARCHVALUE=%EC%9E%90%EC%82%B4

\<Abstract\>

Studies on strategic approaches for suicide prevention in South Korea

You, Young Gweon
(Yonsei University)

After Covid-19 in South Korea, the distrust among the people is increased, the healing communities which one person can belong to are decreasing, thereby the psychological and mental stresses are increased. Due to the economic polarity, the MZ generation in South Korea is experiencing the relative depravity and getting lost the hope, which lead into the suicidal thoughts and attempts. The author emphasizes the function of religion as follows: increase the trust level among the people, providing healing community, teaching the importance of the life, and providing the leaping-of-existence ability. Furthermore, evaluates on the role of protestant churches in South Korea for the suicidal prevention movement. The protestant churches have played the collaborative role with government institute, discriminating the high risk suicidal level population, and providing the social support network resources for the suicidal person. Lastly, the author delineates practical suggestions; More collaborative role with government institutes, obtaining data for the suicide among Christians, active searching role in finding out the high risk population in connection with district community service center, caring for the populations who do not have belongingness, proclaiming the life respect week on the second week of September for

Christian churches, developing the suicidal prevention program which reflects the Christian values, building professional Christian suicidal prevention center, developing the suicidal intervention program utilizing the zoom system or SNS, developing ritual for suicide survivors and the family of the suicidal person, providing the suicidal education opportunities by using the chapel service among the Christian schools, and making suicide prevention program as mandatory class for the theological school curriculum.

| Keywords |

Suicide prevention, Role of Korean Churches, Suicide Survivor, Suicide Prevention Program, Post Covid-19.

 에세이 ①

지금 자살을 생각하고 있습니까?
- 모두가 자살로부터 안전한 사회를 만들기 위하여

이동열 목사
(공군 군종장교)

저는 목사이고, 현재 공군 군종장교로 군 복무중입니다. 군에서 군종목사로 지내다 보면 교육 업무를 담당할 일이 많습니다. 그 중에 하나가 바로 '자살예방교육'입니다. 아마 군대를 다녀오신 분들은 잘 아시겠지만, 군에서는 매번 이수해야 하는 교육이 있습니다. 병사나 간부나 장성이나 예외 없이 필수적으로 매년 교육을 들어야 합니다. 교육 미 이수 시, 병사의 경우는 휴가가 취소되고, 간부는 성과상여금에 반영이 되어 모두가 좋든 싫든 교육장에 앉아 있을 수밖에 없습니다. 자살예방교육도 마찬가지입니다. 거의 반강제로 사람들을 앉혀놓다 보니 교육에 참여하는 이들은 그저 빨리 끝내주는 교관을 원합니다. 자살예방교육 교관으로서 처음에는 사람들의 이런 태도가 썩 마음에 들지 않았습니다. 생명을 구하는 일이 참으로 고귀한 일이고 세상 그 무엇보다 중요한 일인지대 앉아 있는 사람들의 태도는 그렇지 않았다고 느꼈기 때문입니다. 세상의 모든 짐을

이고 가는 어린 양처럼 저는 다른 이들의 부담을 지고 교육을 이끌어 갔습니다.

그러나 입장을 바꾸어 생각해보니 교육생들의 마음이 이해가 갔습니다. 저도 저 자리에 앉아 있었다면 아마 저들과 비슷하게 생각하고 행동했겠지요. 그래서 교육을 듣기 힘들어하는 이들을 위해 나름대로 고민을 많이 했습니다. 어떻게 하면 효과적으로 내용을 전달할 수 있을지, 그리고 교육을 들은 이들이 실제로 자살을 생각하는 이에게 도움을 주고, 혹 교육을 듣는 사람 중에 자살을 생각하는 이가 있다면 현실적인 도움을 주고 싶다는 생각으로 이런저런 살을 추가하며 완성도 높은 교육을 준비했습니다. 내가 교육생으로서 이 교육을 들었어도 만족스럽게 교육장을 나갈 수 있겠다는 생각으로 교육을 준비했습니다.

교육 시작 전에 자살예방교육을 매년 이수했느냐고 질문합니다. 간부의 경우는 똑같은 내용으로 매년 1회 이상 교육을 이수해야 하기에 군 생활을 오래 하신 분이라면 내용에 많이 익숙합니다. 그래서 다들 자살예방에 대해 잘 알고 있을 거라 생각했습니다. 그러나 막상 교육을 진행하고 중요한 포인트를 구체적으로 물으면 잘 모르는 것 같은 눈빛으로 저를 쳐다보게 됩니다. 많은 경험으로 인해 저도 능숙해지고 더 많은 공감을 이끌어 낼 수 있게 되었습니다.

사실 매년 같은 내용으로 교육을 들었음에도, 사람들이 자살예방 관련 내용을 잘 기억하지 못하는 이유는 자살이 나와 관련이 없다고 느끼기 때문입니다. 나는 자살을 하지 않을 것이고, 주변에도 자살을 시도할 사람이 없다고 생각하기 때문입니다. 물론 지금은 그렇게 여길 수 있습니다. 하지만 통계는 국민 중 5%가 자살을 생각하고 있다고 말합니다. 이 통계를 그대로 적용해본다면, 내 지인 20명 중 1명은 자살을 생각하고 있다고 말할 수도 있을 것입니다. 이렇게 본다면 자살이 나와 전혀 관련이 없다고 말하기는 어렵습니다. 나아가 한발 더 나아가 생각해봅시다. 내가 잘 알지 못하더라도 한 다리 건너 아는 사람이 자살로 생을 마감한 경우는 적지 않을 것입니다. 교육 초반에 이렇게 말하면 그제서야 사람들의 눈이 똘망똘망하게 변합니다. 그렇습니다. 멀리 있을 것 같고 나와 상관없을 것 같은 자살은 사실 그리 멀지 않은 곳에서 우리를 위협하고 있었습니다.

사실 살면서 자살의 유혹을 한 번도 받지 않은 사람은 한 명도 없습니다. 이렇게 생각할 때, 우리 모두가 자살의 위협에 노출되어 있다고 말하는 것은 아주 심한 과장은 아닐 것입니다. 누구나가 삶을 포기하고 싶은 순간을 경험합니다. 극도의 스트레스를 경험하거나 아주 심한 고통에서 헤어 나오지 못할 때 자살이 유일한 해결책이라고 생각이 들 때가 있습니다. 그러나 자살로 인한 주변 사람들의 상실감, 슬픔, 현실적인 문제 등을 생각하면 그렇지 않습니다. 뒤집어 말하면, 자살은 예방만이 유일한 해결책입니다. 따라서 자살이 이루어지기 전에 최대한 막을 수 있어야 합니다.

이제부터는 제가 교육하고 있는 내용에 대해 요약하여 설명을 드리도록 하겠습니다. 대부분의 내용은 교재 내용에 의존하고 있습니다. 자살예방교육은 대한민국 공군과 보건복지부에서 함께 제작한 「보고듣고말하기」라는 프로그램으로 진행을 합니다. 「보고듣고말하기」는 故 임세원 교수님을 필두로 자살예방에 관심이 있는 의료진과 연구원들이 모여 자살로부터 안전한 한국 사회를 만들기 위해 고생한 결과 끝에 만든 자살예방교육 프로그램입니다. 이 프로그램은 제가 여태까지 접해본 교육 프로그램 중에 가장 인상 깊고 실질적이라고 느낀 과정 중 하나입니다. 나아가 우리 사회가 자살로부터 안전하고 구성원 모두가 자살에 대처할 수 있는 역량을 키우길 바라며 교육 내용을 나누고자 합니다.

「보고듣고말하기」는 총 세 개의 부분으로 나뉩니다. '보기', '듣기', '말하기'입니다. 각 부분별로 설명을 드리겠습니다.

먼저 '보기'입니다. 보기 단계에서는 자살을 암시하는 신호를 파악합니다. 자살한 사람에 대한 뉴스를 보면 주변인들이 뜻밖이라는 반응을 보이는 경우가 많습니다. 그러나 자살하는 사람들은 평소와 같이 잘 지내다가 어느 날 충동적으로 자살을 결심해서 행동으로 옮기는 것일까요? 대부분 그렇지 않을 것입니다. 자살을 생각하지만 말을 하지 못하고 고민만 하는 시기가 분명히 있을 것입니다. 이렇게 고민하는 시기에는 평소와는 다른 말이나 행동을 할 수 있습니다. 그래서 우리는 이 신호를 먼저 포착해야 합니다.

통계를 보면, 자살로 생을 마감한 사람의 94%가 자살로 사망하기 전에 주변 사람들에게 자살 경고신호를 보냈다고 합니다. 그러나 이 경고신호를 받은 이들 중 23%만이 이 신호를 인식했습니다. 경고신호를 받은 대부분의 사람들이 아예 인지를 못 했다는 말입니다. 신호를 보냈음에도 죽음에 처하게 되는 안타까운 일이 또다시 반복되게 하지 않기 위해서 우리는 자살 경고신호에 대해 알아둘 필요가 있습니다.

자살의 경고신호에는 언어적, 행동적, 상황적 신호가 있습니다. 먼저 언어적 신호입니다. 언어적 신호에는 자살, 죽음관련 언급, 신체적 불편함 호소, 자기 비하적인 말을 함, 편지, 노트 SNS에 죽음 관련 내용을 적음 등이 있습니다. 다음은 행동적 신호입니다. 행동적 신호에는 평소와 다른 공격적, 충동적 행동, 우울관련 변화, 삶을 정리하는 행동, 자살을 준비하는 행동 등이 있습니다. 마지막으로 상황적 신호입니다. 상황적 신호에는 신체, 정신건강문제가 두드러짐, 경제적 스트레스, 학업, 직업적 스트레스, 대인관계 및 가족관계 스트레스, 부부 및 연애관련 스트레스 등이 있습니다. 이런 신호들을 잘 발견하고 어떻게 해야 하는지 듣기단계에서 살펴봅시다.

다음은 '듣기'입니다. 듣기단계에서는 자살생각을 묻고 죽음의 이유를 적극적으로 듣는 것입니다. 자살의 위험에 빠진 사람의 말을 적극적으로 듣기 위해서는 그가 말을 하도록 이끌어내야 합니다. 따라서 다음의 질문을 하는 것이 필수적입니다. "자살에 대한 생각을 하고 있나요?" 사회통념상 우리는 자살을 입 밖으로 내는 것이 금기시되어 있다고 생각하여 돌려 말하곤 합니다. 가령, '위험한 생각을 하고 있나요?' '안 좋은 행동을 하려 하나요?' 등의 질문입니다. 그러나 연구(Gould et al., 2005)에 의하면 자살을 언급하는 것만으로는 자살생각이 늘어나지 않았고, 오히려 자살 충동에 대해 묻는 것이 자살 예방에 효과적인 것으로 밝혀졌습니다. 또 대화의 내용이 명확해져서 더욱 구체적이고 실질적인 도움을 줄 수 있게 됩니다.

그런데 아무런 맥락 없이 갑자기 자살에 대해 물어본다면 상대가 당황할 수도 있을 것입니다. 따라서 우리가 보기단계에서 인지한 경고신호들을 토대로 자살에 대해 걱정한다면 자연스럽게 대화를 이어나갈 수 있습니다. 예컨대, "요즘 표정도 좋지 않고, 몸도 아프다 그러고, 경제적 스트레스를 많이 받는 것 같은데, 혹시 자살에 대한 생각을 하고 있나요?"와 같이 말입니다. 이렇게 대화의 포문을 열게 되고 상대방이 '그렇다'고 대답한다면 이때부터 적극적인 듣기가 수반되어야 합니다. 한 가지 기억해야 할 것은 함부로 비밀유지 약속을 해서는 안 된다는 것입니다. 성급하게 비밀유지 약속을 한다면, 실질적인 도움이 필요한 전문서비스로 연계할 때에 난항을 겪을 수도 있습니다. 만약 비밀유지를 약속했다면 병원이나 상담을 연계할 때에 자살 위험에 있는 사람이 화를 내거나 숨어버릴 수도 있기 때문에 그 사람을 구할 수가 없게 됩니다. 따라서 자살생각에 대한 비밀유지를 요구할 때 다음과 같이 말하면 좋겠습니다. "제게 이야기를 해 줘서 고마워요. 하지만 비밀유지는 지금 이 상황에서 당신에게 도움이 되지 않습니다. 저는 당신에게 도움이 되고 싶습니다."

적극적인 듣기를 통해 자살을 생각하는 사람과 이야기를 나누다 보면, 힘들어서 모든 것을 포기하고 싶은 생각이 대부분이지만 동시에 살고 싶은 마음도 함께 존재한다는 것을 알게 됩니다. 자살을 생각하고 있느냐는 질문에 '그렇다'고 대답한 것은, 상대방에게 죽고 싶다고 말을 꺼내는 것은 정말로 죽고 싶어서 말하는 것이 아닙니다. 정말로 죽고 싶다고 생각했다면 지체 없이 바로 자살을 시도하러 조용한 곳으로 혼자 숨었을 것입니다. 자살을 생각하는 사람이 누군가에게 죽고 싶다고 말하는 것은 동시에 살고 싶다고 몸부림치는 것이기도 합니다. 이를 양가감정이라고 합니다. 양가감정을 갖는 이에게 죽음의 위협에도 불구하고 살아가야 할 요인을 찾아주어야 합니다.

이와 관련된 흥미로운 이야기가 있습니다. 프랑스에서 가장 존경받는 인물인 피에르 신부(Abbé Pierre)는 종교인이면서 정치인이었고 빈민구제활동에 헌신했던 분입니다. 그는 제2차 세계대전 당시 레지스탕스로 활동하였으며 '엠마우스'(Emmaus)라는 공동체를 만들어 일생을 가난한 자를 구제하고 돌보며 그들과 함께 생활했습니다. 어느 날 피에르 신부에게 어떤 사람이 찾아왔습니다. 그는 자신의 이야기를 털어놓으며 하소연했습니다. 남들이 일생에 한 번 겪기도 힘든 사건을 겪으며 자신의 궁핍한 처지를 털어놓았습니다. 가정 문제, 경제 문제 등의 자기를 짓누르는 삶의 무게를 이겨내지 못하고 자살을 계획하고 있다고 말했습니다. 이야기를 다 들은 피에르 신부는 이렇게 말했습니다. "당신 이야기를 들으니 자살을 결심할 상황일 수밖에 없겠군요. 그런데 그 전에 나 좀 도와줄 수 있겠소?" 피에르 신부는 이 시기에 엠마우스를 준비하는 중이었고, 그 일을 함께 하자고 부탁한 것입니다. 그리고 엠마우스를 통해 거리에서 죽어가는 이들을 살릴 수 있었고 그들의 거처를 마련해주었습니다. 이후에 고백하기를, 그는 이 때 삶의 의미를 발견했다고 말합니다. 삶의 무게에 짓눌려 사는 것이 아니라 생존만이 목표였던 이에게 삶의 의미를 불어넣어 주었습니다. 덧붙여서 피에르 신부가 그에게 몇 푼 쥐어주거나 다른 좋은 말로 설득하려 했다면 자신은 자살을 시도했을 것이라 말했습니다. 오히려 자신이 사회에 쓸모 있는 일을 할 수 있다고 느껴져서 자신은 생을 이어갈 수 있었다고 회고합니다.

자살생각으로 괴로워하는 이에게 도움이 되어줄 수 있는 방법은 '살아가게 하는 힘'을 깨닫게 해주는 것입니다. 삶의 의미를 발견해야 합니다. 아마 각자가 삶을 이어가게 하는 요인이 하나 이상씩 있으실 텐데, 그것들을 생각해봅시다. 부모님, 배우자, 연인, 자녀, 친구, 반려동물과 같은 유대관계도 보호요인이 될 수 있고, 아끼는 물건이 있을 수도 있습니다. 또는 자신이 하던 공부, 일, 취미 등도 자신을 성장시켜주는 중요한 동력이기도 합니다. 그 외에도 종교, 가치관, 신념 등은 힘들 때 우리가 버티게 하는 힘이 되어줍니다. 경고신호를 인지하고 자살생각이 있는지 물은 뒤, 상대방의 말을 적극적으로 들었다면 이제 상대방을 돕는 말을 할 차례입니다. 그렇다면 어떻게, 무슨 말을 해야 할지 말하기단계에서 알아봅시다.

마지막은 '말하기'입니다. 말하기단계에서는 자살위험성을 확인하고 안전하게 도와주기 위한 말을 하는 것입니다. 안전한 말하기를 위해서는 자살계획 여부와 이전 자살시도 유무를 먼저 확인해야 합니다. 계획의 구체성은 자살시도를 앞당기게 하고, 이전에 자살시도 경험이 있다면 다시 시도할 가능성이 더 크기 때문에 그렇습니다. 따라서 우리는 다음과 같이 말해야 합니다. "어떤 방법으로 자살할지 생각해 보셨나요?" "언제 자살할지도 정하셨나요?" "어디서 자살할지 생각해보셨나요?" 만약 도구와 시간, 장소까지 정해놓았다면 최대한 안전을 보장할 수 있는 조치를 취해야 합니다. 다음에는 이렇게 질문해야 합니다. "이전에 자살을 시도한 적이 있나요?" 비록 이전에 시도한 방법이 경미하더라도 가볍게 여겨서는 결코 안 됩니다. 이전에 자살을 시도한 경험이 있기에 더 위험한 방법을 선택할 수 있기 때문입니다.

 자살위험성을 확인한 후 안전하게 도울 수 있는 방법은 다음과 같습니다. 가장 염두에 두어야 할 점은 자살을 생각하고 있는 사람이 전문가를 만날 때까지 안전하게 지내도록 하는 것입니다. 이를 위해서는 가족과 지인에게 도움을 요청하여 혼자 두지 않도록 하고, 자살도구를 제거해야 합니다. 응급상황이라면 정신건강의학과 진료와 입원을 고려해야 합니다. 이 때 가장 흔히 접하는 딜레마가 비밀보장의 문제입니다. 듣기단계에서 확인했듯이 자살에 대해서는 비밀보장을 해서는 안 됩니다. 전문 서비스로 연계해주어야 하기 때문입니다.

 그렇다면 연계해줄 수 있는 전문 서비스에는 무엇이 있을까요? 자살예방상담전화인 1393과 1577-0199, 자살위기개입 등의 정신건강 서비스를 제공하는 자살예방센터와 정신건강복지센터, 외래 및 입원을 통하여 의료서비스를 받을 수 있는 의료기관, 시, 군, 청, 응급상황에서의 대처를 위한 119와 112등이 있습니다. 물론 의료서비스뿐만 아니라 법률구조공단, 도박중독센터와 같은 경제적, 법적 문제를 도와주는 전문기관으로 안내할 수 있습니다. 마지막으로 가장 중요한 사람이 있습니다. 아무리 좋은 서비스가 있더라도 연계해줄 수 있는 사람이 없다면 무용지물이 되겠죠. 바로 '나', 여러분입니다. 기억하실 것은 여러분이 모든 책임을 지고 해결해야 하는 것은 아닙니다. 여러분은 위기에 처한 사람을 전문적인 도움이나 상담을 받을 수 있는 전문가에게 의뢰 및 연계해주시면 됩니다.

 「보고듣고말하기」는 이렇게 마무리됩니다. 자살 경고신호를 '보고',

자살 생각을 물어 자살 위험에 처한 사람의 이야기를 적극적으로 '듣고', 전문 서비스로 연계해주는 '말하기'는 자살 예방에 상당히 실질적인 교육 내용으로 구성되어 있습니다. 대가를 바라지 않고, 사람의 생명을 구할 수 있다는 자신감을 심어주며 교육을 마무리하게 되면 교육생들은 마음이 따뜻해진 채로 교육장 문을 나서게 됩니다. 그리고 함께 좋은 세상을 만들기 위해 노력하기로 다짐합니다.

군종장교는 교육업무를 꽤 많이 맡아서 합니다. 그 중에 하나가 전입신병교육입니다. 부대에 새로 전입한 신병들을 상담하고 부대에 적응하도록 돕는 교육입니다. 전입신병교육의 내용으로 '회복탄력성'(Resilience)이라는 것을 가르칩니다. 회복탄력성이란 한 마디로 '역경을 극복하는 힘'입니다. 살다보면 우리는 모두 난관에 봉착할 때가 있습니다. 교통사고, 이혼, 파산, 질병, 죽음 등 커다란 문제도 있지만 일상의 사소한 일에서 겪는 자잘한 스트레스도 많습니다. 많은 사람들이 어려운 일을 겪을 때 크게 낙심하고 우울감에서 빠져나오지 못합니다. 오히려 더 깊은 나락으로 빠지게 됩니다. 그러나 누군가는 이 역경을 오히려 성장의 기회로 삼아 더 크게 자라고, 더 멀리 나아가게 됩니다. 이 차이는 회복탄력성에 기인합니다. 그리고 이 회복탄력성의 연구가 시작된 배경이 우리에게 암시하는 바도 의미 있게 다가옵니다.

하와이에서 가장 오래된 섬인 카우아이(Kaua'i) 섬은 하와이 군도의 북서쪽에 위치해 있습니다. 이 섬은 울창한 밀림과 계곡이 신비한 장관을 이루며 여러 영화의 촬영지가 되기도 했습니다. 그러나 과거에는 아름답기만 한 섬은 아니었습니다. 관광지로 개발되기 이전에 카우아이 섬은 지독한 가난과 질병에 시달렸고 주민의 대부분은 범죄자나 알코올 중독자 혹은 정신질환자였습니다. 그러던 중 이 섬을 배경으로 대규모 연구가 시작되었습니다. 바로 1955년 한 해, 카우아이 섬에서 태어난 아이들 전수를 조사한 것입니다. 짧은 기간 반짝 한 것이 아니라, 무려 40년간 지속적으로 추적조사를 했습니다. 어떤 요인이 사람을 약화시키고, 사회적 부적응자를 만드는지 추적하는 연구였습니다. 대규모 연구답게 치밀하게 조사했습니다. 먼저 아이들이 나오기도 전부터 임신한 산모의 배경을, 그리고 태어나서 자랄 가정환경을 조사했습니다.

아이들 대부분이 불우한 환경에서 자랐지만, 특별히 더 어려운 상황에 있었던 아이들을 유심히 조사했습니다. 고위험군이라 규정한 201명의 아이들이었습니다. 이들은 극빈층 가정에서 태어났으며, 부모는 별거 혹은 이혼상태였고, 부모 중 한명 이상이 알코올 중독이나 정신질환을 앓고 있었던 가정에서 태어난 아이들이었습니다. 예상대로 이 아이들 중 대부분이 알코올 중독자, 소년원, 사회적 부적응자와 같은 수식어와 떨어지지 못했습니다. 그런데 신기한 일이 생겼습니다. 개중에는 성적도 우수하고 성격도 밝았으며 자신이 원하는 미래를 차근차근 그려가는 아이들이 있었습니다. 살펴보니 전체 고위험군 인원 중 1/3이나 되었습니다. 생각보다 많은 예상외의 숫자에 연구자들은 깜짝 놀라 이유를 찾으려 하였습니다. 연구 결과를 점검하던 중 어려운 상황에서도 훌륭한 성과를 보인 아이들의 공통점을 발견했습니다. 아이의 인생에 자신의 입장을 무조건적으로 이해해주고 받아주는 어른이 적어도 한 명 이상 있었던 것입니다. 대표적으로, 마이클이라는 아이는 태어날 때 어머니가 열여섯, 아버지가 열아홉이었습니다. 어머니는 아이를 버리고 섬을 떠났습니다. 아버지도 가정에 소홀했습니다. 힘든 상황에서 마이클을 끝까지 보살펴 준 사람은 할아버지였습니다. 그는 명랑하고 성적도 상위권을 유지했으며 교사가 되고 싶다는 희망이 있었습니다. 기대와 다르게 그는 행복한 모습으로 너무나 잘 살았습니다. 그리고 마이클과 비슷한 아이들이 여럿 있었습니다. 이들의 회복탄력성은 모두 높은 수준을 유지했습니다.

　이 이야기가 주는 교훈이 있습니다. 아무리 어려운 상황이어도 자신을 끝까지 믿어주는 사람 한 사람만 있으면 의연히 문제를 이겨낼 수 있습니다. 자살 위험에 처한 사람도 마찬가지라고 생각합니다. 역경과 고난에 처한 사람을 다시 일어서게 하는 힘은, 자살을 생각하는 사람에게도 크게 도움이 될 수 있습니다. 아무리 어려운 상황에 처해 있어도 자신을 끝까지 믿어주는 사람, 단 한 사람만 존재하면 생을 이어갈 수 있습니다. 그리고 아주 잘 살 수 있게 됩니다.

　이렇게 본다면 그리스도인은 자살의 위협에도 꽤 의연히 대처할 수 있는 상황에 있습니다. 그리스도인이 고백하는 하나님은 어떠한 상황에도 우리를 끝까지 포기하지 않는 분입니다. 아주 오래전부터 우리를 계획하시고 끝까지 사랑한다고 고백하니 말입니다. 이 뿐만이 아닙니다. 신앙인은 우리 삶의 모든 순간이 은혜와 사랑으로 가득함을 고백합니다. 태어나기 전부터 열 달 동안 자신의 몸의 일부를 내어주신 어머니의 사랑, 올바른 인간의 될 수 있도록 우리를 교육해 준 수많은 선생님, 그리고 얼굴도 모르지만 이름도 빛도 없이 묵묵히 자신의 일을 수행하며 이 사회가 건강하게 돌아가도록 각자의 자리에서 수고해주는 많은 이들 덕분에 우리는 두 발로 이 땅을 밟고 서 있을 수 있습니다. 당연하다고 여기지 않고 감사하는 마음을 품을 때 우리의 인생은 의미로 가득하게 됩니다. 그리고 이 의미는 우리가 삶을 더 잘 살도록 이끕니다.

　그러나 아직도 내 주변에 나를 아끼고 사랑해주는 사람이 있는지 잘 모르겠다고 생각이 드는 사람도 있을 것입니다. 그런 분들에게는 먼저 자기를 사랑하시라 말씀드리고 싶습니다. 자기를 사랑함으로 진정한 사랑이 무엇인지 깨달은 사람은 자연히 타인을 사랑할 수 있게 될 것입니다. 진부한 말 같지만 사랑은 우리의 삶을 풍성히 채웁니다. 아직이 말이 와 닿지 않으신다면, 참된 사랑을 경험해 보시기를 권해드립니다. 나아가, 내가 타인에게 베풀었던 사랑은 나에게 반드시 돌아옵니다. 관계라는 것이, 사랑이라는 것이 결국엔 흐르고 흘러서, 돌고 돌아서, 넘치고 넘쳐서 나에게 돌아오게 되어 있습니다. 내가 주변에 의도 없이 베풀었던 작은 선행, 배려, 감사 등은 어떤 경로이든, 방법이든 반드시 나에게 돌아옵니다. 이 단순한 진리를 믿는 것이 바로 믿음입니다.

제가 부대에서 자살예방교육을 하는 이유는 '생명지킴이'를 양성하기 위함입니다. 세계보건기구(WHO, 2014)와 미국 질병통제예방센터(CDC, 1992)는 효과적인 자살 예방을 위해 생명지킴이를 양성해야 할 것을 명시하고 있습니다. 마찬가지로 우리나라도 보건복지부의 자살예방법 제 2조의 2항에서 생명지킴이를 명시합니다. 생명지킴이란 '자살을 할 위험성이 높은 사람을 발견하여 자살예방센터 등 전문기관에 의뢰·연계하는 사람으로 보건복지부 장관이 인정하는 교육을 수료한 사람'입니다. 만약 여러분이 이 글을 처음부터 끝까지 다 읽으셨다면 '생명지킴이'의 자격을 어느 정도 갖추셨다고 말할 수 있겠습니다. 여러분은 이제 지금 앉아 있는 그 자리에서 일어남과 동시에 생명지킴이가 되실 것입니다. 축하드립니다. 이제 생명지킴이가 되신 여러분은 여러분의 삶과 가까운 이들의 삶을 지킬 수 있게 되었습니다. 이제 자리에서 일어나셔서 어려움에 처한, 그리고 도움을 요청하는 이들을 먼저 보고, 그들의 이야기를 적극적으로 들으며, 함께 살자고 말할 수 있는 여러분들이 다 되어주시기를 바랍니다.

 에세이 ②

우리에게 주어진 길, 우리가 갈무리할 수 없는 길

정진영 목사
(앗살람선교교회)

독일 출국 직전, 장인어른께서 소천하셨다는 연락을 받았다. 1년 전 즈음 담도암 4기로 판정받으셨기에 가족들 모두 마음의 준비를 하고 있었지만, 며칠 전 영상통화에서 밝아 보이셨던 장인어른의 모습을 더는 볼 수 없다는 사실에 아내는 눈물을 쏟았다. 하루만 더 버티셨더라면 하는 아쉬운 마음과 함께 전쟁 상황으로 인해서 기존 날짜에서 2일 뒤로 미루어진 비행기 출발 시간에 안타까웠다. 마음 한 곳에서 취소된 많은 비행 편중에 우리의 것이 포함되지 않았음을 감사하면서 말이다.

아내의 유학 생활로 따라온 독일은 내게 많은 경험을 하게 했다. 독일의 유학생들, 간간이 만나게 되는 아랍 이주민들, 때때로 겪는 인종차별 등. 하지만 내게 안겨진 가장 강렬한 경험은 삶의 의미와 한국 지인들의 죽음이었다. 독일에서의 출국 직전 아버님의 죽음 전에 몇 년 전 전도한 친구의 아버님, 믿음이 없으셨던 작은 아버지 그리고 외할머니의 죽음을 맞이했다. 이 모든 죽음이 1년도 안 되는 기간에 발생했던 일들이었다.

장인어른의 삼우제까지 마친 뒤에야 가족들과 만나고, 외할머니와 친구 아버님을 만나러 납골당으로 향했다. 각자 집사와 성도라는 이름이 있는 납골함이 나름 든든했지만, 내게는 개운치 않은 감정들이 있었다. '돌아가시기 전에 한 번이라도 뵈었으면 얼마나 좋았을까?'

작년 3월 중순, 갑작스러운 연락을 받았다. 장인어른께서 응급실이라고 하셨다. 담도암 4기이며, 상황이 좋지 않다고 하셨다. 그 후 장인어른은 1년도 넘는 기간 동안 여러 차례 수술의 상흔을 남기게 되었고, 그 동안 생에 대한 거룩한 열망과 함께 하나님 나라를 이전보다 더 사모하게 되었다. 생각해보면, 1년하고도 5개월이 넘는 기간은 하나님의 선물이었다. 증상이 발견된 당일 급하게 갔던 응급실에서는 마음의 준비하라고 하셨던 참이었다. 그러나 마음의 준비 시간 동안 예배로 가족들 모두 하나가 될 수 있었고, 장인어른은 자신의 인생이 하나님의 것이라고 고백하시며, 가족들에게 새로운 삶의 의미를 선물로 주셨다. 하루가 달리 예수님을 사모하시고, 말씀으로 마음을 다잡으시는 장인어른은 가족 모두를 경건하게 만들었다. 그런 장인어른께서 소천하셨다는 소식에 나 또한 많이 적잖이 놀랄 수밖에 없었다. 내심 장인어른께서 좀 더 길게 사실 것이라고 기대하고 있었다. 하나님께서 이렇게 신실한 성도를 빨리 데려가실 리 없다고, 교회에서 기도로 함께하고 있으니 우리의 곁에 오래 머물러 계실 것이라고 믿었다. 병원에서 믿을 수 없을 만큼 몸이 좋아지셨다고 했을 때도, 몸이 매우 좋지 않아졌다고 했을 때도 나의 믿음은 변함이 없었다. 돌아가시기 일주일 전 마지막 영상 때, 밝은 얼굴에 뼈밖에 없을 때도 믿어 의심치 않았다. 그때 더 많은 대화를 나누었어야 했다. 이렇게 우리 곁을 떠나실 줄이야.

아쉬운 마음을 뒤로 하고 유품을 정리하며, 마음도 정리하게 되었다. 우리가 장인어른을 뵈어야 할 이유는 많았지만, 어찌 보면 장인어른께서는 우리를 보아야 할 이유는 없을지도 모르겠다. 예수님을 뵙기를 사모하셨던 분은 평소에 원하시던 대로 예수님께 더 빨리 가시기를 원하셨겠구나. 그분의 인생이 그렇게 갈무리되어졌다, 적어도 내겐.

하루의 시간마저 간절한 이들이 있다. 삶의 자리에서 질병으로 하루라도 더 살고자 발버둥을 치는 이도, 돈이 없어 하루하루 연명하는 사람도, 하루의 고통을 잊고자 술을 마시는 이들도 사실은 간절한 무언가가 있어서 그렇게 하루하루 살아가고 살아왔던 거다. 2주 전, 한 배우가 자살하면서 유서에 이렇게 썼다. "하나님은 나를 사랑하시니까 지옥에 보내시진 않으시겠지." 하지만 하나님의 사랑을 제대로 안다면 그 길을 가야 했을까? 라는 질문을 되뇌게 한다. 죽음을 자기 손으로 결정짓는 이들에 대해 비난과 정죄가 아닌, 따뜻한 관심을 주어야 하는 것을 모르는 것은 아니다. 유명인들의 죽음에 달리는 안타까움과 위로의 댓글을 쓰는 이들을 통해 세상의 따뜻함이 보이기도 한다. 다만, 내 마음속 깊은 곳에는 무엇인가 뭉클한 게 있다.

사람이 태어나서 어찌 밝은 날만 있을 수 있을까? 내게도 어두운 날, 차갑고 매서운 날이 찾아왔다. 중학교 2학년 극심한 우울증으로 스스로 목숨을 버리는 생각으로 1년간을 보냈다. 왜 살아야 하는지 삶의 불안감을 겪었던 때였다. 단순히 사춘기가 아니라 삶에 대한 근원적 물음 앞에 답답함을 느끼며 살았다. 세상에서 가장 무거운 것은 영혼의 공허함이라는 것도 그때 알았다. 인생이란 허무한 것이고, 어떤 것을 해도 되지 않을 것 같은 감정과 생각이 나를 지배했다. 급격히 어두워진 나의 얼굴을 어머니는 모른 척하고 계셨다. 하지만 내심 알고 계셨으리라. 당신의 아들이

1년 사이 무척이나 달라졌다는 것을. 부모님은 단순히 사춘기라고 치부하고 계셨겠지만, 내 마음속 깊은 곳에는 삶의 의미를 찾기도 포기한 의지박약인이 울고 있었다. 더 이상 나아갈 자신도 없고, 이미 나아가고 있지도 않은 나를 보며, 그동안 살아왔던 인생에 대해서도 무의미하다고 느꼈던 그런 때가 있었다. 내게 인생은 참으로 살풍경한 것으로 다가왔다. 언젠가 스스로 목숨을 버리겠다고 여러 차례 다짐했다. 마음에 온기 하나 없어 내 마음에 발 디딜 곳이 없어서 내 마음의 주인도 내가 아니었던 그 시절, 나를 구원에 이르게 했던 것은 문학이었다.

당시 나의 유일한 소일거리는 책을 읽는 것이었다. 누군가 내게 인생에 어떤 의미도 발견할 수 없던 사람이 책은 왜 읽었노라고 묻는다면 그 이유는 알 수 없다. 당신은 소일거리에 의미를 두는가? 다만, 내 주변에 가까이 있던 것이 책이었기 때문에 그리했던 것 같다. 적지 않은 책을 읽었지만, 그 중에서 헤르만 헤세의 '수레바퀴 아래서'의 한스가 내 마음을 아프게 했다. 공부에 두각을 나타냈던 수재였지만, 학교생활에 적응하지 못했고, 고향으로 돌아온 뒤에 자살로 인생을 마무리하는 주인공 한스 기벤라트는 본래 영혼이 맑은 아이였다. 자연을 사랑했던 소년이었지만, 학교에 입학하고 친구 헤르만을 만나 인생이 바뀌게 된다. 한스가 원했던 것은 학교에서 답답하게 공부를 하는 것만이 아니었다. 그는 자유를 경험했어야 옳았다. 그의 맑은 심성대로 깊이 있게 자연을 돌아보고 다른 이들을 사랑하며 지내야 했다. 하지만 주위의 시선과 학교는 그를 한스 기벤라트로 두지 않았다. 결국 그는 학교에서 적응을 못하고 고향으로 내려오게 된다. 고향에서 그는 실패자로 낙인을 찍고, 정작 자신이 하고 싶은 것이 무엇인지 알지 못한 채, 어느 날 인생을 마감한다. 나중에 알았지만, 이 소설은 헤르만 헤세의 자전적 성격의 소설이었다. 그의 부모님은 엄격하게 헤르만 헤세를 대했다. 그의 아버지는 선교사였고, 어머니는 독실한 신자였는데, 부모님들의 엄격한 태도와 불만족스러운 학교생활 때문에 헤르만 헤세는 15세 때 자살을 기도하기도 했다. 15세의 내가 만났던 한스는 헤르만 헤세의 15세의 모습을 담고 있었다. 그 시절 어쩌면 나와 같은 처지의 헤르만 헤세를 만나서 그와 함께 인생을 고민하고 답답해하며, 슬퍼했는지도 모르겠다. 물론 한스가 내게 인생이란 무엇인지, 어떤 길로 가야 하는지 알려주지 못했다. 나 또한 그에게 어떤 도움도 주지 못했다. 나는 그보다 작은 사람이었다. 그처럼 고전어를 능숙하게 할 실력도 없었으며, 딱딱한 학교생활의 일탈을 할 용기도 없었다. 다만 그를 이해하고 그에게 삶의 용기를 줄 수 있었다. 정작 그를 통해 삶의 의미를 깨달았던 것은 나였다. 나는 한스처럼은 살지 않기로 했다. 적어도 그처럼 살 수는 없었다. 소설 안 한스의 이야기였지만, 묵직한 나의 현실과 가느다란 실로 연결되어있는 그런 느낌을 받았다. 소중한 친구의 죽음을 헛되게 만들 수는 없었다.

수레바퀴 아래서를 읽고, 나의 삶이 크게 변한 것은 없었다. 그러나 삶의 의미를 찾아 헤메게 된 것도 그즈음이었다. 왜 살아야 하는지 고민하게 되었고, 왜 태어났고, 어디로 가야 하는지 생각하게 되었다. 확실한 것은 어두웠던 마음에 조그마한 빛이 생겨났다는 것이다. 비록 소설이지만 내가 동일하게 여겼던 한스의 죽음으로 마음이 깨어나게 된 것인지, 아니면 다른 많은 책을 통해서 힘을 얻게 된 것인지 확신할 수는 없다. 다만, 새로운 길이 보였다. 나의 삶이 수레바퀴 아래, 죽음의 길에 던져진 것이 아니라 주체적으로 살아낼 수 있는 길가에 있다는 것을 알아차린 것이다. 외부의 어떤 것에, 누군가에 끌려가는 것이 아니라 내가 스스로 결정해야 한다는 생각이 들어오게 되면서 마음에 무게감이 한결 가벼워진 듯했다. 어찌 보면 미성숙한 자아의 한계를 받아들이고 성숙한 자아를 받아들이는 기간(혹자는 사춘기라고 할지 모르겠다)에, 삶의 의미가 바뀌는 그즈음에 내 삶의 목적지와 이유는 알 수 없지만 어설프게나마 발걸음을 하나 내디뎌 본 것이 작은 호숫가에 돌멩이를 던져서 파동이 일어나는 것처럼 내 영혼에 파동을 일으켰던 것 같다. 학교에서 돌아와 작은 집구석에 누워 천장을 바라보며 공허함에 짓눌리는 것보다 무엇이라도 하는 게 훨씬 낫지 않겠는가? 삶의 의미에 대해 모든 것을 알지 못했지만 '나'는 존재한다는 것을 알았고, 무의미하게 느껴지는 어떤 것이라도 무의미한 것은 없었다. 결국 '나'가 문제였고, 해결책도 '나'였다. 지금 생각해보면 당시에 내가 가장 잘한 일(?)은 내가 해결해야할 문제, 내가 할 수 없는 문제를 혼동하지 않았던 것이다. 내가 할 일은 내가 하고 다른 일들은 어떻게든 될 거야. 무의미한 것은 없고, '나'는 있다. 이게 당시 내가 가진 마음가짐이었다.

독일에서의 삶은 여전히 불확정적이다. 아내의 합격 소식 뒤에는 바쁘게 움직여야 하는 삶의 현실이 있었다. 먼저는 개척을 같이했던 목사님께 작별을 고하는 것이 매우 안타까웠다. 3년 전, 안수받은 동기 목사님은 교회 개척을 과감히 결정했다. 작은 공간이었지만, 제법 그럴싸한 공간을 임대해서 평일에는 쌀 케이크와 쿠키를 만들어 판매하고, 주말에는 예배 공간으로 해보자는 생각이었다. 그 귀한 뜻에 동참하기로 했고, 일은 일사천리로 진행되었다. 그렇게 대림절을 맞이하며 개척했다. 예수님의 탄생을 기다리며, 교회도 같이 탄생한 것이라고 여겼다. 목사 안수를 받은 후, 새롭게 사역을 맡은 터라 기대감도 컸다. 시작한 교회로 인해 그리스도의 생명을 세상 전한다고 생각하니 감당할 수 있었다. 이런 나의 마음과 달리 주변에서 많은 이야기가 있었다. 부모님도, 동역자들도 개척교회를 그만두어야한다는 이야기를 진심을 다해 전달해주었다. 때마침 코로나가 시작되었다. 쌀 케이크와 쿠키를 판매하는 작은 공간은 쿠키나 케이크를 만드는 클래스에 제대로 활용될 수 없었고, 전도 또한 쉽지 않은 상태가 되었다. 개척한지 3개월 만의 일이었다. 같이 모여서 예배를 드리는 이들이 찾아왔지만, 각자의 사정과 모일 수 없는 환경이 있었다. 온라인 사역으로 예배를 전환하기도 했지만 그것도 쉽지 않았다. 결혼을 하면서 경제적인 어려움 때문에 물류창고에서 일을 하고, 상담사로 일하며 폭언을 들었지만, 그래도 감사하게 살아갔다. 그렇게 1년 9개월을 버텼다. 독일로 오기 전, 마지막 주에 예배를 드리며, 새로운 시작으로 서로를 축복해주었다. 목사님은 2년간의 계약기간이 만료되는 건물을 뒤로 하고, 새로운 장소를 준비하고 계셨고, 나 또한 한국에서 목사로서의 2년여의 시간을 마무리하고 아내를 따라 독일로 발걸음을 옮겼다. 그렇게 온 독일에서 아내는 영어로 진행되는 수업으로 능력을 인정받으며, 즐거운 학교생활을 하고 있고, 나는 언어를 공부하며, 살림을 도맡아 하게 되었다. 아내와 나는 따로 이민교회에서 사역하는 삶에 감사하고 있지만, 막막한 장애물이 산적한 삶이다. 전쟁으로 인한 집세 및 물가 상승은 부부가 감당하기 어려운 상황이다. 그래도 우리 부부는 막막한 삶의 자리에서 매일 감사하며 기뻐하며 살아가고 있다. 그 이유는 우리 곁에 생명이 찾아왔기 때문이다.

지난 4월 아내는 몸의 변화를 감지하고 산부인과를 방문했고, 최종적으로 임신이라는 이야기를 듣게 되었다. 유학기간 임신을 하면 어떻게 해야될까? 라는 걱정도 있었지만 막상 찾아온 생명은 우리에게 새로운 삶의 의미를 부여했다. 아내와 결혼하며 새로운 인생을 시작한다고 생각했던 나는, 아기로 인해 새로운 삶이 덧칠되었다. 안정기를 보내며 기쁜 사실을 장인어른께 말씀드리게 되었다. 가족들과 지인들의 웃음꽃이 핀 축하 속에서 유독 장인어른의 눈물의 축하가 기억에 남는다. 장인어른은 하나님께 감사 기도를 드리시고 눈물을 흘리셨다. 아내와 나보다 더 기뻐하시고, 하나님께 더 감사하셨다. 좀 전까지 고통에 어두우셨던 얼굴은

금세 기쁨과 환희의 얼굴이 되었다. 작은 위로라도 되지 않으시겠냐는 생각으로 말씀드렸던 내 생각과 달리 아버님 또한 다른 삶을 기대하셨다. 그때 확실히 알았다. 고통을 이기는 것은 무고통이 아니라 기쁨이라는 것을. 질병은 자신의 내부의 문제일 수 있지만, 그것을 이기는 힘은 내부의 아픔의 완치가 아니라 외부의 기쁨과 생명이라는 것을. 그리고 내 아기는 장인어른의 눈물을 받고 자란 아기구나. 생각해보면 나 또한 누군가의 눈물로 삶을 이어왔을 것이다. 부모님의 눈물부터 친구들의 응원과 누군지 알지 못하는 다른 이의 기도를 통해서 지금까지 삶이 이어져왔다. 나도 다른 이를 위한 눈물을 흘리게 되는 날이 올 것이고, 다른 이들의 웃음이 되는 삶을 살아야겠다는 생각이 든다.

자살이란 자신의 마음과 생각 안에 있던 죽음을 자신의 몸에 실행시키는 행위이다. 아무리 용감한 사람이라고 한들, 자신의 삶을 정리하는 결단을 실행하는 사람이 몇이나 될까? 자신의 손으로 삶을 갈무리하는 이들에게는 많은 사연과 눈물이 있을 것이다. 자신이 유일하게 갖고 있는 주도권인 삶을 자신이 내려놓는다는 점에서 그 깊이를 헤아릴 수 없다. 하지만 나 또한 저렇게 굳게 마음을 먹은 적이 있었지 생각하며, 15세의 내가 떠오른다. 그때 삶의 주도권이 있음을 인정하고 알을 깨뜨리고 나왔던 그 투쟁적이었던 나. 마음에 번민과 외부적 환경에 흔들렸지만, 그것도 하나의 방향성이라고 인정했던 나. 인생의 의미를 알고 보람차게 살아보겠다는 다짐이 아닌, 그냥 살아있으니 살아보겠다는 신념이 지금의 나를 있게 했다. 나의 결정이었지만 결정하는 '나'는 사실 온전한 나일 수 없다. 내가 나의 삶을 시작하기로 결정하지 않았기 때문이다. 삶을 시작했던 나는 누군가의 소망으로 시작되었겠지만(혹은 우연적일지도 모르겠다) 그 시작도 내가 결정한 것은 아니다. 정자가 난자로 출발하는 것은 나만의 의지만으로 되지 않기 때문이다. 그러니 내 삶의 주도권조차도 내가 갖는다는 것은 당초에 이치에 맞지 않다. 다만 그렇게 생각하게 되는 '나'는 존재하며, 그 생각은 존중받아야 한다고 생각한다.

기독교 신앙의 관점에서 보자면, 사람은 신앙을 갖고 나서 죽을 때까지 그리스도 안에서 살아가야 한다. 그리스도 안에서 살아간다는 것은 보통 사람에서 그리스도의 사람, 그리스도인이 된다는 것을 의미한다. 자연스레 자신은 하나님에게서 왔고, 나의 고향인 하나님께로 돌아가야 한다고 고백하는 그리스도인은 자신의 삶을 그 분께 맡긴다. 자신이 위대한 어떤 일을 하지 않아도, 자신의 삶의 의미를 제대로 발견하지 못한다고 하더라도 그리스도의 위대한 일을 통해 하나님의 자녀가 된 것으로 만족하며, 우리를 자신의 삶으로 여기신 그리스도로 기뻐하며 말이다. 또한 예수 그리스도의 대리적 죽음을 통해서 생명을 얻은 것에 감사하며 대리적 삶을 살아내기로 결단한 그리스도인들을 통해서 하나님은 영광을 받고 세상은 놀라게 될 것이다.

하지만 이러한 일들은 일반인들이 받아들이기에는 다소 추상적이며, 기묘한 이야기로 보일 것이다. 인생의 시작을 자신이 했으니 자신이 마무리 짓겠다고 하는 것은 인과법칙과도 같아서 논리적으로 이겨낼 수 없다. 그들의 상한 심령 미리 아는 주변에서 도와주는 수밖에는 뾰족한 다른 수가 없다. 자신의 삶을 갈무리하는 이들은 그들이 다른 이들의 삶에서 갈무리되지 못하는 존재라는 것을 알까? 사람이라는 기표가 어찌 '혼자'라는 단수로만 표현이 될 수 있을까? 다른 이들과 어우러짐 속에서 개인의 고독은 희미해지지 않는가? 삶의 의미가 지펴지지 않는 그곳에서도 자신은 존재하지 않는가? 어찌 그 존재의 흔적을 자신의 손으로 없애려는 것일까? 주위에 그를 아끼는 사람들의 눈물은 또 어떤가?

올해 많은 일들로 정신이 아늑한 채, 어느덧 스산한 가을을 맞이했다. 이제 곧 겨울이 오겠지만, 그래도 내년이 기대되는 것은 아내의 배 속의 딸 때문일 것이다. 당신과 나는 누군가와의 연결로 세상에 존재한다. 혼자서 존재의 의미를 고민하거나 혼자서만 존재한다고 생각하면 가슴이 답답하지만 내가 가지고 있는 답답함과 고민을 다른 누군가도 가지고 있다고 생각하면 그것만으로 힘이 난다. 새해에는 아빠가 되는 것만으로도(물론 그렇지 않다고 하더라도) 충분하다. 다른 이들도 있는 그 자리에서 자라나고 있을 것이다. 내가 무엇인가를 하지 않아도 누군가의 소중한 존재로. 인생의 갈무리를 그 분께 맡기고, 우리는 있는 자리에서 자라날 뿐이다.

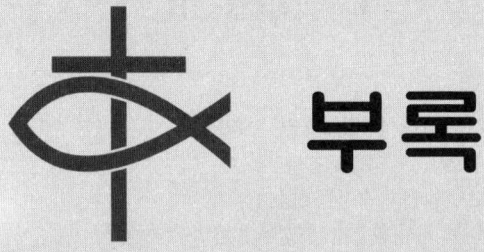 부록

---
*수서문화재단 & 이폴연구소 소개

1차 죽음세미나

- **날짜** : 2017년 11월 14일, 21일, 28일(화)
  오전 10시 ~ 오후 4시 30분
- **장소** : 수서교회(강남구 수서동 592)
- **대상** : 목회자 및 모든 성도들, 죽음에 관심이 있는 분들
- **회비** : 사전등록 5만원(당일 6만원/교재·식사제공)
- **사전등록일** : 11월 7일까지
- **계좌번호** : 농협 356-0672-7362-73 (이승연)
- **문의** : 이승연 팀장(☎ 010-5252-4798 epolsuso@gmail.com)
- **주최** : 수서문화재단 부설 EPOL(eternal perspective of life)연구소

날짜	죽음 바라보기 11.14(화)	죽음 느끼기 11.21(화)	죽음 풀어내기 11.28(화)
10:00-10:30	인사 및 오리엔테이션	움직임을 통한 소통 김상만 목사 (예술심리치료 전문강사)	상실과 미술치료 김상만 목사 (예술심리치료 전문강사)
10:30-12:30	영화를 통한 죽음만나기 윤상철 목사 (쉼힐링센터장)	연명법과 병원에서의 죽음 이해 장경희 연구원 (웰다잉융합 연구센터)	기독교 죽음의 이해 황명환 목사 (수서교회)
12:30-13:30	점심식사	점심식사	점심식사
13:30-15:00	왜 죽음을 알아야 하는가? 이승연 팀장 (EPOL연구소)	임종환자 어떻게 돌볼 것인가? 박남규 목사 (한국교회 호스피스 회장)	임종체험 진영훈 목사 (죽음·장례목회 전문강사)
15:00-16:30	나는 어떻게 기억되길 원하는가? 박재연 강사 (한국웰다잉교육원)	죽음의 신체적 과정이해 김문실 교수 (이대 명예교수)	죽음에 대한 Q & A 황명환 목사 외 강사

※ 세미나 이후 교회 5층 카페에서 자유로운 만남의 시간을 가지실 수 있습니다.(커피 제공)

2차 죽음세미나

- **날짜** : 2018년 3월 12일, 19일, 26일(월)
  오전 10시 ~ 오후 4시 30분
- **장소** : 수서교회(강남구 수서동 592)
- **대상** : 죽음에 관심이 있는 분들
- **회비** : 사전등록 5만원(당일 6만원/교재 · 식사제공)
- **사전등록일** : 3월 5일까지
- **계좌번호** : 농협 356-0672-7362-73 (이승연)
- **문의** : 이승연 팀장(☎ 010-5252-4798 epolsuso@gmail.com)
- **주최** : 수서문화재단 부설 EPOL(eternal perspective of life)연구소

날짜	죽음 바라보기 3.12(월)	죽음 느끼기 3.19(월)	죽음 풀어내기 3.26(월)
10:00-13:00	무신론적 죽음이해 황명환 목사 (이폴연구소장)	범신론적 죽음이해 황명환 목사 (이폴연구소장)	유신론적 & 기독교적 죽음이해 황명환 목사 (이폴연구소장)
	버킷리스트와 미술치료 김상만 목사 (예술심리치료 전문강사)	상속과 유언 전재중 변호사 (소명 대표)	호스피스의 이해 황애란 교수 (연세암병원 완화의료센터)
13:00-14:00	점심식사	점심식사	점심식사
14:00-16:30	한국인의 죽음이해 정상기 교수 (웰다잉 전문강사)	남은자의 돌봄 윤상철 목사 (쉼힐링센터장)	춤 테라피 김애자 목사 (춤테라피 전문강사)
	질의 & 응답 진행 : 이승연 팀장	질의 & 응답 진행 : 이승연 팀장	나의 죽음관 발표 이승연 팀장 (이폴연구소)

※ 세미나 이후 교회 5층 카페에서 자유로운 만남의 시간을 가지실 수 있습니다.(커피 제공)

3차 죽음세미나
- 죽음논문공모 당선자 시상 및 논문발표 -

- **날짜** : 2018년 11월 19일(월) 오전 10시 ~ 오후 3시 30분
- **장소** : 수서교회(강남구 수서동 592)
- **대상** : 죽음에 관심이 있는 분들
- **회비** : 사전등록 2만원(당일 3만원/교재·식사제공)
- **사전등록일** : 11월 17일(토)까지
- **계좌번호** : 농협 356-0672-7362-73 (이승연)
- **문의** : 이승연 팀장(☎ 010-5252-4798 epolsuso@gmail.com)
- **주최** : 수서문화재단 부설 EPOL(eternal perspective of life)연구소

- **심사위원장** : 황명환(이폴연구소장)
- **심 사 위 원** : 곽혜원(21세기 교회와 신학포럼 대표), 노영상(백석대 교수)
  유영권(연세대 교수), 정종훈(연세대 교수)
- **최우수상(200만원)** : 최성수 "생명과 죽음의 통합과 상호효과"
- **우 수 상(100만원)** : 이정희 "하나님의 형상, 인간의 영혼과 죽음의 문제"
- **장 려 상 (50만원)** : 심수빈 "포스트휴먼 시대의 죽음에 대한 신학적 고찰"
  윤상철 "기독교인은 죽음문제를 어떻게 극복할 것인가"

시간	일정
10:00-10:15	개회예배(찬송 435장) & 논문공모 당선자 시상
10:15-10:45	강연제목: 과학은 죽음을 극복할 수 있는가? -기독교 죽음이해를 중심으로- 강사: 황명환 소장
10:45-11:00	코이노니아 & 다과
11:00-12:30	시상자 논문발표 & 논찬 발표1: 최성수 / 발표2: 윤상철 논찬: 노영상 교수
12:30-13:30	점심식사(교회 옆 건물 2층 행복한국수집)
13:30-15:00	시상자 논문발표 & 논찬 발표3: 이정희 / 발표4: 심수빈 논찬: 곽혜원 교수
15:00-15:30	질의 & 응답 / 단체 사진 촬영

※ 세미나 이후 교회 5층 카페에서 만남의 시간을 가지실 수 있습니다. (커피 제공)

4차 죽음세미나

◐ **날짜** : 2019년 3월 18(월), 19(화) 오전 10시 ~ 오후 4시 30분
◐ **장소** : 수서교회(강남구 수서동 592)
◐ **대상** : 죽음에 관심이 있는 분들
◐ **회비** : 사전등록 4만원(당일 5만원/교재·식사제공)
◐ **사전등록일** : 3월 13일까지
◐ **계좌번호** : 농협 356-0672-7362-73 (이승연)
◐ **문의** : 이승연 팀장(☎ 010-5252-4798 epolsuso@gmail.com)
◐ **주최** : 수서문화재단 부설 EPOL(eternal perspective of life)연구소

날짜	3.18(월)	3.19(화)
10:00-13:00 (3H)	**뉴에이지 죽음이해** 황명환 소장 (이폴연구소)	**기독교 죽음이해** 황명환 소장 (이폴연구소)
	주제 강연에 따른 **소그룹 워크숍1** 김상만 목사 (상담코칭 전문강사)	주제 강연에 따른 **소그룹 워크숍2** 김상만 목사 (상담코칭 전문강사)
13:00-14:00	점심식사	점심식사
14:00-16:30 (2H 30')	**춤과 치유** 김현진 센터장 (살래 표현예술치유센터)	**영화로 본 죽음이해** 백광훈 원장 (문화선교연구원)
	백세시대 심리학 이상억 교수 (장신대 목회상담학)	**죽음과 집단치유** 윤상철 목사 (쉼힐링센터장)

※ 세미나 이후 교회 5층 카페에서 자유로운 만남의 시간을 가지실 수 있습니다.(커피 제공)

5차 죽음세미나

◆ **일 시**: 2019년 10월 28(월) ~ 29(화) 10:00 ~ 16:30
◆ **장 소**: 수서교회 1예배실(B1F)
◆ **주 최**: 수서문화재단 부설 EPOL(eternal perspective of life) 연구소

시 간	10.28(월)	10.29(화)
10:00~10:15	인사 및 개회기도	2회 죽음논문공모전 당선자 시상 10:00~10:30
10:15~11:15 (60분)	우리는 왜 죽음을 두려워하는가? 황명환 박사 (이폴연구소장)	논문발표1 (장려상 심영보) 죽음의 미학 - 죽음은 예술이다 - 10:30 ~ 11:15
11:15~11:30	Break Time 15분	Break Time 15분
11:30~13:00 (90분)	죽음을 앞둔 가족과의 대화 김도봉 박사 (샘병원 전인치유교육원 고문, 한국호스피스협회 사무총장)	논문발표2 (우수상 최성수) 죽음을 두려워할 이유와 두려워하지 않을 이유 11:15~12:00
		'죽음인문학' '죽음인문학 워크북' **죽음교재 발간 총론** 황명환 박사(이폴연구소장)
13:00~14:00 (60분)	봉평막국수 매생이굴국밥, 불고기뚝배기	행복한 잔치국수 황태국밥, 청국장, 반계탕
14:00~15:20 (80분)	환자들의 영적 돌봄 최형철 목사 (세브란스병원 원목)	논문발표3 (최우수상 박인조) 불멸을 통한 죽음의 두려움 극복에 대한 비판적 고찰 14:00~14:50
		논찬1: 곽혜원 교수 (21세기 교회와 신학포럼 대표) 14:50~15:20
15:20~15:30	Break Time 10분	Break Time 10분
15:30~16:30 (60분)	주제 강연에 따른 **소그룹 워크숍** 김상만 박사 (연세대 상담코칭학)	**논찬2**: 곽혜원 교수 (21세기 교회와 신학포럼 대표) 15:30~16:00
		질의 & 응답 이승연 팀장 (이폴연구소)

교회 5층 카페에서 자유로운 만남의 시간을 가지실 수 있습니다.(커피 제공)

※ 진행시간과 일정은 여러 사항에 따라 다소 변경 가능합니다.

6차 죽음세미나

제3회 죽음논문공모 당선자 시상 및 논문발표

- ◆ **일 시** : 2020년 10월 20(화) 10:00 ~15:30
- ◆ **장 소** : 수서교회 1예배실(B1F)
- ◆ **대 상** : 시상자 & 관계자만
- ◆ **문 의** : 이승연 팀장 (010-5252-4798/epolsuso@gmail.com)
- ◆ **주 최** : 수서문화재단 부설 EPOL(eternal perspective of life) 연구소

시 간	10.20(화)
10:00~10:20 (20분)	**개회인사** 3회 죽음논문공모 당선자 시상
10:20~11:00 (40분)	**장려상 : 박인조 목사** 기독교 교육과정에 따른 신앙교육으로서의 죽음교육
	Break Time
11:20~12:00 (40분)	**장려상 : 이숙희 목사** 인간의 유한성과 죽음교육
12:00~13:00 (60분)	점심식사
13:00~13:40 (40분)	**우수상 : 박미경 목사** 죽음교육을 실천하는 교회의 교육목회 커리큘럼
13:40~14:30 (50분)	**최우수상 : 김영효 목사** 공적신앙을 위한 죽음준비교육
	Break Time
14:50~15:30 (40분)	**심사총평** 심사위원장 황명환 목사

교회 5층 카페에서 자유로운 만남의 시간을 가지실 수 있습니다.(커피 제공)

※ 진행시간과 일정은 여러 사항에 따라 다소 변경 가능합니다.

7차 죽음세미나
제4회 죽음논문공모 당선자 시상 및 논문발표

일시	2021년 **10월 26일**(화) 10:00 ~ 15:30	대상	시상자 & 관계자만
장소	수서교회 1예배실(B1F)	문의	이승연 팀장(010-5252-4798, epolsuso@gmail.com)
		주최	수서문화재단 부설 EPOL 연구소(eternal perspective of life)

시 간	10월 26일(화)	
10:00~10:20(20분)	개회인사 / 제4회 죽음논문공모 당선자 시상	
10:20~11:00(40분)	장려상 : 최성수 목사 '사람은 왜 죽는가? 인간의 죽음정치와 하나님의 생명정치 억울한 죽음을 말하지 않을 조건에 대한 성찰'	
Break Time		
11:20~12:00(40분)	장려상 : 박인조 목사 '4차 산업혁명시대에 인간존재를 규정하는 죽음의 성찰'	
12:00~13:00(60분)	점심식사	
13:00~13:40(40분)	우수상 : 노치준 목사 '죽음의 원인에 따른 죽음의 유형 연구'	
13:40~14:30(50분)	최우수상 : 이규철 목사 '사람은 왜 죽는가에 대한 어거스틴의 성찰'	
Break Time		
14:50~15:30(40분)	심사총평 / 심사위원장 황명환 목사	

※ 진행시간과 일정은 사정에 따라 다소 변경 가능합니다.

대한예수교장로회 **수서교회** 서울시 강남구 광평로 34길 10 Tel. 02)451-0620

인생 잠언
저자 황명환 목사

지혜편(1장~11장)
지혜를 얻고 싶습니까?
지혜의 극치가 예수 그리스도입니다.

성공편(12장~21장)
성공을 위한 인생의 원칙,
목적이 있는 인생은 안전합니다.
우리의 목적지는 예수 그리스도입니다.

행복편(22장~31장)
행복의 길은 하나님이 여십니다.
하나님께 마음을 두는 것이
행복을 향한 지혜입니다.

8차 죽음세미나

제5회 죽음논문공모 당선자 시상 및 논문발표

◆ **일 시** : 2022년 10월 26(수) 10:00~14:30
◆ **장 소** : 수서교회 1예배실(B1F)
◆ **주 최** : 수서문화재단 부설 EPOL(eternal perspective of life) 연구소

시 간	10.26(수)
10:00~10:20 (20분)	**개회인사** 5회 죽음논문공모 당선자 시상
10:20~10:50 (30분)	**장려상 : 이동열 목사** 지금 자살을 생각하고 있습니까?
	Break Time
11:00~11:20 (20분)	**장려상 : 정진영 목사(영상)** 우리에게 주어진 길, 우리가 갈무리할 수 없는 길
11:20~12:00 (40분)	**최우수상 : 이규철 목사** 신국론에 표명된 어거스틴의 자살관
12:00~13:00 (60분)	점심식사
13:00~13:40 (40분)	**우수상 : 박인조 목사** 자살문제 대처를 위한 그리스도인의 생명 존중과 공적 역할
13:50~14:30 (40분)	**심사총평** 심사위원장 황명환 목사

※ 진행시간과 일정은 여러 사항에 따라 다소 변경 가능합니다.

9차 죽음세미나

제6회 죽음논문(에세이)공모 당선자 시상 및 발표

◆ **일 시** : 2023년 10월 25(수) 10:00~14:00
◆ **장 소** : 수서교회 1예배실(B1F)
◆ **주 최** : 수서문화재단 부설 EPOL(eternal perspective of life) 연구소

시 간	내용
10:00~10:20 (20분)	**개회인사** **6회 죽음논문공모 당선자 시상**
10:20~10:40 (20분)	**장려상 : 최성열 목사** ＊수필 발표/소감＊ "우리는 왜 천국을 소망하는가?"
10:40~11:00 (20분)	**장려상 : 박선애 목사** ＊수필 발표/소감＊ "Heavem Movement"
11:00~11:30 (30분)	**우수상 : 이규철 목사** ＊논문 발표/ 소감＊ "우리는 왜 천국을 소망하는가"에 대한 어거스틴의 숙고 －『신국론』을 중심으로
11:30~12:10 (40분)	**심사총평** 심사위원장 황명환 목사
12:10~13:00 (50분)	점심식사
13:00~13:40 (40분)	질의응답

※ 진행시간과 일정은 여러 사항에 따라 다소 변경 가능합니다.

수서문화재단

수서문화재단은 문화와 예술을 통해 지역사회의 발전에 기여하고, 구체적인 문화의 장소를 제공하며, 문화를 통하여 서로 만나고, 문화 역량을 극대화하여 아름다운 사회를 만들어 가기 위하여 다음의 사업을 합니다.

1. 수서지역의 문화 창달 및 발전을 위한 지원 사업
2. 수서 및 서울 동남부의 문화예술인의 발굴 및 지원
3. 문화예술의 육성과 신장 및 그 관련 산업의 지원
4. 미술관 또는 문화관의 설립운영
5. 기타 본 재단의 목적 실현에 필요한 사업

이사장 : 황명환
사무국장 : 문성윤
이사 : 김옥미, 이경득, 이방실, 이양경, 정병렬, 최명룡
홈페이지 : www.susocf.com

이폴연구소

이폴연구소(Eternal Perceptive of Life : EPOL)는 성경말씀을 중심으로 신앙과 신학의 근간이 되는 기독교의 죽음과 영원한 생명에 대한 올바른 정립을 토대로 기독교인으로서의 건강한 삶을 살도록 죽음과 천국에 대한 연구와 교육을 통해 한국 교회와 사회발전에 기여하며 관련 단체들과 교류협력하고 회원들과의 유대감과 전문성을 높이는데 있습니다. 본회는 위에 언급한 목적을 달성하기 위해 다음과 같은 사업을 합니다.

1. 죽음과 천국에 관한 논문공모, 학술 연구 세미나, 심포지움 개최
2. 죽음과 천국에 대한 출판
3. 죽음과 천국을 위한 교육 세미나 및 임상사례 세미나 개최
4. 국내외 관련기관과 정보 및 지도력 교환
5. 죽음과 천국에 관련된 봉사 사업
6. 기타 본 회의 목적에 부합하는 사업

소장 : 황명환
팀장 : 이승연
심사위원 : 곽혜원, 김은혜, 노영상, 유영권, 정종훈
운영위원 : 김상만, 윤상철, 이승연, 정현덕
이메일 : susoepol@gmail.com